Lady Gregory

Das Große Buch der
Irischen Mythen und Legenden

Lady Gregory

Das Große Buch
der
Irischen Mythen
und
Legenden

Aus dem Englischen
von Barbara Wolf

Pattloch

Die Deutsche Bibliothek - CIP-Einheitsaufnahme
Ein Titelsatz für diese Publikation ist bei Der Deutschen Bibliothek erhältlich

Titel der Originalausgabe: „Irish Myths and Legends"
Published in the United States by Running Press Book Publishers,
Philadelphia and London
©1998 by Running Press
reprinted from an early edition of „Gods and Fighting Men: The Story of the
Tuatha de Danaan and of the Fianna of Ireland, Arranged and Put Into English
by Lady Gregory, published in 1910 by John Murray in London

Aus dem Englischen übersetzt von Barbara Wolf

Vignetten: © Courteney Davis, Dover Publications, Mineola, USA

Deutsche Lizenzausgabe: Pattloch Verlag, München
© 2001 Pattloch Verlag GmbH & Co KG. München
Umschlag: Atelier Höpfner-Thoma unter Verwendung
eines Bildes von Mauritius
Satz: Uhl + Massopust, Aalen
Druck und Bindung: Clausen & Bosse, Leck
Printed in Germany

ISBN 3-629-01624-3

INHALT

TEIL EINS: DIE GÖTTER 9

BUCH I   DIE ANKUNFT DER TUATHA DE DANAAN 10
Kapitel 1   Der Kampf mit den Firbolgs 10
Kapitel 2   Die Herrschaft des Bres 16

BUCH II   LUGH MIT DER LANGEN HAND 23
Kapitel 1   Lughs Aufstieg 23
Kapitel 2   Die Söhne des Tuireann 31
Kapitel 3   Die große Schlacht von Magh Tuireadh 54
Kapitel 4   Lughs verborgenes Haus 65

BUCH III   DIE ANKUNFT DER GAEL 67
Kapitel 1   Die Landung 67
Kapitel 2   Die Schlacht von Tailltin 72

BUCH IV   DIE UNSTERBLICHEN 75
Kapitel 1   Bodb Dearg 75
Kapitel 2   Der Dagda 79
Kapitel 3   Angus Og 83
Kapitel 4   Die Morrigu 85
Kapitel 5   Aine 87
Kapitel 6   Aoibhell 88
Kapitel 7   Midhir und Etain 89
Kapitel 8   Manannan 100
Kapitel 9   Manannans Spielchen 103
Kapitel 10   Manannans Ruf nach Bran 109
Kapitel 11   Manannans drei Rufe nach Cormac 113
Kapitel 12   Cliodnas Welle 119

Kapitel 13   Manannans Ruf nach Connla 121
Kapitel 14   Tadg auf Manannans Inseln 123
Kapitel 15   Laegaire im Land der Glücklichen 132

BUCH V   DAS SCHICKSAL DER KINDER DES LIR 136

TEIL ZWEI: DIE FIANNA 153

BUCH I   FINN, SOHN DES CUMHAL 154
Kapitel 1   Finns Aufstieg 154
Kapitel 2   Finns Hof 164
Kapitel 3   Brans Geburt 167
Kapitel 4   Oisins Mutter 169
Kapitel 5   Die Besten der Fianna 172

BUCH II   FINNS HELFER 180
Kapitel 1   Der Junge mit den Fellen 180
Kapitel 2   Schwarz, Braun und Grau 184
Kapitel 3   Der Jagdhund 188
Kapitel 4   Rotes Riff 194

BUCH III   DIE SCHLACHT AM WEISSEN STRAND 195
Kapitel 1   Die Feinde Irlands 195
Kapitel 2   Cael und Credhe 196
Kapitel 3   Conn Crither 200
Kapitel 4   Glas, Sohn des Dremen 202
Kapitel 5   Die Hilfe der Männer von Dea 204
Kapitel 6   Der Marsch der Fianna 207
Kapitel 7   Die ersten Kämpfer 208
Kapitel 8   Der Sohn des Königs von Ulster 212
Kapitel 9   Der Sohn des Hohen Königs 215
Kapitel 10   Der König von Lochlann und seine Söhne 217

Kapitel 11 Labrans Reise 221
Kapitel 12 Der große Kampf 224
Kapitel 13 Credhes Klagen 230

Buch IV Jagd und Zaubereien 233
Kapitel 1 Der Sohn des Königs von Britannien 233
Kapitel 2 Die Höhle von Ceiscoran 236
Kapitel 3 Donn, Sohn des Midhir 238
Kapitel 4 Die Gastfreundschaft in Cuannas Haus 247
Kapitel 5 Katzenköpfe und Hundeköpfe 251
Kapitel 6 Lomnas Kopf 254
Kapitel 7 Ilbrec von Ess Ruadh 255
Kapitel 8 Die Höhle von Cruachan 263
Kapitel 9 Hochzeit in Ceann Slieve 266
Kapitel 10 Die Schattenumwobene 273
Kapitel 11 Finns Wahnsinn 274
Kapitel 12 Die Rote Frau 275
Kapitel 13 Finn und die Geister 280
Kapitel 14 Angus' Schweine 283
Kapitel 15 Die Jagd von Slieve Cuilinn 286

Buch V Oisins Kinder 290

Buch VI Diarmuid 296
Kapitel 1 Diarmuids Geburt 296
Kapitel 2 Wie Diarmuid zu seinem Liebesmal kam 298
Kapitel 3 Die Tochter des Königs Unter den Wellen 300
Kapitel 4 Der Unbeugsame Diener 308
Kapitel 5 Das Haus der Vogelbeerbäume 320

Buch VII Diarmuid und Grania 322
Kapitel 1 Die Flucht aus Teamhair 322

7

Kapitel 2 Die Verfolgung 328
Kapitel 3 Die Grünen Spitzenkämpfer 334
Kapitel 4 Der Wald von Dubhros 343
Kapitel 5 Der Streit 354
Kapitel 6 Die Wanderschaft 357
Kapitel 7 Kampf und Frieden 361
Kapitel 8 Der Eber von Beinn Gulbain 364

Buch VIII Cnoc-an-Air 374
Kapitel 1 Tailc, Sohn des Treon 374
Kapitel 2 Meargachs Frau 377
Kapitel 3 Ailnes Rache 384

Buch IX Der Abstieg der Fianna 391
Kapitel 1 Der Streit mit den Söhnen des Morna 391
Kapitel 2 Golls Tod 397
Kapitel 3 Die Schlacht von Gabhra 399

Buch X Das Ende der Fianna 405
Kapitel 1 Brans Tod 405
Kapitel 2 Der Ruf nach Oisin 406
Kapitel 3 Die letzten großen Männer 409

Buch XI Oisin und Patrick 412
Kapitel 1 Oisins Geschichte 412
Kapitel 2 Oisin in Patricks Haus 417
Kapitel 3 Der Disput 420
Kapitel 4 Oisins Klagen 432

William Butler Yeats zu
Lady Gregorys „Gods and Fighting Men" 438

TEIL EINS

Die Götter

Buch I

Die Ankunft der Tuatha de Danaan

Kapitel 1
Der Kampf mit den Firbolgs

Im trüben Dunst der Lüfte kamen die Tuatha de Danaan, das Volk der Götter von Dana, oder, wie sie auch genannt wurden, die Männer von Dea nach Irland.

Aus dem Norden kamen sie und dort hatten sie vier Städte, wo sie sich im Kampf übten: das bedeutende Falias, das leuchtende Gorias, Finias und das reiche, nach Süden gelegene Murias. Und in jenen vier Städten wurden ihre jungen Männer von vier Weisen in jeder Art des Wissens und in vollkommener Weisheit unterrichtet: von Senias in Murias; von Arias, dem Dichter mit dem hellen Haar, in Finias; von Urias mit dem edlen Wesen in Gorias; von Morias in Falias selbst. Aus diesen vier Städten brachten sie vier Schätze: einen Stein der Tugend aus Falias, der Lia Fail, Stein des Schicksals, genannt wurde. Von Gorias brachten sie ein Schwert, von Finias einen Siegesspeer und aus Murias den vierten Schatz, den immer gefüllten Kessel, der jede Tafelrunde zufrieden stellte.

Nuada war zu jener Zeit König der Tuatha de Danaan, doch Manannan, Sohn des Lir, war noch mächtiger. Unter den anderen, die über sie herrschten, waren Ogma, der Bruder des Königs, der sie das Schreiben lehrte, Diancecht, der sich auf die Heilkunst verstand, Neit, ein Gott des Kampfes, Credenus, der Handwerker, und Goibniu, der Schmied. Ihre bedeutendsten Frauen waren Badb, eine Kampfgöttin, Macha, die mit den Köpfen der im Kampf getöteten Männer den Mastbaum bestückte, Morrigu, die „Krähe der Schlacht", außerdem Eire, Fodla und Banba, die drei Töchter des Dagda, nach denen Irland benannt wurde, Eadon, die Nährmutter der Dichter, und Birgit, die eine Dichterin war und von den Dichtern angebetet wurde, denn ihr Können war groß und edel. Darüber hinaus war sie eine Frau, die um die Kunst des Heilens und des Schmiedens wusste. Sie war es auch, die den Tuatha de Danaan das Pfeifen beibrachte, so dass einer den anderen nachts warnen konnte. Eine Hälfte ihres Gesichts war hässlich, aber die andere war wunderschön. Ihr Name Breo-saighit bedeutet „feuriger Pfeil". Unter den anderen Frauen waren Schattengestalten und große Königinnen, doch Dana, die die „Mutter der Götter" genannt wurde, übertraf sie alle.

In höchsten Ehren stand bei ihnen der Pflug, die Sonne und der Haselstrauch. Diesen dreien, Coll, der Hasel, Cecht, dem Pflug, und Grian, der Sonne, war Irland, so sagte man, unterstellt.

In einer Quelle unter dem Meer wuchsen die neun Haelsträucher der Weisheit, nämlich die der Eingebung und der Dichtkunst. Ihre Blätter und Blüten brachen immer zur selben Stunde auf und wie ein Regen fielen sie dann auf die Quelle, aus der sich eine purpurrote Welle ergoss. Dann fraßen die fünf dort wartenden Lachse die Nüsse und die Farbe zeigte sich in roten Punkten auf ihrer Haut. Jeder Mensch, der einen dieser Lachse aß, wurde aller Weisheit und Dichtkunst kundig. Aus der Quelle flossen die sieben Ströme der Weisheit und kehrten wieder dorthin zurück. Jeder, der sich auf viele Künste verstand, trank einmal aus diesem Brunnen.

Am ersten Tag des Beltaine, der jetzt May Day genannt wird, kamen die Tuatha de Danaan und landeten im Nordwesten von Connacht. Doch die Firbolgs, die schon vor ihnen in Irland lebten und aus dem Süden gekommen waren, konnten nur einen Dunst, der auf den Hügeln lag, erkennen.

Eochaid, Sohn des Erc, war zu jener Zeit König der Firbolgs. Da kamen Boten zu ihm nach Teamhair und überbrachten die Nachricht, dass ein neuer Volksstamm nach Irland gekommen sei und sich in Magh Rein niedergelassen habe, aber man wisse nicht, ob er von der Erde, vom Himmel oder mit dem Wind gekommen sei. Sie dachten, dass diese Nachricht Eochaid überraschen würde, aber dem war nicht so, denn er hatte eines Nachts einen Traum gehabt, und als er die Druiden nach seiner Bedeutung fragte, sagten sie ihm, dass sich ihm bald ein starker Feind entgegenstellen würde. Und so geschah es dann auch.

König Eochaid ließ seine Ratgeber kommen. Sie berieten sich und schickten dann einen ihrer starken Kämpfer zu den Fremden, der mit ihnen sprechen sollte. Die Wahl fiel auf Sreng, der ein großer Krieger war. Sreng erhob sich, nahm seinen wehrhaften, rotbraunen Schild und seine beiden Speere mit dem dick umwickelten Griff, sein Schwert, seinen Kopfschutz und seinen mächtigen Eisenstab. Dann machte er sich auf und ging von Teamhair nach Magh Rein, wo sich die Fremden aufhielten.

Doch bevor er dort ankam, entdeckten ihn die Späher der Tuatha de Danaan und sandten Bres, einen ihrer eigenen großen Kämpfer, mit Schild und Schwert und zwei Speeren aus. So kam es, dass die beiden sich langsam aufeinander zu bewegten, einer immer auf der Hut vor dem anderen, und während sie sich noch fragten, welche Waffen der andere wohl habe, waren sie einander so nahe gekommen, dass sie miteinander sprechen konnten. Sie hielten an und jeder rammte seinen Schild vor sich hart in den Boden und über den Rand des Schildes hinweg sahen sie sich an. Bres sprach als Erster und als Sreng vernahm, dass er irisch sprach, in seiner eigenen Sprache also, wurde er ruhiger. Sie gingen aufeinander zu und stellten sich Fragen nach den Familien und Volksstämmen, denen sie angehörten. Nach einer Weile legten sie ihre Schilde weg. Sreng gestand, dass er seinen Schild aus Furcht vor den dünnen, scharfen Speeren erhoben hatte, die Bres in seiner Hand hielt. Und Bres entgegnete, er habe sich vor den dick umwickelten Speeren gefürchtet, die er bei Sreng gesehen habe, und er fragte, ob alle Waffen der Firbolgs von dieser Art seien. Um ihm die Speere besser zeigen zu können, nahm Sreng die Bänder ab und mit Erstaunen sah Bres, wie stark und schwer und wie makellos scharf sie auf beiden Seiten waren. Sreng sagte ihm, der Name der Speere sei Craisech und sie gingen durch Schilde, Fleisch und Knochen hindurch. Ein Stoß bedeute den Tod oder Wunden, die niemals heilten. Dann betrachtete er die scharfen, dünn zugespitzten Speere, die Bres bei sich hatte. Schließlich tauschten sie ihre Speere aus wie Kämpfer, die sehen wollen, mit welchen Waffen der Gegner kämpft. Den Firbolgs sandte Bres die Botschaft, dass sein Volk sich zufrieden gäbe, wenn man ihm eine Hälfte Irlands friedlich überlasse – wenn nicht, dann käme es zum Kampf. Bres und Sreng schlossen einen Bund. Sie wollten Freunde bleiben, was auch immer geschehen möge.

Sreng ging dann nach Teamhair zurück, überbrachte die Botschaft und zeigte den mitgebrachten Speer. Seinem Volk gab er den Rat, das Land zu teilen und keinen Krieg mit einem Volk anzufangen, dessen Waffen um so vieles besser seien als die eigenen. Eochaid aber beriet sich mit seinem Gefolge und sie kamen zu folgendem Beschluss: „Wir werden diesen Fremden keinen einzigen Teil unseres Landes überlassen, denn wenn wir das tun, werden sie bald das ganze Land einnehmen."

Die Männer von Dea aber hielten es, als Bres zu ihnen zurückkehrte, ihnen den schweren Speer zeigte und von dem starken, wilden Mann berichtete, von dem er ihn erhalten hatte, und auch davon, wie standhaft und gut gerüstet er war, für wahrscheinlich, dass es bald zum Kampf kommen würde. Daher zogen sie sich nach

Westen, an einen besseren Ort in Connacht, zurück. Sie ließen sich dort nieder und bauten in der Ebene von Magh Nia Mauern und Gräben. Hinter ihnen lag der große Berg Belgata. Während sie noch dorthin zogen und ihre Mauern errichteten, gingen drei ihrer Königinnen, Babd, Macha und Morrigu, nach Teamhair, wo die Firbolgs ihre eigenen Pläne schmiedeten. Mit ihren Zauberkräften brachten sie Nebel, Wolken und Dunkelheit über den ganzen Ort. Sie sandten Feuersbrünste und blutigen Regen über die Menschen. Drei Tage lang konnten sie einander weder sehen noch sprechen. Doch nach drei Tagen hatten die drei Druiden der Firbolgs, Cesarn, Gnathach und Ingnathach, den Zauber gebrochen.

Daraufhin riefen die Firbolgs ihre Männer zusammen. Sie kamen mit elf Bataillonen und bezogen Posten am östlichen Ende der Ebene von Magh Nia. Nuada, der König der Männer von Dea, sandte seine Dichter aus, die den Firbolgs noch einmal das Angebot machen sollten, ihnen friedlich und ohne Kampf eine Hälfte des Landes zu überlassen. König Eochaid bat die Dichter, seine Gefolgsleute zu befragen, die bei ihm versammelt waren. Als sie das Angebot vernahmen, verweigerten sie ihre Zustimmung und fragten die Boten, wann sie den Kampf aufnehmen wollten. „Wir brauchen noch Zeit", erwiderten sie, „wir müssen noch unsere Speere und Waffen in Ordnung bringen, unsere Helme polieren, unsere Schwerter schleifen und uns Speere beschaffen, die so sind wie die euren." So kamen sie überein, den Kampf um ein Vierteljahr, das der Vorbereitung dienen sollte, zu verschieben.

An einem Tag im Hochsommer nahmen sie den Kampf dann auf. Dreimal neun Angreifer der Tuatha de Danaan zogen gegen dreimal neun Angreifer der Firbolgs, die geschlagen und Mann für Mann getötet wurden. König Eochaid sandte einen Boten, der fragen sollte, ob sie jeden Tag oder jeden zweiten Tag kämpfen wollten. Nuada sagte, er wolle jeden Tag kämpfen, aber auf jeder Seite sollten immer gleich viele Männer stehen. Eochaid stimmte zu, war aber wenig erfreut darüber, denn die Firbolgs hatten mehr Kämpfer als die Männer von Dea.

So ging die Schlacht vier Tage lang weiter. Auf jeder Seite kämpften große Helden und viele kamen zu Tode. Aber denen, die am Abend noch lebten, bereiteten die Heiler Bäder mit allen möglichen Pflanzen und Kräutern und so gingen sie wieder gesund und voller Kraft in den nächsten Kampf.

Am vierten Tag gewannen die Männer von Dea endgültig die Oberhand. Die Firbolgs wurden zurückgeschlagen. Während des Kampfes bekam Eochaid großen Durst. Er verließ das Schlachtfeld, um nach Wasser zu suchen. Zu seinem Schutz nahm er hundertfünfzig Männer mit. Doch hundertfünfzig Männer der Tuatha de Danaan folgten ihnen, bis sie an das Ufer kamen, das Traigh Eothaile genannt wird. Dort kam es zu einem erbitterten Kampf. König Eochaid fiel. Sie begruben ihn und errichteten einen großen Steinhaufen über seinem Grab.

Als nur noch dreihundert Mann von den elf Bataillonen der Firbolgs übrig waren, die von Sreng angeführt wurden, machte Nuada ein Friedensangebot und ließ ihnen die Wahl unter den fünf Provinzen Irlands. Sreng sagte, er werde Connacht nehmen. Dort lebten er und sein Volk von da an und ihre Kinder nach ihnen. Von ihnen stammt Ferdiad ab, der so tapfer gegen Cuchulain kämpfte, und Erc, Sohn des Cairbre, der ihn zu Tode brachte. Jene erste Schlacht in Irland, die von den Männern von Dea ausgetragen wurde, nannte man die Schlacht von Magh Tuireadh.

Die Tuatha de Danaan nahmen Teamhair ein, das auch Druim Cain, das Schöne Riff, oder Liath-druim, das Graue Riff, oder Druim na Descan, das Riff der Schönen Aussicht, genannt wurde. All diese Namen gab man Teamhair. Seit dieser Zeit war Teamhair der bedeutendste Ort in Irland, denn der König von Teamhair war gleichzeitig der Hohe König über ganz Irland. Der Sitz des Königs lag im Norden, der Hügel der Gefangenen nordöstlich davon und im Westen dieses Hügels erstreckte sich die Grüne Ebene. Im Nordosten, im Hügel der Sidhe, war eine Quelle mit Namen Nemnach. Aus dieser Quelle kam der Fluss Nith, an dem die erste Mühle Irlands stand.

Nördlich von Teamhair stand der Stein Lia Fail. Er dröhnte unter dem Fuß eines jeden Königs, der Irland in Besitz nehmen wollte. Die Mauer der Drei Geflüster stand beim Haus der Frauen, das sieben Türen nach Osten und sieben Türen nach Westen hatte. In diesem Haus wurden die Feste auf Teamhair gefeiert. Dort war auch das große Haus der Tausend Soldaten und ganz in der Nähe, im Süden, der kleine Hügel der Soldatinnen.

Kapitel 2
Die Herrschaft des Bres

Streng hatte Nuada in der Schlacht den Arm abgeschlagen und durch diesen Verlust kam Sorge und Leid über sein Volk. Es war nämlich Gesetz bei den Tuatha de Danaan, dass ein Mann nur dann König sein konnte, wenn sein Körper ohne Makel war. Und nachdem Nuada den Arm verloren hatte, nahm man ihm auch seine Königsherrschaft.

Der König, den sie an seiner Stelle wählten, war Bres, der schönste unter all ihren jungen Männern, so schön, dass jeder, der das Schöne preisen wollte, sei es das flache Land, ein Schloss, eine Flamme, eine Frau, einen Mann oder ein Pferd, sagte: „So schön wie Bres." Er war der Sohn einer Frau der Tuatha de Danaan, wer aber sein Vater war, wusste nur sie selbst.

Aber obwohl Bres so schön war, brachte seine Herrschaft dem Volk kein Glück. Denn die Fomor, die im Westen jenseits des Meeres lebten, begannen, ihnen Tribut aufzuerlegen, und wollten die

Tuatha de Danaan unter ihre Herrschaft zwingen. Vor langer Zeit waren die Fomor das erste Mal nach Irland gekommen. Furcht erregend sahen sie aus und verkrüppelt, denn sie hatten nur einen Fuß oder eine Hand und sie wurden von einem Riesen und seiner Mutter angeführt. Noch nie war ein Heer nach Irland gekommen, das schrecklicher war als das Heer der Fomor. Sie pflegten Freundschaft mit den Firbolgs und waren auch bereit, ihnen Irland zu überlassen, doch Eifersucht herrschte zwischen ihnen und den Männern von Dea. Von diesen forderten sie einen hohen Tribut. Den dritten Teil ihres Korns verlangten sie und den dritten Teil der Milch und jedes dritte Kind. Jedes Haus in Irland, das eine Feuerstelle besaß, stand unter ihrem Tribut. Bres wehrte sich nicht, sondern ließ sie gewähren.

Bres selbst erlegte jedem Haus in Irland als Tribut Milch, die von den hornlosen, grauen Kühen stammte, für hundert Männer auf. Einmal versengte Nechtan alle Kühe Irlands mit einem Feuer aus Farn, um ihn zu täuschen, und dann rieb er sie mit der Asche von Flachssamen ein. So wurden sie alle dunkelbraun. Er tat das auf den Rat des Druiden Findgoll, des Sohnes des Findemas, hin. Ein anderes Mal schnitzten sie dreihundert Kühe aus Holz, hängten dunkelbraune Beutel an die Stelle der Euter und füllten sie mit schwarzem Morast. Dann kam Bres, um sich die Kühe anzusehen, die vor seinen Augen gemolken wurden. Cian, der Vater von Lugh, war auch dabei. Beim Melken wurde der ganze Morast herausgepresst. Bres trank davon in dem Glauben, es sei Milch, und lange Zeit ging es ihm sehr schlecht.

Noch etwas sprach gegen Bres: Er war alles andere als freigebig. Die Obersten der Tuatha de Danaan hegten großen Groll gegen ihn, denn nie wurden ihre Messer in seinem Haus geölt und nie – sooft sie ihn auch besuchten – lag auch nur der Geruch von Ale in der Luft. In seinem Haus gab es kein Vergnügen. Niemals rief er nach Dichtern, Sängern, Harfen- oder Flötenspielern, Hornbläsern, Jongleuren oder Narren. Und wenn sie früher den Kraftproben ihrer großen Kämpfer zusehen konnten, so waren deren Kräfte nun der Arbeit vorbehalten, die sie für den König verrichten mussten. Selbst Ogma, der strahlende Dichter, stand unter dem Befehl, jeden Tag für das ganze Heer Feuerholz von den Inseln Mod in den Palast zu bringen. Vor Hunger war er aber schon so schwach, dass die See jedes Mal fast sein ganzes Bündel mit sich riss. Der Dagda musste Erdwälle bauen, denn er konnte gut bauen und er legte einen Graben um Rath Brese. Die Arbeit strengte ihn sehr an. Eines Tages brach er vor Hunger fast zusammen, und das geschah auf folgende Weise: Im Haus lebte ein nichtsnutziger, blinder Mann. Cridenbel war sein Name. Er hatte eine scharfe Zunge, die ständig nach des Dagdas Essen verlangte, denn er glaubte immer, er bekomme weniger als der Dagda. So sagte er zu ihm: „Um deines guten Namens willen, lasse mir deine drei besten Bissen." Jede Nacht gab der Dagda nach und jedes Mal hatte er das Nachsehen, denn das, was der blinde Mann einen Bissen nannte, war so groß wie ein stattliches Schwein und mit drei Bissen nahm er ihm schier seine ganze Mahlzeit ab.

Aber eines Tages, als der Dagda im Graben war, kam sein Sohn, Angus Og, zu ihm. „Es freut mich, dich zu sehen", sagte Angus. „Du siehst aber heute gar nicht gut aus. Was ist los mit dir?" „Das kann ich dir schon sagen", erwiderte der Dagda, „Cridenbel, der Blinde, verlangt jeden Abend die drei besten Bissen von meinem Essen und nimmt sie mir weg." „Ich weiß dir einen Rat", sagte Angus. Er griff mit der Hand in seine Tasche, nahm drei Goldstücke heraus und gab sie ihm. „Stecke diese Goldstücke in die drei Bissen, die du Cridenbel heute Abend gibst", sagte er. „Sie werden die besten Bissen seiner Mahlzeit sein und das Gold wird sich in seinem Inneren so gebärden, dass er stirbt." Am Abend tat der Dagda, wie ihm geheißen. Kaum hatte Cridenbel das Gold geschluckt, da starb er. Einige aus dem Volk sagten daraufhin zum

König: „Der Dagda hat Cridenbel ein tödliches Kraut gegeben und ihn so ums Leben gebracht." Der König glaubte ihnen und voller Zorn verurteilte er den Dagda zum Tode. Aber der Dagda sagte: „Dein Urteil ist nicht gerecht und eines Fürsten nicht würdig." Dann erzählte er ihm alles, was geschehen war, wie Cridenbel zu sagen pflegte: „Gib mir die drei besten Bissen deiner Mahlzeit, sonst muss ich heute Abend hungern." „Und in dieser Nacht", sagte er, „waren die drei Goldstücke das Beste, was ich hatte. Ich gab sie ihm und er starb." Daraufhin gab der König Befehl, den Leichnam öffnen zu lassen. Sie fanden das Gold und wussten, dass der Dagda die Wahrheit gesprochen hatte.

Am nächsten Tag kam Angus wieder zu ihm und sagte: „Deine Arbeit ist bald beendet. Wenn du deinen Lohn bekommen sollst, nimm zunächst nichts von dem, was sie dir bieten, bis sie dir die Rinder Irlands vorführen. Suche dir dann die schwarze Färse mit der schwarzen Mähne aus." Als der Dagda seine Arbeit vollbracht hatte und man ihn fragte, was er zum Lohn wolle, tat er, wie Angus ihm geraten hatte. Bres hielt ihn für verrückt, denn er hatte angenommen, dass er mehr als nur eine Färse von ihm verlangen würde.

Eines Abends kam ein Dichter in das Haus des Königs und bat um Aufnahme. Er hieß Corpre und war der Sohn des Etain, eines Dichters der Tuatha de Danaan. Und folgende Behandlung wurde ihm zuteil: Sie steckten ihn in ein dunkles, enges Haus ohne Feuerstelle, ohne Möbel, ohne Bett. Zur Mahlzeit reichten sie ihm drei winzige, trockene Kuchen auf einem kleinen Teller. Als er am anderen Morgen aufstand und über das grüne Land ging, war er alles andere als dankbar und sprach: „Keine anständige Mahlzeit, keine Milch, keine Geborgenheit, kein Licht im Dunkel der Nacht, kein Lohn für den Geschichtenerzähler. So soll der Reichtum des Bres aussehen." Von diesem Tag an war Bres kein Glück mehr beschieden. Es ging bergab mit ihm. Das war die erste bittere Erfahrung, die über Irland kam.

Nun zu Nuada: Nachdem er seinen Arm verloren hatte, ging es ihm eine Zeit lang sehr schlecht. Dann fertigte Diancecht, der Heiler, einen Arm aus Silber für ihn, an dem sich jeder Finger bewegen ließ, und legte ihn Nuada an. Seit dieser Zeit wurde er Nuada Argat-lamh, der mit der Silberhand, genannt.

Miach, Sohn des Diancecht, war aber ein besserer Heiler als sein Vater und hatte schon einiges ausprobiert. Eines Tages traf er in Teamhair einen jungen Mann, der nur ein Auge hatte und zu ihm sagte: „Wenn du ein guter Heiler bist, dann setze mir ein neues Auge an die Stelle des alten." „Ich könnte dir das Auge einer Katze einpflanzen", sagte Miach. „Das wäre nicht schlecht", meinte der junge Mann. Miach setzte ihm also ein Katzenauge ein. Das brachte dem jungen Mann aber nicht viel, denn wenn er schlafen wollte, fand das Auge durch quietschende Mäuse, fliegende Vögel oder raschelnde Zweige keine Ruhe. Und wenn er ein Heer oder eine Ansammlung von Menschen beobachten wollte, fiel es todsicher in tiefen Schlaf.

Miach war nicht zufrieden damit, wie sein Vater den König kuriert hatte. Er holte Nuadas abgeschlagene Hand, setzte sie wieder an ihren Platz und sprach: „Gelenk an Gelenk und Sehne an Sehne." Drei Tage und drei Nächte blieb er beim König. Am ersten Tag legte er die Hand an des Königs Seite, am zweiten Tag an seine Brust, bis sie mit Haut bedeckt war, am dritten Tag legte er Schilfrohr, das er im Feuer angesengt hatte, darauf und schließlich war der König geheilt.

Diancecht aber wurde zornig, als er sah, dass sein Sohn mehr von der Heilkunst verstand als er, und warf ihm sein Schwert an den Kopf, so dass es ihm ins Fleisch schnitt. Der Junge jedoch verstand es, die Wunde durch seine Kunst zu heilen. Da warf Diancecht ein zweites Mal und traf die Schädeldecke, doch der Junge heilte auch diese Wunde. Dann warf er ein drittes und ein viertes Mal nach ihm, bis er sein Gehirn zerschlagen hatte, denn er wusste, dass ihm nach diesem Schlag kein Heiler mehr helfen konnte. Miach starb und Diancecht begrub ihn.

Auf Miachs Grab wuchsen so viele Kräuter, wie es Gelenke und Sehnen gibt, dreihundertfünfundsechzig an der Zahl. Airmed, seine Schwester, kam, breitete ihren Umhang aus und legte die Kräuter, nach ihrer Heilkraft geordnet, hinein. Doch Diancecht beobachtete sie dabei, ging hin und vermischte die Kräuter, so dass bis auf den heutigen Tag niemand all ihre wahren Heilkräfte kennt.

Als dann die Tuatha de Danaan sahen, dass Nuada wieder so gesund war wie früher, versammelten sie sich bei Bres in Teamhair. Sie baten ihn, von seinem Königtum, das er nun lange genug innegehabt hatte, zurückzutreten. Bres verzichtete, mehr gezwungen als freiwillig, und Nuada wurde wieder als König eingesetzt.

Bres war darüber sehr unwillig und dachte nach, wie er sich an jenen rächen könnte, die ihn abgesetzt hatten, und wie er ein Heer gegen sie aufbrächte. Er ging zu Eri, seiner Mutter, der Tochter des Delbaith, und bat sie, ihn über seine Abstammung aufzuklären. „Das werde ich tun", sagte sie und erzählte ihm, dass sein Vater Elathan, Sohn des Dalbaech, ein König der Fomor, war. Eines Tages war er über das Meer zu ihr gekommen, auf einem großen, silbrig glänzenden Schiff, dessen Gestalt sie aber nicht erkennen konnte. Er war ein junger Mann mit blondem Haar. Seine Kleider waren aus Gold genäht und er trug fünf goldene Ringe um den Hals. Und sie, die ihre Liebe all den jungen Männern aus dem eigenen Volk verwehrt hatte, sie liebte nur ihn und weinte, als er sie wieder verließ. Er gab ihr seinen Ring und trug ihr auf, ihn nur an denjenigen weiterzugeben, dem er wirklich passe. Dann ging er fort, wie er gekommen war. Sie gab Bres diesen Ring. Er steckte ihn an den Mittelfinger und er passte. Dann stiegen sie auf den Hügel, von dem aus Eri damals das silberne Schiff hatte kommen sehen. Sie gingen hinunter zum Strand und Eri, Bres und sein Volk machten sich nun auf die Suche nach dem Land der Fomor. Als sie zu jenem Land kamen, sahen sie eine große Ebene mit vielen verstreuten Siedlungen. Sie gingen zu der Siedlung, die ihnen am besten gefiel. Die Menschen dort fragten sie, woher sie kämen, und sie erzählten ihnen, dass sie aus Irland stammten. „Habt ihr auch Jagdhunde dabei?", fragten sie dann, denn zu jener Zeit war es Brauch, einen friedlichen Wettkampf auszutragen, wenn Fremde in die Siedlung kamen. „Ja, wir haben Jagdhunde", sagte Bres. Also wurden die Hunde aufeinander losgelassen. Die Hunde der Tuatha de Danaan waren besser als die der Fomor. „Habt ihr Rennpferde?", fragten sie dann. „Ja", sagte Bres; und die Pferde der Tuatha de Danaan waren besser als die der Fomor. Dann wurden sie gefragt, ob einer von ihnen gut mit dem Schwert umgehen könne, und sie sagten, dass Bres der Beste sei. Aber als er die Hand an sein Schwert legte, erkannte sein Vater Elathan, der unter ihnen war, den Ring und fragte, wer der junge Mann sei. Da antwortete seine Mutter, dass Bres sein Sohn sei, und sie erzählte die ganze Geschichte. Da wurde sein Vater sehr traurig und sagte: „Was hat dich aus dem Land getrieben, in dem du König warst?" Bres antwortete: „Meine eigene Ungerechtigkeit und Härte haben mich vertrieben. Ich nahm meinen Untertanen alles, nicht nur ihre Juwelen, sondern auch das, was ihnen an Nahrung übrig blieb. Ich war auch der Erste, der ihnen Steuern auferlegt hat. Das ist nicht gut", meinte sein Vater. „Ihr Wohlstand hätte dir mehr am Herzen liegen müssen als dein Königtum. Und ihr Wohlwollen wäre besser als ihr Fluch. Was willst du hier?" „Ich suche Männer, die für mich kämpfen", sagte Bres. „Ich will Irland mit Gewalt zurückerobern." „Es steht dir nicht zu, ein Land durch Unrecht einzunehmen, wenn du es nicht mit Gerechtigkeit führen konntest", sagte sein Vater. „Welchen Rat gibst du mir dann?", fragte Bres. Elathan gebot ihm, zu Balor mit dem Bösen Blick, dem Hohen König der Fomor, zu gehen und um seinen Rat und seine Hilfe zu bitten.

Kapitel 1
Lughs Aufstieg

Nuada mit der Silberhand aber feierte, als er wieder König war, ein großes Fest in Teamhair. Es gab zwei Torwächter auf seiner Burg, Gamal, Sohn des Figal, und Camel, Sohn des Riagall. Da kam ein junger Mann zum Tor, wo einer von ihnen stand, und verlangte, zum König vorgelassen zu werden. „Wer bist du denn?", fragte der Torwächter. „Ich bin Lugh, Sohn des Cian von den Tuatha de Danaan und der Ethlinn, Tochter des Balor, des Königs der Fomor", sagte er. „Und ich bin auch der Pflegesohn von Taillte, der Tochter des Königs der Großen Ebene, und von Echaid dem Rauen, Sohn des Duach." „Was kannst du?", fragte der Torwächter. „Jeder, der nach Teamhair will, muss eine Kunst oder ein Handwerk beherrschen." „Frag mich ruhig", sagte Lugh, „ich bin Zimmermann." „Dann brauchen wir dich nicht. Wir haben schon einen Zimmermann, Luchtar, Sohn des Luachaid." „Dann bin ich eben Schmied." „Wir haben auch schon einen Schmied, Colum Cuaillemech von den Drei Neuen Wegen." „Dann bin ich ein Spitzenkämpfer." „Auch da haben wir keinen Bedarf. Ogma, der Bruder des Königs, ist unser Spitzenkämpfer." „Frage mich noch

einmal", fuhr er fort, „und ich sage dir, ich bin Harfenspieler."
„Das nützt uns nichts, wir haben unseren eigenen Harfenspieler,
Abhean, Sohn des Bicelmos, den uns das Gefolge der drei Götter
von den Hügeln schickte." „Ich bin auch Dichter", sagte er dann,
„und Geschichtenerzähler." „Kein Bedarf, wir haben einen Geschichtenerzähler, Erc, Sohn des Ethaman." „Und ein Zauberer bin
ich auch." „Wir haben viele Zauberer und Menschen mit magischen Kräften." „Ich bin Arzt", sagte er. „Kein Bedarf, wir haben
Diancecht." „Lasst mich euer Mundschenk sein", sagte er. „Nein,
wir wollen dich nicht, wir haben schon neun Mundschenke." „Ich
kann gut Messing gießen." „Dafür haben wir Credne Cerd."

Da sagte Lugh: „Geh zum König und frage ihn, ob er schon jemanden hat, der in einer Person alles kann, was ich dir aufgezählt
habe, und wenn es so sein sollte, dann werde ich nicht mehr um
Einlass bitten." Der Torwächter ging ins Haus des Königs und erstattete Bericht. „Vor dem Tor ist ein junger Mann", sagte er, „der
eigentlich Ildánach, Meister aller Künste, heißen sollte, denn alles,
was die Leute in deinem Haus können, das kann er allein auch."
„Stelle ihn beim Schachspiel auf die Probe", sagte Nuada. Also
wurden die Schachbretter gebracht und Lugh gewann bei jedem
Spiel. Als Nuada das hörte, sagte er: „Lasst ihn herein. Einer wie er
war noch nie in Teamhair."

Der Torwächter führte ihn also herein. Lugh kam ins Haus des
Königs und ließ sich auf dem Sitz der Weisheit nieder. Eine riesige
Steinplatte lag da, die sich mit achtzig Ochsengespannen kaum von
der Stelle bewegen ließ. Ogma aber hob sie auf und schleuderte sie
durch ganz Teamhair. Da lag sie nun draußen, als Herausforderung
für Lugh. Der aber warf sie zurück und sie traf wieder genau in der
Mitte des Königshauses auf. Dann spielte er auf der Harfe und
brachte alle zum Lachen und zum Weinen, bis sie bei einer sanften
Melodie schließlich in den Schlaf sanken. Als Nuada sah, was Lugh
alles konnte, kam ihm in den Sinn, dass sein Land mit Lughs Hilfe

von den Steuern und der Tyrannei der Fomor befreit werden könnte. Und so machte er Folgendes: Er stieg von seinem Thron und setzte Lugh für die Dauer von dreizehn Tagen an seine Stelle. In dieser Zeit sollten alle auf seinen Rat hören.

Jetzt folgt die Geschichte, wie Lugh geboren wurde. Als die Fomor damals nach Irland kamen, lebte Balor mit dem Starken Schlag oder, wie manche ihn auch nannten, Balor mit dem Bösen Blick auf der Insel des Glasturms. Wenn Schiffe in die Nähe der Insel gerieten, liefen sie immer Gefahr, dass die Fomor auftauchten und sie kaperten. Es wird auch erzählt, dass die Söhne des Nemed früher einmal, noch vor der Zeit der Firbolgs, mit ihren Schiffen an der Insel entlangsegelten. Sie sahen einen Glasturm in der Mitte der See und auf dem Turm glaubten sie einige Männer zu erkennen. Mit ihren Druidensprüchen machten sie sich zum Angriff bereit. Die Fomor aber hielten mit ihren eigenen Druidensprüchen dagegen. Die Söhne des Nemed wollten den Turm stürmen, doch er verschwand plötzlich und sie glaubten schon, er sei zerstört. Doch da erhob sich eine hohe Welle und ging über sie hinweg. Ihre Schiffe sanken und alle, die auf ihnen waren, gingen mit unter.

Der Turm, in dem Balor wohnte, stand da wie zuvor. Man nannte Balor „den mit dem Bösen Blick", weil in seinem Auge die Macht des Todes lag. Keiner blieb am Leben, den sein Blick traf. Zu dieser Macht kam er auf folgende Weise: Eines Tages ging er an einem Haus vorbei, in dem sich die Druiden seines Vaters im Todeszauber versuchten. Das Fenster stand offen und er schaute hinein. Rauch stieg auf bei der giftigen Zauberei und drang in sein Auge. Von da an musste er das Auge geschlossen halten, es sei denn, er wollte einen Feind in den Tod schicken. Dann nahmen die Männer aus seinem Gefolge einen Elfenbeinring und hoben sein Augenlid an.

Einmal sagte ihm ein Druide voraus, dass er durch seinen eigenen Enkel ums Leben kommen werde. Zu dieser Zeit hatte er nur ein Kind, eine Tochter namens Ethlinn. Als er die Worte des Druiden vernahm, ließ er sie in dem Turm auf der Insel einsperren. Zwölf Frauen, die sie beschützen und für sie sorgen sollten, sandte er mit und gebot ihnen, dass seine Tochter niemals einen Mann sehen oder auch nur den Namen eines Mannes hören dürfe. So wuchs Ethlinn im Turm auf und wurde eine wunderschöne Frau. Manchmal sah sie, wie Männer auf einem Wagen an ihr vorbeizogen, und manchmal sah sie einen Mann im Traum. Doch wenn sie mit den Frauen darüber sprechen wollte, erhielt sie keine Antwort.

Balor fühlte sich nun sicher. Er machte mit seinen Kriegen und Raubzügen weiter wie bisher und kaperte jedes vorbeifahrende Schiff. Manchmal begab er sich auch nach Irland und richtete dort sein Unheil an.

Zu dieser Zeit lebten drei Brüder von den Tuatha de Danaan an einem Ort namens Druim na Teine, dem Feuerriff: Goibniu, Samthainn und Cian. Cian war Landbesitzer und Goibniu hatte sich als Schmied einen Namen gemacht. Cian hatte eine wunderbare Kuh in seinem Besitz, die Glas Gaibhnenn genannt wurde und immer gute Milch gab. Jeder wollte sie haben und etliche hatten schon versucht, sie zu stehlen, so dass sie Tag und Nacht bewacht werden musste.

Einmal wollte sich Cian einige Schwerter anfertigen lassen und ging zu Goibnius Schmiede. Glas Gaibhnenn führte er an einem Riemen mit sich. Als er zur Schmiede kam, waren auch seine Brüder da. Samthainn hatte Stahl mitgebracht, weil er Waffen brauchte. Cian bat Samthainn, den Riemen zu halten, solange er sich in der Schmiede mit Goibniu besprach.

Balor ging die Kuh schon seit langem im Kopf herum, doch bis dahin war es ihm nie gelungen, an sie heranzukommen. Nun beobachtete er sie aus der Nähe. Als Samthainn die Kuh am Riemen hielt, nahm Balor die Gestalt eines kleinen Jungen mit roten Haaren an. Er ging zu Samthainn und sagte, er habe gehört, was die beiden Brüder in der Schmiede untereinander ausgemacht hätten. Sie wollten den ganzen Stahl für ihre eigenen Schwerter verwenden und er solle nur ein Schwert aus Eisen bekommen. „Bei meinem Wort", rief Samthainn, „so leicht lasse ich mich nicht täuschen. Halte mal die Kuh, kleiner Bursche, ich gehe jetzt hinein zu ihnen." Vor Zorn schnaubend stürmte er in die Schmiede. Kaum hatte Balor den Riemen in der Hand, da machte er sich auch schon davon, trieb Glas zum Strand und brachte sie auf seine Insel jenseits des Meeres.

Als Cian seinen Bruder kommen sah, stürzte er gleich hinaus und entdeckte Balor und Glas draußen auf hoher See. Er konnte nichts mehr tun. Seinem Bruder machte er heftige Vorwürfe, während er selbst wie ein Verrückter hin und her rannte, nicht wissend, wie er sich die Kuh wieder zurückholen sollte. Schließlich ging er zu einem Druiden und bat ihn um Rat. Der Druide sagte ihm, dass es unmöglich sei, die Kuh zurückzubringen, solange Balor lebe. Denn niemand würde sich in den Bannkreis seines bösen Blicks wagen.

Cian ging daraufhin zu Birog vom Berg, einer Druidin, und bat sie um Hilfe. Sie zog ihm Frauenkleider an und zauberte einen Windstoß herbei, der sie beide über das Meer zu dem Turm brachte, in dem Ethlinn wohnte. Dann rief sie die zwölf Frauen und ersuchte sie, einer hohen Königin, die viel durchlitten hätte, Schutz zu gewähren. Die Turmfrauen wollten eine Frau der Tuatha de Danaan nicht abweisen und baten sie und ihre Begleiterin herein. Birog ließ sie mit ihrer Zauberkraft in tiefen Schlaf fallen und Cian ging zu Ethlinn. Als die Tochter des Balor ihn anblickte, wusste sie, dass sie sein Gesicht im Traum gesehen hatte, und sie schenkte ihm ihre Liebe. Nach einer Weile jedoch wurde er mit einem Windstoß wieder von ihr weggeholt.

Als Ethlinns Zeit gekommen war, schenkte sie einem Sohn das Leben. Balor erfuhr davon und befahl seinen Leuten, das Kind in ein Tuch zu legen, dieses mit einer Nadel zusammenzuhalten und das Bündel ins Meer zu werfen. Sie trugen das Kind über einen Meeresarm, da fiel plötzlich die Nadel heraus. Das Kind glitt aus dem Tuch ins Wasser und sie dachten, es sei ertrunken. Doch Birog vom Berg brachte es fort zu seinem Vater Cian und der gab es Taillte, der Tochter des Königs der Großen Ebene, zur Pflege. So wurde Lugh geboren und wuchs heran.

Einige sagen, dass Balor kam und Cian bei einem weißen Felsen den Kopf abschlug. Bis auf den heutigen Tag sind dort Blutflecken zu sehen. Doch muss er einen anderen Mann geköpft haben, denn Cian kam durch die Söhne des Tuireann zu Tode.

Nachdem Lugh nach Teamhair gekommen war und sich entschlossen hatte, gemeinsam mit seines Vaters Volk gegen die Fomor vorzugehen, begann er, sich auf diese Aufgabe vorzubereiten. Mit Nuada, dem Dagda und Ogma begab er sich an einen abgeschiedenen Ort in Grellach Dollaid und auch Goibniu und Diancecht ließ er dorthin rufen. Ein ganzes Jahr blieben sie dort. Ihre Pläne hielten sie geheim, denn die Fomor durften nicht einmal ahnen, dass sie sich gegen sie erheben wollten. Erst dann, wenn alles bereit war und sie um ihre Stärken und Schwächen wussten, wollten sie den Kampf aufnehmen. Von dieser geheimen Beratung zeugt der Name, den der Platz dann erhielt: „Das Flüstern der Männer von Dea". Sie vereinbarten, auf den Tag genau drei Jahre später wieder zusammenzukommen. Dann ging jeder seines Weges. Lugh kehrte zu seinen Freunden, den Söhnen des Manannan, zurück.

Einige Zeit danach hielt Nuada eine große Volksversammlung auf dem Hügel von Uisnech, an der Westseite von Teamhair, ab. Es dauerte nicht lange und eine bewaffnete Truppe kam von Osten über die große Ebene auf sie zu. Ein junger Mann führte sie an. Sein Gesicht war so hell wie die untergehende Sonne, so dass es ihnen nicht möglich war, ihn anzublicken. Als er aber näher kam, erkannten sie Lugh Lamh-Fada, mit der Langen Hand, der zu ihnen zurückgekehrt war. Bei ihm waren die Reiter der Sidhe aus dem Land der Verheißung und seine beiden Stiefbrüder, die Söhne des Manannan, Sgoith Gleigeil, die Weiße Blume, und Goitne Gorm-Shuilcach, der Blauäugige Speer, und Sine Sindearg, mit dem Roten Ring, und Donall Donn-Ruadh, mit dem Rotbraunen Haar. Lugh selbst ritt Manannans Stute Aonbharr die Einmähnige, die so schnell war wie der nackte, kalte Frühlingswind. Sie ritt über das Meer wie auf trockenem Boden und kein Reiter wurde jemals auf ihrem Rücken getötet. Lugh hatte Manannans Brustplatte angelegt, die jeden ihrer Träger vor Wunden bewahrte. Auf dem Kopf trug er einen Helm, in den vorne zwei und hinten ein Edelstein eingesetzt waren. Als er ihn abnahm, leuchtete seine Stirn wie die Sonne an einem heißen Sommertag. Er hatte auch Manannans Schwert zur Seite, Freagarthach, den Verteidiger, und keiner, der damit verwundet wurde, kam mit dem Leben davon. Wenn dieses Schwert im Kampf gezogen wurde, hatte der Gegner nur noch die Kraft einer Frau im Kindbett. Die Truppe kam zu dem Platz, an dem der König von Irland mit den Tuatha de Danaan weilte, und sie hießen einander willkommen.

Es dauerte nicht lange und sie sahen, wie sich ein verlotterter Haufen von mürrisch blickenden Männern näherte. Das waren die einundachtzig Boten der Fomor. Sie kamen um Pacht und Steuern von den Männern Irlands einzufordern. Die vier härtesten und grausamsten unter ihnen nannten sich Eine, Eathfaigh, Coron und Compar. Sie verbreiteten so große Furcht bei den Tuatha de Danaan, dass keiner von ihnen es gewagt hätte, auch nur irgendetwas ohne deren Erlaubnis zu tun. Sie gingen auf den König von Irland zu. Der König und alle Männer der Tuatha de Danaan erhoben sich. Da sagte Lugh mit der Langen Hand: „Warum erhebt ihr euch vor dieser verlotterten, mürrischen Truppe, aber vor uns nicht?" „Es ist notwendig", sagte der König. „Wenn auch nur ein kleiner Junge sitzen bliebe, wäre ihnen das Grund genug, ihn zu töten." „Bei meinem Wort", sagte Lugh, „mich überkommt ein großes Verlangen, diese Fomor in den Tod zu schicken." „Das würde uns nur schaden", sagte der König, „das hieße Zerstörung und Tod für uns alle." „Ihr werdet schon viel zu lange unterdrückt", sagte Lugh. Dann ging er auf die Fomor los, verwundete und tötete sie, bis nur noch neun Männer am Leben waren. Die ließ er unter dem Schutz des Königs Nuada in ihr Land zurückkehren. „Euch würde ich auch töten, genau wie die anderen", sagte er, „aber lieber ist es mir, ihr berichtet selbst, was geschehen ist, als dass ich meine Leute losschicke, um sie von eurem Volk schlecht behandeln zu lassen."

So gingen die neun zurück und kamen nach Lochlann, wo die Männer der Fomor sich aufhielten. Sie erzählten die ganze Geschichte von Anfang bis Ende, wie ein junger, gut gebauter Mann nach Irland gekommen sei und alle Steuereintreiber getötet habe. „Und nur weil wir dir alles berichten sollen", sagten sie, „hat er uns verschont." „Wisst ihr, wer der junge Mann ist?", fragte Balor mit dem Bösen Blick. „Ich weiß es sehr wohl", sagte da Ceithlenn, seine Frau. Er ist der Sohn deiner und meiner Tochter. Und so lautet die Prophezeiung: „Wenn er nach Irland kommt, sind die Tage unserer Herrschaft gezählt."

Daraufhin hielten ihre Obersten Rat: Eab, Sohn des Neid, Seanchab, Enkel des Neid, Sital Salmhor und Liath, Sohn des Lobais, und die neun Dichter der Fomor, die gelehrt waren und die Gabe der Weissagung besaßen, und Lobais, der Druide, Balor selbst, seine zwölf Söhne mit den Weißen Lippen und Ceithlenn mit den Schiefen Zähnen, seine Königin.

Gerade zu jener Zeit waren Bres und sein Vater Elathan zu den Fomor gekommen und hatten um deren Hilfe gebeten. „Ich werde selbst nach Irland gehen", sagte Bres, „mit euren sieben großen Reiterbataillonen. Diesem Ildánach, diesem Meister aller Künste, werde ich einen tödlichen Kampf bescheren und dann bringe ich seinen Kopf hierher ins grüne Land von Berbhe." „Das würde dir wohl anstehen", erwiderten sie alle. „Lasst die Schiffe herrichten", sagte Bres, „bringt Nahrung und alles, was wir sonst noch brauchen!" Ohne zu zögern machten sie die Schiffe fertig und statteten sie reichlich mit Vorräten aus. Die beiden flinken Luaths wurden ausgesandt, um die Armee zusammenzurufen. Als alle versammelt waren, holten sie Rüstung und Waffen hervor und machten sich auf den Weg nach Irland. König Balor folgte ihnen bis zum Hafen. „Kämpft gegen Ildánach, schlagt ihm den Kopf ab", rief er, „und dann bindet diese Insel, die man Irland nennt, an das Heck eurer Schiffe. Lasst die mörderischen Wasser an ihre Stelle treten und bringt sie an die Nordseite von Lochlann. Nicht einer der Männer von Dea wird ihr dorthin folgen können bis ans Ende aller Tage."

Dann zogen sie ihre Schiffe ins Meer und setzten die bunten Segel. Sie fuhren aus dem Hafen auf das unbestellte Land der wellenbewegten, weiten See und sie wichen nicht vom Kurs ab, bis sie den Hafen von Eas Dara erreicht hatten. Von da aus sandten sie eine Armee nach West Connacht und vernichteten alles ohne Ausnahme. Damals war Bodb Dearg, Sohn des Dagda, König von Connacht.

Kapitel 2
Die Söhne des Tuireann

Lugh mit der Langen Hand war gerade beim König von Irland auf Teamhair, als er von der Landung der Fomor in Eas Dara hörte. Während die Schlacht Tag und Nacht wütete, sattelte er Aonbharr, Manannans Pferd, ritt zu König Nuada und berichtete ihm, dass die Fomor bei Eas Dara gelandet seien und Bodb Deargs Land vernichtet hätten. „Von dir will ich Hilfe", sagte er, „damit ich gegen sie kämpfen kann." Doch Nuada war nicht gewillt, sich für ein Unrecht zu rächen, das nicht ihm, sondern Bodb Dearg widerfahren war. Lugh gab sich mit dieser Antwort nicht zufrieden. Von Teamhair aus ritt er nach Westen. Und schon sah er drei bewaffnete Männer kommen: Seinen Vater Cian mit seinen Brüdern Cu und Ceithen, den drei Söhnen des Cainte. Sie begrüßten sich. „Warum bist du schon so früh unterwegs?", fragten sie. „Aus gutem Grund", antwortete Lugh, „die Fomor sind in Irland eingefallen und haben Bodb Deargs Land geplündert. Werdet ihr mir beistehen und mit mir gegen sie kämpfen?" „Jeder von uns kann dir im Kampf hundert Fomor vom Leibe halten", sagten sie. „Das wäre in der Tat eine große Hilfe", meinte Lugh, „aber ich würde euch lieber um etwas anderes bitten. Treibt mir die Reiter der Sidhe zusammen, wo immer sie auch sein mögen."

So wandten sich Cu und Ceithen nach Süden und Cian ging nach Norden bis zur Ebene von Muirthemne. Als er über die Ebene ging, sah er drei bewaffnete Männer, die Söhne des Tuireann. Zwischen den drei Söhnen des Tuireann und den drei Söhnen des Cainte herrschte Hass und Feindschaft und jedes Mal, wenn sie sich begegneten, kam es mit Sicherheit zum Kampf. Da dachte sich Cian: „Wenn meine Brüder jetzt da wären, könnten wir einen kühnen Kampf austragen, aber so ziehe ich mich besser zurück." In der Nähe entdeckte er eine Schweineherde. Er berührte sich mit der Druidenrute und nahm die Gestalt eines Schweins an. Nun fing er an, den Boden abzuschnüffeln, wie die anderen auch.

Brian, einer der Söhne des Tuireann, sagte zu seinen Brüdern: „Habt ihr nicht auch den bewaffneten Mann gesehen, der gerade noch über die Ebene ging?" „Doch", erwiderten sie. „Und warum ist er auf einmal weg?", fragte Brian. „Keine Ahnung", sagten sie. „Es ist schon ein Jammer, dass ihr nicht einmal das weite Land beobachten könnt, gerade jetzt in Kriegszeiten!", sagte Brian. „Ich weiß genau, was mit ihm geschehen ist. Er hat sich mit der Druidenrute in ein Schwein verwandelt und sucht jetzt den Boden ab.

Wer immer das sein mag, ein Freund ist er nicht." „Die Schweine gehören einem Mann der Tuatha de Danaan", sagten die anderen beiden. „Das ist schlecht für uns. Denn selbst wenn wir sie alle töten, könnte uns das Druidenschwein am Ende entkommen." „Schlecht ist, dass ihr eure Weisheit aus der Stadt der Gelehrten habt", sagte Brian, „und nicht einmal ein verzaubertes Tier von einem echten Tier unterscheiden könnt." Während er noch sprach, berührte er die Brüder mit seiner Druidenrute und verwandelte sie in zwei schnelle Jagdhunde. Und auf der Stelle nahmen sie die Spur des verzauberten Schweins auf.

Es dauerte nicht lange, bis sie das Schwein ausfindig gemacht hatten, denn nur dieses Schwein lief nun von der Herde weg auf den Wald zu. Als es am Waldrand angelangt war, warf Brian seinen Speer und durchbohrte damit seinen Körper. Das Schwein schrie auf: „Du tust mir Schlimmes an, wenn du weißt, wer ich bin und trotzdem deinen Speer auf mich richtest." „Es scheint mir, du sprichst wie ein Mensch", sagte Brian. „Ich war einmal ein Mensch. Ich bin Cian, Sohn des Cainte", sagte er. „Verschone mich jetzt." „Ich schwöre dir bei den Göttern der Luft", sagte Brian, „wenn du sieben Leben hättest, jedes würde ich dir nehmen." „Wenn das so ist", entgegnete Cian, „dann gewähre mir eine Bitte: Lass mich wieder menschliche Gestalt annehmen." „Das sei dir gewährt", sagte Brian. „Mir fällt es auch leichter, einen Mann zu töten als ein Schwein." Cian nahm also wieder menschliche Gestalt an und sprach: „Ich bitte dich um Gnade." „Sie wird dir nicht gewährt", entgegnete Brian. „Dennoch, so leicht werde ich es dir nicht machen", sagte Cian, „denn hättest du mich in Gestalt eines Schweins getötet, müsstest du nur das Blutgeld für ein Schwein entrichten. Du aber wirst mich in meiner eigenen Gestalt töten und ich sage dir, es gibt keinen Menschen auf der Welt und es wird auch nie einen geben, für den ein höheres Blutgeld gezahlt wird als für mich und die Waffen, die mich töten", sagte er. „Außerdem wird dann auch mein Sohn davon erfahren." „Wir töten dich nicht mit Waffen, sondern mit den Steinen, die hier am Boden liegen", sagte Brian. Und sie warfen Steine nach ihm, mit voller Wucht und Rohheit, bis von ihm nur noch ein elendes, zerschlagenes Häuflein übrig war. Dann hoben sie ein Grab aus und legten in hinein, doch die Erde wollte dieses Verbrechen nicht annehmen und warf ihn wieder zurück. Brian befahl, ihn noch einmal zu begraben, und sie versuchten es ein zweites Mal, aber auch da gelang es ihnen nicht. Sechsmal begruben ihn die Söhne des Tuireann und sechsmal kam der Leichnam wieder nach oben. Erst beim siebten Mal behielt ihn die Erde. Dann machten sich die Brüder auf den Weg zu Lugh, um ihm in der Schlacht beizustehen.

Nun zu Lugh. Nachdem er sich von seinem Vater getrennt hatte, ging er von Teamhair aus nach Westen zu den Hügeln, die später Gairech und Ilgairech genannt wurden, und zur Furt des Shannon, die jetzt Athluain heißt, dann nach Bearna nah-Eadargana, der Schlucht der Trennung, und über Magh Luirg, der Ebene der Verfolgung, zum Corr Slieve na Seaghsa, dem Runden Berg des Dichterfrühlings, dann zur Spitze von Sean-Slieve, über den Platz des hellgesichtigen Corann und von da nach Magh Mor an Aonaigh, der Großen Hellen Ebene, wo sich die Fomor mit ihrer Beute aus Connacht befanden.

Bres, Sohn des Elathan, der auch dort weilte, stand auf und sagte. „Es scheint mir ein Wunder zu sein, dass die Sonne heute nicht im Osten, sondern im Westen aufgeht." „Wenn es doch nur die Sonne wäre", entgegneten die Druiden. „Was ist es denn?", fragte er. „Es ist das Leuchten auf Lughs Gesicht", sagten sie. Lugh kam auf sie zu und grüßte. „Warum kommst du wie ein Freund zu uns?", fragten sie. „Aus gutem Grund", antwortete er, „nur ein Teil von mir stammt von den Tuatha de Danaan ab, der andere von euch. Gebt mir jetzt die Milchkühe der Iren zurück." „Da wirst du kein Glück haben", sagte einer der Männer voller Wut. „Du bekommst hier überhaupt keine Kuh, ob sie Milch gibt oder nicht."

Doch Lugh lagerte drei Tage und drei Nächte in ihrer Nähe, dann kamen die Reiter der Sidhe zu ihm. Auch Bodb Dearg, Sohn des Dagda, kam mit neunundzwanzig Hundertschaften und sagte: „Warum zögerst du, den Kampf aufzunehmen?" „Ich habe auf euch gewartet", sagte Lugh.

Nun legten die Könige und die obersten Männer Irlands ihre Waffen an, hoben die Speere über ihre Häupter und bildeten mit ihren Schilden eine geschlossene Reihe. Dann griffen sie ihre Feinde auf Magh Mor an Aonaigh an. Sie schleuderten ihre heulenden Speere gegeneinander, und als sie zerbrochen waren, zogen sie die Schwerter aus den blau gefassten Scheiden und schlugen aufeinander ein. Rote Flammen stiegen aus der Bitterkeit ihrer scharfen Waffen auf. Lugh sah Bres an der Spitze seines Heeres kämpfen. Wütend griff er ihn und seine Schutztruppe an und brachte zweihundert Männer zu Fall. Da ergab sich Bres. „Lass mich für dieses Mal am Leben", sagte er zu Lugh, „dann bringe ich dir das ganze Volk der Fomor, um es in der größten Schlacht aller Zeiten auszukämpfen. Das verspreche ich dir, und Sonne und Mond, Erde und Meer sollen meine Zeugen sein." Lugh ließ ihn am Leben. Auch die Druiden, die bei ihm waren, flehten um Schonung und Schutz. „Bei meinen Taten", sagte Lugh, „und wenn sich das ganze Volk der Fomor unter meinen Schutz stellte, kein Einziger würde zu Schaden kommen." Daraufhin machten sich Bres und die Druiden auf den Weg in ihr Land.

Nun zu Lugh und den Söhnen des Tuireann. Nach der Schlacht von Magh Mor an Aonaigh traf Lugh zwei Verwandte und fragte, ob sie seinen Vater in der Schlacht gesehen hätten. Sie verneinten. „Ich bin sicher, dass er nicht mehr am Leben ist", meinte Lugh. „Ich gebe euch mein Wort, dass ich erst dann wieder Speise und

Trank zu mir nehmen werde, wenn ich weiß, wie mein Vater gestorben ist."

Dann zog er los und die Reiter der Sidhe folgten ihm. Sie kamen zu der Stelle, wo sich Lugh von seinem Vater getrennt hatte. Von da aus ritten sie weiter an den Ort, wo sein Vater beim Anblick der Söhne des Tuireann die Gestalt eines Schweins angenommen hatte. Als Lugh dorthin kam, sprach die Erde zu ihm: „Dein Vater war hier in großer Gefahr. Als er die Söhne des Tuireann kommen sah, musste er sich in ein Schwein verwandeln. Doch getötet haben sie ihn in seiner menschlichen Gestalt."

Lugh erzählte seinen Leuten davon. Er fand die Stelle, wo sein Vater lag, und bat sie, dort zu graben, damit er erfahre, wie ihm die Söhne des Tuireann den Tod bereitet hatten. Als sie den Leichnam aus dem Grab hoben, sahen sie, dass er mit Wunden übersät war. Lugh sprach: „Sie haben meinen geliebten Vater wie einen Feind umgebracht." Er küsste ihn dreimal. „Sein Tod schmerzt mich so sehr. Ich kann nicht mehr hören, ich kann nicht mehr sehen, mein Herz schlägt ohne Leben aus Kummer um meinen Vater. Ihr Götter, die ich anbete", rief er, „warum konnte ich nicht hier sein, als das Schreckliche geschah? Das Volk der Götter von Dana hat Verrat geübt, für lange Zeit ist es verloren und geschwächt. Irland wird von nun an nie mehr frei von Sorge sein." Dann legten sie Cian wieder in die Erde und stimmten die Totenklage an. Sie stellten einen Stein auf sein Grab und schrieben seinen Namen darauf. Lugh sprach: „Dieser Hügel soll den Namen Cian erhalten, auch wenn mein Vater seiner Ehre beraubt und gesteinigt wurde. Die Söhne des Tuireann haben sich dieses Verbrechens schuldig gemacht. Kummer und Leid wird über sie und ihre Kinder kommen. Ich lüge nicht, wenn ich sage, ich leide, mein Herz ist gebrochen. Cian, der tapfere Mann, lebt nicht mehr unter uns." Er befahl seinen Leuten, noch vor ihm nach Teamhair zu gehen. „Aber sagt nicht, was geschehen ist. Ich werde es selbst berichten."

Als Lugh nach Teamhair kam, setzte er sich auf den Thron des Königs, blickte um sich und entdeckte die drei Söhne des Tuireann. Es waren jene drei, die zu dieser Zeit in Teamhair über allen anderen standen, weil sie schön, flink, geschickt und im Kampf erprobt waren und einen ehrbaren Namen hatten. Lugh befahl seinen Leuten, die Kette des Schweigens zu schütteln. Alle verstummten und hörten auf seine Worte. Lugh sprach: „Männer von Dea, was geht in diesem Augenblick in euren Köpfen vor?" „Du bist es, der uns beschäftigt", antworteten sie. „Ich muss euch eine Frage stellen", sagte er. „Wie würdet ihr den Mann bestrafen, der euren Vater getötet hat?" Da war ihr Erstaunen groß und einer ihrer Oberen fragte: „Sag uns, ist dein Vater getötet worden?" „Ja, so ist es", antwortete Lugh, „und in diesem Haus sehe ich die Männer, die ihn getötet haben, und sie wissen besser als ich, wie sie ihn getötet haben." Da sagte der König „Ich würde den, der meinen Vater getötet hat, langsam sterben lassen. Wenn er in meiner Macht wäre, würde ich ihm Tag für Tag ein Glied mehr abhacken, bis er stirbt." Dem stimmten alle zu, auch die Söhne des Tuireann. „Auch die drei Männer, die meinen Vater getötet haben, geben diese Antwort", sagte Lugh. „Lasst sie jetzt ihre Strafe bezahlen, da alle versammelt sind. Wenn sie nicht zahlen", sagte er, „werde ich den Hausfrieden zwar nicht brechen, doch sollen sie das Haus nicht verlassen, bis wir im Reinen sind." „Und wenn ich selbst deinen Vater getötet hätte", sagte der König, „würde ich bereitwillig Buße leisten."

„Lugh meint uns", sagten die Söhne des Tuireann unter sich. „Wir sollten ihm alles gestehen", meinten Iuchar und Iucharba. „Ich fürchte", entgegnete Brian, „dass er genau das will, ein Geständnis im Beisein aller. Er wird uns dann aber sicher nicht mit einem Bußgeld davonkommen lassen." „Es ist trotzdem am besten, wenn wir gestehen", entgegneten die anderen. „Und das ist deine Sache, du bist der Älteste."

Da sagte Brian, Sohn des Tuireann: „Du sprichst von uns, Lugh, weil du denkst, dass wir damals gegen die Söhne des Cainte loszogen. Wir haben deinen Vater nicht getötet, aber wir werden die Buße zahlen, als hätten wir es getan." „Ich verlange etwas, womit ihr sicher nicht rechnet", sagte Lugh. „Wenn es euch zu viel erscheint, erlasse ich euch einen Teil." „Lass hören", antworteten sie. „Ich verlange", sagte Lugh, „drei Äpfel, die Haut eines Schweins, einen Speer, zwei Pferde und einen Wagen, sieben Schweine, einen Welpen, einen Bratspieß und drei Rufe auf einem Hügel. Das soll euer Bußgeld sein. Wenn es euch zu hoch erscheint, erlasse ich einen Teil sofort, wenn nicht, dann zahlt." „Das ist wahrlich nicht zu viel", sagte Brian, „und wenn du hundertmal mehr verlangen würdest, wäre es nicht zu viel. Aber weil das Bußgeld so gering ausfällt, glauben wir, dass du irgendetwas gegen uns im Schilde führst." „Es ist nicht zu wenig", erwiderte Lugh. „Ich gebe euch die Gewähr der Tuatha de Danaan, dass ich nichts weiter fordern werde als das. Ihr könnt mir vertrauen, doch ihr müsst mir euer Wort geben, dass ich euch auch vertrauen kann." „Wir haben dir unser Versprechen gegeben und das sollte dir genügen." „Das tut es aber nicht", entgegnete Lugh. „Menschen eures Schlages geben gern ein Versprechen und lösen es dann nicht ein." So gaben dann die Söhne des Tuireann vor dem König von Irland, vor Bodb Dearg und den Oberen der Tuatha de Danaan ihr Wort, dass sie ihr Bußgeld an Lugh bezahlen würden.

„Es wäre jetzt wohl ganz gut", meinte Lugh, „wenn ihr genauer wüsstet, was es mit dem Bußgeld auf sich hat." „Das wäre es in der Tat", sagten sie. „Nun also", sagte Lugh, „die drei Äpfel, um die ich euch bitte, sind die drei Äpfel aus dem Garten im Osten der Welt. Nur diese will ich, denn sie sind voller Kraft und die schönsten Äpfel auf der ganzen Welt. Sie sehen folgendermaßen aus: Ihre Farbe ist die des geschmiedeten Goldes und sie sind so groß wie der Kopf eines neugeborenen Kindes. Sie schmecken wie Honig, und wer sie isst, spürt nicht mehr die Pein seiner Wunden und die Qualen seiner Krankheit. Und sooft man davon auch isst, sie werden nicht weniger. Das Schwein, um dessen Haut ich euch bitte, gehört dem König von Griechenland. Diese Haut heilt alle Wunden und alle Krankheiten, und wenn das Leben eines Mannes nur noch am seidenen Faden hängt, dann heilt sie auch ihn. Mit dem Schwein verhält es sich so: Wann immer es durch einen Fluss watete, wurde das Wasser neun Tage danach in Wein verwandelt und heilte jede Wunde, mit der es in Berührung kam. Die Druiden von Griechenland behaupten, dass die Kraft in der Haut liege. Sie häuteten es und seither ist die Haut bei ihnen. Ich glaube nicht, dass es leicht sein wird, an sie heranzukommen, sei es mit oder gegen ihren Willen. Wisst ihr, welchen Speer ich meine?", fragte er. „Nein", antworteten sie. „Es ist ein tödlicher Speer, dem alles möglich ist. Er gehört dem König von Persien und wird Luin genannt. Seine Spitze tauchen sie in ein Gefäß mit Wasser, sonst würde sie alles in ihrer Umgebung verbrennen. Es wird schwer sein, ihn zu bekommen. Und wisst ihr, was ich mit dem Wagen und den beiden Pferden meine? Ich meine den Wagen und die beiden wunderbaren Pferde von Dobar, dem König von Siogair. Sie reiten auf dem Meer genauso gut wie auf dem Land. Es gibt keine schnelleren Pferde und keinen anderen Wagen, der so gut gebaut und edel gestaltet ist wie dieser. Und wisst ihr, welches die sieben Schweine sind? Das sind die Schweine von Easal, dem König der Goldenen Säulen. Sie werden jede Nacht getötet und sind am nächsten Morgen doch wieder am Leben. Wer von ihrem Fleisch isst, wird weder von Seuchen noch von anderen Krankheiten heimgesucht. Der Welpe, um den ich euch bat, ist Fail-Inis und gehört dem König von Ioruaidh, dem Kalten Land. Alle wilden Tiere der Welt würden ihm bei seinem Anblick zu Füßen liegen. Er ist schöner als das Feuerrad der Sonne und es wird nicht leicht sein, ihn zu holen. Der Bratspieß, um den ich bat, gehört den Frauen von Inis Cenn-fhinne, der Insel von Caer der Blonden. Und dreimal rufen müsst ihr auf dem Hügel des Miochaoin im Norden von Lochlann. Miochaoin und seine Söhne haben gelobt, dass auf ihrem Hügel niemals Rufe laut werden. Von ihnen hatte mein Vater sein Wissen. Selbst wenn ich euch seinen Tod vergebe, sie würden euch nie vergeben. Und wenn ihr alle anderen Fahrten überstanden habt, dann werden sie, da bin ich sicher, seinen Tod rächen. Das ist das Bußgeld, das ich verlange", sagte Lugh.

Ein dunkles Schweigen legte sich auf die Söhne des Tuireann, als sie das hörten. Sie gingen zu ihrem Vater und erzählten ihm alles. „Das sind schlechte Nachrichten", sagte Tuireann. „Ihr rennt in Tod und Verderben. Aber wenn euch Lugh hilft, könnt ihr es vielleicht doch schaffen. Kein Mensch der Welt kann dieses Bußgeld aufbringen, es sei denn, er hat die Macht eines Manannan oder Lugh. Geht hin und bittet Lugh um Manannans Pferd, um Aonbharr, als Leihgabe. Wenn Lugh das Bußgeld wirklich will, werdet ihr sie bekommen, und wenn nicht, dann wird er sagen, das Pferd gehöre nicht ihm und er könne nicht verleihen, was er selbst geliehen habe. Bittet ihn dann um Manannans Wagen, Scuabtuinne, den Wellenfeger. Den wird er euch geben, denn er hat gelobt, nie eine zweite Bitte abzuschlagen, und der Wagen nützt euch mehr als das Pferd."

Da gingen die Söhne des Tuireann zu Lugh. Sie grüßten ihn und gestanden ein, dass sie das Bußgeld nicht ohne seine Hilfe aufbringen könnten. Darum hätten sie gern Aonbharr als Leihgabe. „Das Pferd habe ich selbst nur geliehen", sagte Lugh. „Ich kann nicht verleihen, was nicht mir gehört." „Wenn das so ist, dann gib uns den Wagen des Manannan als Leihgabe", sagte Brian. „Den könnt ihr haben", antwortete Lugh. „Wo finden wir ihn?", fragten sie. „In Brugh na Boinn", entgegnete Lugh.

Sie kehrten zu Tuireann zurück. Ihre Schwester Ethne war bei ihm. Sie erzählten, dass sie den Wagen bekommen hätten. „Sehr viel besser seid ihr damit auch nicht dran", meinte Tuireann. „Obwohl Lugh vor dem Kampf gegen die Fomor sicher gern das gesamte Bußgeld hätte, das er dann zu seinem Nutzen einsetzen könnte, ist ihm euer Tod anscheinend noch wichtiger."

Dann verließen sie Tuireann, der in Weinen und Klagen ausbrach. Ethne ging mit ihnen zum Wagen. Brian stieg hinein und meinte: „Da kann außer mir kaum noch einer mitfahren." Und er begann über den engen Wagen zu schimpfen. „Du solltest nicht klagen", sagte Ethne. „O mein lieber Bruder, ihr habt Schlimmes getan und den Vater von Lugh getötet. Was euch jetzt auch an Leid widerfahren mag, es ist nur gerecht." „Sprich nicht so, Ethne", erwiderten sie, „wir sind voller Mut und werden kühne Taten vollbringen. Lieber würden wir uns hundertmal töten lassen, als auch nur einmal den Tod eines Feiglings zu sterben." „Es tut mir über die Maßen weh", sagte Ethne, „euch aus eurem eigenen Land vertrieben zu sehen."

Sie schoben ihren Wagen an und entfernten sich von der schönen, klar gezeichneten Küste Irlands. „Welchen Weg nehmen wir zuerst?", fragten sie. „Wir werden die Äpfel suchen", sagte Brian. „Das war das Erste, was man uns aufgetragen hat. Daher bitten wir dich, Wagen des Manannan, geleite uns zum Garten im Osten der Welt." Der Wagen verweigerte ihnen diesen Dienst nicht und segelte fort über grün glänzende Wellen und tiefe Täler. Schließlich erreichten sie den Hafen im Osten der Welt.

Brian fragte seine Brüder: „Habt ihr eine Idee, wie wir in den Garten kommen? Ich glaube, die stärksten Kämpfer des Königs und seine Soldaten bewachen ihn ständig." „Dann können wir nur gegen sie kämpfen", sagten seine Brüder. „Entweder gelingt es uns, die Äpfel zu holen, oder wir sterben. Der Gefahr, dem Tod zu begegnen, können wir sowieso nicht entgehen." „Es wäre besser", sagte Brian, „die Nachwelt erzählte davon, dass wir kühn und geschickt vorgingen und nicht närrisch und feige. Wir sollten uns in flinke Falken verwandeln und in den Garten fliegen. Dann können die Wächter nur ihre leichten Speere auf uns richten. Bleibt aber außer ihrer Reichweite. Wenn sie dann alle Speere verschossen haben, fliegen wir schnell zu den Äpfeln. Ihr nehmt jeder einen Apfel in eure Klauen und ich hole den dritten." Sie hielten das für einen guten Vorschlag. Brian berührte sich und seine Brüder mit der Druidenrute und verwandelte alle in wunderschöne Falken. Sie flogen auf den Garten zu. Die Wächter sahen sie und beschossen sie von allen Seiten mit Speeren und Wurfpfeilen, doch die Falken blieben außer Reichweite, wie Brian befohlen hatte, bis alle Speere verschossen waren. Kühn schwangen sie sich auf die Äpfel und brachten sie weg, ohne die geringste Wunde davonzutragen.

Schon bald war in Stadt und Land bekannt, was geschehen war. Der König hatte drei kluge und geschickte Töchter, die sich in Fischadler verwandelten und den Falken bis zum Meer folgten. Sie sandten Blitze gegen sie, die sie überall versengten. „Wir sitzen in der Falle", sagten die Söhne des Tuireann. „Bald sind wir ganz verbrannt, wenn keine Hilfe kommt." „Vielleicht kann ich helfen", meinte Brian. Bei diesen Worten berührte er sich und seine Brüder mit der Druidenrute und sie verwandelten sich in Schwäne. Geschwind flogen sie aufs Meer zu und tauchten unter. Die Fischadler ließen von ihnen ab und die Söhne des Tuireann konnten ihr Boot besteigen.

Danach hielten sie Rat und trafen die Entscheidung, nach Griechenland zu gehen und die Schweinehaut zu holen. So fuhren sie weiter, bis sie beim Hof des Königs von Griechenland angelangt waren.

„Wie sollen wir uns vorstellen, wenn wir hineingehen?", fragte Brian. „Wir stellen uns als die vor, die wir sind, wie denn sonst?", sagten die anderen. „Das halte ich nicht für gut", erwiderte Brian. „Wir sollten uns als irische Dichter ausgeben. Dann wird uns das hohe Volk Griechenlands Ehre und Anerkennung erweisen." „Das wird uns schwer fallen", meinten sie, „wir haben kein Gedicht und kaum eine Ahnung davon, wie man ein Gedicht verfasst." Dennoch legten sie sich das Dichterband aufs Haupt und klopften am Hoftor an. Der Torwächter fragte, wer da sei. „Wir sind Dichter aus Irland und möchten dem König ein Gedicht darbringen." Der Torwächter ging hinein und berichtete dem König, wer da sei. „Lass sie herein", sagte der König. „Sie müssen auf der Suche nach einem verständigen Mann sein, wenn sie so weit gereist sind." Der König gab Befehl, im Hof alles zum Besten zu richten. Denn sie sollten später einmal berichten, dass sie keinen großartigeren Ort auf all ihren Reisen gesehen hätten. Die Söhne des Tuireann, die wie Dichter aussahen, wurden eingelassen und unverzüglich tauchten sie ein in Vergnügen und Trank. Und so kamen sie wahrhaftig zu der Überzeugung, dass es auf der ganzen Welt keinen schöneren und großartigeren Hof gäbe und keinen Ort, an dem es ihnen besser ergangen wäre als hier.

Die Dichter des Königs gaben ihre Lieder und Gedichte zum Besten und Brian bat seine Brüder, dem König auch ein Gedicht vorzutragen. „Lass deine Bitten, wir können das nicht", antworteten sie. „Unser Gedicht heißt: nehmen, was wir mit der Kraft unserer Hände nehmen können, wenn wir die Stärkeren sind, oder sterben, wenn wir schwächer sind als die anderen." „So macht man keine Gedichte", entgegnete Brian. Bei diesen Worten stand er auf und bat um Gehör. Alle verstummten und hörten auf das, was er sagte:

„O Tuis, wir verkennen deinen Ruhm nicht. Wir preisen dich als Eiche unter den Königen. Die Haut eines Schweins, Fülle ohne Härte, um diesen Lohn bitte ich.
Der Krieg des Nachbarn gegen ein Ohr. Das gerechte Ohr seines Nachbarn wird dagegen sein. Wer uns gibt, was er besitzt, wird darum nicht ärmer.

Jeder läuft Gefahr, der gegen ein wütendes Heer und die stürmische See angeht. Die Haut eines Schweins, Fülle ohne Härte, um diesen Lohn bitte ich, o Tuis. "

„Das ist ein gutes Gedicht, doch den Sinn verstehe ich überhaupt nicht", sagte der König. „Ich werde es euch erklären", entgegnete Brian. „O Tuis, wir verkennen deinen Ruhm nicht. Wir preisen dich als Eiche unter den Königen' bedeutet: Wie die Eiche der König unter den Bäumen ist, so bist du der König unter den Königen, deiner Freigebigkeit und Größe wegen. ,Die Haut eines Schweins, Fülle ohne Härte' bedeutet, dass ich die Haut des Schweins, das dir gehört, als Lohn für mein Gedicht will. ,Der Krieg des Nachbarn gegen ein Ohr. Das gerechte Ohr seines Nachbarn wird dagegen sein' heißt: Wir werden uns an den Ohren nehmen und gegeneinander kämpfen, wenn ich die Haut nicht mit deiner Einwilligung bekomme. Das ist der Sinn des Gedichts", sagte Brian.

„Ich würde dir mein Lob aussprechen", sagte der König, „wenn es in deinem Gedicht nicht dauernd um die Haut meines Schweins ginge. Es ist keine gute Idee, mich gerade darum zu bitten, denn ich würde sie keinem einzigen Dichter, keinem einzigen Gelehrten und keinem großen Mann auf der ganzen Welt überlassen. Als Lohn für dein Gedicht gebe ich dir aber dreimal so viel Gold, wie die Haut aufnehmen könnte", gab er zur Antwort. „Deine Güte ehrt dich, König", sagte Brian. „Ich weiß sehr wohl, dass meine Bitte nicht leicht zu erfüllen ist. Und ich wusste auch, dass ich einen guten Ersatz erhalten würde. Und ich bin so begierig, dass ich dabei sein möchte, wenn das Gold in die Haut gescheffelt wird. Andernfalls gebe ich mich nicht zufrieden."

Der König sandte seine Diener mit ihnen zur Schatzkammer, um das Gold abzuwiegen. „Wiegt zuerst den Anteil meiner Brüder ab", sagte Brian, „und messt bei mir großzügiger. Schließlich habe ich das Gedicht verfasst. „Als die Schweinehaut herausgebracht wurde, schnappte sie sich Brian mit der linken Hand, zog sein Schwert, schlug auf den Mann ein, der ihm am nächsten stand, und teilte ihn in zwei Hälften. Dann ergriff er mit seinen beiden Brüdern die Flucht. Sie machten jeden nieder, der sich ihnen in den Weg stellte, und keiner kam ohne Wunden davon. Brian ging auf den König zu, der ihn sofort angriff. Sie lieferten sich einen schweren Kampf und am Ende fiel der König von Griechenland durch Brians Hand.

Die Brüder ruhten sich nun eine Weile aus und beschlossen dann, einen weiteren Teil ihres Bußgeldes zu beschaffen. „Gehen wir jetzt zu Pisear, dem König von Persien", sagte Brian, „und bitten ihn um den Speer." Sie bestiegen ihr Boot und verließen die blaue Küste Griechenlands. „Mit den Äpfeln und der Schweinehaut haben wir schon viel gewonnen", meinten sie und fuhren auf direktem Weg nach Persien.

„Wir sollten wieder als Dichter auftreten, wie schon beim König von Griechenland", meinte Brian. „Dagegen spricht nichts", erwiderten die anderen. „Beim letzten Mal ging es ja sehr gut, auch wenn es uns nicht leicht fällt, diesem Anspruch gerecht zu werden." Sie legten sich das Dichterband aufs Haupt und wurden empfangen wie am Hof des Königs von Griechenland. Als es dann so weit war, trug Brian sein Gedicht vor:

„Jeder Speer wird dir gering erscheinen, Pisear. Die Schlachten sind geschlagen. Pisear ist kein Feind zu groß.
Das wunderschöne, geschmeidige Eibenholz ist der König unter den Hölzern. Möge der Speer, der daraus gemacht ist, der ganzen Horde tödliche Wunden zufügen."

„Dein Gedicht ist gut, Dichter aus Irland", sagte der König. „Nur ist mir nicht verständlich, warum du meinen Speer ins Spiel bringst." „Das hat schon seinen Grund", erwiderte Brian. „Deinen

Speer möchte ich als Lohn für mein Gedicht." „Du bist wohl nicht bei Verstand", sagte der König. „Dass dich meine Leute nicht auf der Stelle getötet haben, zeugt nur von ihrer Achtung deiner Dichtkunst gegenüber."

Bei diesen Worten dachte Brian an den Apfel in seiner Hand. Er warf ihn und traf den König an der Stirn, so dass ihm das Gehirn aus dem Kopf quoll. Daraufhin griff er dessen Gefolgsleute an. Seine Brüder standen ihm in nichts nach. Wagemutig kämpften sie, bis alle tot waren. Dann holten sie den Speer, der in einem Kessel mit Wasser steckte, weil er sonst alles um sich herum verbrannt hätte.

Nach einer Weile hielten sie es für angebracht weiterzuziehen. „Begeben wir uns zum König der Insel Siogair", sagte Brian. „Bei ihm sind die beiden Pferde und der Wagen, die Ildánach von uns verlangt." Sie nahmen den Speer, machten sich voller Stolz auf ihre Heldentaten auf den Weg und erreichten schließlich den Hof des Königs von Siogair.

„Dieses Mal gehen wir anders vor", sagte Brian. „Als Söldner verkleidet stellen wir uns dem König vor und versuchen, seine Freundschaft zu gewinnen. Dann wird er uns sicher sagen, wo die Pferde und der Wagen zu finden sind." Seine Brüder waren einverstanden und sie gingen zu dem Rasenplatz vor der Burg des Königs, wo gerade ein Fest im Gange war. Der König und sein Gefolge erhoben sich und traten heraus. Die Brüder begrüßten ihn und wurden gefragt, wer sie seien. „Wir sind Soldaten aus Irland und verdienen unseren Sold bei den Königen der Welt", gaben sie zur Antwort. „Wollt ihr eine Weile bei mir bleiben?", fragte der König. „Deswegen sind wir hier", sagten sie. Sie wurden sich einig und stellten sich in die Dienste des Königs.

Sechs Wochen waren sie nun schon am Hof und hatten noch nie die Pferde zu Gesicht bekommen. Da sagte Brian: „Es steht nicht gut um uns. Wir sind heute nicht klüger als am Tag unserer Ankunft." „Was sollen wir also tun?", fragten seine Brüder. „Wir werden jetzt unsere Sachen packen, zum König gehen und ihm sagen, dass wir sein Land und diesen Teil der Welt verlassen werden, wenn er uns nicht seine Pferde zeigt." Am selben Tag noch begaben sie sich zum König, der sie fragte, was es mit ihren Reisevorbereitungen auf sich habe. „Das werden wir dir sagen, Hoher König", entgegnete Brian. „Geschulten Soldaten wie uns wird von den Königen, denen sie dienen, Vertrauen entgegengebracht. Sie erfahren sogar ihre innersten Wünsche und Geheimnisse. Du hast uns nie dein Vertrauen geschenkt. Wir wissen, dass du die besten Pferde und den besten Wagen der Welt besitzt, doch wir haben sie noch nicht einmal sehen dürfen." „Das ist nun wirklich kein Grund zu gehen", erwiderte der König. „Wenn ich das gewusst hätte, wären sie euch schon am Tag eurer Ankunft gezeigt worden. Ihr könnt sie jetzt sehen, wenn ihr wollt. Denn noch nie kamen Soldaten aus Irland hierher, die ich und mein Volk höher geschätzt hätten als euch."

Er ließ die Pferde holen und vor den Wagen spannen. Sie liefen so schnell wie der kalte Frühlingswind und es machte keinen Unterschied, ob sie über das Meer oder das Land liefen. Brian beobachtete die Pferde genau. Mit einem Mal hielt er den Wagen an, packte den Wagenlenker und schleuderte ihn gegen den nächsten Felsen. Dann sprang er selbst auf und warf mit dem persischen Speer nach dem König, der ihm ins Herz drang. Mit seinen Brüdern bahnte er sich den Weg durch die Menschenmenge und floh mit Pferd und Wagen.

„Jetzt werden wir zu Easal gehen, dem König der Goldenen Säulen", sagte Brian, „und die sieben Schweine suchen, die wir Ildánach bringen sollen." Ohne sich noch weiter aufzuhalten, segelten sie diesem hohen Land entgegen. Die Einheimischen bewachten schon die Häfen, denn die Geschichte von den Söhnen des Tuireann, die Irland verlassen mussten und nun die besten

Schätze der Welt zusammentrugen, hatte sich bereits überall herumgesprochen.

Easal kam zum Hafen, um sie dort zu treffen. Er fragte sie, ob es wahr sei, dass jeder König, dessen Land sie erreicht hätten, durch ihre Hand gefallen sei. Brian erwiderte, es sei immer so gekommen, ob er gewollt habe oder nicht. „Was ist der Grund für euer Tun?", fragte Easal. Brian erzählte ihm dann von dem harten Urteil, das über sie verhängt worden sei. Er erzählte ihm alles, was geschehen war und wie sie jeden niedergeworfen hatten, der ihnen entgegengetreten war. „Aus welchem Grund seid ihr nun in meinem Land?", fragte der König. „Wegen deiner Schweine", gab Brian zur Antwort. „Sie sind ein Teil des Bußgelds, das wir zahlen müssen." „Und wie gedenkt ihr, an die Schweine zu kommen?", fragte der König. „Wenn du sie uns freiwillig gibst", sagte Brian, „sind wir dir sehr dankbar; wenn nicht, sind wir bereit, dafür zu kämpfen und dich und deine Leute zu töten, auf dass wir die Schweine auch gegen deinen Willen mit uns nehmen." „Sollte das das Ergebnis sein", meinte der König, „wäre es wirklich ein Jammer, wenn ich mein Volk in den Kampf schickte." „Es wäre in der Tat ein Jammer", sagte Brian.

Daraufhin beriet sich der König flüsternd mit seinem Gefolge. Sie kamen überein, die Schweine lieber freiwillig zu übergeben. Die Söhne des Tuireann dankten Easal und waren zugleich sehr verwundert, dass es ihnen so leicht gemacht wurde, während sie sich sonst ihr Bußgeld so hart und um den Preis ihres eigenen Blutes erkämpfen mussten.

Easal lud sie in dieser Nacht in sein Haus ein. Man tischte ihnen auf, gab ihnen die besten Betten und alles, wonach sie verlangten. Am nächsten Morgen standen sie auf und traten vor den König. Dann übergab man ihnen die Schweine. „Noch nie konnten wir ohne Kampf irgendeinen Teil unseres Bußgelds einfordern. Umso mehr danken wir dir für die Schweine", sagte Brian und stimmte ein Loblied auf den König an, dem er für diese Tat einen großen Namen prophezeite.

„Wohin geht eure Reise jetzt?", fragte Easal. „Wir fahren jetzt in das Land Ioruaidh. Dort soll es einen ganz besonderen Welpen geben." „Gewährt mir eine Bitte", sagte der König. „Eine meiner Töchter ist die Frau des Königs von Ioruaidh. Ich möchte ihn überreden, dass er dir den Welpen kampflos überlässt." „Das würde uns sehr entgegenkommen", sagten sie.

Das Schiff des Königs wurde fertig gemacht und wir wissen nicht, was geschah, bis sie an der wunderbaren Küste Ioruaidhs landeten. Das Volk und die Armeen bewachten bereits die Häfen und Anlegeplätze, und als sie das Schiff sahen, wussten sie sofort, wer da kam und gaben die Kunde weiter.

Easal ging friedlich an Land, begab sich zu seinem Schwiegersohn und erzählte ihm die ganze Geschichte von den Söhnen des Tuireann. „Was führt sie nun hierher?", fragte der König von Ioruaidh. „Sie wollen dich um deinen Jagdhund bitten", erwiderte Easal. „Es war keine gute Idee, mich in ihrem Namen zu bitten", sagte der König. „Meinen Hund werden sie weder freiwillig noch mit Gewalt bekommen. Kein Mensch auf dieser Welt ist von den Göttern mit so viel Glück gesegnet, dass er das schaffen würde." „Es wäre besser, du überließest ihnen den Hund", sagte Easal. „Sie haben schon so viele Könige besiegt."

Er konnte sagen, was er wollte, der König blieb dabei. Easal ging zu den Söhnen des Tuireann und erstattete Bericht. Als sie die Antwort des Königs vernahmen, griffen sie sofort zu ihren Waffen und erklärten der Armee von Ioruaidh den Krieg. Auf beiden Seiten wurde mutig gekämpft. Die Söhne des Tuireann schlugen und töteten die Männer von Ioruaidh, bis sie im Kampf getrennt wurden. Iuchar und Iucharba blieben durch Zufall auf einer Seite, Brian aber geriet auf die Gegenseite. Bei jedem Schritt drohte ihm nun Gefahr. Brian schlug sich durch die Reihen, bis er zum König von

Ioruaidh vordrang, der an der Spitze des Heeres kämpfte. Die beiden kühnen Kämpfer fochten einen erbitterten Kampf aus. Sie schenkten sich nichts. Zuletzt überwältigte Brian den König, fesselte ihn und führte ihn durch die Reihen seiner Armee. Als er bei Easal angelangt war, sagte er: „Hier ist dein Schwiegersohn. Ich schwöre dir, es wäre leichter, ihn dreimal zu töten, als ihn dir auch nur einmal so vorzuführen." Die Söhne des Tuireann ließen sich den Welpen bringen. Dann lösten sie die Fesseln des Königs und schlossen Frieden. Als sie all das zu Ende gebracht hatten, nahmen sie Abschied von Easal und den anderen.

Lugh aber sah, dass die Söhne des Tuireann bereits alles hatten, was er für den Kampf gegen die Fomor brauchte. Da belegte er sie mit einem Zauber, der sie den Rest des Bußgelds, der noch nicht in ihrem Besitz war, vergessen ließ. Und er ließ in ihnen die Sehnsucht nach Irland so groß werden, dass sie umkehrten und nach Hause fuhren.

Lugh war zu dieser Zeit bei einer Volksversammlung, die auf dem Rasenplatz vor Teamhair stattfand. Der König von Irland war auch bei ihm. Da brachte man ihm die Nachricht, dass die Söhne des Tuireann in Brugh na Boinn angekommen seien. Lugh ging in die Burg von Teamhair und schloss das Tor hinter sich. Dann zog er Manannans glänzende Rüstung und den Umhang der Tochter des Flidais an und nahm seine Waffen zur Hand.

Die Söhne des Tuireann begaben sich zum König und wurden von ihm und den Tuatha de Danaan willkommen geheißen. Der König fragte sie, ob sie das Bußgeld hätten. „Ja, aber wo ist Lugh? Wir wollen ihm alles geben." „Gerade war er noch da", sagte der König. Dann suchten sie den ganzen Platz ab, konnten ihn aber nirgends finden. „Ich weiß, wo er ist", sagte Brian. „Sicher hat er erfahren, dass wir mit den tödlichen Waffen nach Irland gekommen sind, und jetzt hat er sich in die Burg zurückgezogen, um uns aus dem Weg zu gehen." Sie sandten Boten zu ihm, die mit der Antwort zurückkehrten, dass Lugh nicht kommen werde und das Bußgeld dem König übergeben werden solle. Das taten die Söhne des Tuireann auch und anschließend gingen sie alle zum Palast von Teamhair. Lugh kam nun heraus und nahm das Bußgeld in Empfang. „Das ist ein reicher Lohn für alle, die je gestorben sind oder noch sterben werden. Aber dennoch fehlt etwas und das ist nicht rechtens", sagte Lugh. „Wo ist der Bratspieß und wo sind die drei Rufe auf dem Hügel?"

Bei diesen Worten kam eine Schwäche wie eine dunkle Wolke über die Söhne des Tuireann. Sie verließen Teamhair und begaben sich zum Haus ihres Vaters. In dieser Nacht erzählten sie ihm alles, was ihnen widerfahren war und wie Lugh sie behandelt hatte.

Tuireann war traurig und bedrückt. Am nächsten Morgen gingen sie zu ihrem Schiff und Ethne, ihre Schwester, begleitete sie. Sie weinte und klagte:

„O welcher Kummer, Brian mein Leben, nicht nach Teamhair gehst du nach deiner leidvollen Reise, bei der ich dir nicht folgen konnte.

O Lachs des stummen Boinn, Lachs des Flusses Lifé, ich kann dich nicht halten und möchte dich doch nicht verlieren.

O Reiter auf den Wellen des Tuaidh, unbesiegbar in der Schlacht. Wenn du zurückkommst, machst du deinen Feinden keine Freude.

Habt ihr kein Mitleid mit den Söhnen des Tuireann, die jetzt an ihrem grünen Schild lehnen? Ihr Fortgang ist ein Grund für Mitleid. Mein Herz fließt davon über.

Ihr, die ihr auf Beinn Edair seid vom Abend bis zum schweren Morgengrauen, ihr, die ihr euch von kühnen Männern euer Pfand holt, ihr seid es, die uns Kummer schaffen.

Es ist ein Jammer, dass ihr fort müsst von Teamhair, fort von den schönen Ebenen, fort von Uisnech. Nichts ist so bejammernswert wie dies."

Nach dieser Klage setzten sich die Brüder den rauen Wellen der grünen See aus und machten sich auf den Weg zur Insel der Blonden Frauen. Ein ganzes Vierteljahr blieben sie auf ihrem Schiff und sahen kein Land. Da zog sich Brian seine Schwimmkleidung an, sprang ins Wasser und wanderte durch das Meer. Lange musste er suchen, bis er endlich die Insel der Blonden Frauen fand. Er sah sich nach ihrem Hof um, und als er ihn erreicht hatte, saßen dort nur einige Frauen, die nähten und Bänder bestickten. Bei ihnen lag auch der Bratspieß. Brian sah ihn, nahm ihn in die Hand und ging damit zur Tür. Die Frauen lachten nur und sagten: „Du hast wohl kühne Taten im Sinn? Selbst wenn du deine Brüder mitgebracht hättest, würde euch die Schwächste von uns daran hindern können, den Spieß mitzunehmen. Aber wie dem auch sei, allein der Versuch, uns zu berauben, war schon mutig. Nimm dir also einen von den Spießen."

Brian verabschiedete sich und sah sich nach dem Boot um. Seine Brüder hatten lange auf ihn gewartet und wollten schon weitersegeln, als sie ihn kommen sahen und wieder neuen Mut fassten.

Brian stieg in das Boot und zusammen machten sie sich nun auf die Suche nach dem Hügel des Miochaoin. Als sie ihn erreichten, kam Miochaoin, der Hüter des Hügels, auf sie zu. Brian griff ihn sofort an und sie kämpften wie zwei Löwen, bis Miochaoin schließlich fiel.

Danach kamen seine drei Söhne und kämpften gegen die Söhne des Tuireann. Diesen Kampf zu sehen wäre eine weite Reise wert gewesen, denn sie schlugen sich mit großem Mut und ihre Schläge kamen gezielt. Miochaoins Söhne hießen Corc, Conn und Aedh.

Sie stießen ihre Speere den Söhnen des Tuireann in den Leib, die aber keineswegs aufgaben, sondern es ihnen gleichtaten. Und schließlich legten sich die Wolken des Todes über die Söhne des Miochaoin.

„Wie geht es euch, meine lieben Brüder?", fragte Brian. „Wir sind dem Tode nahe", gaben sie zur Antwort. „Wir wollen gehen und dreimal auf dem Hügel rufen, denn auch ich spüre die Zeichen des Todes", sagte Brian. „Wir können nicht mehr", erwiderten sie. Da stand Brian auf, und obwohl er stark blutete, fasste er jeden an einer Hand und zog die Brüder hoch. Dann riefen sie dreimal.

Brian brachte sie wieder zum Boot. Lange trieben sie auf dem Meer, bis Brian endlich sagte: „Ich kann Beinn Edair sehen und die Burg unseres Vaters und Teamhair." „Wenn wir das auch sehen könnten", sagten die anderen, „ginge es uns sicher besser. Um der Liebe zu deinem guten Namen willen, Bruder, halte unsere Köpfe an deiner Brust hoch, lass uns Irland sehen. Dann hat der Tod keinen Schrecken mehr. O Brian, du reine Flamme des Heldenmuts, lieber würden wir sterben, als deine Wunden sehen zu müssen, ohne Arzt, der dir helfen könnte."

Sie erreichten Beinn Edair und begaben sich zum Haus ihres Vaters. Brian sagte zu Tuireann: „Geh, lieber Vater, gib Lugh diesen Spieß und bitte ihn um die Haut, die heilen kann. Bitte ihn um der Freundschaft willen, denn wir sind von einem Blut. Lass ihn nicht Hass mit Hass vergelten. Und, lieber Vater, eile dich, sonst geht es mit uns zu Ende."

Tuireann ging nach Teamhair und fand Lugh, dem er den Spieß übergab. Dann bat er um die Haut, die seinen Kindern Heilung bringen sollte. Lugh aber sagte, er werde sie ihnen nicht geben. Da kehrte Tuireann wieder zurück. „Bringe mich zu Lugh", sagte Brian, „vielleicht gibt er mir die Haut."

Sie gingen also noch einmal zu Lugh und Brian brachte seine Bitte vor. Wieder sagte Lugh, dass er ihnen die Haut nicht geben werde, nicht um alles Gold der Welt. Er wollte sie sterben sehen, als Genugtuung für seines Vaters Tod.

Als Brian diese Worte vernommen hatte, ging er zu seinen Brüdern zurück und legte sich in ihre Mitte. Dann starben sie, alle drei zur selben Zeit.

Ihr Vater weinte und klagte über seine drei schönen Söhne, von denen jeder einem König gleichkam. Schließlich verließ Tuireann seine Kraft und er starb. Gemeinsam wurden sie in einem Grab bestattet.

Kapitel 3
Die große Schlacht von Magh Tuireadh

Nachdem Lugh das Bußgeld von den Söhnen des Tuireann erhalten hatte, dauerte es nicht lange, bis die Fomor kamen. Sie landeten in Scetne. Dieses Mal kamen alle. Auch ihr König, Balor mit dem Starken Schlag und mit dem Bösen Blick, war dabei, ferner Bres und Indech, Sohn des De Domnann, eines Königs der Fomor, Elathan, Sohn des Lobos, Goll und Ingol, Octriallach, Sohn des Indech, und Elathan, Sohn des Delbaeth.

Lugh sandte den Dagda zu ihnen. Er sollte ausspionieren, was sie vorhatten, und sie um Aufschub des Kampfes bitten, bis die Männer aus Irland da seien. Der Dagda ging also zu ihrem Lager und brachte seine Bitte vor, die sie ihm auch gewährten. Dann trieben sie ihren Spaß mit ihm. Die Fomor kochten ihm eine Fleischsuppe, weil sie wussten, dass er Suppe sehr gern mochte. Sie füllten den Kessel des Königs mit achtzig Gallonen frischer Milch, ebenso viel Schrotmehl und Fett. Da hinein legten sie Ziegen und Schafe und Schweine und ließen alles miteinander kochen. Dann schütteten sie die ganze Brühe in ein großes Erdloch. Nun riefen sie den Dagda zum Essen. Niemand sollte ihnen den Vorwurf machen, die Fomor hätten keinen Sinn für Gastfreundschaft. „Wir bringen dich um, wenn du nicht alles aufisst", sagte Indech. Da nahm der Dagda die Kelle, die so groß war, dass ein Mann und eine Frau darin hätten liegen können, und fischte sich das Fleisch aus der Suppe; ein halbes gesalzenes Schwein und ein Viertel Schinken, das war die Größe eines Bissens. „Wenn die Suppe so gut schmeckt wie das Fleisch, soll es mir recht sein", meinte der Dagda und er führte immer wieder die Kelle zum Mund, bis er alles aufgegessen hatte. Dann fasste er mit der Hand auch noch in das Erdloch hinein und kratzte heraus, was zwischen Erde und Steinen hängen geblieben war.

Als er mit dem Essen fertig war, wurde er müde und schlief ein. Die Fomor aber lachten ihn aus, denn sein Bauch war jetzt so groß wie ihr Suppenkessel. Nach einer Weile stand er wieder auf und machte sich, voll wie er war, auf den Heimweg. Sehr ansehnlich war er nicht. Sein Umhang reichte ihm bis zu den Ellbogen und der braune Mantel, den er trug, war vorne zu lang und hinten zu kurz. An den Füssen hatte er Schuhe aus Pferdefell und mit einer Hand zog er einen Wagen hinter sich her, auf dem acht Leute Platz gefunden hätten. Die Spur, die er mit dem Wagen hinterließ, war so tief wie ein Grenzgraben. Als er so ging, sah er die Morrigu, die Krähe der Schlacht. Sie wusch sich im Fluss und stand mit einem Bein im Süden und mit dem anderen im Norden. Ihre Haare hingen in wilden Locken herab. Zum Dagda sagte sie, dass sie den Männern Irlands Indechs Herzblut bringen werde.

Während der Dagda fort war, hatte Lugh die Druiden gerufen und die Schmiede, die Ärzte, die Rechtsgelehrten und die Wagenlenker. Gemeinsam wollten sie ihren Schlachtplan besprechen. Lugh fragte den großen Magier Mathgen, auf welche Weise er ihnen beistehen könne. „Dank meiner Macht kann ich alle Berge Irlands auf die Fomor fallen lassen, bis ihre Gipfel über den Boden rollen. Die zwölf Hauptberge Irlands werden euch helfen: Slieve

Leag, Denda Ulad, Bennai Boirche, Bri Ruri, Slieve Bladma, Slieve Snechtae, Slieve Mis, Blai-Slieve, Nemthann, Slieve Macca Belgodon, Segois und Cruachan Aigle."

Dann fragte Lugh die Mundschenke, was sie tun könnten. „Wir werden die Fomor schrecklich durstig machen", sagten sie, „und dann bringen wir die zwölf Seen und Meeresarme Irlands zu ihnen, in denen aber kein Tropfen Wasser zu finden sein wird: Derc-Loch, Loch Luimnech, Loch Orbsen, Loch Righ, Loch Mescdhae, Loch Cuan, Loch Laeig, Loch Echach, Loch Febail, Loch Decket, Loch Riach und Mor-Loch. Und dann gehen wir zu den zwölf großen Flüssen Irlands: Buas, Boinn, Banna, Nem, Laoi, Sionnan, Muaid, Sligech, Samair, Flonn, Ruirtech und Siuir. Und sie werden den Augen der Fomor verborgen bleiben; sie werden keinen Tropfen Wasser finden. Die Männer von Irland aber können sieben Jahre lang aus den Flüssen versorgt werden."

Dann wurde Figol, Sohn von Mamos, dem Druiden, gefragt, was er tun könne. „Ich werde dreimal einen Feuerregen zaubern, der sich über die Gesichter der Fomor ergießen und ihnen viel von ihrem Mut und ihrer Kraft rauben wird. Dann schicke ich Krankheiten über sie und ihre Pferde. Die Männer von Irland aber werden bei jedem Atemzug mutiger und kräftiger werden und niemals müde, selbst wenn die Schlacht sieben Jahre dauern sollte."

Dann fragte Lugh die beiden Zauberinnen, Bechulle und Dianan: „Welche Kräfte könnt ihr in der Schlacht einsetzen?" „Das können wir dir leicht sagen", meinten sie. „Wir belegen Bäume, Steine und Gras mit einem Zauber, der sie zu kleinen Armeen macht. Dann werden sie den Fomor Angst und Schrecken einjagen und sie in die Flucht schlagen."

Dann fragte Lugh Carpre, den Dichter, ob er auch etwas tun könne. „Das wird mir nicht schwer fallen", sagte Carpre. „Bei Sonnenaufgang stelle ich mich auf einen Hügel, wenn der Nordwind weht, nehme einen Dorn und einen Stein zur Hand und mache ein

Spottgedicht auf sie. Dann werden sie sich schämen und wie gebannt sein und unseren Kämpfern keinen Widerstand mehr leisten können."

Dann fragte er Goibniu, den Schmied. „Wenn die Männer von Irland nach sieben Jahren die Schlacht beenden", sagte er, „weil jedes Schwert zerbrochen ist und kein Speer seinen Schaft mehr besitzt, dann werde ich neue Waffen schmieden. Keine Speerspitze, die von meiner Hand gemacht ist, verfehlt ihr Ziel und keiner, der sie berührt, wird am Leben bleiben. Das ist mehr, als Dolb, der Schmied der Fomor, kann."

„Und du, Credne", sagte Lugh dann zu seinem Kupferschmied, „wie sieht deine Hilfe aus?" „Ich mache die Nieten für die Speere, die Griffe für die Schwerter und die Buckel für die Schilde."

„Und du, Luchta", sagte er zu seinem Zimmermann, „was machst du?" „Ich liefere die Schilde und Speerschäfte."

Dann fragte er noch Diancecht, den Arzt. „Ich werde jeden Verwundeten heilen, wenn nicht gerade Kopf, Gehirn oder Knochenmark durchschlagen sind, und ihn so weit wiederherstellen, dass er schon am nächsten Tag wieder in die Schlacht ziehen kann."

Da sagte der Dagda: „Eure Großtaten, mit denen ihr euch rühmt, die schaffe ich ganz allein." „Dann bist du wohl der beste Gott!", sagten sie und brachen in lautes Gelächter aus.

Schließlich ging die Zeit, die ihnen als Aufschub gewährt worden war, ihrem Ende zu. Die Fomor und die Männer von Irland gingen aufeinander zu, bis sie die Ebene von Magh Tuireadh erreichten. Das war aber nicht jenes Magh Tuireadh, wo sie schon einmal eine Schlacht ausgetragen hatten. Jetzt kämpften sie im Norden, in der Nähe von Ess Dara.

Die Armeen drohten sich nun gegenseitig: „Die Männer von Irland wagen es also und tragen uns den Kampf an". sagte Bres zu Indech. „Ich gebe dir mein Wort", antwortete der, „wir brechen ihnen alle Knochen, wenn sie nicht aufgeben und uns Tribut zahlen."

Die Männer von Dea beschlossen, Lugh nicht am Kampf teilnehmen zu lassen, da sein Tod ein zu großer Verlust für sie wäre. Sie ließen neun Männer bei ihm, die ihn bewachen sollten.

Am ersten Tag gingen weder Könige noch Prinzen, sondern nur die gemeinen Männer in die Schlacht, doch kämpften sie stolz und wild.

Tag für Tag nahmen die Kämpfe ihren Lauf, ohne dass sich die eine oder andere Seite große Vorteile verschaffen konnte. Über eines aber wunderten sich die Fomor sehr. Wenn ihre Waffen zerbrachen oder stumpf waren, blieben sie auch so und ihre Toten gaben auch am nächsten Morgen kein Lebenszeichen von sich. Bei den Tuatha de Danaan schien das aber anders zu sein. Wenn ihre Waffen an einem Tag zu Bruch gingen, waren sie am nächsten Morgen wieder ganz und ihre Toten wieder lebendig. Und das geschah auf folgende Weise: Westlich von Magh Tuireadh und östlich von Loch Arboch lag die Quelle von Slaine. Diancecht, sein Sohn Octruil und seine Tochter Airmed sangen ihre Zaubersprüche über der Quelle und warfen Kräuter hinein. Dann brachten sie die Toten aus der Schlacht zu der Quelle und legten sie hinein. Gesund und wohlbehalten kamen sie wieder heraus. Sie waren aber nicht nur geheilt, sondern der Zauber entfachte in ihnen ein Feuer, so dass sie schneller waren als je zuvor.

Und so verhielt es sich mit den Waffen: Sie entstanden jeden Tag aufs Neue. Goibniu, der Schmied, machte die Schwerter und Speere. Den Speerkopf hielt er dreimal ins Feuer. Luchta, der Zimmermann, fertigte in drei Schnitten den Schaft und setzte ihn in den Ring des Speers. Dann drehte er den Schaft und die Ringe im Speerkopf fest. Credne, der Kupferschmied, machte die Nieten in drei Arbeitsgängen und brachte sie an den Ringen an. So wurden sie zusammengesetzt.

Die Fomor hatten immer das Nachsehen und sandten deshalb einen ihrer jungen Männer aus, der sich im Lager der Iren umsehen sollte. Sie schickten Ruadan, Sohn von Bres und Brigit, der Tochter des Dagda. Er war also ein Sohn und Enkel der Tuatha de Danaan. Im Lager sah er dann, wie alles vor sich ging. Er kehrte zurück und erzählte den Fomor davon. Als sie seine Geschichte hörten, kamen sie zu der Überzeugung, dass sie Goibniu, der Schmied, am meisten behinderte. Sie schickten Ruadan noch einmal, um Goibniu zu töten. Ruadan begab sich zur Schmiede und bat Goibniu um einen Speerkopf. Dann wollte er Nieten von Credne und einen Speerschaft vom Zimmermann. Sie gaben ihm alles. Auch eine Frau war in der Schmiede, Cron, die Mutter des Fianlug. Sie schliff die Speere. Als Ruadan den Speer in der Hand hielt, wandte er sich um, warf ihn auf Goibniu und verletzte ihn. Doch Goibniu zog den Speer heraus und warf ihn nach Ruadan. Sein Leib wurde durchbohrt und er starb. Bres, sein Vater, und die ganze Armee der Fomor sahen, wie er starb. Dann kam Brigit. Sie schrie und weinte und trauerte um ihren Sohn.

Goibniu ging zur Quelle und wurde geheilt. Dann aber rief Octriallach, Sohn des Indech, die Fomor. Er bat jeden Mann, einen Stein in die Quelle zu werfen. Das taten sie und die Quelle versiegte. Ein Steinhügel erhob sich nun an ihrer Stelle, den man Octriallachs Hügel nennt.

Goibniu schmiedete wieder seine Speere. Da wurde seine Frau des Ehebruchs bezichtigt. Für Goibniu war das ein schwerer Schlag und man konnte sehen, wie ihn die Eifersucht übermannte. Als er die Nachricht erfuhr, hielt er gerade Nes, einen Speerschaft, in der Hand. Goibniu schrie seine Verwünschungen aus über dem Schaft und von da an brannte jeder lichterloh, den der Speer traf.

Schließlich kam der Tag der großen Schlacht. Die Fomor traten aus ihrem Lager und stellten sich in Reih und Glied auf. Jeder von ihnen war gut gerüstet. Jeder hatte einen Helm auf dem Kopf, einen breiten Speer in der rechten Hand, ein schweres Schwert im Gürtel und einen starken Schild auf der Schulter. Wer die Fomor an diesem Tag angreifen wollte, konnte genauso gut mit dem Kopf gegen einen Felsen rennen oder gegen ein Feuer anstürmen.

Die Männer von Dea erhoben sich, ließen Lugh bei seinen neun Bewachern und zogen in den Kampf. Midhir war bei ihnen, Bodb Dearg und Diancecht. Und auch Badb, Macha und die Morrigu wollten mit ihnen gehen. Sie trugen einen harten Kampf aus. Die Tuatha de Danaan waren zunächst unterlegen. Nuada mit der Silberhand, ihr König, und Macha, Tochter des Emmass, fielen durch Balor, den König der Fomor. Cassmail fiel durch Octriallach und der Dagda wurde mit dem Speer, den Ceithlenn, die Frau des Balor, nach ihm warf, schwer verwundet.

Als die Schlacht in vollem Gange war, konnte sich Lugh befreien und stürmte an die Spitze seines Heers. Nun kämpften sie noch wütender. Lugh machte seinen Männern Mut. Besser sei es, so sagte er ihnen, das eigene Land zu verteidigen und dabei das Leben zu verlieren, als noch länger in Knechtschaft zu leben. Er sang ihnen ein Loblied. Mit einem lauten Schrei stürzten sie wieder in den Kampf. Groß war das Gemetzel und bitter das Sterben. Stolz und Scham, Härte und blinde Wut lagen dicht beieinander. Rot lief das Blut über die weiße Haut der jungen Krieger. Wie ein grollender Donner zog das Schlagen der Waffen, das Schreien der Kämpfer und das Pfeifen der Speere durch die Schlacht. Manch einer glitt aus im Blut und kam zu Fall und im Fallen schlug er mit dem Kopf gegen den Kopf eines anderen. Und der blutige Fluss trug Freunde und Feinde mit sich fort.

Dann trafen Lugh und Balor aufeinander. Lugh beschimpfte ihn und brachte ihn in Rage. Zu seinen Männern sagte Balor: „Hebt mein Augenlid, damit ich diesen Schwätzer sehen kann." Sie folgten seinem Befehl. Lugh warf seinen roten Speer, der Balors Auge traf und es ihm durch den Schädel stieß. Das Auge fiel auf Balors eigene Armee und siebenundzwanzig Fomor starben, als sie es anblickten. Wenn Lugh das Auge nicht getroffen hätte, wäre ganz Irland wie unter einem Blitz verbrannt. Schließlich schlug Lugh Balor den Kopf ab.

Indech, Sohn des De Domnann, fiel in der Schlacht zu Boden und wurde erdrückt. Blut lief ihm aus dem Mund und er rief nach Leat Glas, seinem Dichter, der ihm aber auch nicht helfen konnte. Dann zog die Morrigu in den Kampf und machte den Tuatha de Danaan Mut. Wie sie es dem Dagda versprochen hatte, nahm sie zwei Hände voll von Indechs Blut und brachte es den Armeen, die an der Furt von Unius warteten. Von diesem Tag an wurde sie die Furt der Zerstörung genannt.

Die Fomor wurden zurückgeschlagen und flohen zum Meer. Lugh und seine Kameraden folgten ihnen. Da begegneten sie Bres, Sohn des Elathan, der allein und ohne Schutz war. Er sagte: „Es ist besser, ihr lasst mich am Leben. Wenn ihr mich jetzt verschont, werden die Kühe Irlands immer Milch geben." „Dazu werde ich einen meiner weisen Männer um Rat fragen", entgegnete Lugh. Damit wandte er sich an Maeltine Mor-Brethach, den großen Urteilssprecher. Maeltine sagte. „Aus diesem Grund müsst ihr ihn nicht verschonen. Er hat zwar Macht über die jetzt lebenden Kühe, nicht aber über ihre Nachkommen." Da sagte Bres: „Wenn ihr mich jetzt verschont, könnt ihr jedes Vierteljahr Korn ernten." Doch Maeltine meinte. „Der Frühling ist zum Pflügen und Säen da, im Sommer wächst das Korn, im Herbst reift es und im Winter wird es verbraucht." „Das rettet dich nicht", sagte Lugh zu Bres. Um aber eine Entschuldigung zu haben, ihn doch zu verschonen, fragte er: „Wie können die Männer Irlands am besten pflügen, säen und ernten?" „Sie sollen an einem Dienstag pflügen, an einem Dienstag ihre Saat auswerfen und an einem Dienstag ernten." Lugh meinte, das würde ihm reichen, und ließ ihn gehen.

In diesem Kampf hatte Ogma das Schwert des Tethra, eines Königs der Fomor, gefunden, das man Orna nannte. Als er es aus der

Scheide zog, um es zu reinigen, da erzählte das Schwert auch schon von all den Taten, die es vollbracht hatte. Damals konnten die Schwerter noch sprechen.

Lugh, der Dagda und Ogma folgten den Fomor, die sich Dagdas Harfe, die Uaitne, angeeignet hatten. Als sie zu einem Gasthaus kamen, fanden sie dort Bres und seinen Vater Elathan. Die Harfe hing an der Wand. Der Dagda hatte seine Lieder in der Harfe gebannt und sie erklangen nur dann, wenn er es wollte. Einige nannten die Harfe Dur-da-Bla, Eiche mit Zwei Blüten, und manche nannten sie Coir-cethar-chuin, Viersaitige Musik. Als der Dagda die Harfe dort hängen sah, sprach er: „Komm Sommer, komm Winter, kommt aus den Harfen und Pfeifen." Da sprang die Harfe von der Wand und tötete neun Männer auf ihrem Weg zum Dagda. Dann spielte er für sie die drei Weisen, auf die sich ein Harfenspieler versteht: ein Schlaflied, ein lustiges Lied und ein trauriges Lied. Als er das traurige Lied spielte, weinten die Frauen, beim lustigen Lied lachten sie mit ihren Kindern, und als er dann das Schlaflied spielte, schliefen alle ein. Da schlichen sich die drei weg von den Fomor, die ihnen gern noch übel mitgespielt hätten. Als sie in Sicherheit waren, holte der Dagda die Färse hervor, die er von Bres als Lohn für den Bau seiner Burg erhalten hatte. Sie rief nach ihrem Kalb und bei ihrem Ruf kam alles Vieh zurück, das die Fomor als Tribut verlangt und weggebracht hatten. Nun weidete es wieder auf den Wiesen Irlands.

Cé, der Druide des Nuada mit der Silberhand, kam verwundet aus der Schlacht und ging in südlicher Richtung nach Carn Corrslebe. Dort ließ er sich nieder, erschöpft von seinen Wunden, seiner Furcht und der weiten Reise. Da sah er eine liebliche Ebene voller Blumen vor sich und er verspürte den großen Wunsch, dorthin zu gehen. Er ging weiter, bis er sie erreichte und starb dort. Als man ihm hier sein Grab errichtete, ergoss sich ein See über die ganze Ebene, den man Loch Cé nannte. Von den Fomor aber blieben nach der Schlacht nur vier Männer in Irland. Sie zogen raubend durch das Land, stahlen Getreide, Milch und Obst und alles, was aus dem Meer kam. An Samhain wurden sie von der Morrigu und Angus Og vertrieben und die beiden machten ihnen solche Angst, dass die Fomor nie wieder nach Irland zurückkehrten.

Nachdem die Schlacht gewonnen und die Toten begraben waren, verbreitete die Morrigu die Kunde vom großen Sieg bei allen Herrschern und Hoheiten Irlands. Sie sprach: „Friede bis zum Himmel empor, der Himmel herab zur Erde und die Erde empor zum Himmel. Stärke einem jeden!"

Die Zahl derer, die in der Schlacht fielen, war so unermesslich wie die Zahl der Sterne, der Schneeflocken, der Tautropfen oder der Grashalme, über die das Vieh hinwegzieht, so unermesslich wie die Zahl der Pferde von Lirs Sohn, die durch die stürmische See reiten.

Lugh wurde zum König der Männer von Dea gekrönt und hatte seinen Hof in Nas.

Als er König war, starb seine Pflegemutter Taillte, Tochter von Magh Mor, der Großen Ebene. Sie wusste, dass sie sterben würde, und bat ihren Mann, Duach den Dunklen, der das Gefängnis in Teamhair gebaut hatte, er möge das Holz in Cuan schlagen, damit sich die Trauergäste um ihr Grab versammeln könnten. Da wies er die Männer Irlands an, den Wald mit ihren Messern mit den breiten Klingen, mit ihren Haken und Beilen zu fällen, und innerhalb eines Monats war der ganze Wald gerodet. Lugh ließ Taillte in der Ebene von Midhe beerdigen und einen Grabhügel errichten, der noch heute zu sehen ist. Sie entzündeten ein Feuer und stimmten die Totenklage an. Lugh ordnete an, dass Taillte zu Ehren von nun an jeden Sommer Spiele und Wettkämpfe veranstaltet werden sollten. Den Festplatz nannten sie Taillten.

Lughs leibliche Mutter, die große, schöne Ethlinn, kam nach der Schlacht von Magh Tuireadh nach Teamhair. Sie wurde die Frau von Tadg, Sohn des Nuada, und die Kinder, die ihnen geboren wurden, waren Muirne, die Mutter Finns, des Oberhauptes der Fianna von Irland, und Tuiren, die Mutter von Bran.

Kapitel 4
Lughs verborgenes Haus

Lugh war lange Zeit König und anschließend nahm der Dagda seine Stelle ein. Lugh verließ Irland. Manche sagten, er sei in Uisnech gestorben, dort, wo die fünf Provinzen zusammentreffen und das erste Feuer brannte. Mide, Sohn des Brath, hatte es für die Söhne des Nemed entzündet. Es brannte sechs Jahre und speiste alle anderen Feuer Irlands.

Doch eines Tages tauchte Lugh wieder in Irland auf. Conchubar und die Männer vom Roten Zweig folgten gerade weißen Vögeln nach Süden in Richtung des Boinn. Es war die Zeit, als Cuchulain geboren wurde. Lugh kam und wachte drei Tage über den Schlaf des Kindes. Das war zu der Zeit, als sie um den Bullen von Cuailgne kämpften.

Danach sah ihn Conn von den Hundert Schlachten noch einmal. Und das geschah auf folgende Weise: Conn war einst in Teamhair und ging am frühen Morgen bei Sonnenaufgang zum Erdhügel der Könige. Seine drei Druiden, Maol, Bloc und Bhuice, waren bei ihm und auch seine drei Dichter, Ethain, Corb und Cesarn. Jeden Tag begab er sich dorthin und sah sich nach allen Seiten um, damit nicht etwa die Sidhe unbemerkt in Irland einfielen. An diesem Tag stieg er auf einen Stein, der unter seinen Füßen aufschrie, so dass man es in ganz Teamhair und bis Bregia hören konnte. Conn fragte seinen obersten Druiden, wie denn der Stein hierher käme und warum er schreie. Das werde er ihm erst in dreiundfünfzig Tagen beantworten, erklärte der Druide. Nach dieser Zeit fragte ihn Conn wieder und der Druide sagte: „Der Name des Steins ist Lia Fail. Er wurde aus Falias hierher gebracht und in Teamhair aufgestellt, wo er auch immer bleiben wird. Solange ein König in Teamhair herrscht, finden hier die Wettkämpfe statt, und wenn der König am letzten Wettkampftag nicht erscheint, hat das Volk ein schweres Jahr vor sich. Als der Stein unter deinen Füßen aufschrie, hat er dir mit der Anzahl seiner Schreie die Anzahl der Könige angegeben, die aus deinem Geschlecht noch nach dir kommen. Aber es ist nicht meine Aufgabe, dir ihre Namen zu nennen. "

Während sie noch an diesem Platz standen, zog dichter Nebel auf und hüllte alles in Dunkelheit. Sie konnten nichts mehr sehen, hörten aber, wie ein Reiter auf sie zukam. „Es macht mir Kummer", sagte Conn, „wenn ich mir vorstelle, dass wir jetzt in ein fremdes Land entführt werden könnten." Der Reiter warf drei Speere nach ihnen, einen schneller als den anderen. „Er will den König treffen", sagten die Druiden, „wer auch immer da auf Conn von Teamhair zielt. "

Der Reiter hielt ein, kam zu ihnen, grüßte Conn und bat sie, ihn in sein Haus zu begleiten. Sie machten sich auf den Weg und kamen zu einer wunderschönen Ebene. Dort erblickten sie den Erdhügel eines Königs mit einem goldenen Baum am Eingang. In dem Hügel stand ein großes Haus mit einem Dach aus heller Bronze. Sie gingen hinein. Der Reiter war schon vor ihnen dort und hatte auf dem Thron Platz genommen. Noch nie hatten sie in Teamhair einen so stattlichen Mann mit einem so schönen Gesicht gesehen.

Auch eine junge Frau war in dem Haus. Sie trug ein goldenes Band auf dem Kopf. Neben ihr stand eine mit Gold beschlagene, silberne Kanne, die mit rotem Ale gefüllt war. Eine goldene Schale bedeckte sie und ein goldener Becher hing an ihrem Schnabel. Die junge Frau sagte zum Herrn des Hauses: „Wem darf ich einschenken?" „Schenke Conn ein", erwiderte er, „er wird in seinem Leben noch hundert Schlachten gewinnen." Er bat sie, auch Conns Sohn, Art mit den Drei Rufen, einzuschenken. Dann zählte er die Namen aller Könige auf, die nach Conn über Irland herrschen sollten und gab ihr Lebensalter an. Die junge Frau ließ Kanne, Becher und Schale bei Conn und reichte ihm auch die Rippe eines Schweins und die Rippe eines Ochsen, die vierundzwanzig Fuß lang war.

Der Herr des Hauses sagte ihnen, die junge Frau sei die ewige Königsherrschaft über Irland. „Und ich", sagte er, „ich bin Lugh mit der Langen Hand, Sohn der Ethlinn."

BUCH III

DIE ANKUNFT DER GAEL

Kapitel 1
Die Landung

M an weiß heute nicht mehr, wie lange die Tuatha de Danaan über Irland regierten. Es muss aber eine lange Zeit gewesen sein, bis sie schließlich die Herrschaft verloren.

In Inver Slane, im Norden von Leinster, versuchten die Söhne Gaedhals mit der Glänzenden Rüstung, die Freundlichen, wie man die Söhne der Gael später nannte, zu landen. Sie wollten Ith, einen aus ihrem Volk, der nach Irland gekommen war und hier den Tod gefunden hatte, rächen. Sie kamen von Süden und wurden von den Söhnen des Miled angeführt. Ihre Druiden hatten prophezeit, dass sie nirgends sesshaft werden könnten außer auf dieser Insel im Westen. „Wenn ihr nicht selbst diese Insel einnehmt," sagten sie, „dann werden sie eure Kinder einnehmen."

Als die Tuatha de Danaan die Schiffe herankommen sahen, schwärmten sie zur Küste aus. Mit ihrer Zauberkraft legten sie eine Wolke über die ganze Insel. Die Söhne des Miled waren verwirrt. Sie konnten nur erkennen, dass etwas Großes vor ihnen war, das die Gestalt eines Schweins hatte. Durch den Zauber war ihnen die Landung verwehrt. Also segelten sie weiter an der Küste entlang, bis sie endlich bei Inver Sceine, im Westen von Munster, vor Anker gehen konnten.

Von da aus marschierten sie in geschlossener Reihe bis Slieve Mis.

Dort begegneten sie einer Königin der Tuatha de Danaan in Begleitung schöner Frauen, Druiden und weiser Männer. Amergin, einer der Söhne des Miled, sprach sie an und fragte nach ihrem Namen. Sie antwortete, sie heiße Banba und sei die Frau von Mac Cuill, dem Sohn der Hasel.

Sie gingen weiter bis Slieve Eibhline und begegneten wieder einer Königin der Tuatha de Danaan samt ihren Frauen und Druiden. Auch ihren Namen wollten sie erfahren. Sie sagte, sie heiße Fodhla und sei die Frau von Mac Cecht, dem Sohn des Pfluges.

Wieder gingen sie weiter, bis sie zum Hügel von Uisnech kamen, und wieder begegnete ihnen eine Frau. Bei ihrem Anblick gerieten sie in Staunen, denn von einem Augenblick auf den anderen konnte sie sich von einer wunderschönen Frau mit großen Augen in eine grauweiße, schmaläugige Krähe verwandeln. Sie ging auf Eremon, einen der Söhne des Miled, zu und setzte sich ihm zu Füßen. Er fragte, wer sie sei, und sie antwortete: „Ich bin Eriu, die Frau von Mac Greine, dem Sohn der Sonne."

In späteren Jahren hat man Irland oft mit den Namen dieser Königinnen bezeichnet.

Die Söhne der Gael begaben sich nach Teamhair. Dort hielten die drei Söhne des Cermait Honigmund, des Sohns des Dagda, die sich die Königswürde teilten, Hof. Zu dieser Zeit stritten sie so heftig um die Güter ihres Vaters, dass es bald zum Kampf kommen musste. Die Söhne der Gael wunderten sich sehr über diesen Streit, da die Tuatha de Danaan ein fruchtbares Land hatten, wo die Luft so rein, die Sonne so mild und die Kälte niemals bitter war, wo es Honig in Fülle gab und Eicheln, Milch, Fisch und Korn und Platz genug für alle. Wahrlich im Überfluss lebten sie im Palast von Teamhair samt ihren Druiden, die immer um sie herum waren.

Amergin ging zu ihnen. Er verlangte, dass sie auf der Stelle ihr Königtum abgeben sollten. Andernfalls werde die Entscheidung im Kampf fallen. Amergin wollte damit Ith, einen aus dem Volk der Gael rächen, der nach Teamhair gekommen war und durch Verrat sein Leben verloren hatte. Als die Söhne des Cermait Honigmund diese barschen Worte hörten, waren sie sehr erstaunt und entgegneten, dass sie nicht gewillt seien zu kämpfen, da ihre Armee nicht bereitstünde. „Wir sehen wohl, dass deine Urteilskraft gut und dein Wissen groß ist", sagten sie. „Mach uns also ein Angebot, das wir annehmen können, sonst vernichten wir dich mit unserer Zauberkraft." Amergin befahl seinen Männern, mit den anderen Söhnen der Gael in Inver Sceine an Bord zu gehen und sich neun Wellen weit von der Küste zu entfernen. Dann machte er den Tuatha de Danaan sein Angebot. Wenn sie seine Männer daran hindern könnten, auf ihrer Insel zu landen, würde er mit allen Schiffen umkehren und nie mehr wiederkommen. Wenn es aber den Söhnen der Gael gelänge, an Land zu gehen, müssten die Tuatha de Danaan ihr Königtum aufgeben und sich unter ihre Herrschaft stellen. Den Tuatha de Danaan gefiel dieses Angebot. Sie glaubten nämlich, dass sie mit ihrer Zaubermacht über Wind und Meer die Söhne der Gael durchaus daran hindern könnten, dieses Land jemals wieder zu betreten.

Die Söhne der Gael gingen also auf ihre Schiffe. Wie Amergin befohlen hatte, holten sie die Anker ein und segelten neun Wellen weit von der Küste weg. Kaum hatten sie das Land verlassen, da besannen sich die Männer von Dea auf ihre Zaubersprüche und ließen einen Sturmwind aufheulen, der die Schiffe der Gael erschütterte und auseinander trieb. Amergin wusste aber, dass dies kein natürlicher Sturm war und Arranan, Sohn des Miled, wusste das auch. Er stieg auf den Mast des Schiffes und blickte sich um. Da traf ihn ein Windstoß. Er fiel herab in das Schiff und war sofort tot. Große Verwirrung erfasste da die Gael. Der Sturm warf ihre Schiffe hin und her und sie drohten unterzugehen. Das Schiff, das unter dem Befehl von Donn, Sohn des Miled, stand, trieb ab und brach durch die Gewalt des Sturms auseinander. Er und alle, die bei ihm waren, ertranken, vierundzwanzig Männer und Frauen an der Zahl. Ir, Sohn des Miled, starb auf die gleiche Weise. Sein Leichnam wurde an die Küste gespült. Man begrub ihn auf einer kleinen Insel, die jetzt Sceilg Michill genannt wird. Ir war ein tapferer Mann. Er stand bei jedem Kampf an vorderster Front unter den Söhnen der Gael. Er war ihr Beistand und ihr Schutz und sein Name war von allen Feinden gefürchtet. Heremon, ein anderer Sohn des Miled, wurde mit seinen Schiffen an die linke Seite der Küste getrieben und hat wohl kaum lebend das Land erreicht. Der Ort, an dem er strandete, wurde Inver Colpa genannt, denn Colpa mit dem Schwert, ein weiterer Sohn des Miled, ertrank hier, als er versuchte, an Land zu kommen. Fünf Söhne des Miled verloren ihr Leben in den Stürmen und Winden, die von den Männern von Dea entfacht worden waren. Nur drei blieben übrig, Heber, Heremon und Amergin.

Donn, einer der Brüder, schrie laut auf, als ihn die See mitriss: „Unsere Gelehrten begehen Verrat an uns, da sie den Sturm nicht zur Ruhe bringen!" „Das ist kein Verrat", widersprach Amergin. Er erhob sich, und mit welchem Zauber auch immer er Wind und Wellen belegt haben mag, er sprach dabei die folgenden Worte:

„Dass die, die noch immer im weiten, fischreichen Meer treiben, an Land kommen mögen.

Dass sie einen Platz finden können in den Ebenen, den Bergen und Tälern, in den Wäldern, die so reich an Nüssen und Früchten sind, auf den Flüssen und Strömen, auf den Seen und allen Wassern.

Dass unser Volk und Rat sich in diesem Land versammeln möge, dass einer der unseren König in Teamhair werde und dass es Besitz unserer Könige bleibe.

*Dass dieses Land die Söhne des Miled sehen möge, dass ihre
Boote und Schiffe hier anlegen können.*
*Wir bitten um dieses Land, das jetzt im Dunkel liegt. Mögen
unsere obersten Männer und ihre gelehrten Frauen darum bitten, zu der großen, edlen Eriu vorgelassen zu werden.* "

Nachdem er so gesprochen hatte, ging der Wind zurück und im
selben Augenblick lag die See ruhig vor ihnen.

Die noch übrig waren von den Söhnen des Miled und den Söhnen der Gael legten in Inver Sceine an. Amergin war der Erste, der
seinen Fuß auf das Land setzte. Als er an der Küste Irlands stand,
sprach er:

„Ich bin der Wind auf dem Meer;
Ich bin die Welle der See;
Ich bin der Stier der sieben Schlachten;
Ich bin der Adler auf dem Fels;
Ich bin ein Strahl der Sonne;
Ich bin die schönste aller Pflanzen;
Ich bin der starke, wilde Eber;
Ich bin ein Lachs im Wasser;
Ich bin ein See in der Ebene;
Ich bin das Wort der Weisheit;
Ich bin die Speerspitze im Kampf;
Ich bin der Gott, der das Feuer entfacht;
Wer spendet das Licht auf den Hügeln?
Wer weiß das Alter des Mondes?
Wer kennt den Platz, wo die Sonne ruht? "

Kapitel 2
Die Schlacht von Tailltin

Drei Tage, nachdem sie gelandet waren, machte sich Eriu, die Frau von Mac Greine, dem Sohn der Sonne, zum Angriff bereit. Ein Großteil ihrer Soldaten war mit ihr gezogen. Sie kämpften hart. Auf beiden Seiten gab es viele Tote. Das war die erste Schlacht, die von den Söhnen der Gael und den Männern von Dea um die Herrschaft über Irland ausgetragen wurde.

In dieser Schlacht kam Fais, die Frau des Un, in einem Tal am Fuße des Berges ums Leben. Danach nannte man es das Tal der Fais. Auch Scota, die Frau des Miled, fand den Tod und wurde in einem Tal am Nordhang des Berges nahe dem Meer begraben. Doch die Söhne der Gael hatten nur dreihundert Mann verloren. Jetzt schlugen sie zurück und töteten tausend Männer von Dea. Eriu drängten sie mit den Soldaten, die ihr noch geblieben waren, nach Tailltin zurück. Als sie dort ankam, erzählte sie allen, wie verheerend diese Schlacht gewesen war, in der ihre besten Männer den Tod gefunden hatten. Die Gael aber blieben auf dem Schlachtfeld und bestatteten ihre Toten. Den beiden Druiden, Aer und Eithis, die im Kampf gefallen waren, richteten sie ein großes Begräbnis aus.

Nachdem sie sich eine Weile Ruhe gegönnt hatten, zogen sie weiter nach Inver Colpa in Leinster. Dort schlossen sich ihnen Heremon und seine Männer an. Sie sandten Boten zu den drei Königen von Irland, den Söhnen des Cermait Honigmund, und forderten sie zu jenem Kampf auf, der ein für alle Mal die Herrschaft über das Land besiegeln sollte.

Mit den besten Kämpfern kamen die Tuatha de Danaan nach Tailltin und bliesen zum Angriff. Die Söhne der Gael dachten voller Zorn und Racheverlangen an Iths Tod, fielen über sie her und lieferten ihnen einen heftigen Kampf. Eine Zeit lang gewannen weder die einen noch die anderen die Oberhand, doch zuletzt brachen die Gael durch die Reihen der Männer von Dea, metzelten sie nieder und jagten sie davon. Die drei Könige Irlands kamen dabei ums Leben und ebenso die drei Königinnen, Eriu, Fodhla und Banba. Als die Tuatha de Danaan sahen, dass ihre Anführer tot waren, ergriffen sie blind die Flucht. Die Söhne der Gael setzten ihnen nach. Dabei verloren sie zwei ihrer besten Anführer, Cuailgne, Sohn des Breagan, bei Slieve Cuailgne und Fuad, seinen Bruder, bei Slieve Fuad. Sie ließen sich aber nicht entmutigen, sondern blieben den Männern von Dea so dicht auf den Fersen, dass diese es nicht mehr schafften, ihr Heer zu sammeln. Sie mussten sich geschlagen geben und das Land den Gael überlassen.

Ihre Anführer, die Söhne des Miled, teilten die Provinzen Irlands unter sich auf. Heber nahm die zwei Provinzen von Munster und gab Amergin einen Anteil. Heremon erhielt Leinster und Connacht. Ulster wurde unter Eimhir, Sohn des Ir, und einigen anderen ihrer obersten Männer aufgeteilt. Von den Söhnen des Eimhir, die die Kinder von Rudraighe genannt wurden und neunhundert Jahre in Emain Macha lebten, stammten die besten Männer Irlands ab. Fergus, Sohn des Rogh, war einer von ihnen, ein anderer war Conall Cearnach vom Roten Zweig von Ulster.

Von den Söhnen des Ith, der als Erster von den Gael in Irland gestorben war, stammte Fathadh Canaan ab. Er herrschte über ein Reich, in dem die Sonne niemals unterging und das die Flüsse, Vögel und Völker beherbergte.

Die Dichter Irlands pflegten zu sagen, dass jeder tapfere Mann, der zu kämpfen verstand und große Taten vollbrachte, ohne ein Wort darüber zu verlieren, ein Sohn der Gael war und dass jeder begabte Mann, der sich auf Musik und geheime Zaubereien verstand, von den Tuatha de Danaan abstammen musste. Doch die Firbolgs, die Männer von Domnand und die Gaileoin schmähten sie wegen ihrer Lügen, ihrer Großsprecherei und ihrer Ungerechtigkeit. Dennoch gab es auch bei ihnen gute Kämpfer. Ferdiad, der sich im Krieg um den Bullen von Cuailgne gegen Cuchulain behauptete, war einer von ihnen. In diesem Krieg schlugen sich auch die Gaileoin gut, doch die Männer Irlands hatten nichts für sie übrig und ließen sie schließlich von den Druiden aus ihrem Land vertreiben.

D I E   U N S T E R B L I C H E N

Kapitel 1
Bodb Dearg

Nachdem die Tuatha de Danaan geschlagen waren, wollten sie sich nicht der Herrschaft der Söhne des Miled unterordnen und verließen daher freiwillig deren Gebiet. Da Manannan, Sohn des Lir, sich auf alle Zaubereien verstand, blieb es ihm überlassen, einen Platz ausfindig zu machen, wo sie vor ihren Feinden sicher sein konnten. Er suchte ihnen die schönsten Hügel und Täler Irlands aus und umgab sie mit Mauern, die nur sie sehen und die nur sie durchdringen konnten. Und er bereitete ihnen das Mahl der Unsterblichkeit. Sie nahmen einen Trank zu sich, den ihnen Goibniu, der Schmied, gebraut hatte. Er bewahrte jeden vor Alter, Krankheit und Tod. Sie aßen auch von Manannans Schweinen. Diese waren, auch wenn man sie schlachtete und verzehrte, am Tag darauf wieder lebendig und konnten wieder und wieder geschlachtet werden.

Nach einer Weile aber sagten sie: „Es wäre besser, wir hätten einen König und wären nicht über ganz Irland verstreut, wie wir es jetzt sind." Die Männer, die zu dieser Zeit für die Königswürde in Frage kamen, waren Bodb Dearg, Sohn des Dagda, Ilbrech von Ess Ruadh, Lir von Sidhe Fionnachaidh, dem Hügel der Weißen Felder am Slieve Fuad, Midhir, der Stolze von Bri Leith, und Angus Og, Sohn des Dagda, der aber überhaupt nicht nach der Königswürde verlangte, sondern lieber so weiterleben wollte wie bisher.

Mit Ausnahme dieser fünf hielten die obersten Männer nun Rat und kamen zu dem Entschluss, dass Bodb Dearg ihr König werden solle, um seines und seines Vaters willen und weil er der älteste von den Kindern des Dagda war.

Bodb Dearg hatte sein Haus in Sidhe Femen mit allerlei Zauber umgeben. Cliach, der Harfenspieler des Königs von den Drei Rosen in Connacht, wollte eines Tages um die Hand seiner Tochter anhalten. Ein ganzes Jahr lang stand er vor dem Haus und spielte auf seiner Harfe, doch er schaffte es nicht, näher an Bodb und seine Tochter heranzukommen. Er spielte und spielte, bis sich unter seinen Füßen ein See auftat, jener See, der auf einer Bergspitze liegt und Loch Bel Sead genannt wird.

In der Nacht, als Bodbs Schweinehirt mit einem quiekenden Schwein zu Da Dergas Gasthaus ging, starb Conaire, der Hohe König von Irland, und man sagte, wenn der Schweinehirt zu einem Fest geht, fließt Blut, bevor das Fest vorbei ist.

Bodb hatte drei Söhne, Angus, Artrach und Aedh. Sie waren später oft bei der Fianna. Artrach hatte ein Haus mit sieben Türen. Jeder, der dorthin kam, war ihm willkommen. Die Söhne des Königs von Irland und Alban waren oft bei Angus zu Gast und lernten von ihm, wie man Speere und Pfeile wirft. Ganze Heerscharen von Dichtern aus Alban und Irland hielten sich gern bei Aedh auf, der von Bodbs Söhnen der geselligste war. Sein Haus wurde daher auch „Das Anwesen von Aedh mit den Dichtern" genannt. Zu dieser Zeit war es wirklich ein schönes Anwesen, auf dem Bäume mit goldgelben Äpfeln und den purpurgesprenkelten Nüssen des Waldes wuchsen. Doch als die Fianna untergegangen war, kehrten auch die drei Brüder zu den Tuatha de Danaan zurück.

Bodb Dearg wohnte nicht immer in seinem eigenen Haus. Manchmal ging er auch zu Angus nach Brugh na Boinn. Die drei Söhne des Lugaidh Menn, des Königs von Irland, die Eochaid, Fiacha und Ruide hießen, kamen eines Tages dorthin. Sie hatten keinen Besitz, denn ihr Vater wollte ihnen erst dann Land geben, wenn sie es verdient hätten. Als er ihnen das gesagt hatte, standen sie mit der Entschlossenheit eines Mannes auf und gingen. Auf der grünen Ebene von Brugh na Boinn ließen sie sich nieder und blieben bei den Tuatha de Danaan in der Hoffnung, von ihnen zu lernen.

Sie waren noch nicht lange dort, als ein stiller, junger Mann mit angenehmem Äußeren kam und ihnen Gesundheit und Wohlergehen wünschte. Sie erwiderten seinen Wunsch. „Wo kommst du her?", fragten sie ihn. „Von dem Haus dort drüben, mit den vielen Lichtern", sagte er. „Ich bin Bodb Dearg, Sohn des Dagda. Kommt doch mit mir." Sie gingen ins Haus, wo schon das Essen auf sie wartete, doch sie wollten nichts nehmen. Bodb Dearg fragte nach dem Grund. „Weil uns der Vater kein Land gibt", antworteten sie. „In Irland gibt es nur zwei Stämme, die Söhne der Gael und die Männer von Dea. Wenn uns der eine Stamm nicht will, bleibt uns nur der andere."

Da hielten die Männer von Dea Rat. Ihr Oberhaupt war damals Midhir der Blonde. Er sagte: „Suchen wir nach Frauen für diese drei Männer hier. Die Frauen bestimmen das Schicksal. Mit ihnen kommt Glück oder Unglück." Sie waren einverstanden und man vermählte sie mit den drei Töchtern des Midhir, Dairenn, Aife und Aillbhe. Dann fragte Midhir, was man ihnen als Mitgift geben solle. „Das werde ich dir sagen", entgegnete Bodb. „Hier auf diesem Hügel sind hundertfünfzig Königssöhne. Jeder von ihnen soll hundertfünfzig Unzen rotes Gold geben. Und ich gebe ihnen dazu noch hundertfünfzig Kleider in allen Farben." „Ich habe auch ein Geschenk", sagte ein junger Mann der Tuatha de Danaan aus Rachlainn. „Von mir bekommen sie ein Horn und ein Fass. Sie müssen nichts weiter tun als das Fass mit reinem Wasser füllen. Es verwandelt sich dann in Met, den man gut trinken kann und der stark genug ist, um betrunken zu machen. In das Horn müssen sie Meerwasser gießen und im selben Augenblick wird daraus Wein." „Und ein Geschenk von mir!", rief da Lir von Sidhe Fionnachaidh. „Hundertfünfzig Schwerter und hundertfünfzig genietete, lange Speere." „Mein Geschenk", sagte Angus Og, Sohn des Dagda, „ist eine Burg und eine schöne, von hohen Mauern umgebene Stadt mit großen, hellen Häusern. Sie können jeden Platz im Gebiet zwischen Rath Chobtaige und Teamhair wählen." „Und mein Geschenk", sagte Aine, Tochter des Modharn, „ist meine Köchin. Von ihr bekommt jeder eine Mahlzeit und kaum ist sie am Austeilen, da füllen sich die Vorräte schon wieder von alleine auf." „Noch ein Geschenk von mir!", sagte Bodb Dearg. „Einer meiner Barden, Fertuinne, Sohn des Trogain. Ich habe schon Frauen in den schlimmsten Geburtswehen gesehen und kühne Männer, die verwundet am Boden lagen. Bei seiner lieblichen Musik sanken sie alle in seligen Schlaf. Im ganzen Land hört man seine Melodien, egal in welchem Haus er spielt."

Drei Tage und drei Nächte blieben die drei Königssöhne in Brugh na Boinne. Als sie weiterzogen, forderte Angus sie auf, aus dem Eichenwald drei Apfelbäume mitzunehmen, einen in voller Blüte, einen nach der Blüte und einen mit reifen Früchten.

Sie zogen zu der Burg, die man ihnen überlassen hatte. Es gefiel ihnen dort sehr. Eine Schar junger Männer war bei ihnen und ein Rudel von Pferden und Jagdhunden. Sie pflegten, wie es die Art von guten Königen war, drei Arten von Musik zu lauschen, nämlich den Klängen der Harfen, der Lauten und dem Gesang von Trogains Sohn. Sie vernahmen aber auch drei andere große Klänge: das Trampeln auf den Weiden, das Brüllen bei der Jagd und das Muhen der Kühe. Und drei weitere Klänge gab es: das Grunzen der fetten Schweine, das Raunen der Menschenmengen und der Lärm der

Männer beim Trinkgelage. Von Eochaid sagte man, er sei nie einen Schritt zurückgewichen und in seinem Haus habe es nie an Musik und Trank gefehlt. Fiacha galt als der Tapferste aller Männer seiner Zeit. Nie verlor er ein Wort zu viel. Und Ruide bat um nichts und wies keinen zurück.

Als sich ihr Leben dem Ende zu neigte, gingen sie zu den Tuatha de Danaan zurück, denn durch ihre Frauen gehörten sie nun diesem Stamm an und blieben bei ihm.

Bodb Dearg hatte auch eine Tochter, Scathniamh, die Helle Blume. Sie verliebte sich in Caoilte, doch sie mussten sich trennen und sahen sich erst wieder, als Caoilte, einer der Letzten der Fianna, schon alt und grau war. Scathniamh kam aus ihrer Höhle in Cruachan, ging auf Caoilte zu und bat um ihre Morgengabe. Caoilte begab sich zu einem nahe gelegenen Steinhügel, der all das Gold beherbergte, das sich Conan Maol verdient und hier verborgen hatte, und gab es der Tochter des Bodb Dearg. Alle, die das sahen, wunderten sich sehr, denn das Mädchen war jung und ansehnlich, Caoilte dagegen grau, gebeugt und altersschwach. „Das ist kein Wunder", meinte Caoilte, „ich bin einer der Söhne des Miled, die alt werden und vergehen, und sie ist eine der Tuatha de Danaan, die ewig jung bleiben und nie sterben."

Kapitel 2
Der Dagda

Der Dagda, der Rote Mann allen Wissens, hatte in Brugh na Boinne sein Haus. Das Besondere daran waren der Saal der Morrigu, das Bett des Dagda, die Geburtsstelle des Cermait Honigmund und der Stall des Grauen von Macha, der später Cuchulains Pferd war. Bei dem Haus war auch ein kleiner Hügel, den man Kamm und Schatulle von Dagdas Frau nannte, und ein weiterer, der nach dem kleinen Jagdhund des Boann der Hügel des Dabilla genannt wurde. Dort lag auch das Tal der Mata, der Seemöwe, die einen Mann in voller Rüstung ins Wasser ziehen konnte.

Wahrscheinlich stellte der Dagda auch seinen Herd hier im Haus auf, den Druimne, Sohn des Luchair, für ihn gebaut hatte und der folgendermaßen aussah: Achsen und Räder bestanden aus Holz, das Gehäuse aus Eisen. An die Achsen waren zweimal neun Räder montiert, damit er schneller bewegt werden konnte, und er war auch so flink wie ein sprudelnder Fluss. Er besaß dreimal neun Spieße und dreimal neun Töpfe. Mit der Asche pflegte er sich niederzulegen und mit dem Feuer haushoch aufzurichten.

Einmal baute der Dagda für seine Tochter Ainge ein großes Fass. Doch sie war nicht so recht zufrieden damit, weil es bei Flut nicht aufhörte zu tropfen, obwohl es bei Ebbe nicht einen Tropfen verlor. Sie sammelte ein Bündel Holz und wollte sich selbst ein Fass bauen, doch Gaible, Sohn des Nuada mit der Silberhand, stahl das Bündel und warf es fort. Dort, wo es aufkam, wuchs ein wunderschöner Wald, den man Gaibles Wald nannte.

Die Gefolgsleute des Dagda lebten auch in Brugh na Boinne. Sein Hofmeister war Dichu und Len Linfiaclach war sein Schmied. Er lebte am See und schmiedete dort prächtige Gefäße für Fand, Tochter des Flidhais. Jeden Abend, wenn er seine Arbeitsstätte verließ, warf er seinen Amboss nach Osten in Richtung Indeoin na Dese bis nach Grabesende. Wenn er warf, regnete es zuerst Feuer, dann Wasser und schließlich purpurrote Edelsteine.

Doch Tuirbe, der Vater von Goibniu, dem Schmied, war mit seiner Axt noch besser. Er warf sie von Tulach na Bela, dem Hügel der Axt, der Flut entgegen und gebot somit dem Wasser Einhalt, denn die Flut konnte die Axt nicht mehr überspülen.

Corann war der beste Harfenspieler im Haus. Er spielte für Dagdas Sohn Diancecht. Einmal lockte er mit seiner Harfe

Cailcheir, ein Schwein des Debrann, herbei. So schnell es seine Beine trugen, rannte es nach Norden und die besten Kämpfer von Connacht rannten hinter ihm her, so schnell sie konnten, und auch die Hunde liefen mit. Sie rannten bis Ceis Corain, dann gaben sie auf. Nur Niall blieb dem Schwein auf der Spur und holte es im Eichenwald von Tarba ein. Da machte das Schwein, dass es fortkam. Es lief über die Ebene von Ai und dann geradenwegs in einen See. Niall und sein Hund folgten ihm und ertranken. Weil er sein Harfenspiel so gut verstand, gab der Dagda Corann ein großes Stück Land.

Schließlich aber bemächtigte sich Angus des Hauses, das dem Dagda gehörte, und Manannan, Sohn des Lir, half ihm dabei. Denn Manannan riet ihm, zu seinem Vater zu gehen und ihn zu bitten, dass er ihm das Haus für die Dauer von Tag und Nacht überlasse. Er werde mit seiner Zauberkunst dafür sorgen, dass er sich nicht weigern könne. Angus tat, wie ihm geheißen, und der Dagda willigte ein. Als er das Haus aber wieder zurückforderte, sagte Angus, er habe es ihm doch für alle Zeiten übergeben, denn sein Leben sei schließlich eine immer während Folge von Tag und Nacht. Als der Dagda das hörte, ging er fort. Seine Leute und sein ganzer Hofstaat folgten ihm, denn Manannan hatte sie alle verzaubert. Nur Dichu, der Hofmeister, war gerade nicht anwesend, weil er mit seiner Frau und seinem Sohn im Auftrag des Manannan Vorbereitungen für ein Fest treffen wollte. Als er zurückkam und feststellte, dass sein Herr fortgegangen war, bot er Angus seine Dienste an. Angus blieb in Brugh na Boinne. Manche sagen, er lebe bis auf den heutigen Tag dort, hinter den unsichtbaren Mauern, mit Goibnius Trank und den Schweinen, die nie weniger werden.

Der Dagda aber nahm keine Rache, obwohl er in dem Ruf stand, rachsüchtig und leicht erregbar zu sein. Einige sagen, er habe seinen Wohnsitz in Teamhair gewählt, doch wo auch immer er wohnte, er konnte dem Unglück, das seiner harrte, nicht entgehen.

Eines Tages besuchte ihn Corrgenn, ein bedeutender Mann aus Connacht, mit seiner Frau. Während sie beieinander saßen, beschlich Corrgenn das Gefühl, dass zwischen seiner Frau und Aedh, einem der Söhne des Dagda, etwas vorging, was nicht recht war. Da übermannte ihn die Eifersucht und großer Zorn kam über ihn. Er schlug auf den jungen Mann ein und tötete ihn vor den Augen des Vaters. Jeder dachte, dass der Dagda nun Corrgenn nach dem Leben trachten würde, aber dem war nicht so. Der Dagda sagte, wenn sein Sohn schuld war, hätte er Corrgenn nichts vorzuwerfen. Für dieses Mal verschonte er ihn also, wenngleich Corrgenn nicht viel davon hatte. Denn als Strafe legte ihm der Dagda auf, den Leichnam auf die Schultern zu nehmen und ihn erst dann wieder herunterzulassen, wenn er einen Stein fände, der ihm in Länge und Breite angemessen erschiene. Aus diesem Stein solle er dann einen Grabstein hauen und seinen Sohn auf dem nächst gelegenen Hügel bestatten.

Corrgenn blieb keine andere Wahl. Er machte sich mit der Bürde, die auf seinen Schultern lastete, auf den Weg. Weit musste er gehen und erst an der Küste von Loch Feabhail fand er den passenden Stein. Er trug den Leichnam auf den nächsten Hügel, ging wieder zurück, lud den Stein auf, brachte ihn hoch, hob ein Grab aus und beerdigte den Sohn des Dagda. Doch was für ein Jammer! Als er den Stein auf das Grab hob, gab er sein Letztes. Dann war er am Ende seiner Kräfte und starb auf der Stelle.

Der Dagda führte die beiden Bildhauer, Garbhan und Imheall, dorthin und gab ihnen den Auftrag, einen Wall aus Steinen um das Grab zu errichten. Garbhan behaute die Steine und formte sie. Imheall setzte sie um das Grab und legte eine Platte darauf, die es nach oben hin abschloss. Diesen Ort nannten sie Hügel von Aileac, das heißt Hügel der Steine und Klagen, denn blutige Tränen vergoss der Dagda um seinen Sohn.

Kapitel 3
Angus Og

Angus Og, Sohn des Dagda, kam manchmal von Brugh na Boinne und ließ sich wieder in der Welt blicken. Lange Zeit nach der Landung der Gael sah ihn Cormac, der König von Teamhair. Das ist sein Bericht: Cormac war an diesem Tag im Gerichtssaal. Er las oft in den Gesetzesbüchern und dachte darüber nach, wie man das Recht am sinnvollsten anwenden könnte. Plötzlich sah er am Ende des Saals einen Fremden, einen stattlichen, jungen Mann. In diesem Augenblick wusste er, dass es Angus Og sein musste, denn er hatte seine Leute oft von ihm reden hören. Er selbst hatte bis dahin aber nicht an seine Existenz geglaubt. Als seine Leute dann wieder in den Saal kamen, erzählte er ihnen, dass ihm Angus Og begegnet sei und dass er mit ihm gesprochen habe. Angus habe seinen Namen genannt und ihm die Zukunft vorhergesagt.

„Er ist ein schöner, junger Mann", sagte Cormac, „schöner als schön und von nobler Gestalt. Sein Gewand ist mit goldenen Ornamenten bestickt. In der Hand hielt er eine silberne Harfe mit Saiten aus rotem Gold. Der Klang dieser Saiten war süßer als alle Musik dieser Erde. Auf der Harfe saßen zwei Vögel, die auf ihr zu spielen schienen. Angus setzte sich freundlich zu mir, spielte seine süße Musik und prophezeite mir Dinge, die meinen Geist trunken machten."

Die Vögel, die bei Angus weilten, waren vier Küsse, die sich in Vögel verwandelt hatten. Sie flogen immer wieder zu den jungen Männern Irlands und riefen ihnen nach. „Komm, komm", riefen zwei von ihnen. „Geh, geh", riefen die anderen beiden. Sie waren sehr anhänglich. Angus aber nannte man schon seit frühester Jugend den „Erschrecker" oder auch den „Störer", denn alle Pflugochsen dieser Welt und jedes Vieh, das im Dienst der Menschen stand, lief in Angst und Schrecken davon, wenn es ihn erblickte.

Einmal tauchte Angus als Landbesitzer bei zwei Männern auf, die sich Ribh und Eocho nannten und nach einem Ort suchten, wo sie sich niederlassen könnten. Zuerst versuchten sie es auf einer Ebene in der Nähe von Bregia, die Angus gehörte. Er kam mit dem Pferd an der Hand zu ihnen und sagte, sie sollten sich hier nicht länger aufhalten. Sie aber entgegneten, dass sie ihr Hab und Gut nicht ohne Pferd wegbringen könnten. Da gab er ihnen sein eigenes Pferd und meinte, sie sollten alles, was ihnen wichtig sei, aufladen, das Pferd würde es schon schaffen. Und so war es auch. Als nächsten Ort wählten sie Magh Find, die Schöne Ebene. Dort aber pflegten Angus und Midhir ihre Spiele auszutragen. Dieses Mal kam Midhir, gab ihnen ein Pferd und begleitete sie bis Magh Dairbthenn.

Viele Frauen verliebten sich in Angus, darunter auch Enghi, Tochter des Elcmair, obwohl sie ihn noch nie gesehen hatte. Eines Tages machte sie sich auf den Weg und suchte ihn beim Sammelplatz der Turniere, die in Broga zwischen den Cletech und den Sidhe ausgetragen werden sollten. Die prächtigen Truppen der Sidhe kamen an jedem Abend des Samhain und brachten ein bescheidenes Mahl mit, eine Nuss nämlich. Die Söhne des Derc kamen aus dem Norden, von Sidhe Findabrach. Unerkannt gingen sie unter die jungen Männer und Frauen und brachten Elcmairs Tochter fort. Alle brachen in großes Wehklagen aus. Den Ort nannten sie danach Cnoguba, die Klagenuss.

Auch Derbrenn, Eochaid Fedlechs Tochter, liebte Angus. Sie hatte sechs Kinder zur Pflege, drei Jungen und drei Mädchen. Doch die Mutter der Jungen, Dalb Garb, die Raue, verwandelte sie mit den Zaubernüssen des Caill Ochuid in Schweine. Angus gab die Schweine in die Obhut von Buichet, dem Pfleger von Leinster. Sie waren schon ein ganzes Jahr dort, als Buichets Frau plötzlich das Verlangen überkam, Schweinefleisch zu essen. Sie rief hundert bewaffnete Männer und hundert Hunde zusammen, um die Schweine einzufangen. Doch die Schweine ergriffen die Flucht und rannten zu Angus nach Brugh na Boinne, der sie bei sich aufnahm. Als sie ihn aber baten, sie wieder in Menschen zu verwandeln, meinte er, dazu sei er erst imstande, wenn sie den Baum von Tarbga geschüttelt und den Lachs von Inver Umaill gegessen hätten. Da gingen sie nach Glascarn und hielten sich dort ein Jahr versteckt. Dann schüttelten sie den Baum von Tarbga und machten sich auf den Weg nach Inver Umaill. Doch Maeve rief alle Männer von Connacht zusammen und machte Jagd auf sie. Alle wurden getötet, nur ein Schwein überlebte. Die Köpfe steckten sie auf einen Wall, der den Namen Duma Selga, Wall der Jagd, erhielt.

In dieser Zeit verliebte sich Angus in Caer Ormaith aus der Provinz Connacht und brachte sie nach Brugh na Boinne.

Kapitel 4
Die Morrigu

Nun zu Morrigu, der Großen Königin, der Krähe der Schlacht, wie man sie auch nannte. Man weiß nicht, wo sie nach der Ankunft der Gael lebte, vor dieser Zeit aber lebte sie in Teamhair. Sie hatte einen langen Bratspieß, auf den sie immer ein Stück rohes Fleisch, ein Stück gebratenes Fleisch und ein Stück Butter auf einmal steckte. Das gebratene Fleisch verbrannte nicht und die Butter schmolz nicht, wenn sie das rohe Fleisch briet.

Neun geächtete Männer kamen eines Tages zu ihr und wollten auch einen solchen Spieß. Auf dem Spieß steckten neun Rippen, als sie ihn bei der Morrigu holten. Jeder der Geächteten sollte eine Rippe nehmen und bei sich tragen, bis sie am Abend wieder zusammen wären. Den Spieß konnte man sowohl ausziehen, bis er so lang war wie ein ausgewachsener Mann, als auch auf die Größe einer Faust zusammendrücken, ohne dass er brach.

Mechi, Sohn der Morrigu, kam durch Mac Cecht ums Leben. Mechi hatte drei Herzen, die aussahen wie Schlangen. Wenn er nicht gestorben wäre, wären die Schlangen gewachsen und hätten alles Leben in Irland zerstört. Mac Cecht verbrannte sie bei Magh Luathad. Als er die Asche dem Fluss übergab, fing das Wasser an zu brodeln und vernichtete alle Kreaturen, die in ihm lebten.

Die Morrigu mischte sich zur Zeit Cuchulains überall ein und zettelte Streit und Krieg an. Einmal hetzte sie Cuchulain auf, der noch ein Junge war und nahe daran, einem Zauber zu verfallen. „Du bist nicht von dem Schlag, aus dem Helden gemacht sind, so, wie du daliegst unter den Schatten, die auf dir herumtrampeln", sagte sie. Bei diesen Worten erhob sich Cuchulain und schlug dem Schatten, der über ihm stand, mit seinem Wurfstab den Kopf ab. Eines Tages schickte Conchubar zur Zeit des Krieges um den Bullen von Cuailgne seinen Boten Finched aus. Er sollte die Männer von Ulster zum Kämpfen bewegen und auch diese schreckliche Furie, die Morrigu, zu Cuchulains Beistand holen. Einmal aber geriet sie mit Cuchulain in Streit, weil sie sich eine Kuh vom Hügel von Cruachan holte. Ein anderes Mal half sie Talchinem, dem Druiden am Hof von Conaire Mor, den Bullen wegzubringen, den sich seine Frau in den Kopf gesetzt hatte. Vor allem, wenn es ums Vieh ging, mischte sich die Morrigu gern ein. Eines Tages holte sie sich eine Kuh von Odras, die zum Hof des größten Viehbesitzers von Cormac Hua Cuined gehörte und die hinter ihrem Mann herging. Die Morrigu brachte die Kuh zur Höhle von Cruachan am Hügel der Sidhe. Odras folgte ihr, bis sie im Eichenwald von Falga müde wurde und einschlief. Da kam die Morrigu und verwandelte sie mit ihren Zaubersprüchen in eine Wasserlache, die in den Fluss sickerte, der nach Westen fließt.

In der Schlacht von Magh Rath flog sie als Vogel so lange über dem Kopf von Congal Claen hin und her, bis dieser nicht mehr Freund von Feind unterscheiden konnte. Das gleiche Spiel trieb sie mit Murchadh, Sohn des Brian, in der Schlacht von Cluantarbh. Die Morrigu konnte viele Gestalten annehmen. Es war aber die Gestalt einer Krähe, in der sie manchmal im Kampf auftauchte.

Wenn nicht die Morrigu in den Schlachten erschien, dann kam Badb. Sie kämpfte unter Aedh, Sohn des Niall, mit den Männern Irlands in der Schlacht von Dunbolg, in jener Schlacht, in der Brigit an der Seite der Männer von Leinster gesehen wurde.

Kapitel 5
Aine

Manche behaupteten, Aine sei die Tochter des Manannan, aber manche meinten, sie sei niemand anderer als die Morrigu selbst. Sie hatte einen Stein, den man Cathair Aine nannte. Wer sich auf diesen Stein setzte, lief Gefahr verrückt zu werden, und wer dreimal darauf saß, hatte den Verstand für immer verloren. Aus allen Landesteilen kamen die Verrückten, seien es Menschen oder Tiere, scharten sich um den Stein und gingen dann ins Meer zu Aine. Manche, die sich mit Kräutern heilen ließen, sagten, Aine habe Macht über den ganzen Körper. Sie pflegte auch Lieder und Gedichte zu verschenken, und weil sie vielen Männern ihre Liebe schenkte, nannte man sie auch Leanan Sidhe, die Geliebte der Sidhe.

Aine anzugreifen war nicht ratsam, denn sie war rachsüchtig. Eines Tages tötete Oilioll Oluim, der König von Irland, Aines Bruder. Da zauberte sie einen stattlichen Eibenbaum an den Fluss Maigh in Luimnech und setzte einen kleinen Mann darauf, der süße Musik auf seiner Harfe spielte. Oiliolls Sohn, der gerade mit seinem Stiefbruder den Fluss überquerte, sah den Baum und lauschte der süßen Musik. Bald darauf stritten sie um den kleinen Harfenspieler und dann um den Baum. Sie baten Oilioll um ein Urteil. Er fällte es zu Gunsten seines leiblichen Sohnes. Das Urteil erzeugte Unfrieden und führte schließlich zur Schlacht von Magh Mucruimhe. Oilioll kam mit seinen sieben Söhnen ums Leben und so hatte Aine ihre Genugtuung.

Kapitel 6
Aoibhell

Aoibhell, eine weitere Frau der Sidhe, wohnte in Craig Liath. Zur Zeit der Schlacht von Cluantarbh verliebte sie sich in Dubhlaing ua Artigan, einen jungen Mann aus Munster, der beim König von Irland in Ungnade gefallen und des Landes verwiesen worden war. Vor der Schlacht aber kam er noch einmal zurück, um Murchadh, dem Sohn des Königs, beizustehen und für die Gael zu kämpfen. Aoibhell wollte ihn zurückhalten, aber alle ihre Worte waren vergeblich. Da legte sie ihm einen Druidenmantel um, der ihn unsichtbar machte.

Er begab sich zu Murchadh und ging dann zum großen Angriff gegen die Feinde Irlands über. Murchadh blickte um sich und sagte: „Mir scheint, als könnte ich hören, dass hier Dubhlaing ua Artigan kämpft, aber sehen kann ich ihn nicht." Dubhlaing riss sich den Druidenmantel vom Leib und sagte: „Den lasse ich nicht an, wenn du mich nicht sehen kannst. Gehen wir jetzt über die Ebene zu Aoibhell. Sie weiß, wie es um die Schlacht steht."

Aoibhell bat sie, die Schlacht zu verlassen, wenn sie am Leben bleiben wollten. Doch Murchadh sagte: „Jetzt will ich dir etwas sagen: Ich werde meinen Entschluss nicht rückgängig machen, auch wenn ich um mein Leben bangen muss. Wenn wir fallen, fallen die Fremden auch, und das werden nicht wenige sein. Dann müssen sie ihr Land den Gael überlassen." „Bleib bei mir, Dubhlaing", sagte Aoibhell, „und du wirst zweihundert Jahre mit mir glücklich sein." „Ich lasse Murchadh nicht im Stich", erwiderte er, „und meinen Ruf setze ich auch nicht aufs Spiel. Nicht für Silber und nicht für Gold." Aoibhell wurde zornig bei seinen Worten und sprach: „Murchadh wird fallen und du wirst fallen. Schon morgen wird euer stolzes Blut die Erde benetzen." Sie gingen in die Schlacht zurück und fanden dort ihren Tod.

Einmal schenkte Aoibhell dem Sohn des Meardha eine goldene Harfe. Wer sie spielen hörte, lebte nicht mehr lange. Der Junge war zu dieser Zeit in der Schule der Sidhe. Da erfuhr er, dass der König von Lochlann seinen Vater getötet hatte. Meardhas Sohn begab sich daraufhin zu den drei Söhnen des Königs von Lochlann und spielte für sie auf der Harfe. Und sie starben.

Eines Tages hörte Cuchulain den Klang der Harfe. Das war zu der Zeit, als sich seine Feinde bei Muirthemne sammelten. Da wusste er, dass sein Ende bevorstand.

Kapitel 7
Midhir und Etain

Midhir hatte seinen eigenen Hügel, auf dem er mit seiner Frau Fuamach und seiner Tochter Bri lebte. Leith, Sohn des Celtchar von Cualu, war der schönste junge Mann der Sidhe. Er liebte Bri. Eines Tages wollte ihn Bri in Teamhair am Grab der Töchter treffen und begab sich mit ihren jungen Begleiterinnen dorthin. Leith machte sich mit seinen jungen Männern auf den Weg, kam aber nur bis zum Hügel der Reue. Näher konnten sie wegen der vielen Fallen auf Midhirs Hügel nicht zueinander kommen. Nacheinander schnellten nämlich Speere daraus hervor und schließlich war die Zahl der Speere auf dem Hügel so groß wie die von Bienenschwärmen an einem Sommertag. Cochlan, Leiths Diener, schnitt sich daran und starb. Bri kehrte zurück und starb gebrochenen Herzens. Da sagte Leith: „Auch wenn wir nicht zueinander kamen, so soll sie doch mit meinem Namen in Verbindung gebracht werden." Von dieser Zeit an nannte man den Hügel Bri Leith.

Nach einiger Zeit nahm sich Midhir Etain Echraide zur Frau. Fuamach, seine frühere Frau, geriet außer sich vor Eifersucht und rief nach dem Druiden Bresal Etarlaim. Mit Hilfe seiner Zaubersprüche wurde Etain von Fuamach vertrieben.

Angus Og, Sohn des Dagda, nahm sie bei sich auf. Als Midhir sie wieder zurückverlangte, weigerte sich Angus und nahm sie von nun an immer auf seine Reisen mit. Wenn sie Halt machten, zauberte er ihr ein helles Haus aus unsichtbaren Mauern und verbarg sie so vor allen Blicken. Angus stellte auch immer süß duftende Blumen für sie hinein.

Als Fuamach erfuhr, dass sich Angus so gut um Etain kümmerte, erwachten in ihr Eifersucht und Zorn aufs Neue. Lange dachte sie darüber nach, wie sie Etain für immer loswerden könnte. Sie überredete Midhir und Angus zu einem Treffen, bei dem sie Frieden schließen sollten, denn seit Etain gehen musste, lagen sie miteinander im Streit. Als Angus aus Brugh na Boinn fortgegangen war, kam Fuamach und fand Etain. Mit ihren Druidensprüchen verwandelte sie Etain in eine Fliege und schickte dann einen Windstoß ins Haus, der sie aus dem Fenster wehte.

Midhir und Angus warteten eine Zeit lang auf Fuamach. Als sie aber nicht auftauchte, wurden sie unruhig. Angus eilte nach Brugh na Boinn zurück, und als er sein sonniges Haus verlassen vorfand, machte er sich auf die Suche nach Fuamach. Er fand sie bei ihrem Druiden Etarlaim und schlug ihr den Kopf ab.

Sieben lange Jahre wurde Etain in größtem Elend durch ganz Irland getragen. Schließlich kam sie in das Haus des Etar am Inver Cechmaine. Dort fand gerade ein großes Fest statt. Etain fiel mit einem Lichtstrahl durchs Dach und geradenwegs in den goldenen Becher, der vor Etars Frau stand. Etars Frau verschluckte sie, als sie von ihrem Wein trank. Nach neun Monaten wurde Etain als Etars Tochter wieder geboren. Sie erhielt auch wieder denselben Namen und wuchs wie eine Königstochter auf. Fünfzig junge Mädchen, die Töchter von Prinzen, leisteten ihr Gesellschaft.

Eines Tages schwammen Etain und ihre Begleiterinnen in der Bucht am Inver Cechmaine, als sie vom Wasser aus einen Mann über die Ebene reiten sahen. Er sah sehr edel aus und ritt einen Braunen mit gelockter Mähne und gelocktem Schweif. Er trug einen langen, grünen Umhang, ein Hemd, in das Fäden von rotem Gold gewebt waren, und goldene Schulterspangen. Auf dem Rücken hatte er einen silbernen Schild mit goldener Fassung und goldenem Buckel und in der Hand hielt er einen Speer mit scharfer Spitze, dessen Schaft mit goldenen Ringen bestückt war. Er hatte hellblondes Haar, das ihm in die Stirn fiel und mit einem goldenen Band zusammengehalten wurde. Als er bei ihnen angelangt war, stieg er vom Pferd, setzte sich auf eine Bank und sagte:

„Etain ist hier am Hügel der Schönen Frauen. Mit kleinen Kindern verbringt sie ihr Leben am Strand des Inver Cechmaine. Sie heilte das Auge des Königs mit dem Wasser der Quelle von Loch da Lig. Sie wurde mit schwerem Wein geschluckt von Etars Frau. Viele große Schlachten werden um deinetwillen Echaid von Midhe treffen, Vernichtung wird über die Sidhe kommen, Krieg über tausend Männer." Als er so gesprochen hatte, war er plötzlich verschwunden und niemand wusste, wohin er gegangen war. Sie wussten auch nicht, dass dieser Mann Midhir von Bri Leith war.

Als Etain zu einer schönen, jungen Frau herangewachsen war, erblickte sie Eochaid Feidlech, der Hohe König von Irland. Und dies geschah so: Er ging eines Tages über die grüne Wiese am Bri Leith. Da sah er eine Frau an einem Brunnen, die einen leuchtenden Kamm aus Gold und Silber in der Hand hielt. Sie tauchte ihn in ein silbernes Becken, auf dem vier goldene Vögel saßen. Kleine Steine von hellem Purpur waren in den Rand des Beckens eingelassen. Die Frau trug einen wunderschönen purpurroten Umhang mit silbernen Fransen, den eine goldene Brosche zusammenhielt. Ihr Kleid aus grüner Seide hatte eine mit rotem Gold bestickte Kapuze und wunderbare Spangen aus Gold und Silber auf Brust und Schultern. Gold und Seide erstrahlten im Sonnenlicht. Sie hatte Zöpfe, in die Perlen eingeflochten waren, und die Farbe ihres Haares erinnerte an leuchtendes rotes Gold und an gelbe Bänder, die im Sommerlicht wehen. Da stand sie nun und löste ihr Haar, um es zu waschen. Ihre sanften Hände waren weiß wie der Schnee, ihre Augen so blau wie die Blumen, ihre Lippen so rot wie Vogelbeeren und ihr Körper so weiß wie die Gischt einer Welle. Ihr Gesicht leuchtete wie der helle Mond. Stolz hob sie die Augenbrauen. Anziehend war ihr Blick und liebreizend die beiden Grübchen auf ihren Wangen. Sie schritt wie eine Königin. Eochaid schickte seinen Boten zu ihr, ließ sie zu ihm bitten und fragte, wie sie heiße. Etain sei ihr Name und Etar, der König der Reiter, ihr Vater. Eochaid warb um sie und zahlte das Brautgeld. Dann führte er sie als seine Frau nach Teamhair, wo sie von allen willkommen geheißen wurde.

In der Zeit des Samhain feierten sie ein großes Fest auf Teamhair, das vier Wochen dauerte. Alle hohen Männer Irlands kamen, darunter auch König Eochaids Bruder Ailell, der dann Ailell Anglonach genannt wurde, was so viel heißt wie „der nur einen Fehler hat". Als er die Frau seines Bruders sah, verliebte er sich auf der Stelle in sie und konnte den Blick nicht mehr von ihr wenden, solange das Fest dauerte. Das blieb der Tochter des Luchta Lamdearg nicht verborgen. Sie sagte: „Wohin schweift dein Blick, Ailell? Ich sage dir, was ich denke: Du schaust wie ein Verliebter." Da versuchte Ailell, sich wieder in den Griff zu bekommen, und sah nicht mehr zu Etain hin. Als sich aber das Fest dem Ende neigte und die Gesellschaft allmählich aufbrach, wurde Ailell von Neid und von einer so großen Sehnsucht übermannt, dass er krank wurde. Sie brachten ihn in ein Haus nach Teffia. Dort blieb er ein ganzes Jahr und siechte dahin. Niemand kannte den Grund seiner Krankheit. Eochaid kam zu ihm, und als er ihm die Hand auf die Brust legte, stöhnte Ailell auf. „Wie fühlst du dich?", fragte Eochaid. „Geht es dir denn gar nicht besser? Du darfst nicht zulassen, dass dich diese Krankheit besiegt." „Ich schwöre dir", erwiderte Ailell, „es geht mir nicht besser, sondern Tag für Tag und Nacht für Nacht immer schlechter." „Was schmerzt dich so?", fragte Eochaid. „Was ist mit dir geschehen?" „Das kann ich dir nicht sagen", entgegnete Ailell. „Ich lasse jemanden kommen, der den Grund schon finden wird", sagte der König.

Er schickte ihm Fachtna, seinen Leibarzt. Als er mit der Hand über Ailells Brust strich, stöhnte er wieder auf. „An dieser Krankheit stirbst du nicht", sagte Fachtna. „Ich weiß schon, woher sie kommt. Entweder ist es die Eifersucht, die dir Schmerzen bereitet, oder es ist die Liebe, und du siehst keinen Ausweg." Ailell schämte sich, doch nie im Leben hätte er dem Arzt gestanden, dass er Recht hatte. So ging der Arzt fort und ließ ihn allein.

Eines Tages begab sich der König auf eine Reise durch alle Provinzen, die unter seiner Herrschaft standen. Zu Etain, die in Teamhair blieb, sagte er: „Kümmere dich gut um Ailell, solange er noch am Leben ist. Wenn er sterben sollte, dann lass ihn in der Erde bestatten und eine Säule mit seinem Namen auf sein Grab stellen." Mit diesen Worten ging er fort.

Etain kam in das Haus, in dem Ailell krank daniederlag. Sie

unterhielten sich und dann sang sie ihm ein kleines Lied: „Was schmerzt dich, junger Mann, du siechst schon so lange dahin. Nicht das Wetter hat dich krank gemacht." Ailell antwortete ihr in derselben Weise: „Es gibt schon einen Grund für meine Schmerzen. Das Harfenspiel gefällt mir nicht mehr und kein Essen schmeckt mir. So sieche ich dahin." „Sag mir den Grund für deine Schmerzen", sagte Etain. „Ich bin eine kluge Frau. Vielleicht kann ich dir helfen." Ailell erwiderte: „O gute, schöne Frau. Man soll einer Frau kein Geheimnis anvertrauen, doch manchmal verrät uns schon ein Blick." Da erwiderte Etain: „Jetzt musst du mir dein Geheimnis aber sagen. Wie kann ich dir sonst helfen?" Ailell sprach: „Ich segne dich, blonde Etain. Mit mir ist nicht zu reden. Mein Geist hilft mir nicht weiter und mein Körper rebelliert gegen mich. Ganz Irland weiß, dass ich an Körper und Geist krank bin." Etain entgegnete: „Sollte dich eine der hübschen Frauen von Irland so quälen, dann muss sie hierher kommen. Ich werde gehen und an deiner Stelle um sie werben." Da sagte Ailell: „Du allein kannst mich heilen. Seit einem Jahr sehne ich mich nach dir. Doch meine Liebe bleibt ohne Widerhall. Sie ist wie der Kummer über eine vergangene Welle, wie der einsame Kampf gegen den Schatten." Da erkannte Etain seine Krankheit und war sehr betrübt.

Jeden Tag kam sie zu ihm und tröstete ihn. Sie brachte ihm sein Essen und wusch ihm die Hände. Sie tat alles, was in ihrer Macht stand, denn es schmerzte sie sehr, dass er um ihretwillen so leiden musste. Eines Tages sagte sie dann zu ihm: „Steh auf, Ailell, Mann der großen Taten, jetzt werde ich dich heilen." Sie schlang die Arme um ihn, küsste ihn und sagte: „Komm morgen bei Tagesanbruch in das Haus bei der Burg. Dann werde ich dir jeden Wunsch erfüllen."

In jener Nacht machte Ailell kein Auge zu. Als er dann im Morgengrauen aufstehen wollte, übermannte ihn der Schlaf und er wurde erst bei hellem Tageslicht wieder wach. Etain aber ging zu dem Haus. Sie war noch nicht lange dort, als sich ein Mann näherte, der aussah wie Ailell, krank, müde und erschöpft. Erst als er vor ihr stand, sah sie, dass es nicht Ailell war. Der Mann ging wieder. Sie wartete eine Weile und kehrte dann auf die Burg zurück. Als Ailell erwachte und sah, dass er den ganzen Morgen verschlafen hatte, regte er sich schrecklich auf und wäre am liebsten gestorben. Dann kam Etain und er erzählte ihr, was geschehen war. „Komm morgen zu dem Haus", sagte Etain.

Aber am nächsten Tag geschah dasselbe. Als es sich zum dritten Mal wiederholte und der fremde Mann wieder zu Etain kam, sagte sie zu ihm: „Was führt dich hierher? Mit dir wollte ich mich eigentlich nicht treffen. Den ich hier sehen wollte, möchte ich heilen, weil er meinetwegen krank ist. Ich tue das nicht, weil ich gewinnsüchtig oder leichtfertig bin." Da sagte der Mann: „Dir stünde es besser an, dich mit mir als mit sonst jemandem zu treffen. Vor langer Zeit war ich einmal dein Mann, dein erster Mann." „Was redest du? Wer bist du überhaupt?", fragte sie. „Das kann ich dir schon sagen", erwiderte er. „Ich bin Midhir von Bri Leith." „Wenn ich deine Frau war, warum wurden wir dann getrennt?", wollte Etain wissen. „Wegen Fuamachs blinder Eifersucht und wegen des Zaubers, den Bresal Etarlaim, der Druide, über dich verhängt hat. Kommst du jetzt mit mir?", fragte er. Doch Etain sagte: „Wegen eines Mannes, dessen Herkunft ich nicht kenne, werde ich den Hohen König von Irland nicht verlassen." Da meinte Midhir: „Nun, ich war es, der in Ailell das große Verlangen nach dir entfacht hat, und ich habe ihn auch daran gehindert, zu dir zu kommen. Du sollst deinen guten Namen behalten."

Als Etain zu Ailell ging, war seine Krankheit und sein Verlangen nach ihr gewichen. Da erzählte sie ihm alles, was geschehen war. „Es ist für uns beide gut ausgegangen", meinte er. „Ich bin nicht mehr krank und dein guter Ruf ist außer Gefahr." „Danken wir den Göttern", sagte Etain.

Gerade zu dieser Zeit kehrte Eochaid von seiner Reise zurück. Sie erzählten ihm alles und er war dankbar, dass seine Frau so gütig zu Ailell war.

Einige Wochen waren vergangen. Wieder fand ein großes Fest in Teamhair statt. Etain war auf dem Rasenplatz und sah den Wettkämpfen zu. Da kam ein Reiter auf sie zu, den aber nur sie sehen konnte. Als er nahe bei ihr war, erkannte sie in ihm den Mann, der damals bei Inver Cechmaine mit ihr und den Mädchen gesprochen hatte. Er sang nun ein Lied, das aber nur sie hören konnte:

„O schöne Frau, kommst du mit mir in mein wunderbares Land? Schöne Menschen ohne jeden Makel leben dort. Ihre Haare sind blond, und weiß wie der Schnee sind ihre Körper. Das Rot des Fingerhuts liegt auf ihren Wangen. Jung sind sie und werden niemals alt. Der Anblick der Felder und Blumen ist so schön. Süße, warme Flüsse von Met und Wein durchziehen das Land. Niemand kennt Kummer und Leid. Wir sehen die anderen, doch sie können uns nicht sehen.

So schön die Ebenen Irlands auch sein mögen, sie können den unseren nicht standhalten. Euer Ale mag stark sein, unseres ist stärker. O schöne Frau, geh mit mir zu meinem stolzen Volk. Du wirst das beste Fleisch zur Speise, das beste Ale und die beste Milch zum Trank bekommen. Jeder Tag wird ein Festtag sein, und dir, schöne Frau, werden sie die goldene Krone aufs Haupt setzen!"

„Wirst du mit mir kommen, Etain?", fragte er. Etain aber sagte ihm, dass sie den Hohen König nicht verlassen werde. „Und wenn er dich gehen lässt, wirst du dann kommen?", fragte Midhir. „Dann ja", sagte sie.

Nach einiger Zeit, als Eochaid gerade vom Palast von Teamhair aus auf die Ebene blickte, sah er einen Mann mit blonden Haaren und blauen Augen. In seinem purpurroten Gewand leuchtete er wie die Flamme einer Kerze. In der Hand hielt er einen fünfzackigen Speer und einen Schild mit goldenen Griffen. Er ging zum König, der ihn willkommen hieß. „Wer bist du", fragte der König, „und warum kommst du hierher, Fremder?" „Wenn ich dir auch fremd sein sollte, du bist es mir nicht. Ich kenne dich schon lange", sagte der Mann. „Wie ist dein Name?", fragte der König. „Mein Name ist nicht sehr bedeutend", antwortete er. „Man nennt mich Midhir von Bri Leith." „Was führt dich hierher?", fragte Eochaid. „Ich möchte mit dir Schach spielen", erwiderte der Fremde. „Spielst du gut?", fragte der König. „Das wird sich herausstellen", meinte Midhir. „Das Schachbrett ist im Haus der Königin. Zu dieser Zeit schläft sie noch", sagte Eochaid. „Das macht nichts", entgegnete Midhir. „Ich habe mein eigenes Brett dabei." Da holte er sein silbernes Schachbrett hervor, das an jeder Ecke mit Edelsteinen besetzt war. Aus einer Tasche, die aus Goldfäden gewebt war, nahm er die goldenen Schachfiguren. „Spielen wir nun", sagte Midhir. „Ohne Einsatz spiele ich nicht", entgegnete der König. „Worum sollen wir denn spielen?", fragte Midhir. „Das können wir nachher noch regeln", gab der König zur Antwort. Sie spielten und Midhir verlor. Der König verlangte von ihm fünfzig braune Pferde. Dann spielten sie noch einmal und Midhir verlor wieder. Dieses Mal stellte ihm der König vier schwere Aufgaben. Er sollte eine Straße über Moin Lamraide bauen, Steine von Midhe wegräumen, das Gebiet von Tethra mit Schilfgras und das Gebiet von Darbrech mit Bäumen bepflanzen.

Midhir holte seine Leute von Bri Leith. Sie arbeiteten hart. Eochaid sah ihnen oft zu und bemerkte dabei, dass die Männer der Sidhe ihren Ochsen das Joch nicht auf Stirn und Kopf, sondern auf Hals und Schultern legten. Eochaid gebot seinen Leuten, das ebenso zu machen, und daher hieß man ihn Eochaid Airem, der mit dem Pflug.

Als alle Aufgaben erledigt waren, ging Midhir wieder zu Eochaid. Er sah nach der schweren Arbeit ganz abgemagert und verbraucht aus, bat aber Eochaid um ein drittes Spiel. Eochaid willigte ein und wie zuvor sollte der Gewinner den Einsatz bestimmen. Dieses Mal gewann Midhir. Als ihn der König nun fragte, was er dafür wolle, sagte er: „Etain, deine Frau." „Meine Frau bekommst du nicht", erwiderte der König. „Dann bitte ich nur darum", sagte Midhir, „sie ein einziges Mal in den Arm nehmen und küssen zu dürfen." „Diese Bitte sei dir gewährt", entgegnete der König. „Du musst aber bis zum Ende des Monats warten." Midhir willigte ein und ging.

Am Ende des Monats kam er wieder. Noch nie hatte er so gut ausgesehen wie an diesem Abend, als er in der großen Halle von Teamhair vor ihnen stand. Dort hatte Eochaid auch seine besten Kämpfer um sich geschart und alle Türen des Palasts verriegeln lassen. Er hatte Angst, Midhir könnte seine Frau mit Gewalt wegbringen. „Ich bin gekommen, um mir zu holen, was mir zusteht", sagte Midhir. „Daran habe ich noch keinen Gedanken verschwendet", sagte Eochaid voller Zorn. „Du hast mir Etain, deine Frau, versprochen", sagte Midhir. Bei diesen Worten stieg Etain die Schamesröte ins Gesicht. Midhir aber sagte: „Du musst dich nicht schämen, Etain. Ein ganzes Jahr schon sehne ich mich nach deiner Liebe. Ich bot dir Reichtum und Schätze, du aber wolltest erst mit mir gehen, wenn es dein Mann erlaubt." „Das ist wahr, das habe ich gesagt", erwiderte Etain. „Ich folge dir, wenn mich Eochaid freigibt." „Das wird niemals geschehen", rief Eochaid. „Ich habe ihm versprochen, dass er hier, an diesem Ort, den Arm um dich legen darf, mehr nicht." „Das werde ich auch tun", sagte Midhir. Bei diesen Worten nahm er sein Schwert in die linke Hand, umfasste Etain mit dem rechten Arm und küsste sie. Alle Männer im Haus, die Waffen trugen, wollten sich auf ihn stürzen, doch er nahm Etain und floh mit ihr durch das Dach. Da liefen sie aus dem Haus, um die Verfolgung aufzunehmen, doch sie sahen nur zwei Schwäne am Himmel, die durch eine goldene Kette miteinander verbunden waren.

Großer Zorn kam da über Eochaid. Er suchte in ganz Irland nach ihnen, doch niemand konnte ihm Auskunft geben, denn jetzt waren sie in den Häusern der Sidhe. Zuerst gingen sie zu Angus nach Brugh na Boinn. Sie blieben eine Weile dort und begaben sich dann zu einem Hügel der Sidhe in Connacht. Etain hatte zu dieser Zeit eine Dienstmagd mit Namen Cruachan Croderg, die Midhir einmal fragte: „Ist das dein Anwesen?" „Nein", antwortete er, „mein Reich liegt näher bei der aufgehenden Sonne." Daraufhin wollte sie nicht mehr bleiben und um sie zu beruhigen, sagte Midhir: „Von nun an soll dieser Ort deinen Namen tragen." Von dieser Zeit an nannte man ihn den „Hügel von Cruachan".

Sie gingen weiter nach Bri Leith. Etains Tochter Esa kam zu ihnen. Sie brachte hundert Stück von jeder Gattung Vieh mit. Midhir nahm Esa als Ziehtochter auf. Sieben Jahre blieb sie, und während dieser ganzen Zeit suchte Eochaid, der Hohe König, nach ihnen.

Schließlich aber nahm Codal mit der Eingefallenen Brust vier Eibenzweige, beschrieb sie mit seinen Zauberformeln und fand dann mit ihrer Hilfe und seinen Beschwörungskünsten heraus, dass Etain bei Midhir in Bri Leith war. Eochaid kam, bezog Stellung und belagerte den Hügel neun Jahre lang, doch Midhir vertrieb ihn. Seine Leute gruben sich nun durch den Hügel, und als sie schon ganz nahe bei Etain waren, schickte Midhir sechzig wunderschöne Frauen hinaus, die ihr alle aufs Haar glichen. Unter ihnen sollte Eochaid die wahre Etain herausfinden. Die Erste, auf die er zeigte, war seine Tochter Esa. Dann aber rief ihn Etain. Er erkannte sie und holte sie heim nach Teamhair.

Eochaid überließ seiner Tochter ein Stück Land nach eigener Wahl. Sie baute sich ein Haus, das den Namen Rath Esa erhielt. Von dort aus konnte sie drei bedeutende Orte sehen: den Hügel der Sidhe in Broga, den Hügel der Gefangenen in Teamhair und Burg Crimthain von Beinn Edair.

Midhir und sein Volk aber waren sehr zornig, weil Eochaid und seine Männer ihren Hügel angegriffen und ausgehoben hatten. Als Vergeltung für diese schmachvolle Tat töteten sie später in Da Dergas Gasthaus Conaire, den Hohen König von Irland, der ein Enkel von Eochaid und Etain war.

Kapitel 8
Manannan

Nun zu Manannan dem Stolzen, Sohn des Lir. Nachdem er für den Rest der Tuatha de Danaan Wohnstätten geschaffen hatte, verließ er Irland. Manche sagten, er sei tot und im Kampf mit Uillenn Faebarderg vom Roten Rand ums Leben gekommen. Es hieß auch, Manannan sei, als die Schlacht bei Magh Cuilenn stattgefunden habe, stehend begraben worden. Kaum sei das geschehen, sei Wasser aus dem Boden geströmt und habe das rote Moor zu seinen Füßen in einen großen See verwandelt. Nach einem der Namen des Manannan nannte man den See dann Loch Orbson. Man sagte auch, die rote Badb sei bei dieser Schlacht glücklich gewesen, viele Frauen aber betrübt.

Manannan hatte viele Wohnsitze in Irland und man hörte auch nachher noch oft von ihm. Niemand anderer als Manannan schickte damals einen Boten zu Etain, der Mutter des Conaire, des Hohen Königs von Irland, als sie sich im Haus eines Kuhhirten verborgen hielt. Er war es auch, der in Emhain, dem Land der Apfelbäume, Deirdres Kinder großzog. „Ein Haus des Friedens ist der Hügel der Sidhe von Emhain", so sagte man über diesen Ort. Manannan lehrte auch Diarmuid und Cuchulain den Umgang mit

Waffen. Manche behaupten auch, Manannan sei der Vater von Deirdre. In der Gestalt eines Hasen sei er vor den Hunden der Männer von Ulster hergelaufen, um sie und ihren König Conchubar zu ihrem Versteck zu führen.

Als Conchubar seinerzeit die Söhne des Usnach nach Emain Macha gebracht hatte, ihnen dann aber wegen ihrer Tapferkeit nichts anhaben konnte, bat er angeblich Manannan um Hilfe. Der aber weigerte sich. Denn schon damals, als er Deirdre zu sich nahm, habe er Conchubar gesagt, dass ihretwegen sein Königreich auseinander fallen werde. Er habe es aber trotzdem getan. Da bat ihn Conchubar, dass er den Söhnen des Usnach für eine Weile ihr Augenlicht nehmen solle, sonst würden sie noch die ganze Armee zerschlagen. Manannan willigte schließlich ein. Als die Söhne des Usnach wieder gegen die Armee von Ulster ziehen wollten, wurden sie geblendet. Da sie nun nichts mehr sehen konnten, schlugen sie auf den Nächstbesten ein und brachten sich so gegenseitig um. Nicht alle aber sagen, dass Manannan seine Hand im Spiel hatte. Viele meinen auch, Cathbad, der Druide, habe einen See um sie herum gezaubert und sie so zu Tode gebracht.

Einige sagen, Manannan sei eigentlich Culain, der Schmied, der dann seinen Namen auf Cuchulain übertrug, denn Manannan hatte viele Gesichter. Wie es auch immer war, Culain lebte früher auf der Insel der Falga, die Manannan gehörte. Bevor Conchubar in das Königreich kam, wollte er eines Tages den Rat eines Druiden hören. Der Druide meinte, er solle auf die Insel der Falga gehen und sich von dem Schmied, den er dort anträfe, seine Waffen schmieden lassen. Das tat Conchubar auch und der Schmied versprach ihm ein Schwert, einen Speer und einen Schild. Während er noch daran arbeitete, ging Conchubar eines Morgens früh an den Strand. Da sah er eine Meerfrau. Sie schlief. Conchubar legte ihr Fesseln an, damit sie nicht entkommen konnte. Als sie erwachte und sah, was geschehen war, bat sie ihn inständig, sie freizugeben.

„Ich bin Tiabhal", sagte sie, „eine Meereskönigin. Gehe zu Culain und sage ihm, er soll den Schild, den er für dich macht, nach meiner Gestalt formen und meinen Namen darauf schreiben. Wann immer du mit diesem Schild in den Kampf ziehst, werden die Kräfte deiner Feinde nachlassen, deine eigenen aber werden umso größer werden." Conchubar ließ sie gehen. Dem Schmied gab er weiter, was ihm die Meerfrau gesagt hatte. Conchubar kehrte nach Irland zurück und mit dem Schild ging er aus jeder Schlacht als Sieger hervor.

Dann ließ er Culain holen und bot ihm ein Haus in der Ebene von Muirthemne an. Ob er nun Manannan war oder nicht, Cuchulain lernte bei ihm wohl viel in der Zeit, die er nach dem Tod seines wunderbaren Hundes bei ihm verbrachte.

Manannan hatte gute Hunde. Doch eines Tages jagten sie einem Schwein hinterher, das im ganzen Land sein Unheil trieb und es einer Wüste gleichmachte. Sie folgten ihm zu einem See. Dort ging das Schwein plötzlich auf die Hunde los, trieb sie ins Wasser oder verstümmelte sie. Keines der Tiere entkam lebend. Dann stürmte das Schwein auf eine Insel, die man Muc-inis, die Insel des Schweins, nannte, der See aber erhielt den Namen Loch Conn, der See der Hunde.

Durch Manannan erhielt auch die Welle von Tuag, eine der drei großen Wellen Irlands, ihren Namen. Und dies geschah auf folgende Weise: Tuag, eine Ziehtochter von Conaire, dem Hohen König von Irland, wuchs in Teamhair auf. Da später einmal ein König um sie werben sollte, blieb eine ganze Schar von Königstöchtern ständig in ihrer Nähe und gab auf sie Acht. Aber Manannan schickte Fer Ferdiad von den Tuatha de Danaan, der sein eigener Schüler und der Schüler eines Druiden war, in Gestalt einer Frau zu Tuag. Er sang ihr ein Zauberlied, das sie in Schlaf sinken ließ, und brachte sie fort. Am Inver Glas legte er Tuag an den Strand, und während sie noch schlief, sah er sich nach einem Boot um, das sie ins Land der Unsterblichen Frauen bringen sollte. Doch da kam eine Flutwelle über das Mädchen und es ertrank. Voller Wut machte Manannan dem Leben Fer Ferdiads ein Ende.

Einmal stiegen Manannans Kühe bei Baile Cronin aus dem Meer. Sie waren zu dritt, eine rote, eine weiße und eine schwarze Kuh. Die Leute, die am Strand waren, sahen die Kühe eine Weile dort stehen, als würden sie nachdenken, und dann marschierten sie zusammen, Seite an Seite, davon. Zu dieser Zeit gab es in Irland noch keine befestigten Wege. Die Leute waren daher sehr erstaunt, als sich vor den Kühen plötzlich eine breite Straße auftat, die nur auf sie zu warten schien. Nach etwa einer Meile, die sie gemeinsam gegangen waren, trennten sich ihre Wege. Die weiße Kuh ging nach Nordwesten, in Richtung Luimnech, die rote Kuh nach Südwesten, an der Küste Irlands entlang, und die schwarze Kuh ging nach Nordosten, in Richtung Lis Mor, in das Gebiet um Portlairge. Vor jeder Kuh breitete sich eine Straße aus, die man bis auf den heutigen Tag sehen kann.

Einige sagen, Manannan ging zu Finn und der Fianna in Gestalt des Gilla Decair, des Unbeugsamen Dieners, und brachte sie ins Land unter den Wellen. Wie dem auch sei, auf jeden Fall ging er oft mit ihnen zur Jagd auf Cnoc Aine und manchmal eilte er ihnen auch zu Hilfe.

Kapitel 9
Manannans Spielchen

Lange Zeit danach, als er sich O'Donnell's Kern nannte, trieb er in ganz Irland seine Spielchen. Das kam so. Aodh Dubh O'Donnell gab einmal ein Fest in Bel-atha Senaig. Seine Leute prahlten mit ihrem guten Haus und ihren guten Barden. Als sie noch so redeten, sahen sie einen Clown kommen. Er trug einen gestreiften Anzug, der schon ganz abgetragen war. Bei jedem Schritt spritzte eine Wasserpfütze aus seinen Schuhen. Von seinem alten Umhang, den er bis über den Kopf gezogen hatte, schauten nur seine Ohren und das nackte Schwert hervor, das an seiner Seite baumelte. In der Hand hielt er drei versengte, schwarze Stechpalmenzweige.

Er wünschte O'Donnell gute Gesundheit. O'Donnell erwiderte seinen Wunsch und fragte ihn nach seiner Heimat. „Die ist dort, wo ich gerade bin", sagte er. „Gestern Nacht war ich auf Burg Monaidhe, beim König von Alban. Einen Tag bin ich in Ile, einen in Cionn-tire, einen in Rachlainn und den nächsten wieder auf dem Wachturm von Slieve Fuad. Ich bin ein friedlicher Wandersmann und jetzt bin ich bei dir, O'Donnell." „Holt mir den Torwächter", sagte O'Donnell. Als er bei ihm war, fragte er ihn, ob er diesen Mann hereingelassen habe. Der Torwächter verneinte und beteuerte, dass er ihn noch nie zuvor gesehen habe. „Lass ihn, O'Donnell", sagte der Fremde. „So leicht, wie ich hereinkam, werde ich mich auch wieder aus dem Staub machen." Alle wunderten sich sehr, dass ein Mann ins Haus kommen konnte, ohne das Tor zu passieren.

Dann begannen die Barden zu spielen. Sie hatten aber die besten Barden zu Gast und diese zauberten die süßesten Klänge aus ihren Harfen hervor. Der fremde Mann aber rief: „Bei meinem Wort, O'Donnell, wenn tausend Hämmer auf Eisen schlagen, klingt das besser als der Lärm, den deine Leute hier veranstalten." Er nahm selbst eine Harfe zur Hand und spielte damit eine Melodie, die selbst Frauen in den Wehen und verwundete Männer in einen süßen Schlaf hätte fallen lassen. Da sagte O'Donnell: „Seit ich das erste Mal die Musik der Sidhe hörte, die in den Hügeln und unter der Erde erklingt, habe ich nie mehr so schöne Musik vernommen. Du bist ein guter Spieler." „Einmal spiele ich gut, das andere Mal schlecht", gab der Clown zur Antwort.

O'Donnell wollte ihn zu seinem Thron holen, doch er sagte: „Danach steht mir nicht der Sinn. Ich bleibe lieber, wo ich bin und wie ich bin, ein hässlicher Clown, der die hohen Herrschaften vergnügt." O'Donnell ließ ihm neue Kleider, einen Hut und ein gestreiftes Hemd bringen, doch er nahm nichts davon. „Ich werde den hohen Herrschaften keine Gelegenheit geben", sagte er, „sich meinetwegen ihrer großen Gunst rühmen zu können."

Sie fürchteten, dass er sie wieder verlassen wollte. Um das zu verhindern, stellten sie zwanzig bewaffnete Reiter und zwanzig Mann aus dem Fußvolk auf. Ebenso viele standen vor dem Tor, denn sie wussten, dass er nicht von dieser Welt war. „Was sollen diese Männer?", fragte der Fremde. „Verhindern, dass du gehst", sagte O'Donnell. „Bei meinem Wort, morgen werde ich nicht mehr bei euch zu Mittag essen", entgegnete er, „sondern in Cnoc Aine, in Desmumain, wo Seaghan, der Sohn des Grafen, wohnt." „Wenn du dich von der Stelle rührst, werde ich dich grün und blau schlagen", drohte O'Donnell. Der Fremde nahm die Harfe zur Hand und spielte so süß wie zuvor. Alle hörten zu. Da rief er den Männern draußen zu: „Jetzt komme ich. Passt gut auf, sonst seid ihr mich los!" Als die Männer vor dem Tor das hörten, hoben sie ihre Äxte. Eigentlich wollten sie ihn treffen, doch in der Eile schlugen sie sich gegenseitig die Köpfe ein und schließlich lagen sie alle in einer riesigen Blutlache danieder. Da sagte der Clown zum Torwächter: „Geh zu deinem Herrn, er soll dir zwanzig Kühe und ein gutes Stück Land geben. Dann wirst du seine Leute wieder zum Leben erwecken. Nimm dieses Kraut und lege es jedem Mann in den Mund. Sie werden aufstehen und so gesund und munter sein wie zuvor." Der Torwächter tat, wie ihm geheißen. Er machte die Soldaten wieder lebendig und bekam von O'Donnell das Land und die Kühe.

Zu dieser Zeit hielt Seaghan, der Sohn des Grafen, auf dem Rasenplatz vor seiner Burg eine Versammlung ab. Da sah er denselben

Mann, der in der beschriebenen Weise gekleidet war und dem das Wasser in den Schuhen stand. Als er ihn fragte, wer er denn sei, nannte er ihm den Namen eines gelehrten Mannes, Duartane O'Duartane. Über Ess Ruadh sei er gegangen und über Ceiscorainn nach Corrslieve zum Dagda nach Magh Lorg und in das Gebiet von Hy'Conaill Gabhra, „bis ich nun über Cruachan von Magh Ai hier gelandet bin." Sie brachten ihn ins Haus, reichten ihm Wein und gaben ihm Wasser, damit er sich die Füße waschen konnte. Dann schlief er bis zum Morgengrauen. Seaghan, der Sohn des Grafen, kam zu ihm und sagte: „Du hast lange geschlafen, aber das ist kein Wunder nach deiner langen Reise. Von deiner Gelehrtheit und deinen Künsten im Harfenspiel habe ich oft gehört. Ich möchte dich heute morgen selbst hören." „In diesen Künsten kenne ich mich in der Tat gut aus", sagte der Fremde. Sie gaben ihm ein Buch, doch er konnte kein Wort lesen. Sie holten eine Harfe, doch er brachte keinen Ton hervor. „Deine Weisheit und deine Musik haben dich wohl verlassen", fing Seaghan an zu stacheln, denn es sei schon seltsam, wenn ein Mann mit seinem Ruf nicht eine Zeile lesen könne und nicht eine Zeile im Gedächtnis habe. Als der Fremde merkte, dass man sich über ihn lustig machen wollte, nahm er das Buch und las, flüssig und mit angenehmer Stimme, eine ganze Seite, von oben bis unten. Dann nahm er die Harfe und spielte wie am Tag zuvor in O'Donnells Haus. „Du bist wirklich ein guter Gelehrter", sagte Seaghan. „Einmal bin ich gut, das andere Mal schlecht", gab der Fremde zur Antwort.

Sie machten einen Spaziergang. Während sie sich noch unterhielten, war der Fremde plötzlich verschwunden. Seaghan hatte keine Ahnung, wie das geschehen war.

Danach ging er weiter und erreichte Sligach gerade zu der Zeit, als sich O'Conchubar auf den Weg machte, um Vergeltung zu üben an der Hexe von Munster, die den Korb der Hexe von Connacht geraubt hatte. Dieses Mal nannte er sich Gilla Decair, der Unbeugsame Diener. Er schloss sich den Männern von Connacht an. Gemeinsam ritten sie über den Sionnan in westlicher Richtung nach Munster. Dort jagten und trieben sie alles Vieh zusammen, das laufen konnte, Rinder, Pferde und Schafe. Sie packten den hornlosen Bullen und die beiden gefleckten Kühe der Hexe von Munster und nahmen sie mit. O'Conchubar wollte sie der Hexe von Connacht als Genugtuung für den geraubten Korb überlassen. Als sie schon auf dem Rückzug waren, griffen die Männer von Munster an. Gilla Decair fragte O'Conchubar, ob er sich lieber um die Kühe oder um die Männer von Munster kümmern solle. Die Männer von Munster seien wichtiger, meinte O'Conchubar. Gilla Decair griff an und hielt sie mit Pfeil und Bogen in Schach, bis O'Conchubar sicher und wohlbehalten in Connacht war. Dort aber widerfuhr Gilla Decair eine Kränkung: O'Conchubar reichte nämlich nicht ihm, der so viel für sie getan hatte, den Willkommensbecher, sondern trank selbst als Erster daraus. Der Fremde machte auf der Stelle kehrt und ging.

Danach begab er sich in seinen alten Kleidern und Schuhen zu Tadg O'Cealaigh und seinem Gefolge. Sie fragten ihn, welche Künste er denn beherrsche und er erwiderte, er habe ein paar Tricks auf Lager. „Für etwas Geld führe ich euch einen vor." „Das sollst du haben", erwiderte Tadg. Der Fremde legte sich drei Grashalme auf die Handfläche. „Ich werde den mittleren Grashalm wegpusten", sagte er, „und die beiden anderen bleiben liegen." Das wollten sie erst einmal sehen. Der Fremde hielt mit zwei Fingerspitzen die beiden äußeren Halme fest und pustete den mittleren weg. „Das ist ein Trick für dich, Tadg O'Cealaigh", sagte er. „Bei meinem Wort", sagte O'Cealaigh, „das ist kein schlechter Trick." Doch einer der Männer meinte: „Jetzt wird der Fremde aber kein Glück mehr haben. Gib mir die Hälfte des Geldes, Tadg, dann mache ich denselben Trick für dich." „Ich gebe dir die Hälfte von dem Geld, das ich bekommen habe, wenn du das machst", sagte der Fremde. Der andere legte sich also die Grashalme auf die Handfläche, und als er die beiden äußeren Halme festzuhalten versuchte, stieß er sich mit den Fingerspitzen durch die Hand. „Oh, oh, oh!", rief der Fremde. „Mein Trick ging aber anders. Jetzt bist du dein Geld los. Dafür werde ich dich aber heilen."

„Ich kann euch noch einen anderen Trick zeigen", sagte er. „Ich kann nämlich mit einem Ohr wackeln, während das andere ruhig bleibt." „Dann mach das", forderte ihn O'Cealaigh auf. Der Fremde fasste sich an ein Ohr und zog mit der Hand auf und ab. „Das ist wahrlich ein guter Trick", meinte O'Cealaigh. „Ich zeige euch noch einen", sagte der Fremde.

Aus seiner Tasche nahm er einen Silberfaden und warf ihn so hoch in die Luft, dass er an einer Wolke hängen blieb. Dann holte er einen Hasen aus der Tasche, der den Faden entlang hochlief. Wieder griff er in die Tasche und heraus kam ein kleiner Hund, der aufjaulte und der Spur des Hasen folgte. Schließlich holte er noch einen kleinen Diener hervor und befahl ihm, dem Hasen und dem Hund hinterherzulaufen. Aus einer anderen Tasche kam eine hübsche, junge Frau in wunderschönen Kleidern. Ihr befahl er, dem Hund und dem Jungen zu folgen und Acht zu geben, dass der Hund nicht den Hasen riss. Geschwind lief sie hinter ihnen her. Voller Entzücken sah ihnen Tadg O'Cealaigh nach und lauschte den Geräuschen der Jagd, die da in der Luft vor sich ging. Dann wurde es auf einmal ruhig. „Ich fürchte, da geht nichts Gutes vor sich", sagte der Mann mit den Tricks. „Was ist geschehen?", fragte O'Cealaigh. „Ich glaube", erwiderte er, „der Hund frisst den Hasen und der Diener macht sich an das Mädchen ran." „Das ist gut möglich", sagte O'Cealaigh. Der Fremde zog den Faden herunter und stellte fest: Der Junge vergnügte sich mit dem Mädchen und der Hund nagte an den Knochen des Hasen. Da wurde der Mann mit den Tricks schrecklich wütend, zog sein Schwert und schlug dem Jungen den Kopf ab. „So etwas schätze ich nicht in meiner Gegenwart", sagte Tadg O'Cealaigh. „Wenn es dir nicht gefällt, dann bringe ich das eben wieder in Ordnung", entgegnete der Fremde. Er nahm den Kopf und warf ihn auf den Rumpf. Als der junge Mann aufstand, hatte er das Gesicht allerdings nach hinten gewandt. „Wenn er so weiterleben muss, ist er wahrscheinlich lieber tot", sagte O'Cealaigh. Da packte der Fremde den Jungen und drehte seinen Kopf nach vorn. Jetzt sah er wieder aus wie zuvor.

Und plötzlich war der Mann mit den Tricks verschwunden und niemand wusste, wohin er gegangen war.

Mit List und Tücke zog Manannan durch die Lande. Keiner konnte ihn aufhalten. Selbst vom Galgen wäre er geflohen und wohlbehalten zu Hause angekommen. Ein anderer hätte an seiner Stelle dort gehangen. Manannan fügte aber niemandem Schaden zu. Wer unter seiner Hand starb, wurde durch seine Kräuter wieder ins Leben befördert.

Er nahm ausschließlich saure Milch und Holzäpfel zu sich. Es gab aber keine Musik, die süßer geklungen hätte als seine.

Kapitel 10
Manannans Ruf nach Bran

Einige gingen in Manannans Land jenseits des Meeres. Von ihnen stammt der folgende Bericht:

Eines Tages war Bran, Sohn des Febal, allein in der Nähe seines Schlosses unterwegs. Da hörte er hinter sich Musik. Die Musik folgte ihm und schließlich sank er bei der Süße ihres Klangs in tiefen Schlaf. Als er wieder erwachte, sah er neben sich einen silbernen Zweig, der ebenso hell strahlte wie seine weißen Blüten. Er nahm den Zweig mit in sein königliches Haus und ließ seine Leute rufen. Plötzlich stand eine Frau in einem seltsamen Gewand vor ihnen. Sie stimmte ein Lied für Bran an und alle hörten zu. Sie sang:

„Ich bringe dir einen Zweig vom Apfelbaum aus Emhain, der fernen Insel, wo die leuchtenden Pferde von Lirs Sohn leben. Eine Augenfreude ist die weite Ebene, wo die Herren zu Wettkämpfen einladen, den Wagenrennen in der Weißen Silberebene im Süden. Ewig glänzt die helle Bronze unter der Erde, ein prächtiges Land für alle Zeiten, auf das der Blütenregen fällt.

Ein alter Baum blüht dort, in dem die Vögel singen. Farben, Musik und Entzücken überall, in der Ebene der Sanften Stimme, der Ebene der Silberwolke im Süden.

Klagen, Trauer und Verrat sind unbekannt in diesem trauten, fruchtbaren Land. Nichts Hartes, nichts Raues, nur süße Musik dringt an das Ohr.

Ein Leben ohne Kummer und Leid, ohne Schwäche, Krankheit und Tod, das ist das Kennzeichen von Emhain, ein ganz besonderes Wunder.

Ein Nebelschleier ohnegleichen, die See trägt ihre Wellen an Land, Licht strömt aus den Höhlen.

Es gibt Reichtum, es gibt Schätze aller Art im Sanften Land, im Üppigen Land. Süß ist die Musik und erlesen der Wein.

Goldene Wagen steigen mit der Flut von der glatten See zur Sonne empor. Wagen aus Silber und Bronze findet man auf der Ebene der Spiele.

Goldene und purpurrote Pferde laufen am Strand. Blau wie der Himmel leuchtet das Fell der übrigen.

Die Sonne bedeckt das Land mit Silbertropfen. In ihrem Licht wärmt sich das weiße Kliff am Rande der See.

Voller Kraft jagen die Rennpferde über die Ebene der Spiele. Sie kennen weder Schwäche noch Tod in diesem Land der Vielen Farben.

Im Morgengrauen wird ein schöner Mann kommen und die weite Ebene erleuchten. Er reitet über das von Wellen gepeitschte Land und reizt die See, bis sie rot ist wie Blut.

Eine Armee wird über die klare See kommen und zu dem Stein, den sie sehen, hinrudern. Von ihm gehen hundert Klänge aus.
Er singt der Armee ein Lied. Kein trauriges Lied. Hundert Stimmen erklingen gemeinsam. Keiner sehnt sich nach Vergänglichkeit und Tod.
Dreimal fünfzig Inseln liegen im Ozean des fernen Westens. Jede ist zwei- oder dreimal so groß wie Irland.
Ihr seid nicht alle angesprochen, auch wenn ich euch allen von diesen Wundern erzähle. Bran soll zuhören und die Weisheit in sich aufnehmen.
Falle nicht faul in dein Bett, lass dich nicht von Trunkenheit besiegen. Fahre über die klare See, und wenn du Glück hast, erreichst du das Land der Frauen"

Mit diesen Worten verschwand die Frau und keiner wusste, wohin sie gegangen war. Sie nahm den Ast mit, den Bran auf einmal nicht mehr halten konnte. Er sprang von seiner Hand in die Hand der Frau.

Am nächsten Morgen stach Bran in See. Drei Mannschaften mit je neun Männern, die von seinen Stiefbrüdern befehligt wurden, waren in seiner Begleitung.

Zwei Tage und zwei Nächte waren sie gerudert, als ihnen auf dem Meer ein Mann in einem Wagen entgegenkam. Er stellte sich vor und sagte, er sei Manannan, Sohn des Lir. Manannan sprach in einem Lied zu ihnen:

„Ich weiß, Bran denkt, er fahre mit dem Boot über die wunderbare, die schöne, klare See. Doch von meinem Wagen aus sehe ich eine Blumenwiese.
Was die klare See für ein gutes Boot bedeutet, ist eine fröhliche Blumenwiese für meinen zweirädrigen Wagen.

Ich weiß, was Bran sieht: viele Wellen auf klarer See. Ich sehe rote Blumen ohne jeden Makel.

Helle Seepferde sieht Bran zur Sommerzeit, so weit sein Auge reicht. Unter dem Bug deines kleinen Bootes wächst ein schöner Eichenwald.

Ein Wald mit Blüten und Früchten und dem Duft von Wein, Holz ohne Makel, ohne Spuren von Verwitterung, mit goldenen Blättern.

Mag Bran weiterrudern. Es ist nicht mehr weit bis zum Land der Frauen. Noch vor Sonnenuntergang wirst du das vielfarbige Emhain erreichen, mit all seiner Gastfreundschaft."

Da machte sich Bran auf den Weg. Nach einer Weile entdeckte er eine Insel und ruderte um sie herum. Auf der Insel waren Menschen, die Bran und seine Männer erstaunt anblickten und lachten. Alle schauten, aber keiner sprach mit ihnen und immer wieder brachen sie in Lachen aus. Bran schickte einen seiner Männer auf die Insel. Er mischte sich unter die anderen und begann dann genauso zu starren wie sie. Bran umrundete weiter die Insel, doch jedes Mal, wenn sie an ihrem Mann vorbeikamen und seine Kameraden ihn ansprachen, gab er keine Antwort, sondern starrte sie nur ganz verwundert an. Da fuhren sie weiter und ließen ihn auf der Insel zurück, die Insel der Freude genannt wird.

Nicht lange danach gelangten sie zum Land der Frauen. Am Anlegeplatz stand ihre Anführerin und sprach: „Komm an Land, Bran, Sohn des Febal, sei uns willkommen." Doch Bran wagte es nicht, sich der Küste zu nähern. Da warf ihm die Frau ein Fadenknäuel zu. Er fing es auf und hielt es fest in der Hand. Die Frau zog am anderen Ende und holte das Boot an Land.

Sie gingen in ein prächtiges Haus, in dem für jedes Paar ein Bett bereitet war, dreimal neun Betten. Die Mahlzeiten, die man ihnen reichte, wurden nie weniger, was auch immer sie aßen und tranken.

Sie waren erst ein Jahr dort, so glaubten sie zumindest, als jeder von ihnen vom Heimweh gepackt wurde. Nechtan, Sohn des Collbrain, und seine Verwandten baten und bettelten Bran, nach Irland zurückzukehren. Die Frau meinte, das würden sie bald bereuen. Dennoch machten sie sich schließlich auf den Weg. Die Frau aber riet ihnen, die Erde nicht zu berühren, wenn sie in Irland ankämen, und bat sie, den Mann zu holen, den sie auf der Insel der Freude gelassen hatten.

So machten sie sich auf die Reise nach Irland und landeten an einem Ort namens Srub Bruin. Die Menschen am Strand fragten die Seefahrer, wer sie denn seien. Bran antwortete: „Ich bin Bran, Sohn des Febal." Die Leute aber sagten: „Einen Mann dieses Namens kennen wir nicht. Nur die alte Geschichte von Bran und seiner Reise kennen wir." Da sprang Nechtan, Sohn des Collbrain, aus dem Boot. Kaum hatte er die Erde berührt, da zerfiel er auch schon zu einem Haufen Asche, so als läge er schon Hunderte von Jahren in seinem Grab.

Bran erzählte den Menschen am Strand die Geschichte seiner Wanderschaft von Anfang bis Ende. Dann nahm er Abschied. Wohin er ging, weiß niemand.

Kapitel 11
Manannans drei Rufe nach Cormac

Ein anderer Mann, der in Manannans Land ging, war Cormac, Enkel des Conn, des Königs von Teamhair, und das geschah so: Cormac war einmal auf Teamhair, als er einen bewaffneten Mann auf sich zukommen sah. Ruhig schritt er aus, er hatte eine edle Gestalt und graue Haare. Auf der Haut trug er ein geripptes Hemd mit Goldfäden und seine breiten Schuhe waren aus heller

Bronze. Auf der Schulter trug er einen leuchtenden Zweig, an dem neun Äpfel aus rotem Gold hingen. Wenn man den Zweig schüttelte, gab er so wunderbare Klänge von sich, dass jeder Mensch auf Erden all seine Sorgen und Nöte vergaß.

Cormac und der bewaffnete Mann grüßten einander und Cormac fragte, wo er herkomme. „Ich komme", antwortete der Mann, „aus einem Land, in dem die Wahrheit herrscht, in dem es weder Zeit noch Vergänglichkeit, weder Trauer noch Leid, weder Neid noch Stolz gibt." „Das ist bei uns nicht so", sagte Cormac. „An deiner Freundschaft läge mir viel." „Gern gewähre ich sie dir", erwiderte der Fremde. „Gib mir deinen Zweig noch dazu", sagte Cormac. „Den sollst du haben", meinte der Fremde, „wenn du mir dafür drei Gaben überlässt, um die ich dich bitte." „Das sei dir gewährt", entgegnete Cormac. Der fremde Mann gab ihm den Zweig und ging, doch Cormac wusste nicht, wohin er gegangen war.

Er begab sich in seine Burg zurück. Alle staunten über den Zweig, und als Cormac ihn schüttelte, schliefen sie alle ein und erwachten erst am nächsten Morgen wieder.

Nach einem Jahr kam der Fremde zurück und bat um die erste Gabe. „Du sollst sie haben", erwiderte Cormac. „Heute will ich Aille, deine Tochter", sagte der Fremde. Als er das Mädchen mitnahm, stießen die Frauen Irlands drei wehevolle Schreie aus. Doch Cormac schüttelte den Zweig so lange, bis alle Sorge von ihnen gewichen war und sie in einen tiefen Schlaf fielen.

Einen Monat später kam der Fremde wieder. Dieses Mal nahm er Carpre Lifecar, Cormacs Sohn, mit. Das Klagen und Weinen um den Knaben nahm kein Ende. In dieser Nacht konnte keiner essen und keiner schlafen, so groß war ihr Kummer. Als aber Cormac den Zweig ertönen ließ, war alles Leid von ihnen genommen.

Der Fremde kam ein drittes Mal. Cormac fragte nach seinem Wunsch. „Heute bitte ich um Ethne, deine Frau", gab er zur Antwort. Er ging und nahm Ethne, die Königin, mit.

Das aber konnte Cormac nicht ertragen. Er folgte ihm mit all seinen Leuten. Mitten auf der Ebene der Mauer jedoch legte sich dichter Nebel über sie, und als er sich wieder verzogen hatte, fand sich Cormac ganz alleine wieder. Da entdeckte er eine große Burg, die von einer Mauer aus Bronze umgeben war. In der Burg sah er ein Haus aus weißem Silber mit einem Dach, das zur Hälfte mit weißen Vogelfedern gedeckt war. Eine große Truppe von Reitern der Sidhe umstanden das Haus. Sie hielten weiße Vogelfedern im Arm, mit denen sie das Dach decken wollten. Doch sobald sie die Federn auf das Dach legten, kam ein Windstoß und blies sie davon.

Dann sah er einen Mann, der ein Feuer anzündete und einen dicken Eichenstamm hineinlegte. Er ging weg, und bis er mit dem zweiten Stamm wieder zurückkam, war der erste schon verbrannt. „Diesem Spiel schaue ich nicht länger zu", meinte Cormac. „Vielleicht hat das, was ihr hier treibt, ja einen Sinn, aber ich verstehe ihn nicht und es ist keiner da, der mich aufklären könnte."

Er ging zu einer anderen Burg, einer sehr großen und erhabenen, die vier Häuser umfasste und auch von einer Mauer aus Bronze umgeben war. Cormac ging hinein und erblickte das Haus des Königs, das Balken aus Bronze, Mauern aus Silber und ein Dach aus den Federn weißer Vögel hatte. Auf dem Rasenplatz stand ein leuchtender Brunnen mit fünf Wasserläufen. Über dem Brunnen wuchsen die neun immer währenden, purpurfarbenen Haselsträucher von Buan. Soldaten standen am Brunnen, tranken Wasser und warfen Nüsse hinein. Da holten sich die fünf Lachse die Nüsse und ließen die Schalen davontreiben. Der Klang des plätschernden Wassers war süßer als jede Musik.

Cormac ging in den Palast. Dort warteten schon ein Mann und eine Frau auf ihn, die beide sehr groß waren und Kleider in bunten Farben trugen. Der Mann war von edler Gestalt und sein Gesicht war schön anzusehen. Die junge Frau an seiner Seite war die hübscheste Frau der Welt. Auf ihrem blonden Haar saß ein goldener

Helm. Im Haus war auch ein Becken mit Wasser, in das heiße Steine von selbst hinein- und wieder herausgingen und Cormac nahm dort ein Bad.

„Erhebe dich, Herr des Hauses", sprach die Frau, „ein stattlicher Wandersmann ist zu uns gekommen. Lasse ihm das beste Fleisch bringen, das du hast." Der Mann stand auf und sagte: „Ich habe nur sieben Schweine, aber davon könnte die ganze Welt satt werden. Jedes Schwein, das an einem Tag geschlachtet wird, ist am nächsten Tag wieder lebendig." Dann kam noch ein Mann ins Haus. In der rechten Hand hielt er ein Beil, in der linken einen Holzklotz. Ein Schwein lief hinter ihm her. „Es ist Zeit", sagte der Herr des Hauses. „Wir haben heute einen hohen Gast."

Der Mann schlachtete das Schwein, dann spaltete er den Holzklotz, machte ein Feuer und setzte das Schwein im Kessel auf. „Du musst es wenden", sagte der Herr des Hauses nach einer Weile. „Das würde nichts nützen", meinte der Mann. „Das Schwein wird erst dann gar, wenn für jedes Viertel Fleisch eine Wahrheit offenbart worden ist." „Dann verkünde du zuerst deine Wahrheit", meinte der Herr des Hauses. „Eines Tages", begann der Mann, „kamen fremde Kühe auf mein Land. Ich brachte sie auf meine Weide. Da kam der Mann, dem sie gehörten, und bat mir eine Belohnung an, wenn ich sie wieder freiließe. Also gab ich sie ihm und er gab mir dafür ein Beil. Mit dem Beil schlachte ich Schweine und spalte den Holzklotz. Dann habe ich genug Holz, um das Schwein zu kochen und auch noch den Palast zu heizen. Aber das ist noch nicht alles. Der Holzklotz ist am nächsten Morgen wieder ganz und so geht das, seit ich ihn habe."

„Diese Geschichte ist wirklich wahr", sagte der Herr des Hauses. Sie drehten das Schwein im Kessel und sahen, dass ein Viertel gar war. „Jetzt werde ich eine wahre Geschichte erzählen", sagte der Herr des Hauses. „Die Zeit des Pflügens war gekommen. Wir wollten uns ein Feld vornehmen, das etwas außerhalb liegt, und fanden es so vor: Das Feld war bereits gepflügt und geeggt und der Weizen war ausgesät. Als wir ernten wollten, lag das Korn schon in der Tenne. Seither leben wir davon. Es wird nicht weniger und nicht mehr.

Sie wendeten das Schwein. Wieder war ein Viertel gar. „Jetzt bin ich an der Reihe", sagte die Frau. „Ich habe sieben Kühe und sieben Schafe. Die Milch wäre ausreichend für alle Menschen dieser Welt und sie ist auch ausreichend für all jene, die im Land der Verheißung leben. Aus der Wolle der Schafe sind alle ihre Kleider gemacht." Bei dieser Geschichte wurde das dritte Viertel gar.

„Wenn diese Geschichten wahr sind", sagte Cormac zum Herrn des Hauses, „dann bist du Manannan und das ist deine Frau. Niemand sonst besitzt diese Schätze. Im Land der Verheißung hast du deine Frau gefunden. Sie kam mit den sieben Kühen zu dir."

Nun war Cormac an der Reihe. Er erzählte ihnen, wie man ihm Frau, Sohn und Tochter genommen und wie er sie verfolgt habe, bis er schließlich an diesem Ort gelandet sei. Damit war das ganze Schwein gar. Sie schnitten es auf und gaben Cormac seinen Teil. „Noch nie habe ich", sagte er, „in der Gesellschaft von nur zwei Menschen gegessen." Der Herr des Hauses stimmte ein Lied an und versetzte ihn in Schlaf.

Als er wieder erwachte, sah er fünfzig bewaffnete Männer und seine Frau, sein Sohn und seine Tochter waren auch dabei. Groß war da seine Freude und er fasste neuen Mut. Sie tranken Ale und aßen zusammen. Der Herr des Hauses hielt einen goldenen Becher in der Hand. Cormac staunte über das seltsame Gefäß und die vielen Figuren, die darauf zu sehen waren. „Der Becher gibt noch mehr Anlass zu staunen", sagte der Herr des Hauses. „Wenn man dreimal lügt, zerfällt er in drei Teile, und wenn man dann dreimal die Wahrheit spricht, wird er wieder ganz." Der Herr des Hauses sprach drei Lügen aus und der Becher zerfiel in drei Teile. „Jetzt wäre es das Beste", meinte er, „die Wahrheit zu sagen, damit er wieder ganz wird. Ich gebe dir mein Wort, Cormac, bis auf den heutigen Tag haben weder deine Frau noch deine Tochter einen Mann gesehen, seit sie von Teamhair weggebracht wurden, und dein Sohn hat nie das Antlitz einer Frau erblickt." Bei diesen Worten war der Becher wieder ganz. „Bringe jetzt deine Frau und deine Kinder nach Hause", sagte er, „und nimm den Becher mit, dann kannst du Wahrheit von Unwahrheit unterscheiden. Ich lasse dir auch den Zweig zu Musik und Freude. Am Tag deines Todes aber wird er dir wieder genommen. Und ich", sagte er, „bin Manannan, Sohn des Lir, der König des Landes der Verheißung. Ich habe dich mit meinem Zauber hierher gebracht, um mit dir einen Abend in Freundschaft zu verbringen."

„Du hast die Reiter gesehen, die das Haus deckten", sagte er. „Das sind die Dichter und Künstler und all jene, die ihr Glück in Irland suchen, indem sie Vieh und Reichtümer zusammentragen. Wenn sie gehen, ist alles verloren, was sie zurücklassen, und daher machen sie ewig weiter."

„Der Mann, den du das Feuer anzünden gesehen hast", sagte er, „ist ein junger Landbesitzer, der mehr gibt, als er nimmt. Während er das Festmahl bereitet, werden die anderen schon bedient und sind seine Nutznießer.

Der Brunnen, den du gesehen hast, ist der Brunnen der Erkenntnis. Durch seine Wasserläufe strömt alles Wissen. Die daraus trinken, sind jene, die sich auf viele Künste verstehen."

Als Cormac am nächsten Morgen erwachte, fand er sich in Teamhair wieder, zusammen mit seiner Frau, seinem Sohn und seiner Tochter. Er hielt den Zweig und den Becher in der Hand. Dem Becher gab er den Namen Cormacs Becher und er half ihm, bei den Gael Wahrheit von Unwahrheit zu unterscheiden. In der Nacht, als Cormac starb, verschwand der Becher, wie Manannan prophezeit hatte.

Kapitel 12
Cliodnas Welle

In den Zeiten der Fianna von Irland ging einmal Ciabhan der Lockige, der Sohn des Königs von Ulster, in Manannans Land.

Ciabhan war damals der schönste junge Mann der ganzen Welt. Neben ihm verblassten alle Königssöhne wie die Sterne neben dem Mond. Finn mochte ihn sehr, doch die anderen aus der Fianna wurden seiner überdrüssig, denn ihre Frauen verliebten sich alle in ihn, ob sie nun verheiratet waren oder nicht. Schließlich blieb Finn nichts anderes übrig, als ihn wegzuschicken, denn die Eifersucht seiner Männer kannte keine Grenzen mehr.

Ciabhan machte sich auf den Weg und ging, bis er den Strand des Cairn erreichte, der jetzt der Strand des Starken Mannes genannt wird und bei Burg Sobairce liegt. Dort sah er ein Boot mit einem Heck aus Kupfer liegen. Er stieg in das Boot. Da fragten ihn seine Leute: „Willst du Irland verlassen, Ciabhan?" „Ja", erwiderte er, „denn hier finde ich keine Heimat und keiner gewährt mir Schutz." Er sagte seinen Leuten Lebewohl. Sie waren sehr traurig, und als er ging, war ihnen, als hätte man ihnen das Herz aus dem Leib gerissen.

Ciabhan fuhr mit seinem Boot der hohen See entgegen. Dröhnende, weiße Wellen türmten sich wie Berge auf. Steine schäumten empor und auch der schöne, gefleckte Lachs, der sonst auf dem sandigen Meeresboden lebt, tauchte neben dem Boot auf. Von großer Furcht erfüllt rief Ciabhan: „Bei meinem Wort, an Land könnte ich mich besser verteidigen!"

In höchster Not und Bedrängnis sah er einen Reiter, der auf einem grauen Pferd mit goldenem Zaumzeug auf ihn zukam. Neun Wellen lang ritt er unter Wasser, bei jeder zehnten Welle tauchte er auf und war nicht im Geringsten nass. Da sagte der Reiter: „Was gibst du dem, der dich aus dieser Gefahr befreit?" „Habe ich denn etwas anzubieten?", entgegnete Ciabhan. „Ja", sagte der Reiter, „du kannst dich in die Dienste dessen stellen, der dir hilft." Ciabhan willigte ein und sie reichten sich die Hand.

Der Reiter hob ihn hoch auf sein Pferd. Das Boot zogen sie neben sich her, bis sie die Küste von Tir Tairngaire, dem Land der Verheißung, erreichten. Sie stiegen ab und gingen zu Loch Luchra, dem See der Zwerge, und weiter zu Manannans Stadt. Dort fand gerade ein Fest statt. Hübsche Knaben gingen mit ihren glänzenden Hörnern und süß tönenden Harfen umher und erfüllten das ganze Haus mit Musik.

Dann kamen die Clowns, langnasig, langfüßig, hager, glatzköpfig und rot. Sie gaben in Manannans Haus ihre Tricks zum Besten. Bei einem dieser Tricks nahm ein Clown, der nur auf einem Bein stehen durfte, neun gerade Weidenstöcke, warf sie bis unter die Dachsparren hoch und fing sie mit einer Hand wieder auf. Dann forderten sie die Zuschauer auf, diesen Trick nachzumachen. Sie waren nämlich überzeugt, dass nur sie diese Kunst beherrschten, und wollten die anderen scheitern sehen. In dieser Nacht führte wieder einer von ihnen den Trick vor. Er ging auf Ciabhan zu, der mit seinem Namen und seinem Aussehen über allen Männern von Dea und allen Söhnen der Gael stand, die im Haus weilten. Ihm legte er die neun Stäbe in die Hand. Ciabhan stand auf und führte ihnen das Kunststück vor, als ob er noch nie im Leben etwas anderes gemacht hätte.

Nun war es so, dass Gebann, der oberste Druide in Manannans Land, eine Tochter hatte, Cliodna die Blonde. Sie hatte noch nie einem Mann ihre Gunst geschenkt. Als sie aber Ciabhan sah, verliebte sie sich auf der Stelle in ihn. Am nächsten Morgen wollten sie gemeinsam fortgehen. Ciabhan und Cliodna begaben sich zum Anlegeplatz, bestiegen ein Boot und fuhren damit bis zum Strand der Teite im Süden Irlands. Der Strand hatte seinen Namen von Teite Brec mit den Sommersprossen. Sie war einmal mit hundertfünfzig jungen Mädchen hierher gekommen, um zu spielen, doch dann wurden sie alle von einer Welle erfasst und ertranken.

Ciabhan ging an Land und wollte sich im Dickicht der Wälder nach Wild umsehen. Das junge Mädchen ließ er im Boot zurück. Manannans Leute waren ihnen mit vierzig Schiffen gefolgt. Nun beging Iuchnu, der bei Cliodna im Boot geblieben war, Verrat. Er spielte seine Musik, bis Cliodna einschlief. Eine große Welle ging über den Strand hinweg und trug das Mädchen mit sich fort.

Noch lange wird man sich an Cliodna die Blonde erinnern, nach der die Welle ihren Namen erhielt.

Kapitel 13
Manannans Ruf nach Connla

Wahrscheinlich war es Manannan, der seinen Boten zu Connla dem Rothaarigen schickte, als er damals aus Irland wegging, denn auch Connla wurde in Manannans Land gebracht. Das aber geschah so:

Eines Tages war Connla mit seinem Vater Conn, dem König von Teamhair, auf dem Hügel von Uisnach. Da sah er eine Frau in wunderschönen Kleidern, die auf ihn zukam. „Wo kommst du her?", fragte er sie. „Aus Tir-nam-Beo komme ich", sagte sie, „aus dem Land der Unsterblichen, in dem der Tod unbekannt ist. Unser Leben ist ein einziges Fest. Bei uns gibt es keinen Streit. Wir werden das Volk der Sidhe genannt." „Mit wem sprichst du, Junge?", fragte Conn, denn außer Connla konnte keiner die fremde Frau sehen. „Er spricht mit einer hohen Frau, die weder Alter noch Tod kennt", gab sie zur Antwort. „Ich möchte, dass er

mit mir nach Magh Mell, der Schönen Ebene, kommt, wo der sieg-
reiche König seinen Sitz hat. Dort wird er für immer König sein,
frei von Kummer und Leid. Komm mit mir, Connla mit dem
Roten Haar, du mit deinen roten Wangen und den hübschen Sommersprossen. Komm mit mir, dann bleibt dir deine Jugend und
Schönheit für immer erhalten." Auch wenn sie die Frau nicht sahen, so konnten sie nun doch ihre Worte hören. Conn sagte zu
Coran, seinem Druiden: „Hilf mir, Coran, der du die hohe Kunst
der Magie beherrschst. Eine unsichtbare Macht greift mich an, die
stärker ist als meine Weisheit und meine Macht. Seit ich König bin,
habe ich noch keinen solchen Angriff erlebt. Sie kämpft gegen
mich mit aller Gewalt. Sie will mir meinen schönen Sohn nehmen.
Der Ruf einer Frau wird ihn der Hand des Königs entreißen."
Coran, der Druide, brachte die Frau mit Zaubersprüchen in seinen
Bann. Keiner konnte nun mehr ihre Stimme hören und Connla
konnte sie auch nicht mehr sehen. Als sie aber von dem Druiden
vertrieben wurde, warf sie Connla einen Apfel zu.

Einen ganzen Monat lang aß Connla nur von diesem Apfel.
Alles andere, was man ihm zu essen und zu trinken reichte, lehnte
er ab. Doch so viel er von dem Apfel auch aß, er wurde nicht weniger. Voller Unruhe dachte Connla an die Frau, die er gesehen
hatte.

Am Ende des Monats war Connla an der Seite seines Vaters in
Magh Archomnim. Da kam die Frau wieder und sagte zu ihm:
„Das ist wahrlich ein hoher Platz, den du da inmitten deiner Sterblichen einnimmst, du, der du selbst den Tod vor dir hast. Die Unsterblichen bitten dich aber, die Macht über das Volk von Tethra zu
übernehmen. Sie beobachten dich jeden Tag, wenn du dich mit
deinen guten Freunden triffst." Als Conn, der König, das vernahm,
rief er: „Holt Coran, den Druiden, ich höre die Stimme der Frau
wieder." Sie aber entgegnete ihm: „O Conn, großer Kämpfer, die
wunderbaren Völker von Traig Mor, dem Großen Strand, haben

nur wenig Zuneigung und wenig Respekt für die Druiden übrig, und wo ihr Gesetz gilt, da hilft kein Zauber mehr."

Conn sah seinen Sohn fragend an und Connla sagte: „Mein Volk liegt mir mehr am Herzen als alles andere und doch bin ich in Sorge wegen dieser Frau." Da begann die Frau zu singen:

> *„Komm auf mein leuchtendes Schiff, komm mit mir ins Land des Sieges. Noch ein anderes Land liegt auf unserem Weg, das du kennen solltest. Auch wenn die Sonne schon untergeht, wir erreichen es vor Anbruch der Nacht. Das ist das Land, das jeden entzückt. Nur Frauen und Mädchen leben dort."*

Als die Frau ihr Lied gesungen hatte, sprang Connla auf ihr leuchtendes Schiff. Sie begaben sich auf die Reise. Conn und seine Leute blickten ihnen nach, bis sie in weiter Ferne ein Nebel umhüllte und nichts mehr von ihnen zu sehen war. Sie fuhren über das Meer und kamen nie mehr zurück. Nur die Götter wissen, wo sie geblieben sind.

Kapitel 14
Tadg auf Manannans Inseln

Ein anderer, der ins Land der Unsterblichen ging, aber wieder zurückkehrte, war Tadg, Sohn des Cian, der wiederum der Sohn des Olioll war. Das geschah so:

Eines Tages ging Tadg ins Land seiner Vorväter, ins westliche Munster. Seine beiden Brüder, Airnelach und Eoghan, begleiteten ihn. Cathmann, Sohn des Tabarn, der König des schönen Landes Fresen im Südosten der Großen Ebene, war zu dieser Zeit gerade mit neun Schiffen auf Erkundungsfahrt. Sie landeten bei Beire do

Bhunadas, im Westen von Munster. Im Land rührte sich nichts. Sie legten an. Niemand schenkte ihnen Beachtung, bis alle umzingelt waren, Menschen wie Vieh. Tadgs Frau Liban, Tochter des Conchubar Abratrudh mit der Roten Stirn, seine beiden Brüder und viele andere aus dem Volk von Munster wurden von den Fremden gefangen genommen und an die Küsten von Fresen verschleppt. Cathmann nahm sich nun Liban selbst zur Frau. Tadgs Brüder ließ er seine ganze Härte spüren: Eoghan musste als Fährmann an einem Kanal an der Küste arbeiten, Airnelach für das ganze Volk die Feuerstellen überwachen. Ihre Mahlzeit bestand aus ein paar Körnern und schlammigem Wasser.

Tadg konnte sich durch seine Tapferkeit und unter Einsatz seines Schwerts befreien und floh. Doch er wurde ganz mutlos und bekümmert bei dem Gedanken, dass seine Frau und seine Brüder nicht mehr bei ihm waren. Ihm waren aber noch vierzig Kämpfer geblieben, von denen jeder einen der Fremden getötet hatte. Einen Mann jedoch hatten sie lebendig gefangen genommen. Dieser Mann erzählte ihnen nun von dem Land, aus dem er stammte. Tadg hörte zu und schmiedete einen Plan. Er ließ ein Schiff bauen, das für eine lange Reise gerüstet wurde. Es war ein stattliches Schiff, das sie mit hart gegerbtem, rotem Leder aus vierzig Ochsenhäuten auskleideten. Sie strichen es mit Pech und versahen es mit Masten, Rudern und allem, was nötig war. Dann brachten sie Fleisch, Getränke und Kleidung für die Dauer eines Jahres an Bord. Als alles fertig war und das Schiff im Wasser lag, sprach Tadg zu seinen Männern: „Jetzt fahren wir über das Meer und suchen nach unseren Leuten, die schon so lange von uns getrennt sind."

Sie ruderten durch die stürmische Flut, bis weit und breit kein Land mehr in Sicht war und sie nur noch von hohen Wellenbergen umgeben waren. Sie hörten den Gesang fremder Vögel, die in großen Schwärmen über sie hinwegzogen. Prächtige, weißbäuchige Lachse sprangen an jeder Seite des Schiffes hoch und große, dunkle Seehunde glitten zwischen den glänzenden Ruderblättern durch das Wasser. Große Wale folgten ihnen. Die jungen Männer sahen ihnen staunend zu, denn so etwas hatten sie noch nie gesehen.

Zwanzig Tage und zwanzig Nächte ruderten sie. Dann entdeckten sie ein bergiges Land, das eine flache Küste hatte. Dort legten sie an, zogen das Schiff an Land und zündeten ein Feuer an. Nun wurden die Mahlzeiten ausgegeben, an denen sie sich gütlich taten. Im wunderschönen, grünen Gras bauten sie sich ihr Bett und sie schliefen, bis die Sonne aufging. Dann stand Tadg auf, legte seine Waffen an und suchte mit dreißig Männern die ganze Insel ab. Sie waren überall, doch außer ein paar Schafherden entdeckten sie kein einziges Lebewesen, weder Mensch noch Tier. Die Schafe aber waren unbeschreiblich groß. Sie sahen wie Pferde aus. Die ganze Insel war mit ihrer Wolle bedeckt. Eine besonders große Herde, in der es nur Böcke gab, kam auf sie zu. Der größte Bock ging auf Tadgs Gefolgsleute los und rammte sie mit seinen neun Hörnern. Da wurden die Männer wütend und gingen zum Gegenangriff über, bis schließlich ein regelrechter Kampf ausbrach. Zuerst durchbrach der Bock fünf Schilde. Doch Tadg nahm den Speer, dem keiner entfliehen konnte, landete einen glücklichen Wurf und tötete den Bock. Sie trugen ihn zum Schiff, zerlegten ihn und bereiteten ihren jungen Männern eine Mahlzeit. Drei Nächte blieben sie auf der Insel und in jeder Nacht aßen sie ein Schaf. Sie sammelten auch noch viel von der Wolle ein, die so wundersam und schön war, und brachten sie auf ihr Schiff. Auf der Insel fanden sie auch die Knochen riesiger Menschen, doch ob sie durch Krankheit gestorben oder von den Böcken getötet worden waren, konnten sie nicht sagen.

Dann verließen sie die Insel wieder. Sie fuhren weiter und entdeckten zwei andere seltsame Inseln, auf denen riesige Schwärme wundervoller Vögel lebten. Sie sahen wie Amseln aus, aber es waren auch Vögel dabei, die so groß wie Adler oder Kraniche waren. Sie hatten rote Körper und grüne Köpfe und legten blaue und purpurrote Eier. Einige Männer wollten die Eier essen, doch sobald sie hineinbissen, begann ihnen ein Federkleid zu wachsen. Als sie aber ein Bad nahmen, verschwanden die Federn so schnell, wie sie gekommen waren.

Der Fremde, der bei ihnen war, hatte ihnen bis dahin den Kurs gewiesen, denn er war diese Strecke schon einmal gefahren. Aber nun waren sie schon sechs lange Wochen unterwegs und kein Land war in Sicht. Da sagten sie: „Wir treiben nur noch auf dem endlos weiten Ozean dahin." Doch in diesem Augenblick erhob sich der Wind und ließ seine barsche Stimme ertönen. Das Dröhnen trampelnder Füße drang an ihr Ohr. Es schien aus dem Meer zu kommen und dieses erhob sich zu unbezwingbaren Bergen. Das hatten Tadgs Leute noch nie erlebt. Sie fürchteten sich sehr. Doch der Wind forderte sie auf, der See wie Männer zu begegnen. „Habt Mut, ihr jungen Männer von Munster", feuerte er sie an, „kämpft um euer Leben, kämpft gegen die hohen Wellen, die sich auf euer Schiff ergießen!" Da übernahm Tadg die eine Seite des Schiffes, seine Männer die andere. Es gelang ihnen, das Schiff zu wenden und das eindringende Wasser auszuschöpfen. Nach einer Weile kam ein Wind auf, der ihnen wohlgesinnt schien. Sie setzten Segel. Immer weniger Wasser lief in das Schiff. Die See ging zurück und lag schließlich ruhig und unbewegt vor ihnen. Seltsame Vögel in vielerlei Gestalt umkreisten sie nun. Doch sahen sie jetzt auch Land und eine Küste, an der sie gut anlegen konnten. Da erwachte wieder Freude und neuer Mut in ihnen.

Als sie sich dem Land näherten, entdeckten sie eine Flussmündung, die von grünen Hügeln und Wäldern mit purpurroten Baumspitzen umsäumt war. Das Flussbett war sandig und glänzte wie Silber. Ein rot gefleckter Lachs schwamm darin. „Das ist ein wunderschönes Land", sagte Tadg. „Wer hier lebt, kann sich glücklich schätzen. Zieht jetzt das Schiff aus dem Wasser und seht zu, dass es trocken wird." Eine Gruppe kümmerte sich um das Schiff, die andere sah sich im Land um. Trotz all der Unbill und Kälte, die sie durchgemacht hatten, hatten sie kein Verlangen zu essen oder Feuer zu machen. Der süße Duft der purpurroten Zweige, die hier wuchsen, war ihnen genug. Sie gingen durch einen Wald und kamen zu einem Garten, in dem Bäume mit roten Äpfeln, dicht belaubte Eichen und Haselsträucher mit gelben Nüssen wuchsen. „Es wundert mich", sagte Tadg, „dass hier Sommer ist, während in unserem Land der Winter herrscht."

Es war ein herrlicher Ort, doch sie gingen weiter, bis sie in einen anderen Wald kamen. Die Luft war erfüllt von süßen Düften. Runde, purpurrote Beeren, die größer waren als der Kopf eines ausgewachsenen Mannes, wuchsen dort. Wunderbar glänzende Vögel aßen die Beeren. Seltsam waren sie anzusehen mit ihren weißen Körpern, den roten Köpfen und den goldenen Schnäbeln. Ihr Gesang war so lieblich, dass selbst Kranke und Verwundete bei dieser Melodie in tiefen Schlaf gesunken wären.

Tadg und seine Männer zogen weiter, bis sie zu einer weiten, sanften Ebene kamen. Sie war von Blüten übersät, auf denen der Honigtau lag. Steile Hügel mit bewehrten Burgen begrenzten die Ebene. Sie stiegen auf einen der Hügel und sahen dort eine Frau mit einem wunderbar weißen Körper, die schönste Frau der ganzen Welt. Sie sagte: „Sei uns willkommen, Tadg, Sohn des Cian. Du sollst hier alles haben, was dein Herz begehrt." „Ich freue mich über deinen Gruß", entgegnete Tadg. „Sage mir nun, Frau der süßen Worte, wem gehört die Burg mit der Mauer aus weißem Marmor dort oben auf dem Hügel?" „Das ist die Burg der Linie von den Hohen Königen Irlands, die von Heremon, Sohn des Miled, bis zu Conn von den Hundert Schlachten reicht. Er war der Letzte, der dort lebte. „Wie heißt dieses Land?", fragte Tadg. „Inislocha, die Insel der Seen", gab sie zur Antwort. „Zwei Könige herrschen über dieses Land, Rudrach und Dergcroche, Söhne des Bodb." Sie erzählte Tadg die Geschichte Irlands seit der Ankunft der Söhne der Gael. „Dein Wissen ist groß", sagte Tadg. „Sage mir nun: Wer lebt in der mittleren, goldenen Burg?" „Es ist nicht an mir, dir das zu sagen", antwortete sie. „Gehe selbst hin, dann wirst du es erfahren." Mit diesen Worten wandte sie sich um und verschwand in der Burg mit der Mauer aus weißem Marmor.

Tadg und seine Männer gingen weiter, bis sie zur mittleren Burg kamen. Dort sahen sie eine Königin von schöner Gestalt. Sie trug ein goldenes Kleid. „Ich wünsche dir Glück und Gesundheit, Tadg", sagte sie. „Dafür danke ich dir", erwiderte Tadg. „Dein Kommen ist uns schon seit langer Zeit angekündigt", fuhr sie fort. „Wie heißt du?", fragte Tadg. „Ich bin Cesair", sagte sie, „die erste Frau, die nach Irland kam. Seit ich mit meinen Begleitern hier ankam, leben wir hier und wir werden immer hier leben, denn wir kommen aus einem dunklen, unruhigen Land." „Sage mir, Frau", sprach Tadg, „wer lebt in der Burg mit den goldenen Mauern?" „Das kann ich dir schon sagen", antwortete sie. „Jeder König, jeder Anführer, jeder von hohem Stand, alle die, die je in Irland Macht hatten, leben in dieser Burg, Parthalon und Nemed, die Firbolgs und die Tuatha de Danaan." „Dein Wissen ist groß", sagte Tadg. „Ja, ich kenne die Geschichte der Welt. Diese Insel", fuhr sie fort, „ist das vierte Paradies dieser Welt neben Inis Daleb im Süden, Inis Ercandra im Norden und dem Paradies Adams im Osten der Welt." „Wer lebt dort oben, in der Burg mit den silbernen Mauern?", fragte Tadg. „Das werde ich dir nicht sagen, auch wenn ich es weiß", erwiderte die Frau. „Gehe hin zu dem schönen Hügel, dann wirst du es erfahren."

Sie stiegen auf den dritten Hügel. Auf einem wunderschönen Platz dort oben sahen sie zwei reizende junge Menschen, einen Jungen und ein Mädchen, freundlich und hübsch anzusehen. Sie mussten Geschwister sein. Ihr weiches Haar glänzte wie Gold, sie trugen die gleichen grünen Kleider und goldene Ketten und Bänder um den Hals. Tadg sprach sie an: „O ihr lieblichen Kinder, welch schönen Platz habt ihr hier!" Sie erwiderten seinen Gruß, rühmten seinen Mut, seine Kraft und sein Wissen und gaben ihm dann ihren Segen. Der junge Mann hielt einen süß schmeckenden, goldenen Apfel in der Hand. Er biss hinein und aß, doch so viel er auch aß, der Apfel wurde nicht weniger. Von dieser Art war ihre Nahrung, und wer davon kostete, blieb von Leid und Vergänglichkeit verschont. „Wer bist du?", fragte Tadg den jungen Mann. „Ich bin der Sohn von Conn von den Hundert Schlachten", sagte er. „Bist du Connla?", fragte Tadg. „Ja, der bin ich", gab er zur Antwort, „und das ist das Mädchen, das viele Gestalten annehmen kann. Sie hat mich hierher gebracht." Da sagte das Mädchen: „Er hat meine ganze Zuneigung und Liebe. Ich habe ihn geholt, damit wir uns immer ansehen können, mehr nicht." „Das ist seltsam und schön zugleich und macht mich staunen", sagte Tadg. „Wer lebt aber da drüben, in der großen Burg mit den silbernen Mauern?", fragte er. „Niemand lebt dort", entgegnete das Mädchen. „Was ist der Grund dafür?", wollte Tadg wissen. „Die Burg ist den Königen vorbehalten, denen es noch bestimmt ist, über Irland zu herrschen", sagte sie. „Auch du wirst dort deinen Platz finden, Tadg. Komm jetzt, dann wirst du schon sehen." Die Liebenden begaben sich zur Burg. Sie gingen so leichten Schritts, dass sich unter ihren weißen Füßen kaum das Gras neigte. Tadg und seine Leute begleiteten sie.

Sie erreichten das prächtige Haus, das schon der Gesellschaft der Könige harrte. Es war ein wunderbares Haus. Jeder hätte sich dort wohl gefühlt. In die Mauern aus weißer Bronze waren Kristalle und Karfunkelsteine eingesetzt. Sie glänzten bei Tag und Nacht.

Tadg blickte von der Burg herab und entdeckte einen weit ausladenden Apfelbaum, voll von Blüten und reifen Früchten. „Was ist das für ein Apfelbaum?", fragte er. „Von seinen Früchten soll der

Herr des Hauses essen", sagte das Mädchen. „Ein Apfel von diesem Baum hat Connla zu mir gebracht. Es ist ein guter Baum, mit seinen weißen Blüten und seinen goldenen Äpfeln, die für das ganze Haus reichen."

Als Connla mit dem Mädchen weggegangen war, kam eine ganze Truppe wunderschöner Frauen. Die Schönste unter ihnen sprach zu Tadg: „Sei willkommen, Tadg." „Ich danke dir", erwiderte Tadg. „Wer bist du?", fragte er. „Ich bin Cliodna die Blonde", sagte sie, „Tochter des Gebann, der wiederum der Sohn des Treon von den Tuatha de Danaan ist. Und ich bin die Geliebte von Ciabhan dem Lockigen. Von mir hat Cliodnas Welle an der Küste von Munster ihren Namen. Ich bin jetzt schon lange Zeit hier. Die Äpfel von dem Baum, den du gesehen hast, sind unsere Nahrung." Tadg hörte ihr gern zu, doch nach einer Weile sagte er: „Wir sollten uns jetzt besser auf den Weg machen und nach unseren Leuten sehen." „Wir würden uns freuen, wenn ihr eine Weile bei uns bleiben könntet", sagte die Frau.

Während sie noch so sprach, kamen drei wunderschöne Vögel, ein blauer mit einem purpurroten Kopf, ein purpurroter mit einem grünen Kopf und ein gefleckter mit einem goldenen Kopf. Sie ließen sich auf dem großen Apfelbaum nieder. Jeder Vogel aß einen Apfel und dann sangen sie Lieder, die so süß klangen, dass selbst ein Kranker seinen Schlaf gefunden hätte. „Diese Vögel werden euch begleiten, bis ihr in Irland seid", sagte Cliodna. „Sie werden euch den Weg weisen und ihre Lieder singen. Dann werden euch Trauer und Leid fernbleiben, sowohl an Land als auch auf See. Nimm auch diesen schönen grünen Becher mit. In ihm liegt ein Zauber. Wenn du Wasser einschenkst, wird es auf der Stelle zu Wein. Behalte ihn aber immer bei dir, gib ihn nicht aus der Hand. Wenn er dir einst abhanden kommt, dann steht dir der Tod bevor. Ich sage dir auch, wo du dem Tod begegnen wirst: im grünen Tal am Ufer des Boinn. Ein wildes Reh wird dich verletzen und fremde

Männer werden dir den Todesstoß geben. Ich selbst werde kommen und dich in ein Hügelgrab legen, dessen Name Croidhe Essu lauten wird."

Sie verließen das leuchtende Haus. Cliodna die Blonde begleitete sie zu der Stelle, wo ihr Boot lag. Sie begrüßte auch ihre Kameraden, die dort geblieben waren, und fragte sie, wie lange sie schon in diesem Land seien. „Wir sind wohl erst einen Tag hier", sagten sie. „Ihr seid schon ein ganzes Jahr hier", entgegnete sie, „und in dieser ganzen Zeit habt ihr nichts zu essen und nichts zu trinken gebraucht. Wie lange ihr auch hier wärt, ihr müsstet niemals hungern und niemals frieren." „Es wäre schön, wenn wir immer so leben könnten", sagten Tadgs Leute, doch er selbst meinte: „Es ist das Beste, wenn wir jetzt gehen und nach unserem Volk suchen. Wir müssen dieses Land verlassen, so gut es uns auch gefällt."

Cliodna und Tadg sagten einander Lebewohl. Cliodna segnete sie alle. Dann stachen sie in See. Sie waren sehr betrübt, als sie das Land verließen, doch dann begannen die Vögel zu singen. Da wurde ihnen wieder leichter ums Herz und sie fassten neuen Mut. Als sie zurückblickten, sahen sie nichts mehr von der Insel. Ein Druidennebel hatte sich über das Land gelegt und verbarg es vor ihren Augen.

Die Vögel geleiteten sie in das Land Fresen. Während der ganzen Reise aber lagen die Männer in tiefem Schlaf. Dann griffen sie die Fremden an und gewannen bald die Oberhand. In einem erbitterten Kampf tötete Tadg Cathmann, den König. Liban, seine Frau, lief sogleich zu ihrem Mann und Geliebten und war glücklich, ihn wieder zu sehen.

Sie gönnten sich eine Weile Ruhe. Dann begaben sich Tadg, seine Frau Liban und seine beiden Brüder wieder auf das Schiff. Mit großen Schätzen beladen kehrten sie sicher und wohlbehalten nach Irland zurück.

Kapitel 15
Laegaire im Land der Glücklichen

Ein Weiterer, der Magh Mell, das Land der Glücklichen, besuchte, war Laegaire, der Sohn des Königs von Connacht, Crimthan Cass.

Er war eines Tages mit dem König, seinem Vater, und den Männern von Connacht draußen bei Loch na-n Ean, dem See der Vögel. Da sahen sie durch den Nebel einen Mann mit wallendem blonden Haar kommen. An seinem Gürtel hing ein Schwert mit goldenem Griff, in der Hand hielt er zwei Wurfpfeile mit je fünf Widerhaken, auf dem Rücken trug er einen mit Gold gefassten Schild und über seinen Schultern lag ein fünffach gefalteter purpurroter Umhang.

„Grüßt den Mann, der auf uns zukommt", sagte Laegaire, der unter den Männern von Connacht den besten Ruf genoss. Zu dem Fremden sagte er: „Sei willkommen, großer Kämpfer, den wir nicht kennen." „Ich danke euch allen", sagte er. „Was führt dich des Weges?", fragte Laegaire. „Ich bin gekommen, weil ich Männer suche, die für mich kämpfen", erwiderte der Fremde. „Mein Name ist Fiachna, Sohn des Betach, aus dem Volk der Sidhe. Ich sorge mich um meine Frau. Eochaid, Sohn des Sal, raubte sie mir. Wir kämpften und Eochaid fiel. Doch dann haben sie meine Frau zu seinem Neffen Goll, Sohn des Dalbh, dem König eines Volkes von Magh Mell, gebracht. Siebenmal habe ich schon gegen ihn gekämpft und immer verloren. Heute soll wieder ein Kampf stattfinden und ich bitte euch um Hilfe. Ihr sollt gut belohnt werden, mit Gold und Silber, wenn ihr es verdient."

Dann sprach er:

„Die schönste aller Ebenen ist die Ebene der Zwei Nebel. Sie liegt nicht weit von uns. Sie beherbergt die Männer der Sidhe, die mit ihrem Mut dort ganze Seen von Blut aufrühren.

Wir haben edle Männer ihres roten Blutes beraubt, um die viele Frauen weinen und klagen.

Die Männer der Ebene ziehen vor ihrem schönen König einher. Weiße Truppen von Kämpfern mit gelockten Haaren marschieren durch blaue Speere hindurch.

Sie zerstreuen die feindlichen Truppen, sie zerstören jedes Land, das sie angreifen. Schön und erhaben sind sie in der Schlacht anzusehen, bei Ansturm und Rache.

Es ist kein Wunder, dass sie so stark sind: Jeder von ihnen ist der Sohn königlicher Eltern. In blonden Mähnen fällt ihr Haar herab.

Ihr Körper ist glatt und wohlgestalt, ihre Augen sind blau und scharfsichtig, ihre Zähne funkelnd wie Kristall zwischen den schmalen, roten Lippen.

Weiße Schilde mit Mustern aus weißem Silber haben sie zur Hand, blau glänzende Schwerter und rote Hörner, mit Gold verziert.

Sie beherrschen das Töten, die Liedkunst, das Schachspiel.

Die schönste aller Ebenen ist die Ebene der Zwei Nebel. Die Männer der Sidhe rühren Seen von Blut in ihr auf. Nicht weit von uns liegt diese Ebene.“

„Schmach und Schande käme über uns, wenn wir diesem Mann nicht helfen würden“, sagte Laegaire. Fiachna, Sohn des Betach, ging zum See hinunter, von wo er auch gekommen war. Laegaire folgte ihm in Begleitung seiner fünfzig Kämpfer.

An einem wilden Ort begegnete ihnen eine Truppe bewaffneter Männer mit Goll, Sohn des Dalbh, an der Spitze. „Gut“, sagte Laegaire, „ich werde mit meinen fünfzig Mann gegen sie antreten." „Und ich werde euch antworten", entgegnete Goll, Sohn des Dalbh. Mit jeweils fünfzig Mann griffen sie einander an. Goll fiel. Laegaire kam mit seiner ganzen Truppe unbeschadet davon und richtete nun ein fürchterliches Gemetzel unter seinen Feinden an. Keiner blieb am Leben.

„Wo ist die Frau jetzt?", wollte Laegaire wissen. „Sie ist in der Burg von Magh Mell und wird von bewaffneten Männern bewacht", erwiderte Fiachna. „Bleib du hier, ich gehe mit meinen fünfzig Leuten dorthin", sagte Laegaire. Er ging also mit seinen Leuten zur Burg und rief den Männern dort zu: „Euer König ist tot, eure Anführer sind gefallen. Gebt jetzt die Frau heraus, dann lassen wir euch am Leben." Sie willigten ein und führten sie zu ihnen. Als die Frau aber bei ihnen war, fing sie an zu klagen:

„Welch ein trauriger Tag, an dem das Schwert sich rötete vom Blut meines lieben, toten Goll, Sohn des Dalbh. Er hat mich geliebt und ich habe ihn geliebt, doch das kümmert Laegaire wenig.
Waffen wurden von Goll zerschmettert und gespalten. Jetzt muss ich zu Fiachna, Sohn des Betach, gehen und liebte doch Goll, Sohn des Dalbh."

Diese Klage wurde dann „Das Jammern der Tochter Eochaids der Einfältigen" genannt. Laegaire nahm sie mit zurück und übergab sie Fiachna. In dieser Nacht wurde Fiachnas Tochter, Deorgreine, eine Träne der Sonne, Laegaire zur Frau gegeben und weitere fünfzig Frauen heirateten seine fünfzig Kämpfer. Bis zum Ende des Jahres blieben sie alle an Fiachnas Hof.

Dann sagte Laegaire: „Wir sollten wieder einmal in unserem eigenen Land nachsehen, was es Neues gibt." „Wenn ihr wirklich gehen wollt", sprach Fiachna, „nehmt Pferde mit auf die Reise. Steigt aber nie ab, was auch geschehen mag."

Sie machten sich auf den Weg. Als sie in Irland ankamen, waren alle Männer von Connacht versammelt und trauerten um sie. Doch als sie sie kommen sahen, erhoben sich die Männer von Connacht und wollten sie willkommen heißen. Laegaire aber rief: „Bleibt, wo ihr seid! Wir sind hier, um Abschied zu nehmen." „Verlasse uns nicht", sagte Crimthan, sein Vater. „Du sollst die Herrschaft über die drei Connachts haben, über ihr Gold und ihr Silber, über ihre Pferde und ihr Zaumzeug und über ihre schönen Frauen, wenn du nur nicht wieder von uns gehst." Da sagte Laegaire: „Dort, wo wir hingegangen sind, ziehen die Armeen von einem Königreich zum anderen. Sie lauschen der süß klingenden Musik der Sidhe, sie trinken aus glänzenden Bechern, Bier fällt statt Regen. Wir sprechen mit Leuten, die wir lieben. Aus der Burg der Schönen Ebene haben wir dreißig Kessel, dreißig Trinkhörner und ein Klagelied mitgebracht, das Eochaids Tochter, die Einfältige, am Meer gesungen hat. Jeder meiner fünfzig Männer hat eine Frau. Meine Frau ist die Träne der Sonne. Ich bin der Herr eines blauen Schwerts. Nicht für dein ganzes Königreich gäbe ich eine Nacht bei den Sidhe."

Mit diesen Worten wandte sich Laegaire um und kehrte zurück. Mit Fiachna, Sohn des Betach, und dessen Tochter teilte sich Laegaire die Königswürde und verließ das Reich der Sidhe nie wieder.

Buch V

Das Schicksal der Kinder des Lir

Als die Tuatha de Danaan nach der Schlacht von Tailltin einen König wählten und Lir hörte, dass man Bodb Dearg das Königtum übertrug, missfiel ihm das sehr. Er verließ die Versammlung ohne jedes weitere Wort, denn er war der Meinung, dass es eigentlich ihm zustünde, König zu werden. Aber auch sein Fortgang nützte ihm nichts. Bodb Dearg wurde trotzdem König, denn außer Lir missgönnte ihm das niemand. Die anderen vier, die Bodb Dearg gewählt hatten, beschlossen, Lir zu folgen. Da er dem König den Gehorsam verweigert hatte, wollten sie sein Haus niederbrennen und ihn mit Speer und Schwert angreifen. „Das werden wir nicht tun", widersprach Bodb Dearg. „Dieser Mann würde sich zur Wehr setzen, wo immer er ist. Außerdem bin ich trotzdem König der Tuatha de Danaan, auch wenn er sich mir nicht unterwirft."

So ging es eine ganze Zeit lang weiter, aber schließlich kam großes Unglück über Lir. Seine Frau wurde von einer schweren Krankheit heimgesucht und starb nach drei Nächten. Das traf Lir so hart, dass er der Schwermut verfiel. Die Nachricht vom Tod seiner Frau war damals in aller Munde. Sie verbreitete sich in ganz Irland und erreichte schließlich auch das Haus des Bodb Dearg. Zu dieser Zeit waren gerade die besten Männer von Dea bei ihm. Bodb sagte: „Wenn Lir seine Einstellung änderte, könnte ich ihm mit meiner

Hilfe und Freundschaft beistehen, jetzt, da seine Frau nicht mehr lebt. Denn hier bei mir sind die drei schönsten jungen Mädchen Irlands, die auch den besten Ruf genießen: Aobh, Aoife und Ailbhe, die Töchter des Oilell von Aran und meine eigenen Zöglinge." Die Männer von Dea fanden seinen Gedanken gut und gaben ihm Recht.

Bodb Dearg sandte Boten zu Lir. Sie überbrachten ihm die Nachricht, dass ihm Bodb eines seiner Pflegekinder zur Frau geben wolle, falls Lir gewillt sei, sich dem Sohn des Dagda anzuschließen und seine Herrschaft anzuerkennen. Lir gefiel dieses Angebot und schon am nächsten Morgen zog er mit fünfzig Wagen der Sidhe Fionnachaidh los. Auf schnellstem Wege eilte er zu Bodbs Haus am Loch Dearg. Dort hieß man ihn willkommen. Alle waren in dieser Nacht fröhlich und vergnügt und warteten ihm und seinen Leuten gut auf.

Die drei Töchter des Oilell von Aran saßen bei Bodb Deargs Frau, der Königin der Tuatha de Danaan, die ihre Pflegemutter war. Bodb sagte: „Diese drei jungen Mädchen stehen zu deiner Wahl, Lir." „Ich kann nicht sagen, welche mir am besten gefällt", meinte Lir, „aber die Älteste ist wohl auch die Edelste und daher ist es am klügsten, sie zu nehmen." „Wenn das dein Wunsch ist", erwiderte Bodb, „soll dir Aobh gegeben werden. Sie ist die Älteste." „Es ist mein Wunsch", bekräftigte Lir. In dieser Nacht nahm er Aobh zur Frau. Sie blieben noch zwei Wochen bei Bodb und dann brachte sie Lir in sein eigenes Haus, wo sie ein großes Hochzeitsfest feierten.

Aobh gebar zwei Kinder, eine Tochter und einen Sohn, die Fionnuala und Aodh hießen. Nach einiger Zeit kam sie erneut nieder und brachte zwei Söhne zur Welt, die Fiachra und Conn genannt wurden. Aobh starb bei ihrer Geburt. Darüber war Lir so traurig, dass er fast selbst vor Kummer gestorben wäre, wenn er nicht an seine Kinder gedacht hätte.

Die Nachricht von Aobhs Tod erreichte Bodb Deargs Haus. Alle, die dort waren, stießen drei laute, schrille Schreie aus und beklagten ihr Pflegekind. Nach ihrer Totenklage sprach Bodb Dearg: „Es bereitet uns Kummer, dass unsere Tochter gestorben ist, um ihrer selbst willen und um des guten Mannes willen, dem wir sie gaben, denn wir sind ihm in Treue verbunden. Damit unsere Freundschaft nicht zerbricht, will ich ihm Aobhs Schwester Aoife zur Frau geben."

Als Lir davon hörte, kam er und heiratete das Mädchen. Dann brachte er sie zu sich nach Hause. Aoife ehrte und liebte die Kinder ihrer Schwester, die wirklich jeder gern haben musste, der sie sah.

Bodb Dearg kam oft zu Lir und besuchte die vier Kinder und immer wieder nahm er sie auch eine Zeit lang mit zu sich. Damals feierten die Männer von Dea in jedem Hügel der Sidhe ein Fest, das sie das „Fest der Zeitalter" nannten. Als sie zu Lirs Hügel kamen, waren sie ganz entzückt beim Anblick der schönen Kinder. Sie schliefen in Betten, die in Sichtweite ihres Vaters aufgestellt waren, und Lir stand immer schon im Morgengrauen auf und legte sich zu ihnen. Aber das alles führte dazu, dass in Aoife das Feuer der Eifersucht entbrannte und sie schließlich Abneigung und Hass für die Kinder ihrer Schwester zu empfinden begann.

Fast ein ganzes Jahr lang gab Aoife vor, krank zu sein. Am Ende dieser Zeit beging sie aus Eifersucht eine grausame Tat an den Kindern des Lir.

Aoife ließ eines Tages ihren Wagen anspannen und fuhr mit den vier Kindern zum Haus des Bodb Dearg. Fionnuala wollte zuerst nicht mitfahren, denn sie hatte im Traum gesehen, dass Aoife Verrat im Sinn hatte und sie töten wollte. Doch sie konnte ihrem Schicksal nicht entgehen. Als sie unterwegs waren, befahl Aoife ihren Leuten: „Tötet die vier Kinder des Lir, um derentwillen ihr Vater aufgehört hat, mich zu lieben. Als Belohnung sollt ihr haben, was euer Herz begehrt." „Das werden wir bestimmt nicht tun", erwiderten sie. „Was du im Sinn hast, ist schlecht und wird auch dir schaden." Als sie sich weigerten, ihrem Befehl Folge zu leisten, zog sie selbst das Schwert und wollte die Kinder töten. Aber da sie eine Frau war und weder großen Mut noch Willensstärke besaß, brachte sie es nicht fertig.

Sie fuhren weiter nach Westen zu Loch Dairbhreach, dem See der Eichen. Dort hielten sie die Pferde an. Aoife befahl den Kindern des Lir, zum See zu gehen und ein Bad zu nehmen. Sie gehorchten ihr. Kaum waren sie im Wasser, da berührte sie Aoife mit dem Druidenstab und verwandelte sie in vier schöne, weiße Schwäne. Sie sagte: „Weg mit euch, ihr Königskinder, euer Glück ist für immer dahin. Eure Freunde werden trauern. Unter Vogelschwärmen wird man nun eure Schreie auf ewig hören." Fionnuala antwortete: „Hexe, jetzt kennen wir deinen Namen. Du hast uns geschlagen ohne Hoffnung auf Erlösung. Du hast uns auf die Wellen verbannt, doch einmal kommen wir wieder ans Ufer. Dann wird man uns sehen und man wird uns helfen mit allem, was zu unserem Besten ist. Wenn wir auch auf dem See schlafen, unsere Gedanken werden früh an Land gehen." Alle vier Kinder des Lir wandten sich Aoife zu. Fionnuala fuhr fort: „Du hast eine schlechte Tat begangen, Aoife, du hast nicht im Sinne der Freundschaft gehandelt. Du vernichtest uns ohne Grund. Dafür wird man Rache an dir üben. Du wirst fallen, denn deine Macht, uns zu zerstören, ist nicht größer als die Macht unserer Freunde, uns zu rächen. Lege nun fest, wie lange dieser Zauber dauern soll." „Das werde ich tun", entgegnete Aoife, „aber das macht es nur noch schlimmer für euch. Dieser Zauber wird anhalten, bis die Frau aus dem Süden und der Mann aus dem Norden zusammenkommen. Und da ihr mich gefragt habt, sage ich euch außerdem, dass kein Freund und keine Macht der Welt euch von dieser Gestalt befreien kann. Ihr seid gefangen, bis ihr dreihundert Jahre auf Loch Dairbhreach ausgeharrt habt, dreihundert Jahre auf Sruth na Maoile zwischen Irland und

Alban und dreihundert Jahre bei Irrus Domnann und Inis Gluaire. Dorthin werden von jetzt an eure Reisen gehen."

Dann aber überkam Aoife Reue und sie sagte: „Ich kann euch nicht mehr helfen. Ich kann euch nur eure Sprache lassen. Ihr werdet die lieblichen Lieder der Sidhe singen, die die Menschen auf dieser Erde in den Schlaf wiegen. Es gibt keine schönere Musik. Euer Verstand und euer edles Wesen sollen euch bleiben, dann wird es nicht so schwer für euch, diese Gestalt zu ertragen. Geht mir nun aus den Augen, Kinder des Lir, mit euren weißen Gesichtern und eurem stammelnden Irisch. Mit dem rauen Wind zu treiben ist ein schwerer Fluch für zarte Kinder. Neunhundert Jahre auf dem Wasser sind eine lange, schmerzensreiche Zeit. Das ist die Bürde, die ich euch auferlege, und ihr tut am besten daran, meine Worte zu befolgen. Lir, der mit so manch guter Truppe gesiegt hat, trägt in seinem Herzen jetzt den Keim des Todes. Das Stöhnen des großen Helden macht mich krank, obwohl ich seinen Zorn verdient habe."

Aoife ließ die Pferde anspannen und fuhr zum Palast des Bodb Dearg, wo sie vom Gefolge des Königs empfangen wurde. Der Sohn des Dagda fragte sie, warum sie die Kinder des Lir nicht mitgebracht habe. „Das kann ich euch sagen", antwortete sie. „Lir mag euch nicht und hat auch kein Vertrauen in euch, was seine Kinder anbelangt. Er hat Angst, ihr könntet sie ihm wegnehmen." „Das wundert mich", meinte Bodb Dearg, „denn seine Kinder sind mir teurer als meine eigenen." Er traute den Worten der Frau nicht und sandte Boten nach Norden zu den Sidhe Fionnachaidh. Lir fragte sie nach dem Grund ihres Kommens. „Der Grund sind deine Kinder", antworteten sie. „Sind sie nicht mit Aoife zu euch gefahren?", fragte er. „Nein, Aoife behauptet, du wolltest sie nicht kommen lassen." Bei dieser Nachricht war Lir ganz niedergeschlagen und sorgte sich sehr, denn er wusste nur zu gut, dass Aoife seinen Kinder geschadet oder sie gar getötet haben musste.

Am nächsten Morgen ließ er in aller Frühe die Pferde holen und machte sich auf den Weg nach Südwesten. Als er sich dem Ufer von Loch Dairbhreach näherte, sahen die vier Kinder die Pferde und Fionnuala rief: „Willkommen seien die Pferde, die sich dem See nahen. Sie bringen Menschen zu uns, die traurig sind, aber stark. Sie folgen uns, sie suchen nach uns. Lasst uns ans Ufer gehen, Aodh, Fiachra und hübscher Conn. Wer da kommt, kann niemand anderer sein als Lir und sein Gefolge.“ Lir kam ans Ufer des Sees. Er sah die Schwäne, die Stimmen von lebenden Menschen besaßen, und fragte sie, wie das sein könne. „Das werde ich dir sagen, Lir“, meinte Fionnuala. „Wir sind deine vier Kinder, die aus Eifersucht von deiner Ehefrau und der Schwester unserer leiblichen Mutter vernichtet wurden.“ „Gibt es denn keine Möglichkeit, euch wieder die alte Gestalt zu geben?“, fragte Lir. „Nein“, sagte Fionnuala, „kein Mensch der Welt kann uns helfen. Wir werden erst wieder frei sein, wenn unsere Zeit gekommen ist, und das wird in neunhundert Jahren sein.“

Als Lir und seine Leute das hörten, stießen sie aus Trauer und Kummer drei schwere, klagende Schreie aus. „Wollt ihr nicht zu uns an Land kommen, da euch Verstand und Gedächtnis noch geblieben sind?“ „Es steht nicht in unserer Macht, mit den Menschen zusammenzuleben“, erwiderte Fionnuala, „aber wir haben unsere Sprache, das Irische, und wir haben die Macht, liebliche Musik zu singen, und diese Musik vermag alle Menschen zufrieden zu stellen. Bleibt heute Nacht hier. Dann werden wir für euch singen.“ Lir und seine Leute blieben also dort, lauschten der Musik der Schwäne und schliefen in dieser Nacht dort ruhig. Am nächsten Morgen stand Lir früh auf und stimmte ein Klagelied an:

„Es ist Zeit, diesen Ort zu verlassen. Ich schlafe nicht, auch
wenn ich mich hinlege. Von meinen lieben Kindern getrennt zu
sein ist eine Qual für mein Herz.
Ein Verhängnis warf ich über euch, als ich Aoife, Tochter des

Oilell von Aran, ins Haus brachte. Nie hätte ich diesen Rat be-
folgt, hätte ich gewusst, was auf mich zukommt.
O Fionnuala und hübscher Conn, o Aodh, o Fiachra mit den
Schönen Waffen. Wie ungern verlasse ich euch und den Hafen,
wo ihr seid!"

Daraufhin fuhr Lir weiter zum Palast des Bodb Dearg und wurde
dort willkommen geheißen. Bodb Dearg machte ihm gleich Vorwürfe, weil er seine Kinder nicht mitgebracht hatte. „O welcher
Kummer!", rief Lir aus. „Es liegt nicht daran, dass ich sie nicht mitbringen wollte. Aoife dort, dein eigenes Pflegekind und die
Schwester ihrer Mutter, hat sie in vier weiße Schwäne verwandelt
und auf Loch Dairbhreach ausgesetzt, wo sie alle Menschen in Irland sehen können. Sie besitzen aber noch Verstand und Stimme
und ihre irische Sprache." Bodb Dearg erschrak sehr, als er das
hörte, denn er wusste, dass Lir die Wahrheit sagte. Er machte Aoife
schwere Vorwürfe und sagte: „Dieser Verrat wird ein schlimmeres
Ende für dich nehmen, Aoife, als für die Kinder des Lir. Wenn man
dich verwandeln würde, was wäre die schlimmste Gestalt für dich?"
„Eine Hexe der Luft zu sein", antwortete sie. „Dann nimm jetzt
diese Gestalt an", sagte Bodb. Mit diesen Worten berührte er sie mit
einem Druidenstab. Auf der Stelle wurde sie in eine Hexe der Luft
verwandelt und entschwand mit dem Wind. In dieser Gestalt lebt
sie noch heute und bis ans Ende aller Zeiten. Bodb Dearg und die
Tuatha de Danaan aber kamen an das Ufer von Loch Dairbhreach
und schlugen dort ihr Lager auf. Sie wollten die Musik der Schwäne
hören. Wie die Männer von Dea so kamen auch die Söhne der Gael
aus allen Teilen Irlands, denn keine Musik klang so lieblich wie
die der Schwäne. Sie pflegten auch Geschichten zu erzählen und
sprachen jeden Tag mit den Menschen, mit ihren Lehrern, ihren
Mitschülern und Freunden. Jede Nacht sangen sie die lieblichen
Lieder der Sidhe. Jeder, der sie hörte, schlief fest und ruhig, auch

wenn er von Sorge und Krankheit geplagt war, und jeder, der die Musik der Vögel hörte, fühlte sich froh und zufrieden. Dreihundert Jahre lang versammelten sich die Tuatha de Danaan und die Söhne der Gael immer wieder am Loch Dairbhreach. Eines Tages sagte Fionnuala zu ihren Brüdern: „Wisst ihr, dass nach dieser Nacht unsere Zeit hier vorüber ist?"

Die Söhne des Lir wurden sehr traurig, als sie das hörten. Sich hier in Loch Dairbhreach mit ihren Freunden und Begleitern zu unterhalten war ihnen fast so, als wären sie wieder lebende Menschen. Dagegen schien es ihnen schrecklich, auf das kalte, aufgewühlte Meer von Maoil im Norden zu ziehen. Früh am Morgen kamen sie und verabschiedeten sich von ihrem Vater und Pflegevater. Fionnuala stimmte folgende Klage an:

> „Lebe wohl, Bodb Dearg, du, dem alles Wissen verpfändet ist.
> Lebe wohl, unser Vater, Lir vom Hügel des Weißen Feldes.
> Es ist an der Zeit, uns zu trennen, o ihr traute Gesellschaft.
> Welch Kummer, dass uns kein Besuch offen steht.
> Von diesem Tag an, o liebe Freunde und Kameraden, werden wir auf dem aufgepeitschten Meer von Maoil sein, ohne die Stimme von Menschen zu hören.
> Dreihundert Jahre dort und dreihundert Jahre in der Bucht der Männer von Domnann, welch ein Jammer für die vier hübschen Kinder des Lir, deren nächtlicher Schutz die salzigen Wogen des Meeres sein werden.
> O meine drei Brüder, ihr habt keine roten Wangen mehr. Lasst uns jetzt den See verlassen und die große Schar, die uns liebte. So traurig ist der Abschied."

Nach dieser Klage flogen sie fort, leicht und luftig, bis sie nach Sruth na Maoile, das zwischen Irland und Alban lag, kamen. Das war Anlass zu großer Trauer für die Menschen in Irland. Sie gaben den Befehl, dass von nun an in ganz Irland kein Schwan mehr getötet werden dürfe, welch treffliche Gelegenheit sich auch bieten würde.

Sruth na Maoile war kein guter Aufenthaltsort für die Kinder des Lir. Als sie die weite Küste vor sich sahen, wurden sie von Kälte und Leid übermannt. Alles, was sie bisher durchgemacht hatten, schien ihnen gering im Vergleich zu dem, was nun auf diesem Meer auf sie zukommen würde.

Eines Nachts braute sich ein gewaltiger Sturm über ihnen zusammen. Fionnuala sprach: „Meine lieben Brüder, wir müssen uns auf diese Nacht vorbereiten. Der Sturm wird uns sicher trennen. Lasst uns also einen Ort vereinbaren, an dem wir uns wieder treffen können, falls wir in der Nacht auseinander getrieben werden." „Treffen wir uns doch am Carraig na Ron, dem Felsen der Robben, den kennen wir alle", schlugen die anderen vor. Als es Mitternacht wurde, kam Wind auf. Die Wellen dröhnten, Blitze zuckten und ein rauer Sturm brach über sie herein. Die Kinder des Lir wurden über die ganze Weite des Meeres verstreut. Sie verirrten sich und keiner wusste mehr, in welche Richtung die anderen gegangen waren. Nach diesem Sturm aber wurde das Meer wieder ruhig. Fionnuala fand sich allein auf Sruth na Maoile wieder. Als sie bemerkte, dass ihre Brüder nicht da waren, stimmte sie ein großes Klagelied an:

„Welch ein Jammer, in meinem Zustand noch leben zu müssen. Die Flügel sind mir an beiden Seiten gefroren. Es bedeutet mir wenig, dass mir der Wind nicht das Herz im Leibe gebrochen hat, da ich Aodh verloren habe.
Dreihundert Jahre war ich auf Loch Dairbhreach, ohne die menschliche Gestalt wiedererlangt zu haben. Schlimmer aber noch ist die Zeit in Sruth na Maoile.
Die drei, die ich liebte, ach! Die drei, die ich liebte, die unter dem schützenden Dach meiner Federn schliefen, erst wenn die Toten ins Leben zurückkehren, werde ich sie wieder sehen.

Welch ein Jammer, ohne Fiachra, ohne Aodh und den hübschen Conn zu sein, ja ohne Nachricht von ihnen. Es ist ein Kummer, in dieser Nacht hier jeder Not ausgesetzt zu sein."

Sie blieb die ganze Nacht bis Sonnenaufgang auf dem Felsen der Robben und hielt nach jeder Seite Ausschau. Da sah sie endlich Conn näher kommen, dessen Gefieder völlig durchnässt war. Er ließ den Kopf hängen. Sie aber hieß ihn von ganzem Herzen willkommen. Dann kam Fiachra, nass, zerschlagen und erschöpft. Bei all der Kälte und Not, die er erlitten hatte, konnte er kein verständliches Wort mehr von sich geben. Fionnuala nahm ihn unter ihre Flügel und sprach: „Jetzt wäre alles gut, wenn auch Aodh noch zu uns käme." Nicht lange danach kam Aodh, mit trockenem Kopf und schönem Gefieder. Fionnuala hieß ihn herzlich willkommen. Sie nahm ihn unter ihre Brustfedern, Fiachra unter ihren rechten Flügel und Conn unter ihren linken Flügel. So konnte sie ihr Gefieder über alle drei ausbreiten. „Ach, meine Brüder", rief sie, „das war eine schlimme Nacht für uns und noch viele solcher Nächte stehen uns bevor."

Sie blieben lange Zeit dort und litten unter der Kälte und unter ihrem Elend. Schließlich brach eine Nacht über sie herein, die so eisig, windig und kalt war, wie sie es noch nie zuvor erlebt hatten. Sie weinten und klagten über die Not ihres Lebens, über die Kälte der Nacht, die starken Schneefälle und die heftigen Winde. Mitten im Winter aber kam eine noch schlimmere Nacht. Sie waren auf Carraig na Ron. Das Wasser war zu Eis geworden. Wenn sie auf den Felsen saßen, froren Füße, Flügel und Gefieder fest und sie konnten nicht mehr wegfliegen. Dann kämpften sie erbittert und versuchten, sich loszureißen, und oft genug blieben Haut und Federn auf dem Felsen zurück.

„Was für ein Jammer, Kinder des Lir", sagte Fionnuala, „jetzt steht es schlecht um uns. Wir können das Salzwasser nicht ertragen und sind doch gezwungen, im Salzwasser zu leben. Wenn es in unsere Wunden dringt, werden wir sterben. Dann stimmte Fionnuala folgende Klage an:

> *„Heute Nacht wehklagen wir, ohne Gefieder, das unseren Körper schützt. Die rauen, schroffen Felsen unter unseren nackten Füßen sind kalt.*
> *Schlimm hat unsere Stiefmutter an uns gehandelt, als sie uns verzauberte und uns als Schwäne aufs Meer schickte.*
> *Unser Waschplatz liegt auf dem Riff der Bucht, im Schaum der fliegenden Gischt des Meeres. Unser festliches Ale ist das Salzwasser der blauen Flut.*
> *Eine Tochter und drei Söhne sind wir. Wir leben in Felsspalten, wir leben auf harten Felsen, unser Zustand ist ein Jammer."*

Sie wurden wieder auf das Meer von Maoil getrieben. Scharf, rau und bitter schlug ihnen das Salzwasser entgegen. Sie konnten ihm nicht entgehen. In ihrer Not erreichten sie die Küste und blieben dort, bis ihnen Federn und Flügel nachgewachsen und ihre Wunden vollständig geheilt waren. Jeden Tag kamen sie zur Küste von Irland oder Alban, doch jede Nacht mussten sie nach Sruth na Maoile zurück.

Eines Tages gelangten sie an die Mündung der Banna, im Norden Irlands. Dort sahen sie eine Truppe von schönen Reitern, die alle gleich gekleidet waren. Auf gut geschulten, reinrassigen Schimmeln ritten sie die Straße entlang, die von Südwesten hierher führte. „Wisst ihr, wer diese Reiter sind, Söhne des Lir?", fragte Fionnuala. „Nein, aber wahrscheinlich sind das die Truppen der Söhne der Gael oder der Tuatha de Danaan." Sie kamen näher an die Küste heran, um in Erfahrung zu bringen, wer sie waren. Als die Reiter die Schwäne erblickten, gingen sie auf sie zu, bis sie miteinander sprechen konnten. Unter ihnen waren die beiden Söhne des Bodb Dearg, Aodh Aithfhiosach der Schlagfertige und Fergus Fithchiollach der Schachspieler, die den dritten Teil der Reiter der Sidhe anführten. Schon seit langer Zeit waren sie auf der Suche nach den Schwänen, und als sie nun zusammenkamen, begrüßten sie sich freundlich und herzlich. Die Kinder des Lir fragten, wie es den Männern von Dea gehe, vor allem Lir, Bodb Dearg und ihren Leuten. „Ihnen geht es gut", gaben sie zur Antwort. „Sie sind alle zusammen im Haus eures Vaters bei den Sidhe Fionnachaidh und feiern das Fest der Zeitalter, fröhlich und vergnügt. Das Einzige, was ihnen Sorgen bereitet, ist, dass ihr nicht bei ihnen seid und dass niemand weiß, was seit eurem Aufbruch von Loch Dairbhreach mit euch geschehen ist." „Uns ging es nicht gut", sagte Fionnuala. „Bis zum heutigen Tag haben wir auf den Fluten des Meeres große Not und großes Elend erlitten." Und sie stimmte dieses Klagelied an:

„Freude herrscht im Hause des Lir! Reichlich fließen Ale und Wein in dieser Nacht, mögen auch die Kinder des Königs an kaltem Ort darben.
Unser Bett hat keinen festen Ort, unsere Leiber sind mit geschwungenen Federn bedeckt. Doch oft schon waren wir in Purpur gekleidet und tranken lieblichen Met.
Weißer Sand und bitteres Meerwasser, das ist jetzt unser Mahl. Oft tranken wir Met von Haselnüssen aus runden Bechern mit geschwungenem Rand.
Unsere Betten sind kahle Felsen, aus der Macht der Wellen entstanden. Oft richtete man uns früher Betten aus den Brustfedern der Vögel.
Auch wenn es jetzt unser Los ist, durch frostige und dröhnende Wellen zu schwimmen, so sind uns doch früher oft die Königssöhne zum Hügel des Bodb gefolgt.
Durch die Strömung des Maoil zu ziehen verbrauchte meine

ganze Kraft. Früher war ich gewohnt, im Sonnenschein auf weichem Gras zu liegen.

Im Schutz meiner Flügel finden Fiachra und Conn ihr Bett auf dem Meer. Aodhs Platz ist unter den Federn meiner Brust, wir vier, Seite an Seite.

Die Lehren des Manannan ohne Falsch, die Rede des Bodb Dearg so freundlich, die Stimme des Angus, seine süßen Küsse, an ihrer Seite war ich sorgenfrei."

Die Reiter zogen weiter zu Lirs Haus und berichteten den Anführern der Tuatha de Danaan alles, was die Vögel durchgemacht hatten, und schilderten auch ihren jetzigen Zustand. „Wir sind machtlos", sagten die führenden Männer, „aber wir können froh sein, dass sie noch am Leben sind. Wenn ihre Zeit gekommen ist, werden sie Hilfe erhalten."

Die Kinder des Lir kehrten zu ihrem alten Platz auf Maoil zurück und blieben dort, bis ihre Zeit um war. Dann sagte Fionnuala: „Nach dreihundert Jahren ist es nun an der Zeit, diesen Ort zu verlassen. Wir müssen nach Irrus Domnann. Dort werden wir keine Rast finden, auch keinen festen Grund und keinen Schutz vor dem Sturm. Aber jetzt ist es so weit. Lasst uns mit dem kalten Wind aufsteigen und sehen wir zu, dass wir zusammenbleiben und keiner verloren geht."

So machten sie sich auf den Weg, ließen Sruth na Maoile hinter sich und flogen zur Spitze von Irrus Domnann. Dort ließen sie sich nieder und verbrachten ihr Leben in Elend und Kälte. Einmal fror sogar das Meer zu und sie saßen im Eis fest. Die Brüder klagten, aber Fionnuala tröstete sie, denn sie wusste, dass eines Tages Hilfe kommen würde.

Sie blieben in Irrus Domnann, bis wieder dreihundert Jahre vergangen waren. Dann sagte Fionnuala: „Es ist an der Zeit. Kehren wir zu den Sidhe Fionnachaidh zurück, ins Haus unseres

Vaters." „Deine Worte machen uns überglücklich", sagten die Brüder.

Leichten Herzens schwangen sie sich auf und flogen durch die Lüfte, bis sie zu den Sidhe Fionnachaidh kamen. Dort aber fanden sie alles leer und verlassen vor. Nichts war mehr da außer den kleinen grünen Hügeln, die von Nesseln überwuchert waren, kein Haus, kein Feuer, kein Herd. Da drückten sich die vier eng aneinander und stießen drei kummervolle Schreie aus. Und Fionnuala stimmte dieses Klagelied an:

„Welch Staunen über diesen Ort, ohne Haus, ohne Wohnung. Ihn so zu sehen, ach weh mir, es erfüllt mein Herz mit Bitterkeit.

Ohne Hunde für die Jagd, ohne Männer, ohne große Könige. So kannten wir den Ort nie, als unser Vater hier wohnte.

Ohne Hörner, ohne Becher, ohne Trunk im hellen Haus, ohne junge Männer, ohne Reiter, diese Nacht lässt Kummer ahnen.

Das Schicksal der Bewohner erfüllt mein Herz mit Trauer! O weh, heute Nacht wird mir klar, dass der Herr des Hauses nicht mehr lebt.

Ach, dieses Haus, wo wir Musik, Spiele und Feste erlebten! Wie anders erscheint es mir heute Nacht.

Die schwere Not, die wir litten, als wir auf dem Meer von einer Welle zur anderen trieben, ist ohnegleichen: Nie haben wir gehört, dass es auch anderen so erging.

Selten war dieser Platz mit Gräsern und Büschen bewachsen. Keiner ist mehr am Leben, der uns noch kennt. Er würde sich wundern, uns hier zu sehen."

Die Kinder des Lir blieben in dieser Nacht dennoch im Haus ihres Vaters und Großvaters, in dem sie aufgewachsen waren. Sie sangen die liebliche Musik der Sidhe. Am nächsten Morgen standen sie früh auf und gingen nach Inis Gluaire. Alle Vögel des Landes versammelten sich dort auf dem nahen Loch na-n Ean, dem See der Vögel. Auf der Suche nach Futter flogen sie jeden Tag weit durchs Land zu den westlichen Inseln von Connacht und bis nach Inis Geadh und nach Accuill, dem Ort, an dem Donn, Sohn des Miled, mit seinen Leuten ertrunken war und begraben lag. Jeden Abend kehrten sie nach Inis Gluaire zurück.

Zu dieser Zeit begab es sich, dass sie einen jungen Mann von edlem Geblüt trafen, der Aibric hieß. Er beobachtete die Vögel des öfteren, lauschte ihrer lieblichen Musik und liebte sie sehr, wie auch sie ihn liebten. Dieser junge Mann erzählte später von den Erlebnissen der Kinder des Lir, wie sie sich nacheinander zugetragen hatten. Er erzählte auch die Geschichte ihrer letzten Tage:

Nachdem der Glaube der Christen durch den seligen Patrick in Irland Einzug gehalten hatte, kam der heilige Mochaomhog nach Inis Gluaire. In der ersten Nacht, die er auf der Insel verbrachte, hörten die Kinder des Lir in der Nähe Glocken läuten. Die Brüder schreckten auf. „Was ist das für ein schwaches, unangenehmes Geräusch?", fragten sie. „Das ist der Klang der Glocke des Mochaomhog", erklärte Fionnuala. „Durch diese Glocke werdet ihr von allem Leid und allem Elend erlöst werden." Sie hörten die Glockenschläge, bis die Frühmette zu Ende war. Dann stimmten sie die leise, liebliche Musik der Sidhe an. Mochaomhog wurde aufmerksam und bat Gott, ihm zu sagen, wer diese Lieder sang. Gott zeigte ihm die Kinder des Lir.

Am nächsten Morgen begab sich Mochaomhog zum See der Vögel. Er sah die Schwäne auf dem See und ging an den Rand des Ufers. „Seid ihr die Kinder des Lir?", fragte er. „Ja, das sind wir", antworteten sie. „Dafür danke ich Gott, denn euretwegen bin ich von einer Insel zur anderen gewandert. Kommt jetzt an Land. Ihr könnt mir vertrauen. Möget ihr Gutes tun und euren Sünden entsagen."

Sie schenkten Mochaomhog ihr Vertrauen, kamen an Land und gingen mit ihm in sein Haus. Wenn er nun die Messe las, hörten sie zu. Mochaomhog ließ einen guten Schmied kommen und befahl ihm, Ketten aus hellem Silber für sie anzufertigen. Eine Kette legte er Aodh und Fionnuala an, die andere Conn und Fiachra. Die vier erfreuten sein Herz und Gemüt und den Schwänen waren alle Gefahren und alles Leid genommen.

Zu dieser Zeit nun war Lairgren, Sohn des Colman, der wiederum der Sohn des Cobthach war, König von Connacht und Deoch, Tochter des Finghin, war seine Frau. Das nämlich war der Bund des Mannes aus dem Norden und der Frau aus dem Süden, von dem Aoife gesprochen hatte.

Als die Frau von den Vögeln hörte, überkam sie ein großes Verlangen nach ihnen und sie bat Lairgren, sie ihr zu bringen. Lairgren versprach, Mochaomhog zu fragen. Deoch drohte, dass sie keine einzige Nacht mehr bei ihm bleiben wolle, wenn er ihr nicht die Vögel bringe, und auf der Stelle verließ sie das Haus. Lairgren sandte ihr Boten nach, aber sie holten sie erst bei Cill Dun ein. Deoch kehrte mit ihnen wieder nach Hause zurück. Nun sandte Lairgren Boten zu Mochaomhog. Sie baten ihn um die Vögel, aber er gab sie nicht heraus.

Voller Wut ging Lairgren selbst zum Haus des Mochaomhog und fragte ihn, ob es stimme, dass er ihm die Vögel verweigere. „Das ist wahr", bestätigte er. Bei diesen Worten erhob sich Lairgren, packte zwei Schwäne mit der rechten und zwei mit der linken Hand und zog sie vom Altar herunter. Aber kaum hatte er Hand an sie gelegt, da fiel ihr Federkleid ab und anstelle der Schwäne standen drei hagere, alte Männer vor ihm und eine hagere, alte Frau, abgehärmt, ohne Fleisch und Blut. Darüber erschrak Lairgren sehr und verließ den Ort. Fionnuala sagte zu Mochaomhog: „Gib uns jetzt die Taufe, wir sind dem Tod nahe. Uns wird der Abschied nicht leichter fallen als dir. Lass uns ein Grab richten und lege Conn zu meiner Rechten, Fiachra zu meiner Linken und Aodh in meine Arme vor mein Gesicht. Bete zu Gott, dass du uns noch taufen kannst."

Die Kinder des Lir erhielten die Taufe und starben. Nach Fionnualas Wunsch wurden sie begraben: Fiachra und Conn an ihrer Seite, Aodh in ihren Armen. Man legte einen Stein auf ihr Grab, auf dem ihr Name in ihrer Sprache geschrieben stand. Die Totenklage wurde gehalten und ihre Seelen stiegen zum Himmel auf.

Das war das Schicksal der Kinder des Lir.

Teil Zwei

Die Fianna

Kapitel 1
Finns Aufstieg

Zu der Zeit, als Finn zur Welt kam, wurde sein Vater Cumhal, ein Sohn des Baiscne, des Oberhauptes der Fianna, im Kampf um die Vorherrschaft in Irland von den Söhnen des Morna getötet. Seine Mutter, die wunderschöne Muirne mit den langen Haaren, Tochter des Tadg, des Sohnes von Nuada von den Tuatha de Danaan und von Ethlinn, der Mutter des Lugh mit der Langen Hand, wagte es nicht, ihn bei sich zu behalten; und so kamen zwei Frauen, Bodhmall, die Druidin, und Liath Luachra, und brachten ihn weg, um für ihn zu sorgen. In die Wälder von Slieve Bladhma brachten sie ihn und verbargen ihn dort aus Angst vor den Feinden seines Vaters, den Söhnen des Morna. Lange Zeit behielten sie ihn bei sich.

Muirne, seine Mutter, nahm sich einen anderen Mann, der König von Carraighe war. Doch nach sechs Jahren begab sie sich auf die Suche nach Finn. Sie wanderte durch einsame Gegenden, bis sie zu dem Wald kam. Dort fand sie die kleine Jagdhütte und den Jungen, der darin schlief. Da nahm sie ihn in die Arme, hob ihn hoch, küsste ihn und wiegte ihn wieder in den Schlaf. Dann sagte sie den Frauen Lebewohl und ging wieder.

Und so sorgten die Frauen weiter für ihn, bis er herangewachsen war. Eines Tages verließ er das Haus. Auf einem See entdeckte er eine Wildente mit ihren Küken. Er warf einen Stein nach ihr, so dass ihr die Flügel brachen und sie nicht mehr wegfliegen konnte. Dann nahm er sie in seine Hütte mit. Das war seine erste Jagd. Die Frauen unterwiesen ihn im Laufen, im Springen und im Schwimmen. Eine von ihnen lief immer um einen Baum herum und hielt dabei einen dünnen Dornenzweig in der Hand. Finn lief auch mit einem Zweig hinter ihr her und jeder versuchte nun den anderen mit dem Zweig zu treffen. Dann wieder führten sie ihn zu einem Feld, auf dem Hasen herumsprangen. Finn musste immer vor ihnen herlaufen und aufpassen, dass kein einziger Hase das Feld verließ. Um ihn das Schwimmen zu lehren, warfen sie ihn einfach ins Wasser und er musste selber zusehen, wie er wieder herauskam.

Nach einiger Zeit ging er mit einer Gruppe von Dichtern fort, um sich vor den Söhnen des Morna in Sicherheit zu bringen. Sie fanden ein Versteck bei einem Berg mit Namen Crotta Cliach. Zu dieser Zeit trieb der Räuber Fiacuil, Sohn des Codhna, sein Unwesen in Leinster. Er kam zu den Dichtern in Fidh Gaible und brachte sie alle um. Nur das Kind verschonte er und nahm es mit in sein Haus, das in einem kalten Sumpf lag. Doch nach einiger Zeit suchten Bodhmall und Liath nach Finn und fanden ihn dort. Fiacuil ließ das Kind mit ihnen gehen und sie brachten es wieder in ihre Jagdhütte zurück.

Finn wuchs zu einem großen, starken Mann von edler Gestalt heran. Eines Tages war er mit den beiden Frauen draußen in Slieve Bladhma, als sie auf dem Berg ein Rudel Hirsche erspähten. „Wie schade", sagten die alten Frauen, „dass wir keines dieser Tiere haben." „Ich bringe euch eins", rief Finn und schon nahm er die Verfolgung auf. Er fing zwei Hirsche und brachte sie nach Hause in die Jagdhütte. Und von da an ging er jeden Tag auf Jagd. Aber schließlich sagten die Frauen zu ihm: „Es ist wohl das Beste, wenn du uns jetzt verlässt, denn die Söhne des Morna sind schon wieder auf der Suche nach dir und wollen dich töten."

Da verließ er sie und ging fort. Er lief immer weiter, bis er nach Magh Lifé kam. Dort sah er ein paar junge Burschen in einem See schwimmen, die ihn gleich zu einem Wettkampf herausforderten. Also stieg er ins Wasser, trat gegen sie an und gewann. „Blond ist er und gut gebaut", sagten sie, als sie ihn schwimmen sahen, und seit dieser Zeit trägt er den Namen Finn, der Schöne mit den hellen Haaren. Aber sie wurden eifersüchtig, weil er so stark war, und so verließ er sie und ging weg.

Er wanderte weiter, bis er nach Loch Lein kam, und stellte sich dort in den Dienst des Königs von Finntraigh. An seinem Hof gab es keinen, der so gut jagen konnte wie Finn, und da sagte der König: „Wenn ich nicht wüsste, dass Cumhal keinen Sohn hatte, dann würde ich sagen, du bist sein Sohn."

Danach verließ er den König, ging nach Carraighe und diente dem König, der Muirne, seine Mutter, zur Frau genommen hatte. Eines Tages spielten sie zusammen Schach und Finn gewann sieben Spiele nacheinander. „Wer bist du überhaupt?", fragte da der König. „Ich bin der Sohn eines Bauern von Luigne in Teamhair", sagte Finn. „Das ist nicht wahr", entgegnete der König, „du bist der Sohn des Cumhal, den Muirne, meine Frau, geboren hat. Halte dich nicht länger hier auf", sagte er, „sonst wirst du noch in meiner Obhut getötet."

Daraufhin begab er sich nach Connacht, um dort Crimall, den Bruder seines Vaters und Sohn des Trenmor, zu suchen. Als er so seines Weges ging, hörte er auf einmal eine Frau weinen. Er näherte sich ihr und schaute sie an. Blutige Tränen liefen über ihr Gesicht. „Du bist rot von Blut, Frau", sagte er. „Ich weiß und ich kann dir auch den Grund sagen", erwiderte sie. „Ein riesiger Mann fiel über uns her und hat meinen einzigen Sohn getötet." Da folgte Finn' dem großen Kämpfer, stellte ihn und setzte seinem Leben ein

Ende. Der Mann, den er da tötete, war derselbe, der Cumhal in der Schlacht, in der er seinen Tod fand, die erste Wunde zugefügt und seine Schatztasche an sich genommen hatte. Diese Schatztasche war aus Kranichhaut gemacht, die von Aoife stammte, der schönen Geliebten des Ilbrec, des Sohnes von Manannan, der in einen Kranich verwandelt worden war. Die Tasche wurde immer in Manannans Haus aufbewahrt und die Schätze, die sie enthielt, waren Manannans Hemd und Messer, Gürtel und Schmiedehaken von Goibniu, die großen Messer des Königs von Alban, der Helm des Königs von Lochlann, der Gürtel aus der Haut des großen Fisches und die Knochen von Asals Schwein, das von den Söhnen des Tuireann nach Irland mitgebracht worden war. Immer wenn die Flut kam, waren all diese Schätze in der Tasche, wenn sie aber zurückging, war die Tasche leer. Sie ging von Manannan an Lugh, Sohn der Ethlinn, und danach an Cumhal, den Ehemann von Muirne, Ethlinns Tochter. Nun nahm sie Finn und trug sie bei sich, bis er Crimall fand. Der war nun ein alter Mann und lebte an einem einsamen Ort. Bei ihm waren auch noch andere alte Männer aus der Fianna, die für ihn auf die Jagd gingen. Finn gab Crimall die Tasche und erzählte ihm die ganze Geschichte.

Dann sagte er Crimall Lebewohl und ging weiter zu Finegas, von dem er das Dichten lernen wollte. Finegas lebte am Ufer des Boinn, denn die Dichter glaubten damals, dass ihnen die Dichtkunst nur am Wasser offenbar werde. Finn verschwieg seinen wahren Namen und nannte sich Deimne. Sieben Jahre schon war Finegas am Boinn und beobachtete dort die Lachse. Nach der Prophezeiung nämlich sollte der Lachs der Erkenntnis hierher kommen. Wer von ihm aß, besaß alles Wissen dieser Welt. Und als der Lachs der Erkenntnis schließlich kam, brachte er ihn zu Finn. Finegas trug ihm auf, den Lachs zu braten, doch essen durfte er nichts. Als Finn ihm dann nach einer Weile den Fisch brachte, fragte Finegas: „Hast du davon gegessen, Junge?" „Nein", gab Finn zur Antwort, „aber ich habe mir den Daumen verbrannt, als ich eine Blase auf seiner Haut zerdrückte, und dann habe ich den Daumen in den Mund gesteckt." „Wie heißt du, Junge?", fragte Finegas. „Deimne", antwortete er. „Das ist nicht wahr. Dein Name ist Finn. Für dich – nicht für mich – war der Lachs bestimmt." Da gab er dem Jungen den ganzen Lachs und seit dieser Zeit hatte Finn die Erkenntnis, die aus den Nüssen von den neun Haselsträuchern der Weisheit kommt, welche bei der Quelle unter dem Meer wachsen.

Neben der Weisheit, die ihm damals zuteil wurde, nahm er noch eine weitere Erkenntnis auf. Das geschah auf folgende Weise: Beag, Sohn des Buan von den Tuatha de Danaan, besaß die Quelle des Mondes. Wer einmal daraus trank, erlangte die Weisheit, und wer noch einmal daraus trank, die Gabe des Hellsehens. Die drei Töchter des Beag bewachten die Quelle und nur für rotes Gold hätten sie einen Krug Wasser geopfert. Eines Tages begab es sich aber, dass Finn im Schilf nahe der Quelle jagte. Da rannten die drei Frauen los, um ihn daran zu hindern, an die Quelle zu gelangen. Eine von ihnen hielt einen Krug mit Wasser in der Hand. Sie warf mit dem Krug nach Finn, weil sie ihn aufhalten wollte. Dabei lief ihm etwas von dem Wasser in den Mund. Von da an hatte er all die Erkenntnis, die ihm das Wasser der Quelle zu geben vermochte.

Er lernte die drei Arten der Dichtkunst und hier ist das Gedicht, das zeigen soll, dass er seine Sache gut gelernt hatte:

> *„Der Monat Mai ist eine liebliche Zeit. Sein Gesicht ist wunderschön. Die Amsel singt ihr Lied, ein Wald voller Leben ist ihr Reich. Der Ruf des Kuckucks erschallt zum Gruß des hellen Sommers.*
> *Der Sommer senkt Flüsse, nach der Tränke suchen flinke Pferde. Die Heide breitet ihr langes Haar aus, das zarte, weiße Sumpfgras blüht. Von Wildheit sind die Herzen der Rehe erfüllt. Traurig ruht die ruhelose See.*

Bienen tragen mit schwacher Kraft die aus Blumen geerntete Last. Vieh zieht durch den Schlamm in die Berge. Ein reiches Festmahl findet die Ameise.

Die Harfe der Wälder ertönt. Farbe liegt auf den Hügeln, Dunst auf den vollen Seen und Friede auf jedem Segel.

Der Wachtelkönig spricht, ein laut tönender Dichter. Hoch und einsam rauscht der Wasserfall dem warmen Becken entgegen, das Schilf hat zu flüstern begonnen.

Leichte Schwalben schießen wie Pfeile durch die Luft. Laute Musik schallt um den Hügel. Üppige, weiche Knospen sprießen an den Bäumen des Waldes hervor. Gras wächst auf den zitternden Sümpfen.

Dunkel liegt der Sumpf wie die Federn der Raben. Laut singt der Kuckuck sein Willkommenslied. Ein gesprenkelter Lachs springt kraftvoll wie ein flinker Kämpfer.

Der Mann gewinnt an Kraft, das Mädchen an Wohlgestalt. Ohne Makel ist der Wald, von der Spitze bis zum Grund. Weit und gut sind die Ebenen.

Lieblich ist die Farbe der Zeit. Der raue Winter ist vorbei. Üppig weiß ist der Wald. Der Sommer bringt Frieden und Freude.

Ein Schwarm Vögel stapft durch die Wiesen. Der klare Strom rauscht in den grünen Feldern.

Dein Herz brennt, mit den Pferden davonzujagen. Zweige der Stechpalme dienen als Leine für den Jagdhund. Ein leuchtender Speer schießt in die Erde und färbt die Blüte der Schwertlilie golden.

Ein zarter Vogel singt in den höchsten Tönen. Die Lerche verkündet ihr Lied. Mai – Monat ohne Fehl, mit wunderschönen Farben.

Ich habe noch eine andere Geschichte für dich. Der Ochse beugt sich, der Winter schleicht herein, der Sommer ist vorbei. Hoch

und kalt der Wind, niedrig die Sonne. Schreie um uns. Die See
tobt.
Das Farnkraut ist rot und gekrümmt, der Schrei der Wildgans
wird laut. Kälte hat die Flügel der Vögel gefangen. Es ist die Zeit
des eisigen Frostes, hart, unglücklich."

Danach machte sich Finn, der noch ein junger Bursche war, auf
und ging zur Zeit des Samhain zur Versammlung des Hohen
Königs in Teamhair. Bei dieser Versammlung galt das Gesetz, dass
keiner einen Streit beginnen oder Groll gegen den anderen zeigen
durfte, solange sie dauerte. Der König und seine besten Männer,
Goll, Sohn des Morna, der jetzt das Oberhaupt der Fianna war,
Caoilte, Sohn des Ronan, und Conan mit den scharfen Worten,
auch ein Sohn des Morna, saßen beim Fest im großen Haus des
mittleren Hofes. Der Knabe kam herein und ließ sich bei ihnen
nieder. Keiner wusste, wer er war. Der Hohe König blickte ihn an
und ließ sich sein Horn bringen. Er legte es in die Hand des Jungen und fragte, wer er sei. „Ich bin Finn, Sohn des Cumhal", sagte
er, „der Sohn jenes Mannes, der früher über die Fianna herrschte
und König von Irland war. Ich bin gekommen, um eure Freundschaft zu gewinnen und mich in eure Dienste zu stellen." „Dann
bist du der Sohn eines Freundes, Junge", sagte der König, „und
Sohn eines Mannes, dem ich vertrauen konnte." Da erhob sich
Finn, stellte sich in den Dienst des Königs und leistete seinen Treu-
eid. Der König nahm ihn bei der Hand und setzte ihn neben seinen eigenen Sohn. Dann tranken und feierten sie vergnügt miteinander.
Nun war aber seit neun Jahren, immer zur Zeit des Samhain, ein
Mann der Tuatha de Danaan aus Sidhe Finnachaidh im Norden ge-
kommen und hatte Teamhair niedergebrannt. Aillen, Sohn des
Midhna, war sein Name, und immer wenn er kam, spielte er die
Musik der Sidhe. Alle Menschen, die sie hörten, fielen dann in tie-

fen Schlaf. Und wenn sie alle schliefen, blies er eine Feuerflamme aus dem Mund und er blies so lange, bis ganz Teamhair in Schutt und Asche lag. Der König erhob sich von der Festtafel und mit dem Horn in der Hand sprach er: „Wenn unter euch einer wäre, Männer Irlands, nur ein Einziger, der Teamhair bis zum nächsten Morgen halten könnte, ohne dass es von Aillen niedergebrannt wird, so gäbe ich ihm, was immer er von mir verlangte, sei es viel oder wenig." Doch die Männer Irlands gaben keine Antwort, denn sie wussten wohl, dass sie alle in Schlaf sinken würden beim Klang der süßen, wehmütigen Musik, die der wohlgestaltete Mann der Sidhe spielte. Alle schliefen dann, selbst verwundete Männer und Frauen, die in den Wehen lagen. Da stand Finn auf und sprach zum König von Irland: „Wer bürgt dafür, dass ihr alles erfüllt, was ihr versprecht?" „Die Könige der Provinzen Irlands", antwortete der König, „und Cithruadh mit seinen Druiden." So gaben sie ihr Versprechen und Finn stellte sich der Aufgabe, Teamhair bis zum Morgengrauen zu bewachen und vor der Feuersbrunst zu bewahren.

Nun war da ein Krieger im Gefolge des Königs von Irland, Fiacha, Sohn des Conga, den Cumhal, Finns Vater, immer sehr geschätzt hatte. Er sagte zu Finn: „Gut, Junge, was gibst du mir zum Lohn, wenn ich dir einen tödlichen Speer gebe, der noch nie sein Ziel verfehlt hat?" „Was verlangst du von mir?", fragte Finn. „Von allem, was deine rechte Hand gewinnt, soll der dritte Teil mir gehören", sagte Fiacha. „Schenke mir auch dein Vertrauen und deine Freundschaft." „Das sollst du haben", sagte Finn. Dann brachte ihm Fiacha den Speer, ohne dass die Söhne des Morna oder sonst jemand etwas bemerkten, und sagte: „Wenn du die Musik der Sidhe hörst, dann halte die Speerspitze an deine Stirn und die Kraft des Speeres wird dich wach halten."

Finn stand vor allen Männern Irlands auf und ging durch ganz Teamhair. Es dauerte nicht lange, bis er die schwermütige Musik hörte. Er streifte die Hülle von der Speerspitze und hielt sie an seine

Stirn. Aillen spielte auf seiner kleinen Harfe, bis alle schliefen, wie er es gewohnt war. Dann stieß er seine Feuerflamme aus dem Mund. Finn hielt seinen purpurroten Mantel gegen die Flamme und sie jagte durch die Luft in den Boden und riss den Mantel mit sich.

Als Aillen sah, dass sein Zauber gebrochen war, ging er zurück nach Sidhe Finnachaidh auf den Gipfel des Slieve Fuad. Doch Finn folgte ihm, und als Aillen durch die Tür ging, warf er seinen Speer, der tief in Aillens Herz drang. Dann schlug er ihm den Kopf ab, brachte ihn zurück nach Teamhair und steckte ihn auf einen Krummstab. Dort ließ er ihn, bis die Sonne über den Gipfeln und Tälern des Landes aufging.

Als Aillens Mutter kam und ihren toten Sohn sah, kam große Trauer über sie und sie klagte:

> *„O wehe mir! Aillen ist gefallen, der Anführer der Sidhe von Beinn Boirche. Die Wolken des Todes legen sich über ihn. O weh! Er war so gut, er war so freundlich, Aillen, Sohn des Midhna von Slieve Fuad. Neunmal hat er Teamhair vernichtet. Einen großen Namen zu haben war immer sein Ziel. O weh, o weh, Aillen!"*

Bei Tagesanbruch gingen der König und alle Männer Irlands auf die Wiese von Teamhair, wo sich Finn aufhielt. „König", sagte Finn, „da ist der Kopf des Mannes, der Teamhair niedergebrannt hat, und auch die Flöte und Harfe, mit denen er seine Musik spielte. Teamhair und alles, was dazu gehört, ist gerettet."

Dann trafen sich alle an dem Platz, wo der Rat versammelt war, und sie kamen überein, dass die Fianna von Irland nun von Finn angeführt werden sollte. Der König sprach zu Goll, Sohn des Morna: „Nun, Goll, wie entscheidest du dich? Wirst du Irland verlassen oder deine Hand in Finns Hand legen?" „Bei meinem Wort, ich werde Finn die Hand reichen", sagte Goll. Nachdem sie ihre magischen Rituale vollzogen hatten, die ihnen immer Glück brachten, standen die Obersten der Fianna auf und reichten Finn die Hand. Goll war der Erste, der ihm seine Hand gab, und so hatten die anderen weniger Scheu, es ihm gleichzutun.

Finn blieb ihr Oberhaupt, bis das Ende der Fianna gekommen war. Der Ort, an dem er lebte, war Almhuin in Leinster. Dort hatte Nuada von den Tuatha de Danaan die weißbraune Burg gebaut, die so weiß war, als hätte man allen Kalk Irlands darauf gehäuft. Seinen Namen erhielt sie von der großen Viehherde, die einmal beim Kampf um die Wasserstelle dort umkam. Die Hörner blieben liegen. Sie waren braun gefleckt und weiß.

Finn aber war König, Seher und Dichter, ein Druide und ein Mann des Wissens zugleich. Alles, was er sagte, klang seinen Leuten wie süße Musik. Kein besserer Krieger als Finn reichte dem König jemals die Hand. Was man über ihn auch erzählte, in Wirklichkeit war er dreimal besser. Wenn er Recht sprach, fällte er immer ein gerechtes Urteil, selbst wenn sein Feind oder sein eigener Sohn vor dem Richterstuhl standen. Auch seine Großzügigkeit, so sagte man, wurde keinem verwehrt, der einen Mund hatte, um zu essen, und Beine, mit denen er forttragen konnte, was Finn ihm gab. Jede Frau bekam ihre Morgengabe und jeder Mann seinen Lohn. Nachts versprach er nichts, was er am Tag nicht halten konnte, und am Tag versprach er nichts, was er nachts nicht hielt. Nie vergaß er seine engsten Freunde. Und so ruhig er im Frieden war, so wütend kämpfte er in der Schlacht. Oisin, sein Sohn, und Osgar, seines Sohnes Sohn, folgten ihm darin nach. Einmal kam ein junger Mann aus Ulster, berief sich auf seine Verwandtschaft und sagte, sie seien vom selben Blut. „Wenn das so ist", sagte Oisin, „dann stammt unsere Verrücktheit und unsere Wut im Kampf von den Männern aus Ulster." „So ist es in der Tat", sagte Finn.

Kapitel 2
Finns Hof

Die Fianna von Irland umfasste zu dieser Zeit hundertfünfzig Anführer, von denen jeder siebenundzwanzig Krieger unter sich hatte. Jeder Mann musste schwören, sich kein Vieh mit Gewalt anzueignen, niemanden zurückzuweisen, sei er arm oder reich, und auch vor neun Kriegern nicht zurückzuweichen. Ein Mann wurde erst dann in die Fianna aufgenommen, wenn sein Stamm und seine Sippe dafür bürgten, dass er keine Genugtuung für ihren Tod fordern würde, selbst wenn sie alle sterben sollten. Und wenn er anderen Schaden zufügte, durfte das nicht an seinen Leuten gerächt werden. Wer in die Fianna wollte, musste auch die zwölf Bücher der Dichtkunst kennen. Bevor ein Mann aufgenommen wurde, steckte man ihn bis zur Leibesmitte in ein tiefes Loch im Boden und gab ihm Schild und Haselrute in die Hand. Dann gingen neun Männer zehn Furchen weit weg und warfen alle zur gleichen Zeit ihre Speere nach ihm. Wenn ihn ein Speer verwundete, hielt man ihn nicht für wert, in der Fianna Aufnahme zu finden. Darüber hinaus wurde ihm sein Haar hochgebunden und man ließ ihn durch die Wälder von Irland laufen. Die Männer der Fianna liefen im Abstand von nur einer Astlänge hinter ihm her. Sie versuchten ihn zu treffen, wann immer sie konnten. Wenn sie ihn einholten und verletzten, nahmen sie ihn nicht auf. Sie verlangten, dass er weiterlief, auch wenn die Speere in seiner Hand zitterten oder sich sein Haarschopf in einem Ast verfing oder wenn er mit dem bloßen Fuß auf einen dürren Zweig trat. Sie nahmen ihn auch erst dann auf, wenn er über einen mannshohen Stab gesprungen und unter einem kniehohen Stab hindurchgekrochen war und wenn er sich im Lauf einen Dorn aus dem Fuß gezogen hatte. Erst wenn ihm das alles gelungen war, wurde er einer von Finns Leuten.

Gute Einkünfte hatten Finn und die Fianna zu jener Zeit. In jedem ihrer Gebiete besaßen sie eine Stadt, in jedem Haus wurde von Samhain bis Beltaine ein Welpe großgezogen. Aber so groß ihr Lohn auch war, noch größer wogen die Mühen und Gefahren, die sie dafür auf sich nahmen. Sie mussten Fremde und Räuber aus den Ländern jenseits der See fern halten und überhaupt alles Unheil, das nach Irland kam. Und das war mühevoll genug.

Außer den Kriegern hatte Finn fünf Druiden bei sich, die besten, die je in den Westen gekommen waren. Einer von ihnen war Cainnelsciath mit dem Glänzenden Schild, der Finn das Wissen des Himmels brachte und den Ausgang der Schlachten vorhersagen konnte. Auch hatte er fünf wunderbare Ärzte. Vier von ihnen waren Iren, einer aber kam von Osten über das Meer. Und er hatte seine fünf hohen Dichter und seine zwölf Barden, darunter Daighre, Sohn des Morna, und Suanach, Sohn des Senshenn. Dieser erzählte Finn die alten Geschichten und betörte ihn mit den süßesten Harfenklängen, die man je in Irland und Alban vernahm. Er hatte auch drei Mundschenke und sechs Torwächter, Hornbläser und Diener, Comhrag, den Jäger mit den fünfhundert Hunden, und seine Gefolgsleute, die Garbhcronan dem Grimmigen unterstanden, und noch viele andere, die dazugehörten.

Fünfzig der besten Näherinnen Irlands hatten sich bei dem Erdwall von Magh Feman zusammengefunden und fertigten unter der Aufsicht einer Tochter des Königs von Britannien die Kleider, die die Fianna das ganze Jahr über brauchte. Drei von ihnen, die auch Königstöchter waren, spielten für die anderen auf kleinen, silbernen Harfen. In der Mitte ihres Nähzimmers hatten sie einen großen Kerzenleuchter aus Stein aufgestellt, denn sie wollten nicht öfter als dreimal im Jahr Feuer machen aus Angst, Rauch und Asche könnten ihrer Näharbeit schaden.

Von all seinen Musikern schätzte Finn Cnu Deireoil, die „Kleine Nuss", der von den Sidhe stammte, am meisten. Er kam zu ihm während der Jagdzeit in Slieve-nam-Ban. Finn hatte sich gerade auf einem Torfhügelgrab, das dort steht, niedergelassen, und als er sich umschaute, sah er einen kleinen, dünnen Mann im Gras stehen. Hellblondes Haar hatte er, das ihm bis zur Hüfte reichte, und er spielte auf seiner Harfe. Seine Musik war berauschend. Es hätte nicht viel gefehlt und die Fianna wären über der Süße des Klanges in tiefen Schlaf gesunken. Nach seinem Spiel trat er vor und legte seine Hand in Finns Hand. „Wo kommst du her, kleiner Mann, du und deine süße Musik?", fragte Finn. „Ich komme von Slieve-nam-Ban, wo Ale gebraut und getrunken wird, und ich bin hier, um dir eine Weile Gesellschaft zu leisten." „Du wirst von mir gut entlohnt werden mit Reichtümern und rotem Gold", sagte Finn, „und mit meiner ganzen Freundschaft, denn du gefällst mir." „Das ist das größte Glück, das dir je widerfahren ist, Finn", sagten die anderen, denn sie waren alle froh, ihn in ihrer Mitte zu haben. Dann gaben sie ihm den Namen „Kleine Nuss". Er konnte gut vortragen und hatte ein so gutes Gedächtnis, dass er nie vergaß, was er je gehört hatte; und seiner Musik musste man einfach zuhören. Alle mochten ihn sehr. Einige sagten, er sei der Sohn von Lugh mit der Langen Hand. Die fünf anderen Barden der Fianna wurden zu ihm gebracht und sollten auch die Musik der Sidhe lernen, denn auf der ganzen Erde gab es keine schönere. Zu den größten Schätzen in Finns Leben gehörten Bran und Sceolan, die ohne Fehl waren, und die „Kleine Nuss" aus dem Haus der Sidhe in Slieve-nam-Ban.

Kapitel 3
Brans Geburt

Dies nun ist die Geschichte von Brans Geburt.
Muirne, Finns Mutter, kam einmal nach Almhuin und
brachte ihre Schwester Tuiren mit. Auch Iollan Eachtach, einer der
obersten Krieger der Fianna von Ulster, war zu dieser Zeit in Almhuin. Er verliebte sich in Tuiren, hielt um ihre Hand an und
brachte sie dann in sein Haus. Aber bevor sie gingen, nahm ihm
Finn das Versprechen ab, dass er sie sicher und wohlbehalten
wieder zurückbringen werde, wann immer er danach verlange.
Dann sollte er sich unter den Kriegern der Fianna Gewährsmänner
suchen, die zu seinem Schutz mit ihm gingen. Iollans Wahl fiel auf
Caoilte, Goll und Lugaidh Lamha. Lugaidh führte Tuiren ihrem
Mann zu.

Vor seiner Heirat jedoch hatte Iollan eine Geliebte von den
Sidhe, Uchtdealb mit den Schönen Brüsten. Sie wurde sehr eifersüchtig, als sie erfuhr, dass sich Iollan eine Frau genommen hatte.
Da verwandelte sie sich in eine Botin Finns, ging in das Haus, in
dem Tuiren war, und sagte: „Finn wünscht dir Gesundheit und ein
langes Leben, Königin, und er bittet dich, ein großes Fest zu geben.
Komm jetzt mit mir, dass ich noch ein paar Worte mit dir wech-
seln kann, denn ich bin in großer Eile." So ging Tuiren mit ihr. Als
sie aus dem Haus waren, holte die Frau der Sidhe eine dunkle
Druidenrute unter ihrem Umhang hervor und versetzte ihr einen
Schlag, der sie in eine Hündin verwandelte, die schönste, die man
je gesehen hat.

Dann ging sie weg und brachte die Hündin in das Haus von Fergus Fionnliath, dem König des Hafens von Gallimh. Fergus hasste
Hunde wie sonst niemand auf der Welt. Kein Hund durfte sich im
selben Haus aufhalten wie er. Aber Uchtdealb sagte zu ihm: „Finn
wünscht dir Gesundheit und ein langes Leben, Fergus, und er lässt

dir sagen, dass du für diese Hündin gut sorgen sollst, bis er selbst kommt. Pass gut auf sie auf, denn sie ist trächtig, und lasse sie nicht zur Jagd, wenn ihre Zeit kommt, sonst wird dir Finn alles andere als dankbar sein." „Diese Nachricht erstaunt mich", sagte Fergus, „denn Finn weiß sehr wohl, dass es auf der ganzen Welt keinen Menschen gibt, der Hunde mehr verabscheut als ich. Aber dennoch, ich werde mich Finn nicht widersetzen." Als er dann die Hündin nach draußen brachte, um zu sehen, was sie alles konnte, zeigte sich, dass sie die beste Hündin war, die er je gesehen hatte. Jedes wilde Tier, das sie sah, brachte sie zur Strecke und von da an empfand Fergus eine große Zuneigung zu Hunden. Als dann ihre Zeit kam, ließ er sie nicht mehr zur Jagd und sie warf zwei Welpen.

Als Finn hörte, dass die Schwester seiner Mutter nicht bei Iollan Eachtach war, ließ er ihn rufen, damit er das Versprechen einlöse, das er der Fianna gegeben hatte. Iollan erbat sich Zeit, um nach Tuiren zu suchen, und gab sein Wort, dass er sich selbst stellen werde, um Genugtuung zu leisten, wenn er sie nicht wieder finden sollte. Sie stimmten zu und Iollan ging auf den Hügel, wo Uchtdealb wohnte, seine Geliebte von den Sidhe. Er erzählte ihr, wie es um ihn stand und dass er versprochen hatte, sich selbst der Fianna als Opfer hinzugeben. „Wenn das so ist", sagte sie, „und wenn du mir gelobst, dass ich bis ans Lebensende deine Geliebte bin, dann befreie ich dich aus dieser Gefahr." Iollan gab ihr sein Versprechen. Sie ging zu Fergus' Haus, holte Tuiren, gab ihr wieder ihr ursprüngliches Aussehen und brachte sie zu Finn. Dieser führte sie Lugaidh Lamha zu, der sie zur Frau haben wollte.

Die zwei Welpen aber blieben bei Finn und er gab ihnen die Namen Bran und Sceolan.

Kapitel 4
Oisins Mutter

Eines Tages, als Finn und seine Männer von der Jagd zurückkehrten, entdeckten sie ein wunderschönes Rehkitz, das aufgescheucht davonlief. Alle Männer setzten ihm mit ihren Hunden nach, doch wurden sie allmählich müde und fielen zurück – alle bis auf Finn, Bran und Sceolan. Sie folgten dem Kitz durch ein Tal, als es plötzlich innehielt und sich in das weiche Gras legte. Bran und Sceolan spürten es auf, doch sie fügten ihm kein Leid zu, sondern spielten mit ihm und leckten ihm Gesicht und Hals.

Finns Verwunderung war groß, als er das sah. Bei seiner Rückkehr nach Almhuin folgte ihm das Kitz und spielte dabei weiter mit den Hunden, bis sie das Haus erreichten. Als Finn an diesem Abend allein war, kam eine wunderschöne Frau in einem kostbaren Kleid zu ihm und sagte, sie sei das Rehkitz, das er an diesem Tag gejagt habe. „Fear Doirche, der Dunkle Druide der Männer von Dea, hat mich verwandelt, weil ich ihn zurückwies. Seit drei langen Jahren lebe ich das Leben eines wilden Tieres und werde gejagt wie ein wildes Tier. Ein Diener des Druiden hat sich schließlich meiner erbarmt und mir verraten, dass der Druide keine Macht mehr über mich hätte, sobald ich im Reich der Fianna wäre. Also machte ich mich auf und lief den ganzen Tag, bis ich in die Gegend von Almhuin kam. Dann folgten mir Bran und Sceolan. Da wusste ich, dass ich in Sicherheit war und mir Ruhe gönnen konnte, denn Bran und Sceolan sind menschlicher Natur und sie haben gespürt, dass ich von ihrer Art bin."

Finn verliebte sich in sie, nahm sie zur Frau und sie blieb in Almhuin. Seine Liebe zu ihr war so groß, dass er das Jagen aufgab und all die anderen Dinge, an denen er sonst noch Gefallen gefunden hatte.

Aber dann stellten sich die Männer von Lochlann gegen Irland und ankerten ihre Schiffe unterhalb der Bucht von Beinn Edair. Finn trat mit den Bataillonen der Fianna gegen sie an und schlug sie zurück.

Nach sieben Tagen kam er wieder nach Hause und eilte über die Ebene von Almhuin in der Gewissheit, dass Sadbh, seine Frau, auf der Burg nach ihm Ausschau halten würde. Doch nichts war von ihr zu sehen. Als er die Burg erreichte, kamen alle seine Gefolgsleute zu seiner Begrüßung, schienen aber sehr bedrückt zu sein. „Wo ist meine schöne, sanfte Sadbh, die Blume von Almhuin?", fragte er. Da gaben sie ihm folgende Antwort: „Als du weg warst, erschienen hier vor der Burg Wesen, die aussahen wie du und Bran und Sceolan, und wir dachten schon, wir hörten den süßen Ruf der Dord Fiann. Sadbh, die so gut und so schön war, kam aus dem Haus und lief auf das Tor zu. Wir konnten sie nicht aufhalten, sie wollte nicht auf uns hören. ‚Lasst mich zu meiner Liebe, zu meinem Mann, dem Vater meines ungeborenen Kindes‘, rief sie. Sie streckte die Arme aus und lief auf deinen Schatten zu. Kaum hatte sie ihn berührt, da schrie sie auf. Der Schatten hob eine Haselrute und im selben Augenblick stand ein Rehkitz im Gras. Dreimal versuchte sie zur Burg zu laufen; dreimal holten sie die Hunde des Schattens ein, packten sie am Hals und drängten sie wieder zurück zu ihm. Bei deiner Tapferkeit, Finn, auch wir haben nichts unversucht gelassen und sind ihr nachgeeilt. Doch zu unserem großen Kummer ist alles verschwunden. Nichts konnten wir mehr sehen, keine Frau, kein Kitz, keinen Druiden, nur das Heulen der Hunde hörten wir und schnelle Schritte auf hartem Boden. Wenn du uns aber fragst, aus welcher Richtung sie kamen, wird dir jeder von uns eine andere Antwort geben."

Finn sagte kein Wort. Er schlug sich mit der Faust auf die Brust, immer und immer wieder. Dann ging er in sein Zimmer und blieb dort, bis die Sonne über Magh Lifé aufging. Von da an suchte und suchte er, wenn er nicht gerade die Feinde Irlands bekämpfte, sieben lange Jahre nach der schönen Sadbh. Jeden Winkel durchforschte er. Groß war sein Kummer in dieser Zeit und nur manchmal vergaß er sich bei der Jagd oder im Kampf. In all den Jahren nahm er nur die Hunde mit, denen er vertrauen konnte, Bran, Sceolan, Lomaire, Brod und Lomluath. Denn sie waren für Sadbh keine Gefahr, sollten sie je ihre Spur aufnehmen.

Nach sieben Jahren waren Finn und einige seiner Gefolgsleute gerade auf der Jagd bei Beinn Gulbain, als die Hunde, die ins Dickicht gelaufen waren, auf einmal laut aufheulten. Sie folgten ihnen und sahen, wie die fünf Hunde Finns dicht aneinander gedrängt die anderen abwehrten. In ihrer Mitte stand ein Knabe von edlem Aussehen, aber er war nackt und hatte langes Haar. Das Bellen der Hunde schien ihn überhaupt nicht zu ängstigen. Er beachtete sie gar nicht, sondern richtete sein Augenmerk auf die Männer, die nun herankamen. Sobald der Aufruhr sich legte, näherten sich Bran und Sceolan dem Jungen, winselten und leckten ihn und schienen ihren Herrn völlig vergessen zu haben. Finn und die anderen traten zu ihm. Sie legten ihm die Hand auf den Kopf und auch sie waren ganz angetan von dem kleinen Gesellen. Dann brachten sie ihn zu ihrer Jagdhütte. Sie aßen und tranken miteinander und schon bald legte der Junge sein wildes Wesen ab und war wie einer der ihren. Bran und Sceolan wichen nicht von seiner Seite und wollten dauernd mit ihm spielen.

Finn entdeckte Züge an ihm, die ihn an Sadbh erinnerten. Er könnte ihr Sohn sein, dachte er und behielt ihn in der Nähe. Als der Junge dann ihre Sprache beherrschte, erzählte er alles, woran er sich erinnern konnte. Er habe bei einem Reh gelebt, sagte er, das ihn sehr geliebt, immer für ihn gesorgt und ihn beschützt habe. Sie hätten in einer weiten Ebene mit Hügeln, Tälern, Flüssen und Wäldern gewohnt. Doch seien sie von hohen Bergen eingeschlossen gewesen, aus denen es kein Entkommen gab. Im Sommer habe er Früchte und Wurzeln gegessen, im Winter sein Futter in einer Höhle gefunden. Ein düster blickender Mann sei immer wieder zu ihnen gekommen. Manchmal habe er ganz freundlich und sanft gesprochen, dann wieder laut und mit zorniger Stimme. Aber was er auch gesagt habe, das Reh sei ängstlich vor ihm zurückgewichen. Als er das Reh, seine Mutter, zum letzten Mal gesehen habe, habe der dunkle Mann lange auf sie eingeredet, zuerst noch ganz sanft, dann immer wütender. Schließlich habe er sie mit einer Haselrute geschlagen und sie dadurch gezwungen, ihm zu folgen. Immer wieder habe sie sich nach ihrem Kind umgeblickt und geweint, dass einem schier das Herz gebrochen sei. Er wollte ihr nachlaufen, erzählte er, und habe vor Kummer und Zorn geschrien. Doch er habe sich nicht von der Stelle rühren können, und als er seine Mutter nicht mehr gehört habe, sei er zu Boden gefallen und habe das Bewusstsein verloren. Als er wieder zu sich gekommen sei, sei er auf der anderen Seite der Berge gelegen, dort, wo ihn dann die Hunde aufgespürt hätten. Lange habe er nach dem Ort gesucht, an dem er aufgewachsen sei, habe ihn aber nicht mehr finden können.

Die Fianna gab ihm den Namen Oisin. Er wurde ihr Dichter und einer ihrer besten Kämpfer.

Kapitel 5
Die Besten der Fianna

Als Oisin aufwuchs, waren viele gute Männer bei ihm. Die besten waren Goll, Sohn des Morna, und Caoilte, Sohn des Ronan, sowie Lugaidhs Sohn.

Goll, der aus Connacht kam, war sehr groß und hatte blondes Haar. Manche sagen, er sei der stärkste Mann der Fianna gewesen. Als einmal ein Fremder fragte, was für eine Art Mensch Goll sei, hielt Finn eine Lobeshymne auf ihn: Kühn sei er und unnachgiebig im Kampf, stark wie ein Jagdhund oder wie die Wellen und dabei so gütig und freundlich, freigebig, milde und treu seinen Freunden gegenüber.

Sein Schachbrett wurde Solustairtech genannt, das Glänzende. Er hatte Schachfiguren aus Gold und Silber und jede war so groß wie die Faust des größten Mannes der Fianna. Nach Golls Tod wurde das Brett in Slieve Baune begraben.

Caoilte, ein dünner und blasser Mann, war der beste Läufer unter ihnen und vollbrachte manche Heldentat. Einmal tötete er einen Hünen der Fomor, dann einen fünfköpfigen Riesen und wieder ein anderes Mal einen Keiler, an den sich sonst keiner heranwagte. Er erlegte auch einen grauen Hirsch, der siebenundzwanzig Jahre vor der Fianna geflohen war. Schließlich befreite er Finn aus Teamhair, den der Hohe König dort gefangen hielt, als die Fianna einen Aufstand gegen ihn angezettelt hatte. Als Caoilte damals zu Ohren kam, dass Finn auf Teamhair eingesperrt war, zog er sofort los, um ihn zu rächen. Der Erste, den er tötete, war Cuireach, ein König aus Leinster, der einen großen Namen hatte. Caoilte stellte Cuireachs Kopf auf dem Hügel bei Buadhmaic auf und begab sich dann auf einen fürchterlichen Feldzug durch ganz Irland. Um Finns willen brachte er Leid in jedes Haus und tötete Mensch und Tier an jedem Ort. Jede Tür, an die der rote Ostwind blies, stieß er auf, stürmte durch das Haus und vernichtete alle, die dort lebten. Er setzte ihre Felder in Brand, raubte ihre Frauen und verschacherte sie an andere Männer. Als er nach Teamhair kam, riss er dem Torwächter die Kleider vom Leib. Dann nahm er des Königs mächtiges Schwert an sich und betrat, als Diener getarnt, den Palast. Nun wollte er sehen, wie er Finn am besten befreien könnte.

Als der Abend nahte, hielt Caoilte eine Kerze beim Festmahl des Königs im großen Saal. Nach einer Weile sprach der König: „Du wirst erstaunt sein, Finn, wenn ich dir sage, dass Caoiltes Augen aus meinem Kerzenleuchter blicken." „Sag das nicht", entgegnete Finn, „und schmähe nicht meine Männer, auch wenn ich dein Gefangener bin. Caoilte würde so etwas nie tun, denn er hat eine hohe Gesinnung und vollbringt große Taten. Nicht um alles Gold dieser Welt würde er wie ein Diener eine Kerze halten." Danach reichte Caoilte dem König ein Getränk. Er stand neben ihm und ließ einen leidvollen Klageschrei ertönen. „Diese Klage klingt nach Caoilte", sagte der König. Da wusste Caoilte, dass der König ihn erkannt hatte, und sprach: „Sage mir, wie ich meinen Herrn befreien kann." „Es gibt nur einen Weg", sagte der König. „Wenn du mir von allen wilden Tieren Irlands ein Paar bringst, dann soll dein Herr wieder frei sein. Aber das wirst du nicht schaffen."

Caoilte zögerte nicht und machte sich sofort auf den Weg. Nur für Finn zog er nun durch ganz Irland. Er begann bei den Vogelschwärmen, die er in jedem Landesteil aufspüren musste, und suchte dann nach den Landtieren. Von jeder Art nahm er ein Paar: Raben, Wildenten, Füchse, Stiere, Schwäne, Eulen, Iltisse, Möwen, Spechte, Kiebitze, Drosseln, Zaunkönige, Reiher, Adler, Habichte, Dachse, Wasserhühner, Moorhühner, Sperber, Blaumeisen, Schwalben, Kormorane, Wölfe, Amseln, Rehböcke, Tauben, Nachtigallen, Stare, Kaninchen, Wildschweine, Kuckucke, Waldschnepfen, Falken, graue Mäuse, Ottern, Lerchen, Fledermäuse, Bachstelzen, Brachvögel, Hasen, Rehe, Pfauen, Aale, Goldfinken, Rotkehlchen, Lachse, Kühe, Katzen, Schafe, zwei Ferkel vom Schwein, das dem Sohn Lirs gehörte, einen Widder und ein purpurrotes Schaf. Dazu holte er noch zehn Jagdhunde der Fianna und einen Hengst und eine Stute von den wunderbaren Pferden des Manannan.

Caoilte wollte all diese Tiere an einem Ort zusammenhalten, aber sie entwischten ihm immer wieder. Der Rabe flog nach Süden, was Caoilte schwer zu schaffen machte. Doch setzte er ihm nach und bekam ihn bei Loch Lurcan zu fassen. Dann lief eine Wildente davon und Caoilte musste ihr durch jeden Fluss folgen, bis er das widerstrebende Tier schließlich am Hals packen und zurückbringen konnte. Sein ganzes Leben lang erinnerte sich Caoilte mit Schrecken an die Zeit mit den großen und kleinen Tieren, wie er über die Hügel zog und durch Gräben waten musste, in dem Bestreben seinen Herrn zu befreien.

Als er nach Teamhair kam, waren seine Leiden noch nicht vorüber, denn der König wollte ihn mit seiner Schar erst am nächsten Morgen empfangen. Er schickte Caoilte in ein Haus mit neun Türen. Dort sollte er die Tiere in dieser Nacht unterbringen. Kaum waren sie im Haus, als alle miteinander laut aufkreischten. Ein Lichtstrahl war durch fünfzig Öffnungen ins Haus gedrungen und sie versuchten zu fliehen. So aufgeregt die Tiere im Haus waren, so aufgeregt war auch Caoilte vor dem Haus. Die ganze Nacht über musste er die Türen bewachen und aufpassen, dass nicht eines der Tiere entkam.

Am nächsten Morgen führte er seine Truppe vor. Man nannte sie „Caoiltes schreiende Meute". Jeder wusste, warum.

Ein einziges Mal konnte der König nun alle Tiere auf einmal betrachten. Das war alles, was er davon hatte, denn kaum war Finn frei, da stoben sie wild durcheinander und flohen aus Teamhair.

Das war eine der besten Taten, die Caoilte, Sohn des Ronan, jemals vollbrachte. Ein anderes Mal lief er von Cliodnas Welle im Süden bis zu Rudraiges Welle im Norden. Sein Sohn Colla war auch ein guter Läufer. Eines Tages trat er zu einem Wettrennen gegen die drei Bataillone der Fianna an. Der Gewinner sollte ein Schachbrett erhalten. Colla lief rückwärts und gewann den Lauf, doch dann stürzte er hintenüber und fiel ins Meer.

Caoilte hatte ein ausgezeichnetes Gehör. Einmal hörte er den König der Luigne von Connacht bei der Jagd. Da fragte Blathmec, der bei ihm war: „Was ist das für eine Jagd, Caoilte?" „Eine Jagd mit drei Rudel Hunden", antwortete er, „und drei Arten von wilden Tieren. Als Erstes jagen sie Hirsche und Großwild, dann flinke, kleine Hasen und schließlich gibt es eine ganz wilde Jagd nach schweren Keilern." „Und die vierte Jagd?", wollte Blathmec wissen. „Das ist die Jagd nach dickbäuchigen Dachsen." Dann hörten sie die geschäftigen Rufe der Burschen und Diener, die das Gepäck der Jagdgesellschaft trugen. Blathmec ging los und sah der Jagd zu. Es war alles so, wie ihm Caoilte beschrieben hatte.

Caoilte konnte auch mit Heilkräutern umgehen. Eines Tages traf er sich mit zwei Frauen, die ihm ihr Leid klagten. Ihre Männer hatten sie verlassen und sich anderen Frauen zugewandt. Caoilte gab ihnen Druidenkräuter, aus denen sie ein Bad bereiteten. Sie wuschen sich darin und schon erwachte die Liebe ihrer Männer von neuem. Ihre Geliebten schickten sie wieder fort.

Lugaidhs Sohn, auch einer der besten Männer der Fianna, war mit Finn verwandt und schon als kleines Kind in seine Arme gelegt worden. Dubans Tochter, die achthundert Kämpfer der Fianna großgezogen hatte, betreute ihn bis zu seinem zwölften Lebensjahr. Dann bekam er alle Waffen und Rüstungen, die er wollte, und machte sich auf den Weg in die Berge nach Chorraig Conluain, wo sich Finn gerade mit seinen Männern aufhielt.

Finn hieß ihn von Herzen willkommen. Lugaidhs Sohn reichte Finn die Hand und stellte sich in seine Dienste. Ein Jahr blieb er bei Finn, doch die ganze Zeit über war er ziemlich träge. Nur neun Männer erlegten unter seiner Führung einen Keiler oder einen Hirsch. Außerdem schlug er immer seine Diener und Hunde. Die drei Bataillone der Fianna begaben sich schließlich zu Finn nach Loch Lein und klagten ihm ihr Leid mit Lugaidhs Sohn: „Du hast die Wahl", sagten sie, „entweder wir oder er."

Dann kam Lugaidhs Sohn zu Finn und der fragte ihn: „Was hat denn die Fianna so gegen dich aufgebracht?" „Ich gebe dir mein

Wort", entgegnete der Junge, „ich weiß es nicht. Mag sein, dass ihnen meine Heldentaten nicht gefallen oder wenn ich meine Speere unter ihnen werfe." Da gab ihm Finn den guten Rat: „Wenn du ein guter Kämpfer werden willst, dann schweige im Haus eines großen Mannes. Sei nicht missmutig. Schlage nie grundlos deinen Hund. Beschuldige nie deine Frau, wenn du nicht sicher bist, dass sie Schuld hat. Kämpfe nicht gegen Narren, denn sie haben keinen Verstand. Mäkle nie an jemandem herum, der über dir steht. Mische dich in keinen Streit ein. Mache keine Geschäfte mit schlechten und dummen Menschen. Sei freundlich zu Frauen, kleinen Kindern und Dichtern. Sei nicht hart zum gemeinen Volk. Lass dich nicht von jedem blenden. Teile nie dein Bett mit Kameraden. Drohe niemandem und prahle nicht mit Taten, die du nicht einlösen kannst, denn das ist beschämend. Sage dich nie von deinem Herrn los, solange du lebst. Lass niemanden im Stich, der sich unter deinen Schutz stellt, nicht für alle Güter dieser Welt. Klage über niemanden bei seinem Herrn; ein guter Mensch tut das nicht. Lüge nicht und sei nicht geschwätzig. Beschuldige niemanden, wenn du nicht sicher bist. Bringe niemanden gegen dich auf, auch wenn du mutig bist. Meide die Häuser, in denen man trinkt. Sei freundlich zu alten Menschen. Halte dich von niederen Menschen fern. So verhältst du dich richtig. Weise niemanden ab, der hungert. Zähle keine Geizhälse zu deinen Freunden. Dränge dich nicht auf. Gib keinem Gelegenheit, gegen dich zu sprechen. Halte deine Waffen, bis der Kampf zu Ende ist. Lass dir nichts entgehen, aber sei immer gütig." Das war Finns guter Rat, den er Lugaidhs Sohn gab, weil er selbst, so sagte man, die Weisheit eines kleinen Kindes hatte, das sich im Haus zu schaffen macht und dessen Mutter nicht weiß, was da eigentlich vor sich geht. Doch gerade dann ist sie mächtig stolz auf ihr Kind.

Lugaidhs Sohn dachte sein Leben lang an diesen Rat. Er änderte sich und nach einiger Zeit stand er in hohem Ansehen bei den

Dichtern von Irland und Alban. Wann immer sie ein Loblied auf Finn anstimmten, priesen sie auch ihn.

Aoife, die Tochter des Königs von Lochlann, die mit Mal, Sohn des Aiel, des Königs von Alban, verheiratet war, hörte diese Lobpreisungen und verliebte sich in Lugaidhs Sohn.

Einmal gingen ihr Mann und seine Gefolgsleute auf Jagd in Slieve-mor-Monaidh, im Norden von Alban. Als Aoife in ihrem sonnigen Haus allein war, fasste sie den Plan, zusammen mit ihren neun Stiefschwestern nach Irland zu gehen. Sie zogen los, überquerten die Wellenkämme der See und landeten schließlich in Beinn Edair.

An diesem Tag fand zufällig im Gebiet zwischen Slieve Bladhma und Beinn Edair eine Jagd statt. Finn saß auf seinem Jagdsitz und hatte seinen Zögling, den braunhaarigen Duibruinn, bei sich. Der kleine Junge sah sich nach allen Seiten um und da entdeckte er am Strand ein Schiff. Eine Königin, die bescheiden den Blick gesenkt hatte, war mit neun Frauen an Bord. Sie legten an und kamen mit allen möglichen Geschenken zu Finn. Aoife nahm neben ihm Platz. Finn fragte sie nach dem Grund ihres Kommens und sie erzählte ihm die ganze Geschichte, wie sie sich in Lugaidhs Sohn verliebt habe und auf der Suche nach ihm über das Meer gekommen sei. Finn hieß sie willkommen.

Lugaidhs Sohn jagte an diesem Tag an einer entlegenen Stelle und war der Letzte, der kam. Als er in Finns Zelt ging und die Frau an seiner Seite sah, fragte er nach ihr, wie die anderen vor ihm auch. Finn erzählte ihm alles. „Zu dir ist sie gekommen", sagte er. „Ich übergebe sie dir und auch den Krieg, den sie dir bringt. Er wird uns aber genauso treffen wie dich."

Ein Jahr und einen Monat war Aoife bei Lugaidhs Sohn, ohne dass jemand nach ihr gefragt hätte. Eines Tages aber waren die drei Bataillone der Fianna auf dem Hügel des Dichters in Leinster. Da sahen sie drei Bataillone kommen, die ihnen durchaus ebenbürtig waren. Sie fragten, wer sie geschickt habe. „Mal hat sie geschickt", sagte Finn. „Er will sich für seine Frau an der Fianna rächen. Aber es ist gut, dass er jetzt kommt, da wir alle an einem Ort versammelt sind."

Die beiden Armeen gingen aufeinander los. Mal nahm seine Waffen und stürmte dreimal durch die Reihen der Fianna und dreimal fielen hundert Männer durch ihn. Mitten in der Schlacht begegnete er Lugaidhs Sohn. Sie kämpften mit Speer und Schwert. Wie lange der Kampf auch dauerte, am Ende fiel Mal durch Lugaidhs Sohn.

Während des ganzen Kampfes stand Aoife auf einem Hügel in der Nähe. Von da an gehörte sie zu Lugaidhs Sohn und wurde die Mutter seiner Kinder.

BUCH II

FINNS HELFER

Kapitel 1
Der Junge mit den Fellen

Außer den Männern, die ständig bei Finn lebten, gab es auch einige, die irgendwann von irgendwoher kamen, eine Zeit lang bei ihm blieben und dann wieder verschwanden.

Einmal kam zu Finns Haus in Almhuin ein junger Mann, der ein Gewand aus Fellen trug. Er kam mit seiner Frau und bat, in Finns Dienste treten zu dürfen. Am nächsten Morgen, als sich alle für die Jagd fertig machten, sagte der Junge mit den Fellen zu Finn: „Lass mich allein losziehen. Geh du mit deinen Männern in die andere Richtung." „Willst du etwa auf das trockene Riff", fragte Finn, „oder in die tiefen Moore und Sümpfe? Dort könntest du ertrinken!" „Genau dort werde ich aber hingehen", sagte er. So machten sich alle von Almhuin aus auf den Weg, Finn und die Fianna in die eine Richtung und der Junge mit den Fellen in die andere. Sie jagten den ganzen Tag, und als sie am Abend zurückkamen, hatte der Junge mit den Fellen mehr gefangen als sie alle zusammen.

Als Finn das sah, freute er sich über den guten Diener. Doch Conan sagte zu ihm: „Der Junge mit den Fellen wird uns und die ganze Fianna vernichten, wenn du ihn nicht wieder wegschickst."

„Ich hatte noch nie einen so guten Mann hier, Conan", sagte Finn, „und du willst, dass ich ihn wegschicke? Was soll ich denn tun, damit er geht?", fragte er. „Schicke ihn zum König der Fluten", erwiderte Conan. „Er soll dort den großen Kessel holen, der immer mit so viel Fleisch gefüllt ist, dass man die ganze Welt damit ernähren könnte. Lass ihn diesen Kessel hierher nach Almhuin bringen."

Da ließ Finn nach dem Jungen mit den Fellen rufen und sagte zu ihm: „Geh zum König der Fluten, nimm ihm den Kessel ab, der niemals leer ist und bringe ihn mir." „Solange ich in deinen Diensten stehe, muss ich tun, was du verlangst", sagte der Junge mit den Fellen. Bei diesen Worten machte er sich auf den Weg und lief über die Hügel und Täler, bis er die Meeresküste erreichte. Dann nahm er zwei Stöcke und legte sie über Kreuz. Ein großes Schiff stieg aus den beiden Stöcken empor. Der Junge mit den Fellen ging auf das Schiff, setzte die Segel und fuhr hinaus auf die hohe See. Alles war still, nur das Pfeifen der Aale im Wasser war zu hören und der Ruf der Möwen in der Luft. Schließlich erreichte er das Haus des Königs der Fluten. Zu dieser Zeit lagen Hunderte von Schiffen wartend vor der Küste. Er ankerte hinter ihnen allen und sprang dann von Schiff zu Schiff, bis er wieder festen Boden unter den Füßen hatte.

Im Haus des Königs war gerade ein großes Fest im Gange. Der Junge mit den Fellen ging auf das Tor zu, kam aber wegen der vielen Menschen nicht weiter. Also blieb er eine Weile davor stehen. Niemand beachtete ihn. Da rief er schließlich aus: „Das ist ein wahrhaft gastfreundliches Haus mit wahrhaft guten Sitten, wenn ein Fremder nicht einmal gefragt wird, ob er Hunger oder Durst hat!" „Du hast Recht", sagte der König. „Reicht dem Fremden den vollen Kessel. Er soll seinen Teil bekommen." Des Königs Leute taten, wie man ihnen geheißen hatte. Kaum hielt der Junge mit den Fellen den Kessel in Händen, da eilte er auch schon zu seinem Schiff und verwahrte ihn dort. Dann meinte er aber: „Es hat keinen Sinn, dass ich den Topf nur an mich gebracht habe, weil ich so schnell laufen kann. Ich muss ihn schon durch meine Kraft gewinnen." Er kehrte um und ging wieder an Land. Die ganze Armee des Königs der Fluten war schon aufmarschiert. Aber nicht weniger als sie war auch der Junge mit den Fellen zum Kampf bereit. Er kämpfte sich durch ihre Reihen und ging über sie hinweg, bis alles ruhig war.

Danach bestieg er wieder sein Schiff, hisste die Segel und machte sich auf den Heimweg. Mit voller Kraft segelte er nach Irland zurück. Als er dort angekommen war, legte er die Hand auf das Schiff und im selben Augenblick lagen nur noch die beiden Stöcke, aus denen er es gemacht hatte, vor ihm am Strand. Der Kessel lag daneben. Er nahm ihn auf den Rücken und brachte ihn nach Almhuin zu Finn, Sohn des Cumhal. Und Finn dankte ihm dafür.

Eines Tages, als sich Finn gerade an einer Quelle wusch, sprach aus dem Wasser eine Stimme zu ihm: „Du musst dem König der Fluten den Kessel zurückgeben, Finn, sonst droht dir ein Kampf." Finn erzählte dem Jungen mit den Fellen davon, doch der gab ihm zur Antwort, dass seine Zeit nun um sei und er Finn nicht mehr dienen könne. „Wenn du aber willst, dass ich mit dir gehe", sagte er, „dann bewache heute Nacht meine Frau, die Manannans Tochter ist. Wenn sie dann um Mitternacht ihr Haar kämmt, kannst du sie bitten, worum du willst, sie wird es nicht abschlagen können. Bitte sie, dass ich dich zum König der Fluten begleiten kann, um den Kessel zurückzubringen." In dieser Nacht beobachtete Finn Manannans Tochter. Als sie ihr Haar kämmte, brachte er seine Bitte vor. „Ich habe nicht die Kraft, dich abzuweisen", sagte sie. „Du musst mir aber eines versprechen. Bringe mir meinen Mann wieder, tot oder lebendig. Wenn er noch lebt, dann hisse die graugrüne Fahne auf deinem Schiff. Sollte er aber tot sein, dann nimm die rote Fahne." Finn gab ihr sein Versprechen, nahm den Kessel und machte sich zusammen mit dem Jungen auf den Weg zur Burg des Königs der Fluten.

Kaum hatte der König sie entdeckt, da gab er seinen Armeen auch schon den Befehl, sich zum Kampf aufzustellen. Doch der Junge mit den Fellen ging auf sie los und überrannte sie. Dann drang er mit Finn in die Burg ein. Sie überwältigten den König und nahmen den Kessel, der nie leer wurde, wieder mit sich fort.

Als sie aber nach Irland zurücksegelten, kam ihnen ein großes Schiff entgegen. Da sagte der Junge mit den Fellen: „Ich glaube, auf dem Schiff ist ein alter Feind von mir. Er trachtet mir nach dem Leben, weil meine Frau ihn abgewiesen hat." Als sie auf gleicher Höhe waren, hörten sie, wie ein Mann aus dem Bauch des Schiffes schrie: „Ich weiß, wer du bist, König der Hügel, auch wenn ich dich nicht an deinen Kleidern erkenne!" Bei diesen Worten sprang er auf das andere Schiff und die beiden trugen einen harten Kampf aus, wobei sie alle möglichen Gestalten annahmen. Sie fingen als kleine Jungen an und kämpften, bis sie alte Männer waren. Dann wiederum kämpften sie als junge und alte Hunde und als junge und alte Pferde. Schließlich gingen sie als Vögel aufeinander los und in dieser Gestalt brachten sie sich gegenseitig um. Finn warf einen der Vögel ins Wasser, den anderen aber, der der Junge mit den Fellen war, nahm er mit auf sein Schiff. Als sie sich Irland näherten, hisste er die rote Fahne, wie er der Frau versprochen hatte.

Als er am Strand ankam, war sie schon vor ihm da und sagte: „Du bringst ihn mir also tot wieder." Finn überreichte ihr den Vogel und sie fragte, ob er ihn an Stelle ihres Mannes zurückgebracht habe. Dann weinte sie um den Vogel, legte ihn in ein kleines Boot und bat Finn, das Boot auf dem Meer auszusetzen. Finn ließ das Boot los, das durch Wind und Wellen trieb. Manannans Tochter sah zwei Vögel auffliegen, die einen toten Vogel in ihrer Mitte trugen. Die beiden lebenden Vögel legten den toten auf eine Insel. Es dauerte nicht lange, bis er wieder zum Leben erwachte und die drei gemeinsam fortflogen. Als sie das gesehen hatte, sagte sie: „So wie der tote Vogel könnte vielleicht auch mein Mann auf dieser Insel geheilt werden." Sie segelte über die See. Als sie zur Insel kam, sah sie sich um, konnte aber nur einen Baum mit grünen Blättern entdecken. „Vielleicht liegt die Heilkraft in den Blättern", dachte sie, nahm einige davon und legte sie auf ihren Mann, der sich im selben Augenblick erhob und so gesund und munter war wie zuvor.

Dann gingen sie nach Irland zurück und kamen um Mitternacht in Almhuin an. Der Junge mit den Fellen klopfte an die Tür und sagte: „Zahlt mir meinen Lohn aus." „Weder Toten noch Lebenden schulde ich Lohn, einzig und allein dem Jungen mit den Fellen", sagte Finn, „und den würde ich heute Nacht lieber bei mir sehen als alles Gold der Welt." „Wenn das so ist, dann steh auf und du wirst ihn sehen", sagte der Junge. Finn erhob sich und ging zur Tür. Groß war seine Freude, als er ihn wieder sah. Dann gab er ihm seinen Lohn.

Der Junge mit den Fellen ging mit seiner Frau in sein Land zurück, wo immer das sein mag. Manche sagen, er sei in das Land Manannans, des Sohnes der See, gegangen, in das Land des Vaters seiner Frau.

Kapitel 2
Schwarz, Braun und Grau

Eines Tages jagte Finn in der Nähe von Teamhair. Da sah er drei seltsame Männer auf sich zukommen und fragte nach ihren Namen. „Wir heißen Dubh, Dun und Glasan, Schwarz, Braun und Grau", sagten sie. „Wir suchen Finn, Sohn des Cumhal, Oberhaupt der Fianna, und wollen ihm unsere Dienste anbieten."

Da nahm Finn sie auf. Als der Abend nahte, sagte er. „Ihr müsst nachts Wache halten, wechselt euch ab. Wenn einer beginnt, dann soll er ein Holzscheit anzünden und Wache halten, bis es abgebrannt ist." Die drei ließen das Los entscheiden. Dubh musste die erste Wache übernehmen. Er zündete sein Holzscheit an und ging dann mit Bran, dem Jagdhund, um den Platz. Er lief immer weiter, bis er schließlich ein helles Licht sah, und als er näher kam, bemerkte er ein geräumiges Haus. Er trat ein. In dem Haus war eine Gesellschaft äußerst merkwürdig aussehender Männer versammelt, die alle gemeinsam aus einem Becher tranken. Einer von ihnen, der offenbar den höchsten Rang einnahm, reichte den Becher seinem Nachbarn, der trank daraus und reichte ihn dann weiter. So ging das fort, bis er den Letzten erreichte. Während der Becher noch die Runde machte, sagte er: „Das ist der große Becher, den man Finn, Sohn des Cumhal, vor mehr als hundert Jahren geraubt hat. Aus ihm kann man trinken, so viel man will und was man will." Dubh saß am Rande des Tisches, nahe der Tür. Der Becher wurde ihm gereicht, er trank daraus und verschwand damit in der Dunkelheit. Als er zu Finn zurückkam, war sein Holzscheit abgebrannt.

Dann war Dun an der Reihe. Er zündete sein Holzscheit an, nahm Bran und ging. Er lief durch die Nacht, bis er an ein geräumiges Haus kam und ging hinein. Dort sah er eine Gruppe von Männern, die miteinander kämpften. Ein greiser Mann, der auf einem erhabenen Platz thronte, rief: „Hört jetzt auf zu kämpfen. Ich habe heute Nacht ein noch besseres Geschenk für euch als das gestrige, das euch verloren ging!" Dabei nahm er ein Messer aus seinem Gürtel, hielt es hoch und sagte: „Das ist ein wunderbares Messer, ein kleines Messer zum Teilen. Man hat es Finn schon vor mehr als hundert Jahren gestohlen. Ihr müsst nur mit dem Messer auf einem Knochen schneiden und schon habt ihr das beste Fleisch in Hülle und Fülle." Dann gab er das Messer dem Mann neben sich und einen nackten Knochen dazu. Der Mann begann zu schneiden und aus dem Knochen kam das beste Fleisch der Welt. Messer und Knochen wurden nun von einem zum anderen gereicht, bis sie bei

Dun ankamen. Sobald er das Messer in der Hand hatte, entwischte er unerkannt und eilte zurück. Als er den Brunnen erreichte, an dem sich Finn aufhielt, ging gerade sein Feuer aus.

Nun zündete Glasan sein Holzscheit an und begab sich auf Nachtwache. Er kam zu dem Haus wie die anderen vor ihm. Er schaute hinein und sah überall auf dem Boden Leichen liegen. Da dachte er bei sich: „Da muss etwas Seltsames vor sich gehen. Wenn ich mich unter die Leichen auf den Boden lege, werde ich schon sehen, was geschieht." Also legte er sich nieder. Er lag noch nicht lange da, als eine alte Hexe ins Haus kam. Sie hatte nur ein Bein und einen Arm und gerade noch einen Zahn, der aber so lang war, dass sie ihn als Krücke benutzen konnte. Als sie das Zimmer betrat, nahm sie die erstbeste Leiche, die ihr in den Weg kam, schob sie aber wieder zur Seite, da ihr der Mann zu dünn war. Sie ging weiter, nahm von jedem Dicken zwei Bissen und schob jeden Dünnen weg. Bevor sie zu Glasan kam, war sie reichlich satt von Fleisch und Blut, fiel zu Boden und schlief ein. Bei jedem ihrer Atemzüge dachte Glasan, das Dach müsse gleich über ihm zusammenbrechen. Er stand auf, schaute sich die Alte an und sah mit Verwunderung ihren aufgedunsenen Leib. Dann zog er sein Schwert und versetzte ihr einen tödlichen Hieb. Dabei sprangen drei junge Männer aus ihrem Leib. Glasan tötete den ersten, Bran den zweiten, doch der dritte konnte entkommen und floh. Glasan machte sich auf den Rückweg. Als er zu Finn kam, war auch sein Holzscheit niedergebrannt. Der Tag brach an.

Finn stand früh am Morgen auf und fragte gleich alle drei, was sie erlebt hätten. Sie gaben ihm den Becher und das Messer und berichteten, was ihnen widerfahren war. Da lobte er Dubh und Dun über die Maßen, zu Glasan aber sagte er: „Du hättest die alte Hexe besser liegen lassen. Ich fürchte, der dritte junge Mann wird uns noch Kummer machen."

Nach einundzwanzig Jahren begab es sich, dass Finn und die

Fianna zur Jagd gingen und einen rothaarigen Mann kommen sahen. Er sprach mit niemandem, trat aber vor Finn. „Was suchst du?", fragte Finn. „Ich suche einen Meister für die nächsten einundzwanzig Jahre", erwiderte er. „Welchen Lohn verlangst du?", fragte Finn. „Keinen. Sollte ich aber sterben, bevor die nächsten einundzwanzig Jahre um sind, möchte ich auf Inis Caol, der Schmalen Insel, begraben werden." „Dafür sorge ich", sagte Finn.

Der rothaarige Mann leistete Finn zwanzig Jahre lang gute Dienste. Im einundzwanzigsten Jahr aber siechte er dahin und starb. Als er tot war, zeigte die Fianna keinerlei Neigung, nach Inis Caol zu gehen und ihn dort zu begraben. Finn aber sagte, er werde sein Wort halten und ihn selbst dorthin bringen. Er holte einen alten Schimmel, den sie auf den Hügeln ausgesetzt hatten und der seitdem eher jünger statt älter wurde. Dann legte er den toten rothaarigen Mann auf den Rücken des Pferdes und ließ es frei laufen. Finn und zwölf Männer der Fianna folgten ihm.

Sie kamen nach Inis Caol, konnten aber nicht die geringste Spur von dem Pferd und dem Toten entdecken. Auf der Insel war ein offenes Haus. Sie gingen hinein. Jeder von ihnen fand einen Platz und sie ließen sich nieder, um eine Weile auszuruhen. Als sie aber wieder aufstehen wollten, gelang es ihnen nicht, denn ein Zauber lag auf ihnen. Da sahen sie sich plötzlich dem rothaarigen Mann gegenüber. „Jetzt ist die Zeit gekommen", sprach er, „da ihr mir Genugtuung leisten müsst für den Tod meiner Mutter und meiner beiden Brüder, die Glasan im Haus der Leichen getötet hat." Er wollte sie soeben angreifen und umbringen, da ergriff Finn die Dord Fiann, blies hinein und ließ sie gewaltig aufheulen. Bevor der rothaarige Mann mehr als drei Männer aus der Fianna töten konnte, kam Diarmuid, Enkel des Duibhne, der die Dord Fiann gehört hatte, und machte ihm und dem ganzen Zauber ein Ende. Finn kehrte mit den neun Männern, die noch am Leben waren, nach Almhuin zurück.

Kapitel 3
Der Jagdhund

Eines Tages kamen die drei Bataillone der Fianna nach Magh Femen und sahen dort drei junge Männer, die auf sie warteten. Sie hatten einen Jagdhund dabei, der größer als jeder andere Hund war und der in seinem Fell alle Farben dieser Welt vereinigte. „Woher kommt ihr?", fragte Finn. „Von Iruath im Osten", antworteten sie. „Wir heißen Dubh, der Dunkle, und Agh, die Schlacht, und Ilar, der Adler." „Was führt euch hierher?" „Wir möchten deine Freundschaft und in deine Dienste treten", erwiderten sie. „Welchen Nutzen haben wir von euch?", fragte Finn. „Wir sind zu dritt", antworteten sie, „und jeder von uns kann dir einen anderen Dienst erweisen." „Welchen Dienst?", fragte Finn. „Ich kann über die ganze Fianna von Irland und Alban wachen", sagte einer von ihnen. „Und ich werde jeden Kampf und jede Schlacht abfangen, so dass ihr in Frieden leben könnt", sagte der Zweite. „Und ich werde jeden Kummer von meinem Herrn abwenden", sagte der Dritte, „und alle nur denkbaren Wünsche befriedigen. Ich habe auch eine Flöte bei mir. Alle Menschen dieser Welt fallen bei ihrem Klang in Schlaf, selbst die kranken. Der Hund aber", sagte er, „wird, solange es Wild in Irland gibt, die Fianna jede zweite Nacht mit Fleisch versorgen und ich werde das in den anderen Nächten tun." „Was verlangt ihr für diese Dienste?", fragte Finn. „Um drei Dinge bitten wir", sagten sie, „nämlich dass niemand nach Einbruch der Nacht unserer Behausung zu nahe kommt, dass wir für uns selbst sorgen und uns nichts gegeben wird und dass uns die schlechtesten Jagdplätze zugewiesen werden." „Sagt mir nun bei all euren Versprechungen", entgegnete Finn, „warum euch niemand nach Einbruch der Nacht sehen darf." „Wir haben unsere Gründe", antworteten sie. „Frage uns nicht danach, solange wir dich begleiten. So viel aber sagen wir dir: In jeder dritten Nacht stirbt einer von uns und die beiden anderen halten Totenwache. Wenn uns dabei jemand zusehen will, haben wir nichts dagegen." Finn gab ihnen sein Versprechen, doch einige aus der Fianna waren davon nicht angetan. Es behagte ihnen nicht, wie die drei lebten, mit einem Feuerwall um sich herum. Sie hätten sie getötet, hätte Finn sie nicht unter seinen Schutz gestellt.

Zu dieser Zeit kamen sieben Dichter aus dem Volk der Cithruadh nach Teamhair und baten um hundertfünfzig Unzen Gold und ebenso viel Silber als Entgelt für ein Gedicht. „Wir werden schon irgendeinen Weg finden, um euch zu entschädigen", sagte ein Mann der Fianna. Dann fragten die drei jungen Männer aus Iruath: „Wollt ihr den Lohn für euer Gedicht morgen oder lieber schon heute Nacht?" „Morgen würde uns genügen", erwiderten sie. Die drei jungen Männer gingen zu der Stelle, wo ihr Hund lag, etwas abseits des Weges. Der Hund spuckte die hundertfünfzig Unzen Gold und hundertfünfzig Unzen Silber aus seinem Maul auf den Boden. Sie gaben sie den Dichtern, die sie entgegennahmen und davongingen.

Ein anderes Mal sagte Finn: „Was machen wir heute Abend mit den drei Bataillonen der Fianna? Wir haben kein Wasser mehr." Da fragte einer der Männer von Iruath: „Wie viele Trinkhörner habt ihr dabei?" „Dreihundertundzwölf", antwortete Caoilte. „Gib mir die Hörner in die Hand", sagte der junge Mann, „und was dann auch immer darin sein mag, ihr könnt es getrost trinken." Er füllte die Hörner mit Bier, sie tranken und er füllte sie ein zweites und ein drittes Mal. Bei der dritten Füllung waren sie schon ganz redselig und ihr Geist verwirrte sich zusehends. „Dieses Fest nimmt wundersame Züge an", bemerkte Finn und sie nannten den Ort, an dem das alles geschah, den „Kleinen Erdwall der Wunder".

Wieder ein anderes Mal kamen drei glatzköpfige rote Clowns mit drei roten Hunden. Sie hielten drei todbringende Speere in der

Hand. Gift war an ihren Kleidern und an ihren Händen und Füßen und an allem, was sie berührten. Finn fragte sie, wer sie seien. Sie entgegneten, sie seien die drei Söhne des Uar, des Sohnes des Indast von den Tuatha de Danaan. Ihr Vater sei in der Schlacht auf Slieve nan Ean, dem Berg der Vögel, im Osten von Caoilte, Sohn des Ronan, getötet worden. „Caoilte muss uns jetzt das Blutgeld zahlen. Wie stehst du dazu?", sagten sie. „Wie heißt ihr?", fragte Finn. „Aincel, Digbail und Espaid, Fluch, Schaden und Mangel sind unsere Namen." „Noch niemand vor mir hat je Blutgeld für einen Mann gezahlt, der in einer Schlacht fiel, und ich werde das auch nicht tun", sagte Finn. „Dann werden wir Rache nehmen und euch ausrauben", erwiderten sie. „Wie wollt ihr euch denn rächen?", fragte Finn. „Meine Rache sieht so aus", sagte Aincel. „Wenn ich zwei oder drei oder auch vier Männern der Fianna begegnen sollte, dann reiße ich ihnen Arme und Beine aus." „Und das ist meine Rache", fuhr Digbail fort. „Es wird kein Tag vergehen, an dem euch nicht ein Hund oder ein Diener oder ein Kämpfer verloren geht." „Und ich werde sie alle darben lassen und vergebens werden sie nach den anderen rufen", sagte Espaid. „Wenn uns niemand beisteht", meinte Caoilte, „dann wird am Ende dieses Jahres keiner von uns mehr am Leben sein." „Nun gut", sagte Finn, „wir werden ein Lager errichten und eine Weile hier bleiben. Ich habe nicht vor, mit diesen Männern im Rücken durch Irland zu reisen, bevor ich nicht weiß, wer stärker ist, sie oder wir." So baute die Fianna überall um Slieve Mis kleine Erdwälle und blieben ein Jahr, einen Monat und eine Woche dort. Und während dieser Zeit taten ihnen die roten, glatzköpfigen Männer viel Leid an.

Die drei Söhne des Königs von Iruath aber kamen zu Finn und sagten: „Es ist unser Wunsch, Finn, dir unseren Jagdhund zu schicken. Er soll dreimal am Tag um dich herumgehen, und wer dann auch nur den Versuch wagt, dich zu verletzen oder zu berauben, wird keine Kraft mehr dazu haben. Lass aber weder Feuer noch

Waffen noch einen anderen Hund in das Haus, in dem er sich aufhält." „Das verspreche ich euch", sagte Finn. „Er wird wohlbehalten zu euch zurückkehren." Jeden Tag schickten sie nun den Hund, der eine Kette mit Gliedern aus rotem Gold umhängen hatte, zu Finn. Der Hund ging dreimal um Finn herum und dreimal leckte er ihn mit der Zunge. Manche, die dem Hund nahe kamen, meinten, ein Fass mit Met sei ausgelaufen, und anderen erschien es, als läge der süße Duft blühender Apfelbäume in der Luft. Wann immer die Söhne des Uar Krankheit und Leid über die Fianna brachten, halfen die drei Söhne des Königs von Iruath mit ihren Kräutern und ihrer Heilkunst.

Nach einer Weile kam der Hohe König von Irland mit einer großen Truppe nach Slieve Mis, um sich dort mit Finn und der Fianna zu treffen. Sie erzählten ihm die ganze Geschichte, wie die Söhne des Uar sie zu zerstören versuchten und die drei Söhne des Königs von Iruath ihnen beistanden. „Warum finden diese Männer, die so vieles können, keinen geeigneten Zauberspruch, mit dem man die Söhne des Uar aus dem Land treiben kann?", fragte der Hohe König. Da machte sich Caoilte auf die Suche nach den drei jungen Männern von Iruath und brachte sie vor den Hohen König. „Das sind stattliche Männer", sagte der König, „mit gutem Namen und von angenehmer Gestalt. Kennt ihr keinen Zauber, der die Feinde und Vernichter der Fianna von Irland aus dem Land jagt?" „Doch, wenn die Männer hier in der Nähe wären, könnten wir etwas tun", entgegneten sie. „Sie sind aber jetzt in Daire's Cairn, am Ende der Erdwälle." „Wo sind Garb-Cronan der Schwirrende und Saltran mit der Langen Ferse?", fragte Finn. „Hier sind wir, König der Fianna", antworteten sie. „Lauft zu den Männern da draußen und sagt ihnen, sie werden nach dem Urteil des Königs von Irland Genugtuung für ihren Vater bekommen." Die Boten machten sich auf den Weg und holten die Söhne des Uar.

Da sagte der Hohe König: „Erhebe dich, Dubh, Sohn des Königs von Iruath, und gib den Söhnen des Uar den Befehl, Irland zu verlassen." Dubh stand auf und sprach: „Ihr einäugigen, lahmen und linkshändigen Feinde Irlands, geht! Geht durch die Kraft dieses Spruchs und dieses Zaubers! Geht in die tiefe und bittere See hinaus. Jeder von euch schlage seinen Bruder mit dem Schwert. Zu lange schon bringt ihr Kummer und Leid über Finn, den König der Fianna." Bei diesen Worten kam ein tosender Wind aus dem Rachen des Hundes, der die Söhne des Uar auf die wilde, grüne See hinaustrieb. Jeder von ihnen schlug mit dem Schwert auf den Bruder ein und seither waren die drei Söhne des Uar, Aincel, Digbail und Espaid, nie mehr gesehen.

Doch als die große Zeit der Fianna schon vorüber war, kamen dreimal in einem Jahr drei Vogelschwärme vom westlichen Meer nach West-Munster. Sie hatten Schnäbel aus Knochen, fauchten wild und ihr Flügelschlag war so kalt wie der Winterwind. Das erste Mal kamen sie zur Erntezeit und jeder von ihnen holte sich eine Kornähre vom Feld. Beim zweiten Mal ließen sie keinen Apfel am Ast, keine Nuss am Strauch und keine Frucht am Vogelbeerbaum. Beim dritten Mal verschonten sie nichts, was ihnen in die Klauen fiel, sei es ein junger Vogel oder ein Damkitz oder ein kleines, unschuldiges Kind. Das erste Mal kamen sie am selben Tag, an dem Jahre vorher die drei Söhne des Uar auf die weite See getrieben waren. Caoilte, der als einer der Letzten aus der Fianna noch am Leben war, hörte sie und erinnerte sich an die Söhne des Uar. Er sprach einen Zauberspruch, der sie wieder auf die See trieb, wo sie sich gegenseitig vernichteten.

Etwa ein Jahr lang blieben die Söhne des Königs von Iruath bei Finn. Sie lebten gemeinsam an einem Ort, getrennt von der Fianna, den Hund in ihrer Mitte. Bei Einbruch der Nacht schützte sie ein Feuerwall vor den Blicken der anderen. Gegen Ende des Jahres kamen Donn und Dubhan, die beiden Söhne des Königs von Ulster, von Norden nach Munster. Eines Nachts hielten sie Wache für die Fianna und machten dreimal ihre Runde um das Lager. Als sie ihre dritte Runde liefen, sahen sie den Feuerwall und Donn sagte: „Es ist schon wundersam, wie die drei Männer mit ihrem Hund hier leben und dass sie keinem Einblick gewähren." In diesem Augenblick nahmen die Brüder ihre Waffen zur Hand, durchdrangen den Feuerwall und entdeckten die drei Männer mit ihrem Hund. Der riesige Hund, den sie jeden Tag bei der Jagd sahen, war jetzt nicht größer als das Schoßhündchen einer Königin. Einer der jungen Männer bewachte ihn mit dem Schwert in der Hand und ein anderer hielt ein Gefäß aus weißem Silber an sein Maul. Der Hund ließ jedes Getränk, nach dem sie verlangten, da hineinlaufen. Da sagte einer der jungen Männer zu dem Hund: „Du Edler, Kühner und Gerechter, sieh nur den Verrat, den Finn an dir begeht." Bei diesen Worten wandte sich der Hund den Söhnen des Königs von Ulster zu. Ein dunkler Druidenwind fegte über sie hinweg. Er riss ihnen die Schilde von der Schulter und die Schwerter von der Seite und wehte sie in den Feuerwall. Nun kamen die drei Söhne des Königs von Iruath hervor und töteten sie. Der Hund schnaubte sie an und im selben Moment zerfielen sie zu Asche. Nicht die geringste Spur von Fleisch, Blut und Knochen blieb noch übrig.

Die drei Bataillone der Fianna teilten sich in Gruppen von je neun Mann auf und durchkämmten auf der Suche nach den beiden Söhnen des Königs von Ulster jeden Winkel in Irland. Finn selbst ging, nur von seinen Dienern und der Nachhut der Armee begleitet, nach Teamhair Luachra. Eines Nachts kamen die Suchtruppen auch dorthin, doch sie hatten keine Kunde davon, ob die Söhne des Königs von Ulster tot oder lebendig waren.

Die drei Söhne des Königs von Iruath und ihr Hund waren nie wieder gesehen.

Kapitel 4
Rotes Riff

Ein weiterer junger Mann diente Finn eine Zeit lang. Er kam von Connacht und war sehr wagemutig und sie nannten ihn Rotes Riff. Eines Tages aber wollte er Finn verlassen, weil er immer so lange auf seinen Lohn warten musste. Die drei Bataillone der Fianna versuchten ihn zu beruhigen, aber umsonst. Zuletzt kam Finn selbst, denn er hatte die Gabe, jeden mit wenigen Worten zu besänftigen. Finn sagte zu ihm Folgendes: „Kühner Mann mit dem großen Namen, der du so wacker kämpfst, wenn du jetzt gehst, gehen wir im Guten auseinander. Doch einmal in Rath Cro gab ich dir dreimal fünfzig Unzen am Tag und in Carn Ruidhe gab ich dir einen ganzen Becher voll Gold und Silber. Und erinnerst du dich an die Zeit in Rath Ai, als wir den beiden Frauen begegneten und Nüsse aßen, du und ich?" Danach verlor der junge Mann kein Wort mehr darüber, dass er einmal weggehen wollte.

Und noch von anderer Seite erhielt Finn einmal Hilfe, als er gerade an einer Furt kämpfte. Seine Waffen waren schon ganz abgewetzt und vom Kampf gezeichnet. Da ging eine Tochter der Mongan von den Sidhe zu ihm und brachte ihm einen flachen Stein an einer Goldkette. Er nahm den Stein und vollbrachte große Taten mit seiner Hilfe. Nach dem Kampf fiel der Stein in die Furt, die von da an Ath Liag Finn hieß.

Diesen Stein wird nur die Frau der Wellen finden und sie wird ihn an einem Sonntagmorgen an Land bringen – und sieben Jahre später wird die Welt untergehen.

BUCH III

DIE SCHLACHT AM WEISSEN STRAND

Kapitel 1
Die Feinde Irlands

Die größte Schlacht, die die Fianna jemals schlug, um Irland vor fremden Eindringlingen zu bewahren, war die Schlacht bei Finntraigh, dem Weißen Strand, in Munster. Hier folgt nun ihre Geschichte, und wie die Fianna zu ihrem großen Namen kam.

Einmal versammelten sich die Feinde Irlands unter Daire Donn, dem Hohen König der Großen Welt. Gemeinsam wollten sie Irland einnehmen und unter Tribut stellen. Der König von Griechenland war unter ihnen und der König von Frankreich, der König der Östlichen Welt und Lughman, der König der Sachsen, und Fiacha der Langhaarige, der König der Gairean, und Tor, Sohn des Breogan, der König der Großen Ebene, und Sligech, der Sohn des Königs der Cepda, und Comur mit dem Krummen Schwert, der König der Männer mit den Hundeköpfen, und Caitchenn, der König der Männer mit den Katzenköpfen, und Caisel mit den Federn, der König von Lochlann, und Madan mit dem Gebeugten Nacken, der Sohn des Königs der Sümpfe, und die drei Könige aus den Ländern der aufgehenden Sonne und Ogarmach, die Tochter des Königs von Griechenland, die beste Kriegerin der Welt, und viele andere Könige und hohe Herren.

Da fragte der König der Welt: „Wer von euch kennt die Häfen Irlands und kann mir Auskunft geben?" „Ich kenne sie und werde dich zu einem guten Hafen führen", sagte Glas, Sohn des Dremen, der wegen eines Verrats von Finn aus Irland vertrieben worden war.

Dann gingen die Heere auf ihre Schiffe und legten ab. Sie waren noch nicht weit, als ein stürmischer Wind aufkam und die Wellen gegen den Bug schlugen. Nichts war mehr zu hören, nur die wilden Spiele der Meerfrauen, das Kreischen der verängstigten Vögel und das Bersten von Seilen und Segeln. Der Wind aber konnte den Helden keine Angst einjagen und deshalb zog er sich wieder in seine Gefilde zurück. Da wurde die See ruhig und die Wellen legten sich. In einem freundlichen Licht erschienen nun die Häfen und die Schiffe legten für eine Weile an einer Insel an, die man den Grünen Felsen nannte. Der König der Welt aber sprach: „Das ist nicht der Hafen, den du mir versprochen hast, Glas, Sohn des Dremen. Das ist nicht die Küste mit dem weißen Sand, an der sich meine Armeen in Friedenszeiten versammeln und ihre Feste feiern können." „Ich kenne aber einen Hafen dieser Art", sagte Glas, „der Hafen am Weißen Strand von Corca Duibhne, im Westen Irlands." Da gingen sie wieder auf ihre Schiffe und segelten über das Meer auf Irland zu.

Kapitel 2
Cael und Credhe

Als man Finn kundgetan hatte, dass Irlands Feinde nahten, rief er die sieben Bataillone der Fianna zusammen. Sie versammelten sich in Munster, auf einem Hügel namens Fionntulach, dem Weißen Hügel. Schon oft hatten sie dort geweilt. Wenn sie sich auf dem Hügel aufhielten, brachte man ihnen Zauberspeere und sie fanden alles an Nahrung, was sie brauchten: wunderbare Blaubeeren, Beeren vom Weißdornstrauch, Nüsse von den Haselsträuchern von Cenntire, zarte Zweige vom Brombeerstrauch, Blüten von bekömmlichem Enzian und Brunnenkresse zu Sommeranfang. In ihre Kochtöpfe wanderten Vögel aus den Eichenwäldern, Eichhörnchen aus Berramain und gefleckte Eier von den Klippen, Lachs von Luimnech, Aale vom Sionnan und Waldschnepfen von Fidhrinne, Otter von den geheimen Plätzen des Doile, Fische von den Buie- und Beare-Küsten und Seegras von der Cleire-Bucht.

Als sie sich nun in Richtung Süden aufmachten, sahen sie Cael, einen ihrer jungen Männer und Enkel des Nemhnain näher kommen. „Wo kommst du her, Cael?", fragte Finn. „Aus Brugh na Boinne", antwortete er. „Was hast du dort gemacht?", fragte Finn weiter. „Ich wollte Muirenn, Tochter des Derg, sprechen, die meine Kinderfrau war." „Aus welchem Grund?", fragte Finn. „Ich habe im Traum eine große Hochzeit gesehen und eine Frau der Sidhe. Credhe war die Frau, die mir erschienen ist, die Tochter des Königs von Ciarraighe Luachra." „Du weißt, Cael", sagte Finn, „dass sie die trügerischste aller Frauen in ganz Irland ist. Alles, was Wert besitzt, versucht sie sofort an sich zu reißen." „Weißt du, was sie verlangt, wenn ein Mann um sie anhält?" „Ich weiß es", sagte Finn. „Sie lässt keinen vor, der ihr nicht ein Gedicht schreibt, in dem alle ihre Pokale und Becher besungen werden sowie auch ihre großartigen Schiffe und Paläste." „Ich habe mein Gedicht schon fertig", sagte Cael. „Muirenn, meine Kinderfrau, hat es mir geschrieben."

Da ließen sie die Schlacht für dieses Mal ruhen und wanderten über Hügel und Steine nach Westen, bis sie nach Loch Cuire kamen. Sie traten vor das Tor am Hügel der Sidhe und klopften mit dem Schaft ihrer goldgefassten Speere an. Da kamen junge Mädchen mit blonden Haaren an die Fenster der lichtdurchfluteten Häuser und auch Credhe kam in Begleitung ihrer hundertfünfzig

Frauen heraus. Sie war bereit, mit ihnen zu sprechen. „Wir sind hier, weil wir um dich anhalten wollen", sagte Finn. „Wer will um mich anhalten?", fragte sie. „Cael, der hundertfache Sieger, Enkel des Nemhnain, des Sohnes des Königs von Leinster, dessen Reich im Osten liegt." „Ich habe schon von ihm gehört, aber gesehen habe ich ihn noch nicht", entgegnete Credhe. „Hat er ein Gedicht für mich?" „Ja", sagte Cael, trat vor und sagte sein Gedicht auf:

„*Eine Reise trete ich an und es ist keine leichte Reise zum Haus der Credhe am Bergeshang. Sieben lange Tage werde ich dort Qualen leiden. Ihr Haus ist hübsch und voller Leben. Männer und Frauen wohnen dort, Druiden und Barden, Mundschenke und Torwächter, ein Pferdeknecht, der nie seine Arbeit ruhen lässt, ein Küchenmeister, der die Mahlzeiten verteilt. Und Credhe die Goldhaarige befehligt sie alle.*

Mit Freuden käme ich in ihre Burg, voll Demut und Ehrerbietung, wenn sie mich nur anhören wollte.

Sie hat eine Schale mit Beerensaft, der die Augenbrauen schwarz färbt, gläserne Fässer mit keimendem Korn, wunderschöne Becher und Gefäße. Kalkweiß ist ihr Haus, aus Binsen das Bett mit den seidenen Decken. Blau ist ihr Mantel, rot ihr Gold und ihre Trinkhörner glänzen. Ihr sonniges Haus liegt am Loch Cuire, aus Silber und gelbem Gold gebaut. Sein Dach ist ohne Makel gedeckt mit purpurfarbenen Vogelfedern. Die Pfosten der Tür sind grün, der Sturz glänzt im Silber vergangener Schlachten. Credhes Stuhl zur Linken, mit dem Gold von Elga bestückt, ist der Gipfel des Entzückens. Er steht am Fuße des wunderbaren Bettes, das ihr Tuile aus den edlen Steinen des Ostens gefertigt hat. In purem Gold und Silber leuchtet das Bett zur Rechten. An Kupferstangen gebunden wehen Vorhänge in der Farbe des blauen Fingerhuts.

Ihre Gefolgsleute mit dem blond gelockten Haar sind voller

Freude. Nie tragen sie Umhänge, die verblichen und verschlissen sind. Wenn die Vögel der Sidhe unter den Dächern des sonnigen Hauses singen, fallen selbst Männer mit blutenden Wunden in Schlaf.

Credhe gilt der Ruf des Kuckucks. Gibt sie mir Grund zum Dank, werde ich sie künftig noch weit höher preisen. Wenn ihr mein Liebesdienst gefällt, lass sie nicht zögern, lass sie sagen: ,Du bist mir willkommen'.

Hundert Fuß umfasst ihr Haus von einer Ecke zur anderen, zwanzig Fuß misst ihr großes Tor an Breite. Ihr Dach ist mit den Flügeln der blauen und gelben Vögel gedeckt, ihr Brunnenrand ist aus Kristallen und Karfunkeln.

Aus dem Fass aus königlicher Bronze läuft der Saft von lieblichem Malz. Darüber neigt sich der Apfelbaum mit reicher Frucht. Wenn Credhes Horn voll von Saft ist, fallen vier Äpfel ins Fass.

Sie, die all das bei Ebbe und bei Flut ihr Eigen nennen kann, Credhe vom Hügel mit den Drei Kuppen, steht mit ihrem Speerwurf über allen Frauen Irlands.

Dies ist mein Lied für sie, nicht eiliges Brautgeschenk, nicht Frage vor der Zeit. Das Lied sei ihr, der Frau mit der schönen Gestalt, gewidmet, dass ihr mein Kommen eine Freude sei."

Da nahm ihn Credhe zum Ehemann. Sie feierten Hochzeit und die Fianna blieb sieben Tage bei ihnen. Sie tranken, feierten und ließen es sich gut gehen.

Kapitel 3
Conn Crither

Als Finn von seinem Weg abgewichen und zu Credhes Haus gegangen war, hatte er Späher zu jedem Landeplatz geschickt, die sofort melden sollten, wenn sich fremde Schiffe näherten. Der Mann, der am Weißen Strand Wache hielt, war Conn Crither, Sohn des Bran, von Teamhair Luachra.

Eines Nachts hatte er schon lange auf seinem Posten ausgehalten, der westlich von Cruachan Adrann, dem Runden Hügel der Fianna, lag. Da übermannte ihn der Schlaf, und während er schlief, kamen die Schiffe. Der Lärm von brechenden Schilden weckte ihn und das Klirren von Schwertern und Speeren, auch die Schreie von Frauen und Kindern sowie das Gebrüll der Hunde und der Pferde, auf denen die Fremden in feurigem Ritt in die Schlacht stürmten. Conn Crither sprang auf und rief: „Großer Kummer ist über mein Volk gekommen, nur weil ich eingeschlafen bin. Nun will auch ich nicht mehr leben. Finn und der Fianna kann ich so nie mehr unter die Augen treten. Darum werde ich mich jetzt in das Getümmel stürzen und die Fremden werden durch mich fallen, bis ich durch sie fallen werde."

Da legte er sein Kampfkleid an und lief zum Strand. Auf dem Weg sah er drei Frauen, die auch Kampfkleidung trugen, und so schnell er auch lief, er konnte sie nicht einholen. Da nahm er seinen Speer und wollte ihn auf die Frau werfen, die ihm am nächsten war, doch blieb sie im selben Augenblick stehen und sagte: „Halt ein, tu uns nichts. Wir wollen dir nur helfen." „Wer seid ihr?", fragte Conn Crither. „Drei Schwestern", antwortete sie, „aus Tir nan Og, dem Land der Ewigen Jugend. Wir lieben dich alle drei, keine von uns liebt dich weniger als die andere. Wir sind gekommen, um dir beizustehen." „Wie wollt ihr mir denn beistehen?", fragte Conn. „Wir werden dir eine große Hilfe sein", erwiderte sie, „denn wir umgeben dich mit magischen Heeren aus Grashalmen und Brunnenkresse. Sie werden die Fremden mit ihren Schreien erschrecken, ihnen die Waffen aus der Hand schlagen und ihnen Kraft und Sicht nehmen. Und dich hüllen wir in einen Druidennebel, der dich vor den Heeren der Fremden verbirgt. Dann können sie nicht sehen, wenn du angreifst. Am Fuß des Slieve Iolair, dem Adlerberg, haben wir eine Heilquelle, deren Wasser jede Wunde heilt. Wenn du darin badest, fühlst du dich wieder so wohl und gesund wie am Tag deiner Geburt. Du kannst jeden, der dir nahe steht, mitbringen", sagte sie. „Wir werden euch alle heilen."

Conn Crither dankte ihnen und eilte zum Strand. Zu dieser Zeit waren die Armeen des Königs der Großen Ebene gerade auf Beutezug zwischen Traigh Moduirn im Norden und Finntraighe im Süden. Conn Crither fiel mit seiner Druidenarmee über sie her und nahm ihnen die Beute wieder ab, und die Druidenarmee nahm ihnen Sicht und Kraft, so dass sie nicht mehr weiter konnten. Da wollten sie zum König der Großen Ebene fliehen, doch Conn Crither folgte ihnen, schlug sie vernichtend und tötete sie alle. „Halt ein, königlicher Held", rief da der König der Großen Ebene, „dass wenigstens ich noch mit dir kämpfen kann, denn aus meinem Volk tritt offenbar keiner mehr gegen dich an."

Da rammten beide ihre Banner in die Erde und gingen aufeinander los. Sie kämpften fast den ganzen Tag, bis Conn Crither dem König den Kopf abschlug. Doch er prahlte nicht mit seiner Tat, sondern hob nur den Kopf und sagte: „Bei meinem Wort, ich werde nicht von ihm weichen, bis die Fianna bei mir ist."

Kapitel 4
Glas, Sohn des Dremen

Das hörte der König der Großen Welt und sagte: „Das sind große Worte. Erhebe dich, Glas, Sohn des Dremen, und sieh nach, wer aus der Fianna von Irland so spricht."

Glas verließ sein Schiff und ging zu dem Ort, an dem sich Conn Crither aufhielt. Er fragte ihn, wer er sei. „Ich bin Conn Crither, Sohn des Bran, aus Teamhair Luachra", antwortete er. „Wenn das so ist", sagte Glas, „dann bist du vom selben Blut wie ich, denn ich bin Glas, Sohn des Dremen, aus Teamhair Luachra." „Dann ist es nicht recht, dass du im Namen dieser Fremden gegen mich kämpfen willst", sagte Conn. „Das ist wahr", entgegnete Glas. „Wenn mich Finn und die Fianna nicht verstoßen hätte, würde ich nicht für alle Schätze der Welt gegen dich oder einen von ihnen kämpfen." „Sag das nicht", wandte Conn ein, „denn ich schwöre dir bei meiner Ehre: Selbst wenn du Finns Sohn und dazu noch die Söhne seines Volkes getötet hättest, müsstest du ihn nicht fürchten. Stelle dich unter seinen Schutz und er gibt dir sein Wort." „Ich glaube wirklich, der Tag ist gekommen, nun an deiner Seite zu kämpfen", sagte Glas. „Ich werde jetzt zurückgehen und meine Entscheidung dem König der Welt mitteilen."

Er kehrte zu seinem König zurück, sagte ihm alles und der König fragte ihn, von welchem Mann der Fianna er spreche. „Er ist mein Verwandter, Hoher König", antwortete Glas. „Mir wird bang ums Herz, da ich weiß, dass er ganz allein ist, und ich verspüre den großen Wunsch, ihm zu helfen." „Wenn du gehst", sagte der König der Welt, „dann bitte ich dich nur um eines. Erstatte mir jeden Tag Bericht, wie viele Männer aus der Fianna durch mich gefallen sind, und wenn meine Männer fallen sollten, dann sage mir, durch wen sie gefallen sind." „Und dich bitte ich", sagte Glas, „dass du deine

Armeen erst nach Ankunft der Fianna anlegen lässt und bis dahin immer nur einen Mann schickst, der gegen einen von uns kämpft."

An jenem Tag sandte man ihnen zwei von den fremden Kämpfern, die durch Glas und Conn den Tod fanden. Dann baten sie darum, dass man ihnen je zwei Männer schicken möge, was auch geschah. Vor Einbruch der Nacht fielen dreimal neun Männer durch ihre Hand. Conn Crither war an diesem Abend mit Wunden übersät und er sagte zu Glas: „Drei Frauen sind zu mir aus dem Land der Ewigen Jugend gekommen. Sie haben mir versprochen, dass ich meine Wunden in einer Quelle heilen könne. Bewache du heute Nacht den Hafen. Ich mache mich auf die Suche nach ihnen." Dann ging er zu den Frauen. Sie badeten ihn in der Quelle und seine Wunden wurden wieder geheilt.

Glas aber ging zum Hafen hinunter und sagte: „König der Welt, auf einem der Schiffe ist ein Freund von mir, Madan mit dem Gebeugten Nacken, der Sohn des Königs der Sümpfe. Als er noch im Osten der großen Welt weilte, hat er gesagt, dass es genügen würde, wenn er allein für dich um Irland kämpfe, und dass er Irland, auf welche Weise auch immer, für dich unter Tribut stellen könne. Ich bitte dich, lass ihn heute Nacht allein zu mir kommen. Dann sehen wir, wer von uns beiden am besten um Irland kämpft." So ging also Madan an Land. Die beiden griffen einander an und fochten einen schweren Kampf aus. Glas fiel nicht in diesem Kampf, doch der Sohn des Königs der Sümpfe kam durch ihn ums Leben.

Es dauerte nicht lange, bis Conn Crither zurückkam. Groß war sein Lob für alles, was Glas geleistet hatte.

⸺⬦⸺

Kapitel 5
Die Hilfe der Männer von Dea

Taistellach, einer von Finns Boten, kam zum Weißen Strand und fragte, was es Neues gäbe. Conn bat ihn, Finn zu sagen, wie es um sie stünde. Doch Taistellach wollte nicht gehen, bevor er nicht auch sein Schwert im Blut eines Feindes Irlands getränkt hatte. Also forderte er sie heraus und man sandte ihm Coimhleathan, einen herausragenden Kämpfer, der groß und hünenhaft war. Coimhleathan kämpfte mit ihm am Strand und nahm ihn auf den Arm, um ihn lebend zum Schiff des Hohen Königs zu bringen. Doch Taistellach schlug ihm den Kopf ab, der ins Meer fiel. Er brachte ihn aber wieder an Land.

„Sei gepriesen, Sieger!", rief Conn Crither. „Geh heute Nacht ins Haus meines Vaters Bran, Sohn des Febal, in Teamhair Luachra und bitte ihn, uns die Tuatha de Danaan zu Hilfe zu schicken. Morgen gehst du dann weiter zur Fianna von Irland." So ging Taistellach in Brans Haus und erzählte die ganze Geschichte.

Dann zog Bran, Sohn des Febal, aus, um die Tuatha de Danaan zusammenzurufen. Er ging zur Burg Sesnain in Ui Conall Gabra, wo sie zu dieser Zeit gerade ein Fest feierten. Dort traf er drei ihrer besten Männer, Ilbrec den Vielfarbigen, Sohn des Manannan, Nemanach die Perle, Sohn des Angus Og, und Sigmall, Enkel des Midhir. Sie hießen ihn willkommen und baten ihn, bei ihnen zu bleiben. „Es gibt Wichtigeres zu tun, Männer von Dea", sagte Bran. Dann erzählte er ihnen die ganze Geschichte, und wie es um Conn Crither, seinen Sohn, stand. „Bleibe heute Nacht bei mir", sagte Sesnan. „Dolb, mein Sohn, soll zu Bodb Dearg gehen und die Tuatha de Danaan holen."

Also blieben sie dort. Dolb ging nach Sidhe Bean Finn, wo sich Bodb Dearg aufhielt, und überbrachte ihm seine Botschaft. „Junger Mann", sagte Bodb Dearg, „wir haben keine Veranlassung, der Fianna in dieser misslichen Lage beizustehen." „Sag das nicht", entgegnete Dolb. „Es gibt wohl keinen Königssohn und keinen Anführer der Fianna, der nicht Frau oder Mutter oder Pflegemutter oder Geliebte aus den Reihen der Tuatha de Danaan hätte. Jedes Mal, wenn ihr die Fianna gebraucht habt, sind sie euch beigestanden." „Bei meinem Wort", erwiderte Bodb Dearg, „ein guter Bote wie du verdient eine gute Antwort." In allen Landesteilen ließ er nach den Tuatha de Danaan suchen und versammelte sie um sich. Dann gingen sie zur Burg Sesnain und blieben die Nacht über dort. Am nächsten Morgen standen sie auf, zogen ihre kostbarsten Seidenhemden und die bestickten Mäntel an und nahmen ihre grünen Schilde, die Schwerter und die Speere. Zu dieser Zeit waren ihre Anführer Bodb Dearg, Midhir von Bri Leith, Lir von Sidhe Finnachaidh, Abathach, Sohn des Ildathach, Ilbrec, Sohn des Manannan, Fionnbhar von Magh Suil, Argat Lamh, die Silberhand, aus Sionnan und der Mann der Holden Worte von den Boinn.

Die ganze Armee begab sich auf den Weg nach Ciarraighe Luachra und zum rotkuppigen Slieve Mis und marschierte von da aus zum Hafen am Weißen Strand. „Männer von Dea", sagte Abarthach, „edel sei nun eure Gesinnung und groß euer Mut. Was ihr in diesem Kampf vollbringt, wird bis ans Ende aller Zeiten bestehen. Jetzt müsst ihr einlösen, was ihr in großen Worten gelobt habt." „Erhebe dich, Glas, Sohn des Dremen", sagte dann Bodb Dearg, „und berichte dem König der Welt, dass ich gegen ihn kämpfen werde." Daraufhin ging Glas zum König der Welt. „Ist das, was ich hier vor mir sehe, die Fianna von Irland?", fragte er. „Nein", entgegnete Glas, „das sind die anderen Männer Irlands, die sonst das Tageslicht scheuen und im Verborgenen unter der Erde leben. Sie haben mir aufgetragen, dich zu warnen." „Wer wird den Tuatha de Danaan in meinem Namen begegnen?", fragte der König der Welt. „Wir werden gegen sie vorgehen", erwiderten die beiden Könige, die bei ihm waren, Comur Cromchenn, der König der Hunde-köpfe, und Caitchenn, der König der Katzenköpfe. Sie hatten fünf Bataillone bei sich, die wie große, rote Wellen auf den Strand zulie-fen. „Wer will sich mit dem König der Hundeköpfe messen?", fragte Bodb Dearg. „Ich", sagte Lir von Sidhe Finnachaidh, „auch wenn es auf der ganzen Welt angeblich keinen anderen Mann gibt, der so starke Hände hat wie er." „Und wer wird sich dem König der Katzenköpfe stellen?", fragte Bodb Dearg. „Das soll meine Aufgabe sein", sagte Abarthach, Sohn des Ildathach.

Dann gingen Lir und der König der Hundeköpfe aufeinander los und trugen einen harten Kampf aus. Lir verlor zusehends an Bo-den. „Es steht schlecht um Lir", sagte Bodb Dearg. „Geht und helft ihm!" Als ihm Ilbrec, Sohn des Manannan, beistehen wollte, wurde er selbst verwundet und gab auf. Dann kamen ihm Sigmal, Enkel des Midhir, und nach ihm die fünf Söhne des Finnaistucan und die anderen Männer von Dea zu Hilfe. Doch sie wurden alle vom König der Hundeköpfe zurückgeschlagen. Zur selben Zeit hatte Abarthach dem König der Katzenköpfe ein Ende gemacht. Er schwang sich auf seinen Speer, sprang hoch und landete genau zwischen Lir und seinem Feind. „Geh jetzt und schau zu", sagte er zu Lir. „Jetzt kämpfe ich gegen den Fremden." Dann nahm er das Schwert in die linke Hand und durchbohrte mit seinem Speer die Rüstung des Königs. Als der König seinen Schild hob, schlug er ihm beide Unterschenkel ab. Da ließ der König den Schild fallen und Abarthach schlug ihm auch den Kopf ab. Als nun beide Kö-nige tot waren, ergriffen ihre Soldaten die Flucht. Die Männer von Dea folgten ihnen und töteten sie alle, doch verloren sie dabei auch viele ihrer eigenen Leute.

Kapitel 6
Der Marsch der Fianna

Finn und die Fianna waren noch in Credhes Haus, als sie Taistellach kommen sahen. Es war der Brauch, dass jeder Bote zuerst zu Finn ging und berichtete, was Neues geschehen war. War die Nachricht schlecht, blieb es Finn überlassen, ob er sie weitergab oder nicht, war sie gut, dann hatte er allein die Genugtuung, sie zu verkünden. Taistellach erzählte ihm also, dass die Fremden im Hafen am Weißen Strand gelandet seien.

Da wandte sich Finn an seine Gefolgsleute und sagte: „Fianna von Irland, noch nie kam so viel Gefahr und Leid über Irland wie in diesen Tagen. Die Obersten Irlands leisten euch hohen Tribut und Dienst. Daher ist es nur recht, wenn ihr sie jetzt verteidigt."
Da erklärte die Fianna einmütig, dass sie Irland verteidigen und keinen Schritt zurückweichen wollte. Credhe gab jedem von ihnen ein Kampfkleid. Sie wollten sich von ihr verabschieden, doch Finn sagte: „Sie soll mit uns kommen und bei uns bleiben, bis wir wissen, ob die Reise gut oder schlecht enden wird." Credhe begleitete sie und brachte auch ihre Kühe mit. So hatten sie immer frische Milch, solange sie kämpften, und sie kämpften ein ganzes Jahr und einen Tag. Credhe heilte auch die Verwundeten, die man in ihr Haus brachte.

Dann machte sich die Fianna auf den Weg. Sie gingen bis zur Grenze von Ciarraighe Luachra, über die Küste von Bannlid und ließen Slieve Mis zu ihrer Linken. Dann bauten sie sich einen Unterstand für die Nacht und machten Feuer.

Doch Caoilte, Oisin und Lugaidhs Sohn beschlossen weiterzugehen bis zum Hafen und noch vor den anderen die Hand im Blut der Feinde zu tränken.

Zu dieser Zeit befahl der König der Welt einigen seiner Gefolgsleute, auf Beutezug zum Strand zu gehen. Sie gingen an Land und stießen einen lauten Schrei aus. Im selben Augenblick schrien auch die, die an Bord geblieben waren. „Bei meinem Volk", sagte Caoilte, „ich schwöre, dass ich noch nie und nirgendwo so viele Stimmen auf einmal gehört habe, und ich war schon überall auf dieser Welt." Dann griffen er, Oisin und Lugaidhs Sohn die Fremden an und lieferten ihnen einen erbitterten Kampf. Als Conn Crither und Glas, Sohn des Dremen, das Klirren der Schwerter hörten, wussten sie, dass die Fianna von Irland da war. Sie schlossen sich ihnen an und töteten alle, die an Land gekommen waren.

Kapitel 7
Die ersten Kämpfer

Am Morgen sahen sie, wie sich Finn mit all seinen Gefolgsleuten dem Erdhügel näherte, der über dem Hafen lag. „Finn, mein Vater", sagte Oisin, „jetzt werden wir gemeinsam gegen sie kämpfen." „Das würde ich nicht raten", entgegnete Finn. „Den vielen Armeen könnten wir niemals standhalten. Aber wir werden jeden Tag einen unserer Königssöhne und Anführer gegen einen der ihren senden, der ihnen ebenbürtig ist. Und ihr müsst zuerst versuchen, ihre Könige zu treffen, denn wenn ein König fällt, gibt auch sein Volk nach. Wer ist bereit, ihnen in meinem Namen den Kampf anzutragen?", fragte er. „Ich bin bereit", sagte der Sohn des Cuban, der Anführer der Fianna von Munster. „Lieber nicht, mein Sohn", entgegnete Finn. „Nach der Vorsehung gehörst du nämlich nicht zu denen, die in diesem Kampf ihr Glück machen, und ich habe noch nie einen Mann ausgesandt, wenn ich nicht sicher war, dass er wohlbehalten wieder zurückkehrt." „Sage das nicht", gab Cubans Sohn zur Antwort. „Nicht für alle Schätze dieser Welt würde ich einen Kampf scheuen, nur weil die Vorsehung dagegen spricht. Und mein Land haben sie schließlich zuerst mit ihren Beutezügen heimgesucht. Jetzt werde ich es verteidigen." „Du machst mir Kummer", sagte Finn. „Der König, dem du heute begegnest, wird zwar fallen, doch du wirst mit ihm fallen." Durch Glas ließ Cubans Sohn seine Herausforderung verkünden. Der König von Griechenland nahm sie an. Die beiden kämpften Mann gegen Mann. Dann warf der König von Griechenland seinen mächtigen Speer nach Cubans Sohn. Er durchdrang seinen Leib und brach ihm das Rückgrat. Doch Cubans Sohn gab nicht auf und erwiderte den Hieb mit seinem goldenen Speer, der sich durch die gepanzerte Rüstung des Königs bohrte. Seite an Seite fielen sie. „Welches Leid, dass Cubans Sohn gefallen ist", sagte Finn. „Nie hat er jemanden abgewiesen. Sogar die, die der Hohe König oder ich schon nach ein paar Tagen wegschickten, konnten ein ganzes Jahr in seinem Haus bleiben. Lasst nun Follamain, seinen Sohn, zu mir kommen. Er soll seines Vaters Rang und Namen erhalten."

Dabei beließen sie es bis zum nächsten Morgen. „Wer zieht heute in den Kampf?", fragte Finn. „Ich werde gehen", sagte Goll Garb, der Sohn des Königs von Alban und der Tochter Golls, des Sohnes des Morna. Er legte seine Kampfkleidung an und zog gegen die drei Könige aus dem Land der aufgehenden Sonne im Osten, die mit drei Bataillonen kamen. Goll Garb fegte durch die Reihen und verletzte, verstümmelte und zerstörte sie. Er stach ihnen die Augen aus, so dass sie den Kopf verloren und ihn schließlich anflehten, seinem tödlichen Schwert Einhalt zu gebieten. Da ließ Goll von ihnen ab und sie versprachen, ihre drei Könige auszuliefern, wenn er dem Töten ein Ende mache.

„Wer geht heute hinaus und kämpft?", fragte Finn am Morgen danach. „Ich werde gehen", sagte Oisin, „und die obersten Männer der Söhne des Baiscne werden mich begleiten. Denn schließlich sind wir im Besitz der besten Ländereien und sollten daher auch an erster Stelle stehen, wenn es um die Verteidigung Irlands geht." „Ich nehme die Herausforderung an", sprach der König Frankreichs, „denn ich kam nach Irland, um gegen Finn zu kämpfen, der mir meine Frau genommen hat. Diese Männer hier werden nun durch mich fallen und nach ihnen Finn. Denn wenn erst einmal die Äste eines Baumes abgeschlagen sind, ist es nicht mehr schwer, den Stamm selbst zu fällen." Der König von Frankreich und Oisin begegneten sich an der Ostseite des Strandes. Sie rammten ihre seidenen Banner in den Boden des grünen Hügels, zogen ihre Schwerter aus der Scheide und griffen sofort an. Einmal schlug der König so heftig auf Oisin ein, dass dieser aufstöhnte. Aber trotzdem war der König am Ende unterlegen und seine Furcht war so groß wie die von hundert Pferden, wenn der Donner grollt. Er rannte auf und davon. Schnell wie eine Schwalbe schoss er hoch und floh vor Oisin. Ohne den Boden zu berühren, jagte er nach Gleann na-n Gealt, ins Tal der Wilden Männer. Und seit dieser Zeit liefen in Irland alle dorthin, die Kopf und Verstand verloren. Die Armeen der Welt brachen in lautes Wehklagen aus, als sie sahen, wie der König von Frankreich von ihnen ging. Die Fianna von Irland aber stieß laute Freudenschreie aus.

Als sich der Tag neigte, sagte Finn: „Traurig ist der König der Welt und düsteren Gedanken hängt er nach. Es ist nicht auszuschließen, dass er uns angreift. Wer von euch hält heute Nacht im Hafen Wache?" „Ich werde gehen", sagte Oisin, „mit denselben Männern, die heute mit mir gekämpft haben. Denn es ist nur recht, wenn wir einen ganzen Tag und eine ganze Nacht für die Fianna von Irland kämpfen."

So gingen sie zum Hafen hinunter und gerade zu dieser Zeit sprach der König der Welt zu seinen Leuten: „Es scheint mir, dass uns heute bei Tag kein Glück in der Schlacht beschieden war. Darum sollten jetzt einige von euch gehen und die Fianna von Irland angreifen." Da erhoben sich die neun Söhne des Garb, des

Königs der See von Icht, die Schmiede waren, und mit ihnen sechzehnhundert ihrer Männer. Alle, außer Dolar Durba, dem ältesten unter ihnen, begaben sich zur Küste.

Die Söhne des Baiscne waren schon bereit. Sie kämpften hart, bis der Morgen graute. Dann war auf beiden Seiten keiner der noch Lebenden mehr in der Lage, eine Waffe zu halten, außer Oisin und einer der Söhne des Garb. Sie warfen ihre Schwerter weg und gingen aufeinander los. Sie umfassten sich mit den Armen und trugen einen Ringkampf aus, den anzusehen eine Reise um die Welt gelohnt hätte. Plötzlich brachte der Fremde Oisin zu Fall. Er wollte ihn zum Meer schaffen, denn er war ein guter Schwimmer und glaubte, ihm dort besser Herr zu werden. Und Oisin dachte, es sei unter seiner Würde, wenn er sich weigere, dort zu kämpfen. Also gingen sie ins Wasser. Nun versuchte einer den anderen zu ertränken und sie zogen sich gegenseitig bis zum sandigen Meeresboden hinab. Welche Qualen litt da die Fianna, als sie Oisin in diesem Grauen sah. „Erhebe dich, Fergus mit der Süßen Stimme", rief Finn, „preise meinen Sohn und mache ihm Mut!" Da ging Fergus an den Strand und sprach: „Du kämpfst gut, Oisin. So viele sehen dir zu, die Armeen der ganzen Welt und die Fianna von Irland. Zeige nun, was du kannst, zeige deine Größe. Denke an die vielen schönen Frauen und die Königstöchter, die dir zu Füßen lagen und um die du gekämpft hast." Da erwachte neuer Mut in Oisin. Wütend vor Zorn packte er den Fremden, drückte ihn mit dem Gesicht nach oben unter Wasser und ließ ihn nicht mehr los, bis alles Leben aus ihm gewichen war. Dann brachte er den Leichnam an den Strand, schlug ihm den Kopf ab und übergab ihn der Fianna.

Dolar Durba aber, der älteste Sohn des Garb, der auf dem Schiff geblieben war, schwor voller Kummer und Zorn, dass er seine Brüder rächen werde. Er ging zum Hohen König und sprach: „Ich werde allein zum Strand gehen und jeden Tag hundert Männer töten, solange bis alle Armeen Irlands vernichtet sind. Und wenn sich einer von euch einmischen sollte, dann ist auch er ein toter Mann."

Am nächsten Morgen fragte Finn, wer sich an diesem Tag in die Schlacht begeben wolle. „Ich", sagte Dubhan, Sohn des Donn. „Nein", entgegnete Finn, „lass lieber einen anderen gehen." Doch Dubhan ging zum Strand und mit ihm gingen hundert Männer. Da stand aber nur Dolar Durba, der behauptete, dass er gegen sie alle kämpfen wolle. Bei diesen Worten brachen Dubhans Männer in brüllendes Gelächter aus. Doch da ging Dolar Durba auf sie los und tötete sie alle, ohne selbst auch nur einen Kratzer abzubekommen. Er nahm einen Schleuderstock und einen Ball, warf den Ball hoch und hielt ihn mit dem Stock in der Luft. Dann lief er den Strand auf und ab, ohne dass der Ball auf den Boden fiel. Schließlich legte er ihn auf den rechten Fuß und schoss ihn in die Luft. Als er wieder zurückkam, schoss er mit dem linken Fuß, und solange der Ball in der Luft blieb, huschte Dolar Durba wie ein Windstoß im März über den Strand. Danach ging er auf und ab, rühmte sich laut seiner Taten und forderte die Männer Irlands auf, es ihm gleichzutun. Jeden Tag tötete er hundert Männer, die gegen ihn kämpfen wollten.

Kapitel 8
Der Sohn des Königs von Ulster

Nun begab es sich zu dieser Zeit, dass die Nachricht von der großen Schlacht den Hof des Königs von Ulster erreichte. Da sagte der Sohn des Königs, der gerade zwölf Jahre alt und der hübscheste junge Mann in ganz Irland war, zu seinem Vater: „Lass mich zu Finn und seinen Männern. Ich werde ihnen helfen." „Du bist noch nicht alt und stark genug. Deine Knochen sind noch zu weich", entgegnete der Vater. Doch der Junge flehte ihn an und hörte nicht auf, bis ihn sein Vater einsperren ließ. Zwölf junge Männer, seine Stiefbrüder, mussten ihn bewachen.

Der junge Bursche war wütend und sagte: „Mein Vater hat sich schon in seiner frühen Jugend einen Namen gemacht, weil er so kühn und so wagemutig war. Warum will er mich daran hindern, es ihm gleichzutun? Ihr müsst mir jetzt helfen, dann werde ich für alle Zeiten euer Freund sein." Er redete so lange auf sie ein, bis er sie schließlich so weit hatte, dass sie einwilligten und sich mit ihm zusammen der Fianna anschließen wollten. Als der König schlief, schlichen sich die Jungen in das Haus, in dem die Waffen aufbewahrt wurden. Jeder von ihnen nahm sich Schild, Schwert und Helm, dazu noch zwei Speere und zwei Windhund-Welpen. Dann gingen sie über Ess Ruadh im Norden, durch Connacht, durch Caille an Chosanma, die Schutzwälder, die, wie es hieß, jedem König zum Vorteil und jedem Dichter zur Ehre gereichten, bis nach Ciarraighe und weiter bis zum Weißen Strand.

Als sie dort ankamen, sahen sie, wie Dolar Durba vor den Männern Irlands prahlte. Oisin erhob sich und wollte gegen ihn vorgehen, denn lieber würde er im Kampf sterben, sagte er, als weiterhin zusehen zu müssen, wie Dolar Durba sein Volk zu Grunde richte. Alle weisen Männer, Kämpfer, Dichter und Barden der Fianna schrien vor Kummer laut auf, als sie Oisin so sprechen hörten.

Der Sohn des Königs von Ulster ging zu Finn, stellte sich vor ihn und grüßte. Finn fragte ihn, wer er denn sei und wo er herkäme. „Ich bin der Sohn des Königs von Ulster", sagte er. „Ich bin mit meinen zwölf Stiefbrüdern hier, um dir zu helfen, so gut wir können." „Sei willkommen", sagte Finn. Gerade in diesem Augenblick hörten sie Dolar Durbas Stimme, laut und prahlerisch. „Wer ist das?", fragte der Königssohn. „Einer der Fremden, der nach hundert meiner Männer ruft und gegen sie antreten will", antwortete Finn. Als das nun die zwölf Stiefbrüder hörten, sagten sie kein

Wort und gingen zum Strand hinunter, ohne dass Finn und der Königssohn davon etwas merkten.

„Du bist doch noch ein Kind", sagte Conan. „Du und deine Kameraden, ihr seid doch weit davon entfernt, gegen einen wahren Kämpfer bestehen zu können." „Ich habe die Fianna bis auf den heutigen Tag noch nicht gesehen", sagte der Junge, „aber eines weiß ich: Du musst Conan Maol sein, der an niemandem ein gutes Haar lässt. Du wirst schon sehen", sagte er, „ob ich mich vor dem Mann am Strand oder vor sonst jemandem auf der Welt fürchte, denn jetzt werde ich gegen ihn kämpfen." Doch Finn hielt ihn zurück und verwickelte ihn in ein Gespräch. Aber dann fing Conan wieder an zu stacheln: „Dolar Durba hat schon viele Männer ums Leben gebracht und darunter war keiner, der nicht jeden Tag hundert von deiner Sorte hätte töten können." Als der Königssohn das hörte, wurde er zornig und sprang auf. Da hörten sie, wie Dolar Durba laut aufschrie. „Warum schreit er so?", fragte der Königssohn. „Er verlangt nach mehr Männern. Deine zwölf Kameraden hat er gerade ins Jenseits befördert." „O weh, welch ein Kummer", rief da der Knabe.

Bei diesen Worten griff er nach seinen Waffen und keiner konnte ihn nun mehr aufhalten. Er lief zum Strand auf Dolar Durba zu. Die fremden Soldaten konnten vor Lachen nicht mehr an sich halten, als sie ihn sahen. Wenn Finn schon diesen jungen Burschen gegen ihren besten Kämpfer schickte, dann mussten seine Männer wohl alle tot sein, dachten sie. Ihr Gelächter bewirkte aber nur, dass sich der Junge tollkühn auf Dolar Durba stürzte und ihn schwer verwundete, bevor jener überhaupt wusste, wie ihm geschah. Sie trugen einen harten Kampf aus und hörten auch nicht auf, als ihre Schilde und Schwerter zu Bruch gingen. Dann rangen sie miteinander, bis die Flut sie mit sich riss. Die See trug sie hinaus und sie ertranken. Da schrien die Armeen auf beiden Seiten vor Kummer und Schmerz laut auf.

Als das Wasser am nächsten Morgen zurückging, fanden sie die beiden, kalt und ruhig und eng aneinander geklammert. Dolar Durba lag unter dem Königssohn und da wussten sie, dass der Junge den Sieg über ihn errungen hatte. Sie begruben ihn, errichteten eine Steinplatte auf seinem Grab und hielten ihm die Totenklage.

Kapitel 9
Der Sohn des Hohen Königs

Finn erklärte daraufhin, er selbst werde nun Daire Donn, den König der Großen Welt, herausfordern. An diesem Tag jedoch bat Caoilte darum, kämpfen zu dürfen. Finn willigte ein unter der Bedingung, dass er genügend Männer fände, die mit ihm gingen. Er selbst gab ihm hundert Mann, hundert kamen von Oisin und die anderen hielten es genauso. Caoilte forderte die Gegner also heraus und der Sohn des Königs der Großen Ebene nahm an. Mitten im Kampfgetümmel sahen sie eine ganze Flotte von Schiffen in den Hafen einlaufen und Finn dachte schon, sie wollten den Feinden zu Hilfe kommen. Oisin sah sie sich näher an und sagte dann: „Du irrst selten, Finn, aber in diesem Fall täuschst du dich. Hier kommen unsere Freunde: Fiachra, der Sohn des Königs der bretonischen Fianna und Duaban Donn, der Sohn des Königs von Tuathmumain mit seinem Volk." Als die Seefahrer die Küste erreichten, sahen sie, wie Caoiltes Banner vor dem Sohn des Königs der Großen Ebene fiel. Sie eilten ihm zu Hilfe und machten dem Sohn des Königs und seinen Leuten ein Ende.

„Wer wird heute Nacht Wache halten?", fragte Finn. „Wir übernehmen das", antworteten die neun Garbhs der Fianna. Sie waren noch nicht lange auf ihren Posten, als der König der Männer von

Dregan auf sie zukam und sie heftig attackierte. Gegen Morgen waren nur noch drei Männer der Garbhs und der König der Männer von Dregan am Leben. Sie kämpften bis zur Erschöpfung und fielen dann Seite an Seite.

Tag für Tag, Woche für Woche wurde nun wieder gekämpft. Auf beiden Seiten waren schwere Verluste hinzunehmen. Als Fergus mit der Süßen Stimme die vielen Gefallenen der Fianna sah, ging er, ohne um Erlaubnis zu bitten, nach Teamhair zum Hohen König von Irland und berichtete ihm, wie es um Finn und seine Leute stand. „Ich kann nicht sagen, dass mir Finn Leid tut", sagte der Hohe König. „Wenn die Fianna Schweine, Rehe oder Lachse erlegt, dann wagt es keiner sie anzurühren, und wer sich von einem Ort zum anderen begibt, muss vorher Finn fragen, ob er auch darf, und wer sich eine Frau nimmt, erkundigt sich vorher besser, ob sie nicht schon einen Geliebten bei der Fianna hat. Finn hat oft schlecht über uns geurteilt. Für uns wäre es sicher kein Nachteil, wenn seine Feinde das Rennen machen."

Da ging Fergus hinaus auf den Rasenplatz, wo der Sohn des Königs Ball spielte. „Du bist Irland keine große Hilfe. Du spielst hier sinnlos herum, während dir die Fremden dein Land wegnehmen." Er beschimpfte und bedrängte ihn, bis sich der junge Mann entsetzlich schämte, sein Spielzeug wegwarf und alle seine Leute in Teamhair zusammentrommelte. Eintausendundzwanzig junge Männer folgten ihm. Sie machten sich auf den Weg, ohne den Hohen König um Rat zu fragen, und gingen nach Finntraigh. Fergus eilte zu Finn und erzählte ihm, dass der Sohn des Hohen Königs von Irland gekommen sei. Die Fianna erhob sich vor dem jungen Mann und hieß ihn willkommen. Da sprach Finn: „Junger Mann, wir hätten dich lieber zu einer Zeit hier gesehen, zu der unsere Barden, Sänger, Dichter und unsere schönen Frauen anwesend sind, um dich zu unterhalten, als jetzt, wo wir uns in arger Bedrängnis befinden." „Ich bin nicht zu meinem Vergnügen gekommen", erwiderte der junge Mann. „Ich will euch im Kampf beistehen." „Noch nie habe ich einen jungen Mann in die Schlacht geschickt, der keine Erfahrung hat", sagte Finn. „Schon viel zu oft kamen diese jungen Männer zu Tode und daran will ich nicht schuld sein." „Bei meinem Wort", sagte da der junge Mann, „wenn nicht für dich, dann werde ich in meinem Namen gegen sie kämpfen." Da ging Fergus los und forderte den König der Welt gegen den Sohn des Hohen Königs von Irland heraus.

„Wer wird dem Sohn des Königs von Irland Antwort geben?", fragte der König der Welt. „Ich werde gehen", sagte Sligech, der König der Männer von Cepda. Dann ging er mit seinen drei roten Bataillonen zum Strand. Der Sohn des Hohen Königs trat mit seinen Kameraden an, die zu ihm sagten: „Nimm all deinen Mut zusammen. Der Fianna von Irland könnte nichts Besseres widerfahren, als dass du siegreich aus diesem Kampf hervorgehst." Bei diesen Worten stürmte der Sohn des Hohen Königs durch die Reihen der feindlichen Armee und tötete einen nach dem anderen, bis alle ihre Anführer darniederlagen. Dann trat Sligech, ihr König, vor ihn, zornig und zum Letzten bereit. Sie schlugen sich und lieferten sich einen heftigen Kampf, doch zum Schluss gewann der Sohn des Königs von Irland die Oberhand. Er tötete den König der Männer von Cepda und schlug ihm den Kopf ab.

Kapitel 10
Der König von Lochlann und seine Söhne

Tag für Tag kämpften sie weiter. Schließlich sagte Finn zu Fergus mit der Süßen Stimme: „Geh, Fergus, und sieh nach, wie viele von der Fianna noch übrig sind, die den heutigen Kampf überstehen könnten." Fergus zählte sie und sagte dann: „Du kannst nur mit einer Bataillon rechnen, aber es sind Männer darunter, die es mit drei, neun, dreißig oder gar hundert Männern aufnehmen." „Wenn das so ist", sagte Finn, „dann begib dich zum König der Welt und fordere ihn zur großen Schlacht heraus."

Also ging Fergus zum König, der auf seinem Bett lag und der Musik der Harfen und Flöten lauschte. „König der Welt", sagte Fergus, „du ruhst schon sehr lange, aber du musst dich nicht schämen, denn so bald wirst du nicht mehr zur Ruhe kommen. Die Fianna hat sich auf dem Schlachtfeld versammelt und wartet darauf, dass du ihr entgegentrittst." „Nach meiner Meinung", sagte der König der Welt, „ist keiner von ihnen mehr in der Lage, gegen mich zu kämpfen. Wie viele sind denn noch übrig von der Fianna von Irland?" „Eine Bataillon, aber die ist in gutem Zustand", gab Fergus zur Antwort. „Und wie viele Armeen sind dir noch geblieben?" „Mit dreißig Bataillonen kam ich nach Irland, zwanzig sind durch die Fianna gefallen. Geblieben sind mir die zehn roten Bataillone, die in bester Verfassung sind. Darunter gibt es acht gute Kämpfer, die es mit dem Rest der Welt aufnehmen, nämlich ich und mein Sohn Conmail, Ogarmach, die Tochter des Königs von Griechenland, die nach mir am besten von allen kämpft, Finnachta mit den Zähnen, der Oberste meines Hofstaats, der König von Lochlann, Caisel Clumach mit den Federn, und seine drei Söhne, Techa, Forne mit den Breiten Schultern und Mongach vom Meer."

„Ich schwöre bei meinem Volk", sagte da der König von Lochlann, „wenn auch nur ein Mann vor mir und meinen drei Söhnen gegen die Fianna zieht, dann werden wir überhaupt nicht gegen sie kämpfen. Wir haben nur dann unsere Genugtuung, wenn unsere Schwerter mit ihrem Blut getränkt werden." „Ich werde allein gegen sie kämpfen", sagte da Forne, der jüngste Sohn des Königs von Lochlann. Er legte seine Kampfkleidung an, stürmte mit seinen beiden roten Schwertern gegen die Fianna von Irland und tötete all die jungen Männer, die sie in den Kampf geschickt hatte, bis der Strand mit Leichen übersät war.

Welche Qual kam da über Finn. Todesangst packte ihn und er fürchtete, den Verstand zu verlieren. Dennoch wollte er seine Männer anfeuern. Da aber stand Fergus mit der Wahren Stimme auf und sprach: „Fianna von Irland, ihr seid in arger Bedrängnis, ihr, die ihr Irland verteidigen wollt. Dieses Land wird euch heute von einem einzigen Mann genommen. Und ihr benehmt euch wie ein Schwarm junger Vögel, die vor dem Habicht Schutz suchen. Ihr sucht bei Oisin und Caoilte Schutz. Keiner von euch ist besser als der andere und keiner von euch bietet dem Feind die Stirn." „Bei meinem Wort", sagte Oisin, „das ist wahr. Und keiner versucht, das Blatt zu wenden." „Ihr seid alle gleich", sagte Fergus. Da schrie Oisin dem Sohn des Königs von Lochlann entgegen: „Halt ein, Königssohn, ich kämpfe mit dir im Namen der Fianna." „Das wird nicht lange dauern", entgegnete Forne. Dann griffen sie sich an und eine Zeit lang sah es so aus, als würde Oisin unterliegen. „Es macht mir Kummer, großer Dichter", sagte Finn zu Fergus, „dass du dem Fremden meinen Sohn geschickt hast. Geh jetzt, lobe ihn und mache ihm Mut." Fergus ging zum Kampfplatz und sagte: „Du kämpfst so schlecht, dass es eine Schande ist, und dabei sehen dir so viele Boten zu, die den Töchtern der Könige und Prinzen Irlands Bericht erstatten." Da erwachte neuer Mut in Oisin. Er trieb seinen Speer durch Fornes Leib und kehrte dann zur Fianna von Irland zurück.

Die Armeen der Welt schrien laut auf und beklagten Forne. Von Zorn, nicht von Furcht wurden da seine Brüder beherrscht, denn es erschien ihnen nicht recht, dass Forne durch einen Mann der Fianna gefallen war. Tocha, der zweitgeborene Sohn des Königs von Lochlann, ging zur Küste, um den Bruder zu rächen. Er ging auf die Fianna los und gab seinem Schwert reiche Nahrung. Da konnten sie nicht mehr standhalten und ließen von ihm ab. Nur

Lugaidhs Sohn machte kehrt und stellte sich gegen ihn. Die beiden kämpften, bis sich die Schwerter bogen, die Speere barsten und ihre goldenen Schilde zu Boden fielen. Dann schlug Lugaidhs Sohn das Schwert des Fremden entzwei und mit einem weiteren Schlag spaltete er sein Herz in zwei Hälften. Stolz und erhobenen Hauptes kehrte er zur Fianna zurück.

Dann stand Mongach vom Meer, der dritte Sohn des Königs von Lochlann, auf und alle Armeen taten es ihm gleich. „Bleibt hier, Männer der Welt", sagte er, „nicht an euch, an mir ist es, Genugtuung für meine Brüder zu fordern." Und so ging er an die Küste: Er hielt einen eisernen Dreschflegel in der Hand, an den sieben Eisenkugeln und fünfzig Eisenketten gebunden waren. An jeder Kette hingen wiederum fünfzig Kugeln mit fünfzig tödlichen Stacheln. Er stürmte los und brach durch die Reihen der Fianna und sie ließen ihm freie Bahn. Da schämte sich Fidach, der Sohn des Königs der Bretonen, und sagte. „Komm, Fergus mit der Wahren Stimme, und singe mir ein Loblied. Dann werde ich gegen den Fremden kämpfen." „Das fällt mir nicht schwer, mein Sohn", sagte Fergus und stimmte ein langes Loblied an. Fidach sah dem Feind in die Augen. Mit wilden Gebärden und stolzen Worten traten sie gegeneinander an. Mongach hob seinen eisernen Dreschflegel und wollte auf den Sohn des Königs der Bretonen einschlagen, doch der sprang schnell zur Seite und schlug ihm mit dem Schwert beide Hände ab. Dabei ließ er es aber nicht bewenden, sondern versetzte ihm einen Hieb, dass sein Leib in zwei Hälften zerfiel. Doch als Mongach zu Boden ging, schlug eine der Kugeln mit den tödlichen Stacheln auf Fidachs Kopf. Seite an Seite starben die beiden Feinde.

Als nächstes ging der König von Lochlann selbst, Caisel mit den Federn, an den Strand, um zu kämpfen. Er zog mit dem Schild in die Schlacht, den ihm der Schmied der Fomor gefertigt hatte. Rote Flammen schlugen aus ihm hervor, die niemals, nicht einmal unter Wasser, verlöschten. Keiner konnte ihm nahe kommen, solange er den Schild trug. Nie zuvor mussten die Männer Irlands so leiden wie an diesem Tag. Feuerflammen durchzüngelten ihre Körper und sie brannten lichterloh wie getrocknetes Eichenholz. Jeder, der einem der brennenden Leiber zu nahe kam, fing selbst Feuer und verbrannte. Was an diesem Tage geschah, übertraf alles, was Irland jemals an Schicksalsschlägen hinzunehmen hatte.

Da sagte Finn: „Hebt die Hände, Fianna von Irland, und segnet alle, die jene Fremden von uns fern halten, dreimal." Da rief die Fianna von Irland dreimal ihren Segen aus, doch der König von Lochlann lachte nur, als er das hörte. Druimderg, der Enkel des Oberhaupts der Fianna von Ulster, war in seiner Nähe und hatte Croderg, den tödlichen Roten Speer, bei sich, der unter den Söhnen des Rudraighe weitergegeben wurde. Er blickte den König von Lochlann an, von dem unter der Rüstung nur sein weit geöffneter Mund zu sehen war, der über die Fianna von Irland lachte. Druimderg warf den Speer nach dem Mund. Lochlann fiel und mit ihm sein Schild. Die Flamme verlöschte. Druimderg schlug ihm den Kopf ab und rühmte sich der Tat, die er vollbracht hatte.

Kapitel 11
Labrans Reise

Daraufhin machte sich Fergus mit der Wahren Stimme auf den Weg und wanderte durch ganz Irland, bis er das Haus erreichte, das Tadg, Nuadas Sohn, gehörte, der Finns Großvater war.

Großes Leid kam über Muirne, Finns Mutter, und über Labran mit der Langen Hand, ihren Bruder, und über alle ihre Leute, als sie erfuhren, in welcher Gefahr sich Finn befand. Tadg fragte seine Frau, wer wohl nach ihrer Meinung in der Schlacht am Weißen Strand mit dem Leben davonkäme. „Es steht nicht gut um sie", sagte sie. „Selbst wenn alle Männer dieser Welt auf einer Seite kämpften, würde Daire Donn, der König der Welt, sie niederwerfen, denn es gibt keine einzige Waffe, mit der man ihn besiegen könnte. In der Nacht, als er geboren wurde, machte ihm der Schmied der Fomor einen Schild und ein Schwert. Nach der Vorsehung wird er nur durch diese und keine anderen Waffen zu Tode kommen. Er gab sie dem König vom Land der Blonden Männer zur Verwahrung und der hat sie jetzt bei sich." „Wenn das so ist", meinte Tadg, „kannst du Finn, dem einzigen Sohn deiner Tochter, vielleicht doch helfen. Sage Labran Lamfada, er soll gehen und um diese Waffen bitten." „Dränge mich nicht", entgegnete sie, „gegen Daire Donn vorzugehen. Er ist im Haus meines Vaters aufgewachsen." Doch nachdem sie eine Weile darüber gesprochen hatten, gingen sie auf den Rasenplatz vor dem Haus und schickten Labran in der Gestalt eines Adlers aus, um nach den Waffen zu suchen.

Labran flog über die Meere, bis er am Mittag des nächsten Tages die Burg des Königs vom Land der Blonden Männer erreicht hatte. In seiner menschlichen Gestalt ging er zum König und grüßte ihn. Der König hieß ihn willkommen und bat ihn, bei ihm zu verweilen. „Ich habe anderes im Sinn", erwiderte Labran. „Die Frau eines großen Kämpfers der Fianna hat mir ihre Liebe geschenkt und ich muss nun um sie kämpfen. Daher bitte ich dich, mir Schwert und Schild zu leihen, die du hier verwahrst."

Im Haus des Königs waren sieben Zimmer, die nur nacheinander betreten werden konnten. An der ersten Tür war ein Schloss, an der zweiten waren zwei Schlösser und das ging so weiter bis zur siebten Tür, die mit sieben Schlössern versperrt war. In diesem Zimmer wurden das Schwert und der Schild, die der Schmied der Fomor gefertigt hatte, aufbewahrt. Man brachte sie heraus, legte Glücksstäbe dazu und band sie mit Riemen zusammen.

Dann machte sich Labran wieder auf den Weg über die Meere. Mit letzter Kraft erreichte er im Morgengrauen das Haus seines Vaters. „Du hast deine Sache gut gemacht, mein Sohn", lobte ihn Tadg. „Kein anderer hätte das in so kurzer Zeit geschafft." „Das nützt mir wenig", erwiderte Labran, „denn ich bin nicht in der Lage, diese Waffen rechtzeitig für den morgigen Kampf zu übergeben."

Doch gerade in diesem Augenblick sah einer von Tadgs Leuten Aedh, Sohn des Aebinn. Aedh lief in der ersten Hälfte eines jeden Tages so schnell wie der Wind und auch danach konnte ihn kein Mensch einholen. „Du kommst gerade zur rechten Zeit", sagte Tadg. Dann gab er ihm Schwert und Schild und bat ihn, sie zu Finn zu bringen.

Aedh lief also so schnell wie ein Hase oder ein Hirschkalb oder auch eine Schwalbe und erreichte bei Anbruch des nächsten Tages den Weißen Strand. Fergus mit der Wahren Stimme rief gerade die Fianna zum großen Kampf und sprach zu ihnen: „Fianna von Irland, heute, an diesem einen Tag, müsst ihr vollbringen, was ihr sonst an sieben Tagen nicht vollbringt. Noch nie zuvor wurde in Irland an einem Tag ein solches Werk vollbracht wie heute und es wird auch nie wieder geschehen."

Dann erhob sich die Fianna und sah Aedh, Sohn des Aebinn, der in Windeseile auf sie zulief. Finn bat ihn um Nachricht. „Ich komme von der Burg des Tadg, Nuadas Sohn", gab er zur Antwort. „Zu dir selbst bin ich gesandt, um zu erfragen, wie es kommt, dass deine Waffen noch nicht rot vom Blut des Königs der Welt sind." „Ich schwöre bei meinem Volk", sagte Finn, „wenn ich auch meine Waffen nicht in seinem Blut tränken sollte, so werde ich ihn doch in seiner Rüstung erdrücken." „Hier bringe ich dir, König der Fianna", sagte Aedh, „die Waffen, die ihm den Tod bringen. Labran mit der Langen Hand hat sie dir mit Druidenkunst beschafft." Er legte die Waffen in Finns Hände. Finn nahm die Hülle ab und im selben Augenblick stiegen Feuerblitze und tödliche Blasen aus ihnen auf. Keiner aus der Fianna konnte den Anblick ertragen, doch erwachte in ihnen neuer Mut, da sie wussten, dass sie nun bei Finn waren. „Erhebe dich, Fergus", sagte Finn, „geh zum König der Welt und bitte ihn zum großen Kampf."

Kapitel 12
Der große Kampf

Der König kam mit all seinen Armeen zum Strand, und alle, die von der Fianna noch übrig geblieben waren, traten gegen sie an. Wie ein Wald von dichten Bäumen standen sie einander gegenüber und holten zum Angriff aus. Schwerter prallten gegen Knochen, einigen wurde der Leib zerstückelt, anderen die Augen geblendet. Manche Mutter verlor ihren Sohn, manche Frau ihren Mann.

Die Geister der Lüfte antworteten auf ihre Weise. Sie prophezeiten, welches Ausmaß die Zerstörung an diesem Tag annehmen sollte. Die See gab Kunde von den Verlusten, laut brüllten die Tiere des Meeres, mit schwerer Todesklage schlugen die Wellen gegen den Strand. Die rauen Hügel krachten unter der Not der Kämpfe, zitternd trauerten die Wälder um ihre Helden und die grauen Felsen schrien bei ihren Taten laut auf. Der Wind seufzte und die Erde bebte. Ein blaues Tuch aus den Schreien der grauen Armeen legte sich um die Sonne, dunkel drohten die Wolken. Die Hunde, Welpen und Krähen, die Hexen in den Tälern, die Mächte der Luft und die Wölfe in den Wäldern, sie alle heulten und hetzten die Feinde gegeneinander auf.

Da kam es Conan, Sohn des Morna, wieder zu Bewusstsein, dass er und seine Sippe den Söhnen des Baiscne einmal übel mitgespielt hatten, und nun wollte er es wieder gutmachen. Er nahm sein Schwert und vollbrachte wahre Heldentaten. Finn machte der

Fianna Mut und der König der Welt spornte seine Kämpfer an. „Erhebe dich, Fergus", sagte Finn, „und lobe Conan in meinem Namen. Er leistet jetzt schon gute Arbeit und wird dann über sich hinauswachsen." Also ging Fergus zu Conan, der sich, vom Kampf erhitzt, gerade etwas abkühlen wollte. „Es ist gut, dass du dich an den alten Streit zwischen den Söhnen des Morna und den Söhnen des Baiscne erinnerst, Conan", sagte Fergus. „Du wärst sicher bereit zu sterben, wenn du damit den Söhnen des Baiscne schaden könntest." „Bei aller Liebe, großer Dichter", sagte Conan, „urteile nicht ohne Grund gegen mich. Ich werde es den Fremden schon zeigen, wenn ich wieder in den Kampf gehe." „Bei meinem Wort", sagte Fergus, „das wäre nicht schlecht." Dann sang er ihm ein Loblied. Conan kehrte aufs Schlachtfeld zurück und kämpfte so gut wie zuvor. Fergus ging wieder zu Finn.

„Wer kämpft jetzt am besten?", fragte Finn. „Duban, Sohn des Cas, einer aus unseren Reihen", antwortete Fergus. „Er schlägt immer nur einmal zu und keiner entkommt ihm lebend. Mehr als hundert Männer sind schon durch ihn gefallen." Duban Donn, der Urenkel des Königs von Tuathmumhain, hörte seine Worte und sagte: „Du hast recht, Fergus, keiner kämpft besser als Duban, Sohn des Cas, doch ich schwöre dir, ich werde ihn übertreffen oder sterben." Bei diesen Worten stürmte er durch die Schlachtreihen wie eine mit Stechginster gespeiste Feuerflamme. Neunmal machte er die Runde um das Schlachtfeld und tötete jedes Mal einundachtzig Männer.

„Wer ist jetzt der Beste?", fragte Finn nach einer Weile. „Duban Donn, seit er von uns fortgegangen ist. Schon als er sieben Jahre alt war, lag er immer vorn und das ist jetzt noch genauso." „Geh und lobe ihn, das macht ihm noch mehr Mut." „Das werde ich tun", sagte Fergus, „dann werden die Fremden vor ihm davonlaufen wie vor einer Flutwelle." Fergus sang ihm ein Loblied und ging dann zu Finn zurück.

„Wer ist jetzt der Beste im Kampf?", fragte Finn. „Osgar liegt in Führung", gab Fergus zur Antwort. „Er kämpft ganz allein gegen zweihundert Franken und gegen zweihundert Männer von Gairian samt ihrem König. Sie alle treffen nur seinen Schild und keiner konnte ihn bis jetzt verwunden, ohne dass er nicht auch eine Wunde davongetragen hätte." „Wie steht es um Caoilte, Sohn des Ronan?", fragte Finn." „Er ist außer Gefahr", sagte Fergus. „Dann geh jetzt zu ihm", bat Finn, „und sage ihm, er soll die Fremden von Osgar fern halten." Fergus ging zu ihm und sprach: „Caoilte, dein Freund Osgar ist in großer Bedrängnis. Steh auf und hilf ihm." Caoilte begab sich zu Osgar und versetzte gleich dem ersten Feind, der ihm nahe kam, einen solchen Schlag mit dem Schwert, dass sein Körper in zwei Hälften gespalten wurde. Osgar hob den Kopf und blickte ihn an. „Kann es sein, Caoilte", sagte er, „dass du erst jetzt zu töten wagtest, da dieser Mann vor mein Schwert trat? Schäme dich, alle großen Kämpfer der Welt und der Fianna sind in dieser Schlacht. Du aber kannst keinen Kampf für dich allein austragen und musst bei mir Anleihen nehmen. Ich schwöre dir, es würde mich freuen, wenn sie dir dafür ein Blutbad bereiten." Bei diesen Worten wurde Caoilte klar, dass er falsch gehandelt hatte. Sein blasses Gesicht wurde rot vor Zorn. Er ging wieder in den Kampf und tötete achtzig Männer.

„Wie steht es jetzt in der Schlacht?", fragte Finn. „Es tut mir leid", sagte Fergus, „hier gibt es wohl weit und breit niemanden, der sagen könnte, wie es aussieht. Die Baumwipfel in den dichtesten Wäldern könnten nicht näher beieinander stehen als die Armeen. Sie können sich schon an den Buckeln ihrer Schilde fassen. Feuer kommt aus ihren Schwertern und Blut strömt wie der Regen zur Erntezeit. Noch kein Wind hat jemals so viele Blätter aus einem Wald geweht wie hier Wolken aus blonden und schwarzen, von scharfer Waffe geschnittenen Locken davongetragen werden. Keiner kann den einen vom anderen unterscheiden, es sei denn an der

Stimme." Fergus ging daraufhin aufs Schlachtfeld, um die Männer der Fianna zu loben und ihnen Mut zu machen.

„Wer ist jetzt der Beste in der Schlacht?", fragte Finn, als Fergus wieder zurückkehrte. „Keiner unserer Freunde", erwiderte Fergus, „sondern Daire Donn, der König der Welt. Er will zu dir und bahnt sich mit hundertfünfzig Männern den Weg durch die Schlacht. Zwei aus der Fianna, Cairell der Schlachtenkämpfer und Aelchinn von Cruachan, haben sie angegriffen und vernichtet, doch dem König der Welt konnten sie nichts anhaben, sondern sind durch ihn gefallen." Dann ging der König der Welt auf Finn zu, bei dem nur Arcallach mit der Schwarzen Axt war, der als Erster eine Axt nach Irland gebracht hatte. „Ich gebe dir mein Wort", sagte Arcallach, „bevor Finn in die Schlacht geht, gehe ich selbst." Er erhob sich und versetzte dem König mit seiner Axt einen heftigen Schlag. Die Axt ging durch seine Krone und berührte sein Haar, doch der König vergoss keinen Tropfen Blut, denn die Axt fuhr zurück und schleuderte Feuerbälle über das ganze Land. Dann versetzte der König der Welt Arcallach einen Schlag, der ihn in zwei Hälften spaltete. Finn und der König der Welt wandten sich einander zu. Als der König das Schwert und den Schild in Finns Hand sah, wusste er, das waren die Waffen, die ihm den Tod bringen würden. Da überkam ihn große Furcht. In diesem Augenblick verlor er seine stattliche Gestalt, seine Hände zitterten, seine Beine gaben nach und ihm wurde schwarz vor Augen. Sie trugen einen großen Kampf aus und schlugen sich, als läge das Schicksal der ganzen Welt in ihren Händen. Der König, der noch nie eine Wunde davongetragen hatte, wurde immer schwächer. Finn holte aus, zerschmetterte ihm Schild und Schwert, schlug ihm den linken Fuß ab und zuletzt enthauptete er ihn. Doch dann sank er selber vor Schwäche und Wunden zu Boden.

Finnachta mit den Zähnen, der oberste Mann am Hof des Königs der Welt, holte die Krone seines Herrn, brachte sie zu Conmail, dessen Sohn, und setzte sie ihm auf den Kopf. „Sie möge dir Glück in allen Kämpfen bringen, mein Sohn", sagte er. Er gab ihm auch die Waffen seines Vaters. Der junge Mann zog los, suchte Finn und streckte hundertfünfzig Männer aus der Fianna nieder. Dann sah ihn Goll Garbh der Raue, der Sohn des Königs von Alban, und griff ihn an. Sie kämpften hart, doch schließlich traf ihn Goll Garbh an der linken Seite unter seinem Schild und setzte seinem Leben ein Ende.

Finnachta sah dies, holte sich wiederum die königliche Krone und brachte sie zu Ogarmach, der Tochter des Königs von Griechenland. „Du sollst diese Krone tragen, Ogarmach", sagte er, „denn nach der Vorsehung wird eine Frau über die Welt herrschen und keine Herrscherin wird dir jemals gleichkommen." Dann zog Ogarmach aus, um nach Finn zu suchen. Fergus sah sie kommen und begab sich zu Finn. „König der Fianna", sagte er, „denke an deinen guten Kampf gegen den König der Welt und an all deine früheren Siege, denn dir droht große Gefahr durch Ogarmach, die Tochter des Königs von Griechenland." Bei diesen Worten stand die Kämpferin auch schon vor ihm. „O Finn", sprach sie, „du kannst mir kaum Genugtuung für alle die Könige und Edlen verschaffen, die durch dich und dein Volk gefallen sind. Aber dennoch kann mir nichts Besseres widerfahren, als dich und das, was von deinen Leuten noch übrig ist, zu erledigen." „Das wirst du nicht schaffen", erwiderte Finn. „Dein Kopf wird rollen wie der der anderen." Sie gingen aufeinander los wie kühn sich auftürmende Wellen. Lange konnte die Kämpferin standhalten, doch dann schlug ihr Finn die Krone entzwei und mit einem weiteren Schlag fiel ihr Kopf. Finn sank in seinem Blut zusammen und schien wie tot, aber er stand wieder auf.

Seite an Seite waren die Armeen der Welt und der Fianna von Irland gefallen. Am Leben blieben nur noch Cael, Sohn des Crimthan von den Häfen, und Finnachta mit den Zähnen, der oberste

Mann am Hof des Königs der Welt. Finnachta ging durch die Reihen der Gefallenen. Er hob den Leichnam des Königs der Welt hoch und brachte ihn auf sein Schiff. Dann sprach er: „Fianna von Irland, auch wenn diese Schlacht den Armeen der Welt kein Glück brachte, so seid ihr doch am schwersten getroffen, denn ich werde davon im Osten der Welt berichten." Finn, der in seinem Blut darniederlag, hörte, was er sagte, und sprach zu den besten Männern der Söhne des Baiscne, die bei ihm waren: „Lieber wäre ich gestorben, als diese Worte aus dem Mund eines Fremden zu vernehmen. Nichts von dem, was ich oder die Fianna von Irland geleistet haben, ist von Wert, wenn auch nur einer von den Fremden am Leben bleibt, der diese Geschichte weiterträgt. Wer von unseren Überlebenden ist jetzt bei mir?" „Ich", sagte Fergus mit der Wahren Stimme. „Wie steht es jetzt um die Schlacht?", fragte Finn. „Bei meinem Wort, es ist ein einziges Elend", sagte Fergus. „Seit die Armeen heute ausgerückt sind, ist kein Mann auch nur einen Schritt zurückgewichen, weder bei den Fremden noch bei der Fianna von Irland. Sie sind alle gefallen, Seite an Seite. Nicht einmal ein Grashalm oder auch nur ein Sandkorn ist zu sehen unter all den Leichen, die niedergestreckt daliegen. Von beiden Armeen haben nur zwei Männer dieses Blutbad überlebt, Finnachta und dein Zögling Cael, Sohn des Crimthan von den Häfen." „Geh zu ihm", sagte Finn. Fergus ging zu Cael und fragte, wie es ihm gehe. „Schlecht", entgegnete Cael.„Ich schwöre dir, wenn man mir Helm und Rüstung auszieht, wird mein Körper auseinander fallen. Noch schlimmer aber ist, dass dieser Fremde noch lebt. Segne mich, Fergus, und trage mich zum Meer, dann werde ich zu dem Fremden schwimmen und ihn töten, bevor alles Leben aus mir weicht." Fergus nahm ihn auf den Rücken und trug ihn zum Meer. Cael schwamm hinaus. Finnachta wartete auf dem Schiff, da er glaubte, Cael sei einer seiner eigenen Männer. Als Cael das Schiff erreicht hatte, hob er den Arm und Finnachta streckte ihm die Hand entgegen. Cael packte Finnachtas Handgelenk und zog ihn ins Wasser. Einer umklammerte den anderen und so sanken sie auf den sandigen Grund der klaren See.

Kapitel 13
Credhes Klagen

Nun kamen die Frauen, die Barden, Sänger und Heiler der Fianna von Irland. Sie suchten nach ihren Königen und Prinzen und begruben sie. Diejenigen, für die noch Hoffnung bestand, brachten sie zu einer Heilstätte.

Credhe, die Frau des Cael, kam mit den anderen und ging auf der Suche nach ihrem schönen Gemahl durch die Reihen der Gefallenen. Sie weinte. Da sah sie ein Kranichweibchen mit seinen beiden Jungen und einen listigen Fuchs, der auf der Lauer lag und sie beobachtete. Das Kranichweibchen hatte gerade eines der Jungen unter ihre Fittiche genommen, da stürzte der Fuchs auf das andere zu. Die Vogelmutter streckte sich, breitete ihre Flügel über beide Jungen und hätte ihr Leben für sie gegeben. Als Credhe das sah, sprach sie: „So liebe auch ich meinen schönen Gemahl."

Über dem Hafen in Druim Ruighlenn hörte sie einen Hirsch, der auf und ab lief und laut um seine Hirschkuh klagte. Neun Jahre lang hatten sie zusammen in Fidh Leis, dem Wald am Fuße des Hafens, gelebt, dann hatte Finn die Hirschkuh erlegt. Neunzehn Tage rührte der Hirsch weder Wasser noch Gras an und trauerte. „Ich müsste mich nicht schämen", sagte Credhe, „wenn ich vor Kummer um Cael sterben würde. Auch der Hirsch wird in seiner Trauer vergehen."

Dann begegnete sie Fergus. „Weißt du etwas von Cael?", fragte sie. „Ja", antwortete Fergus, „Cael und Finnachta, der letzte Überlebende von den Fremden, kämpfen im Meer." Gerade zu dieser Zeit spülten die Wellen Cael an den Strand. Die Männer und Frauen der Fianna, die nach ihm gesucht hatten, hoben ihn hoch und brachten ihn an den Weißen Strand. Credhe kam dazu. Sie weinte und trauerte und stimmte dieses Klagelied an:

„Es dröhnt der Hafen, o wie dröhnt der Hafen, da das Volk aus dem Land der Zwei Stürme über ihn hinwegzog. Klagend tragen die Wellen den ertrunkenen Helden vom See der Zwei Hunde an den Strand.

Süß klingt die Stimme des Kranichweibchens, o wie süß klingt die Stimme des Kranichweibchens, in den Sümpfen. Sie kann ihre Jungen nicht retten. Der wilde Hund im zweifarbigen Gewand entreißt sie ihr.

Mitleid, o Mitleid erweckt die Stimme der Drossel auf dem schönen Riff, Mitleid die Amsel in Leiter Laeig.

Leidvoll, o wie leidvoll klingt der Ruf des Wildes auf dem Grat der Zwei Lichter. Der mächtige Hirsch beweint die tote Hirschkuh.

Leid über mich, o welch Leid beim Anblick des toten Helden, der neben mir liegt. Er ist der Sohn der Frau aus den Dichten Wäldern. Jetzt ruht sein Haupt auf einem Büschel Gras.

Weh mir, o weh mir. Cael ist tot. Wellen schlugen über seinem weißen Körper zusammen, der mir die Sinne raubte.

Klagend, o wie klagend rauschen die Wellen zum Strand, weil sie den schönen Cael erfassten. Warum musste er ihnen begegnen?

Klagend, o wie klagend brechen die Wellen am Strand. Klagend brechen sie am glatten Felsen, schreiend, dass Cael gegangen ist.

Leidvoller Kampf, o welch leidvoller Kampf, den die See austrägt. Meine Schönheit ist dahin, gezählt sind meine Tage.

Lied voller Leid, o welch Lied voller Leid singen die Wellen von

Tulcha Leis. Alles ist dahin, seit mich die Nachricht erreichte.
Der Sohn des Crimthann ist ertrunken. Keinen anderen werde
ich jemals lieben können. Mancher König fiel durch seine Hand.
Nie wankte sein Schild im Kampf."

Nachdem Credhe dieses Klagelied gesungen hatte, legte sie sich neben Cael und starb vor Kummer über seinen Tod. Man begrub sie zusammen und Caoilte errichtete einen Stein auf ihrem Grab.

Nach der großen Schlacht am Weißen Strand, die ein Jahr und einen Tag gedauert hatte, war manches Schwert und mancher Schild zerbrochen. Viele Tote und viele Kämpfer, die nur noch stumpfsinnig grinsen konnten, blieben zurück.

Der große Name, den die Armeen der Welt einmal hatten, ging auf die Fianna von Irland über. Sie nahmen den Armeen der Welt die Schiffe, das Gold und Silber und alles, was sie jemals erbeutet hatten. Von dieser Zeit an herrschte die Fianna über ganz Irland. Sie schützte das Land vor den Fomor und vor jedem anderen Feind.

Die Fianna hielt ihre Macht bis zur letzten Schlacht, der beklagenswerten Schlacht von Gabhra.

Kapitel 1
Der Sohn des Königs von Britannien

Es begab sich, dass Arthur, der Sohn des Königs der Briten, kam, um bei Finn Dienst zu leisten. Drei Truppen mit je neun Männern waren bei ihm. Eines Tages gingen sie auf Beinn Edair auf die Jagd. Finn nahm seinen Platz auf dem Steinhaufen der Fianna zwischen dem Hügel und dem Meer ein und Arthur bezog Stellung zwischen dem Jagdgrund und dem Meer, so dass das Hochwild nicht durch das Wasser entkommen konnte.

Währenddessen fielen Arthur drei von Finns Jagdhunden auf, nämlich Bran und Sceolan und Adhnuall. In Gedanken malte er sich aus, über das Meer zu gehen, er, die drei neunköpfigen Truppen und die drei Jagdhunde. Und er setzte seinen Plan auch wirklich in die Tat um. Mit seinen Männern schaffte er die Jagdhunde fort und überquerte das Meer. Der Ort, an dem sie landeten, war Inver Mara Gamiach an der britischen Küste. Nachdem sie angelegt hatten, gingen sie zu dem Berg von Lodan, Sohn des Lir, um dort zu jagen.

Die Fianna aber versammelte sich nach der Jagd auf dem Hügel; und wie es so Sitte war, zählten sie die Jagdhunde Finns. Dreihundert ausgewachsene Jagdhunde hatte er und zweihundert Welpen. Die Dichter pflegten zu sagen, dass sie genauso schwer zu zählen seien wie die Äste eines Baumes. An diesem Tag nun fehlten Bran, Sceolan und Adhnuall. Dies wurde Finn berichtet. Er befahl seinen Leuten, nochmals durch die Reihen der Fianna zu gehen, doch so sehr sie sich auch bemühten, sie konnten die Hunde nirgends finden.

Daraufhin ließ Finn ein ovales Becken aus mattem Gold holen, das mit Wasser gefüllt war. Er tauchte mit dem Kopf ein und hielt sich die Hand vor das Gesicht. Da wurde ihm offenbart, was geschehen war. Er sagte: „Der Sohn des Königs der Briten hat die Jagdhunde fortgebracht. Wählt nun neun Männer aus, die sie verfolgen sollen." So wurden neun Männer ausgewählt, nämlich Diarmuid, Enkel des Duibhne, Goll, Sohn des Morna, Oisin, Sohn des Finn, Faolan, der Freund der Jagdhunde und der Sohn jener Frau, die über das Meer gekommen war, um Finn ihre Liebe zu schenken, Ferdoman, Sohn des Bodb Dearg, zwei Söhne des Finn, Raighne der Breitäugige und Vainche der Purpurrote, Glas, Sohn des Enchered Bera, Caoilte und Lugaidhs Sohn. Sie setzten die Helme auf, nahmen ihre langen Speere zur Hand und waren sich nun sicher, jeder Bataillon dieser Welt gewachsen zu sein.

Dann machten sie sich auf, bis sie zum Berg von Lodan, Sohn des Lir, kamen. Schon bald hörten sie über die Männer reden, die dort auf der Jagd waren. Arthur von Britannien und seine Leute saßen gerade auf einem Erdwall, als die neun Männer der Fianna sie überfielen. Sie töteten alle bis auf Arthur, den Goll, Sohn des Morna, mit seinen Armen umfasste und so vor dem Tod bewahrte. Dann wollten sie mit Arthur und den drei Jagdhunden wieder nach Irland zurückkehren. Als sie sich auf den Weg machten, blickte sich Goll um und sah ein dunkelgraues Pferd mit einem Zaum aus goldenen Beschlägen. Dann schaute er nach links und entdeckte eine lebhafte braune Stute mit einem Zaum aus silbernen Ringen und goldenem Gebiss. Goll fing die beiden ein und übergab sie Oisin, der sie an Diarmuid weiterreichte.

Dann kehrten sie zu Finn zurück. Sie brachten ihm die drei Jagdhunde und den Sohn des Königs von Britannien als Gefangenen. Arthur schloss einen Pakt mit Finn und wurde sein Gefolgsmann bis zu seinem Tod.

Finn bekam das Pferd und die Stute. Sie gebar achtmal, bei jeder Geburt acht Fohlen. Aus dieser Nachkommenschaft stammten all die Pferde der unbescholtenen Fianna der Gael, die bis dahin keine Pferde hatte.

Das war aber nicht das einzige Mal, dass Finn seiner Hunde beraubt wurde. Eine Tochter des Roman, die eine Druidin der Tuatha de Danaan war, hatte sich in Finn verliebt. Aber Finn meinte, dass er keine Hexe heiraten werde, solange es noch andere Frauen auf dieser Welt gäbe. Eines Tages liefen hundertfünfzig seiner Jagdhunde an dem Hügel vorbei, auf dem sie saß. Sie blies sie mit ihrem giftigen Atem an und sperrte sie in dem Hügel ein. Man sah sie nie wieder. Das tat die Hexe aus Boshaftigkeit, um Finn zu schaden. Der Ort wurde von da an Duma na Conn genannt, Erdhügel der Hunde.

Adhnuall, einer von Finns Lieblingshunden, der vom Sohn des Königs von Britannien zurückgebracht worden war, kam später auf folgende Weise zu Tode: In der Provinz Leinster fand einmal ein großer Kampf zwischen der Fianna und Macoon, Sohn des Macnia, statt. Viele aus der Fianna mussten ihr Leben lassen. Adhnuall zog nach Norden und geriet auf Abwege. Dreimal lief er um ganz Irland herum und kehrte dann zum Ort der Schlacht zurück, zu einem Hügel, wo drei Gefallene der Fianna begraben lagen und drei Töchter des Königs von Alban aus Liebe zu ihnen gestorben waren. Als Adhnuall zu diesem Hügel kam, heulte er dreimal laut auf, streckte sich auf dem Boden aus und starb.

Kapitel 2
Die Höhle von Ceiscoran

Finn rief eines Tages zu einer großen Jagd in der Ebene von Magh Chonaill und in den Wäldern von Cairbre. Er selbst stieg auf die Spitze des Ceiscoran und nahm seine beiden Hunde Bran und Sceolan mit. Die Fianna stimmte ihre Jagdrufe an und schreckte so das Hochwild im Gehölz, die Dachse in ihren Bauen, die Füchse auf der Wanderschaft und die Vögel im Flug auf.

Conaran, Sohn des Imidd von den Tuatha de Danaan, herrschte zu dieser Zeit in Ceiscoran. Als er das Geschrei und das Jaulen der Hunde hörte, befahl er seinen drei zauberkundigen Töchtern, für diese Jagd an Finn Rache zu nehmen. Die drei Frauen gingen zum Eingang einer Höhle, setzten sich davor, steckten drei verzauberte Garnstränge auf Stechpalmenzweige und begannen sie abzuspulen.

Sie waren noch nicht lange dort, als Finn und Conan kamen und die drei bei der Arbeit sahen, die hässlichen, alten Vetteln mit ihren langen Armen, den zotteligen Haaren, den trüben, roten Augen und den scharfen, krummen Zähnen. In ihren Fingern, deren Nägel spitz wie Kuhhörner waren, hielten sie die Spindeln. Finn und Conan wollten sich die Weiber genauer ansehen. Sie gingen auf sie zu und liefen dabei durch das Garn, das am Boden lag. Da überkam sie auf einmal eine tödliche Schwäche, sie zitterten am ganzen Körper. In diesem Augenblick griffen die Hexen kühn nach ihnen und legten ihnen enge Fesseln an.

Dann kamen zwei weitere Männer der Fianna herauf und mit ihnen die Söhne des Menhann. Auf ihrem Weg zu Finn und Conan kamen sie durch das Garn. Da verließ auch sie ihre Kraft und die Hexen fesselten sie und trugen sie in die Höhle. Sie waren noch nicht lange dort, als Caoilte und Lugaidhs Sohn dazukamen und mit ihnen die besten Männer der Söhne des Baiscne. Auch die Söhne des Morna eilten dorthin. Kaum hatten sie das Garn berührt, da verließen sie Kraft und Tapferkeit und es erging ihnen genauso wie den anderen.

Schließlich hatten die Hexen alle Männer ruhig und ohne jede Anstrengung in Fesseln gelegt und in die Höhle gebracht. Da fingen die Jagdhunde laut zu heulen an. Sie riefen nach ihren Herren, die sie am Eingang der Höhle zurückgelassen hatten. Am Hang des Hügels lag ein riesiger Haufen von Hochwild, Wildschweinen, Hasen und Dachsen. Tot und zerfetzt hatten die Jäger, die jetzt gefesselt in der Höhle lagen, das Wild dorthin gebracht.

Nun gingen die drei Frauen mit Schwertern bewaffnet in die Höhle und wollten die Männer töten. Doch zuerst vergewisserten sie sich, dass von der Fianna keiner mehr in der Nähe war, den sie in die Höhle schaffen könnten, um ihn zusammen mit den anderen umzubringen.

Da kam ein riesiger Mann auf sie zu, und dieser war Goll, Sohn des Morna, die Flamme des Kampfes. Als die drei Vetteln ihn sahen, gingen sie ihm entgegen und fochten einen harten Kampf mit ihm aus. Goll geriet in Rage und schlug mit ganzer Kraft auf die Hexen ein. Zuletzt hob er sein Schwert und versetzte den beiden, die ihm am nächsten standen, einen Hieb, der sie in zwei Hälften teilte. Als er ihnen die Köpfe abschlug, legte die älteste Hexe ihre Arme um Goll. Er drehte sich um und sie rangen miteinander, bis Goll sie schließlich herumwirbelte und zu Boden warf. Er band sie mit den Riemen seines Schildes fest und nahm sein Schwert, um sie zu töten. Aber die Vettel sprach: „O du Spitzenkämpfer, der nie geschlagen wurde, starker Mann, der im Kampf nie zurückwich, ich stelle Leib und Leben unter den Schutz deiner Tapferkeit.

Besser, als mein Blut zu vergießen, wäre es doch, wenn du Finn und die Fianna sicher und wohlbehalten zurückbekämst. Ich schwöre dir bei den Göttern, dass ich sie dir zurückgebe." Bei diesen Worten ließ Goll sie frei. Sie gingen gemeinsam in den Hügel, in dem die Fianna lag. Goll befahl: „Löse zuerst die Fessel von Fergus mit der Wahren Stimme und den anderen Gelehrten der Fianna, danach die von Finn und Oisin und den neunundzwanzig Söhnen des Morna und von allen restlichen." Da band sie die Fesseln los. Die Männer der Fianna standen auf, gingen hinaus und ließen sich am Hang nieder, um auszuruhen. Fergus mit der Wahren Stimme sah Goll, Sohn des Morna, an und pries und lobte ihn für alles, was er getan hatte.

Kapitel 3
Donn, Sohn des Midhir

Als die Fianna einmal im Land des Toraig, im Norden Irlands, auf der Jagd war, kam sie an einem Damkitz vorbei, das sehr wild war und schön. Es lief auf die Küste zu und Finn und sechs seiner Leute folgten ihm durch das ganze Land, bis sie nach Slievenam-Ban kamen. Dort senkte das Damkitz den Kopf und verschwand im Boden und keiner wusste, wohin es gegangen war.

Plötzlich setzte ein heftiger Schneefall ein, der die Baumkronen schwer beugte. Die Fianna verlor allen Mut und alle Kraft infolge des widrigen Wetters. Da sagte Finn zu Caoilte: „Gibt es hier denn keinen Ort, an dem wir heute Nacht Schutz finden können?" Caoilte machte sich also auf die Suche und ging über die Hügelkuppe nach Süden.

Als er sich umblickte, sah er ein Haus, in dem Licht brannte. Im Inneren des Hauses konnte er Becher, Hörner und alle möglichen

Schüsseln erkennen. Eine ganze Weile stand er zögernd vor der Tür, denn er wusste, dass dieses Haus den Sidhe gehörte. Schließlich beschloss er hineinzugehen. Er setzte sich auf einen leuchtenden Stuhl, der in der Mitte des Raumes stand, sah sich um und erblickte auf der einen Seite achtundzwanzig bewaffnete Männer. Bei jedem saß eine Frau von ansehnlicher Gestalt. Auf der anderen Seite sah er sechs hübsche, blonde Mädchen in schäbigen Gewändern. In der Mitte saß noch ein Mädchen auf einem Stuhl. Sie hielt eine Harfe in den Händen, spielte und sang dazu. Sooft sie innehielt, reichte ihr einer der Männer ein Horn. Sie trank daraus und gab es wieder zurück. Alle um sie herum waren sehr fröhlich.

Schließlich wandte sie sich an Caoilte. „Caoilte, mein Leben", sagte sie, „gestatte uns, dich zu bedienen." „Tut es nicht", antwortete Caoilte, „denn draußen ist Finn, Sohn des Cumhal, ein besserer Mann als ich. Er möchte heute Nacht in diesem Haus speisen." „Erhebe dich, Caoilte, und geh zu ihm", meinte da einer der Männer. „Finn hat noch nie einem Mann den Zutritt zu seinem Haus verwehrt und er wird auch von uns nicht abgewiesen." Da ging Caoilte zurück, und als Finn ihn sah, sagte er: „Du warst lange weg, Caoilte. Noch nie, seit ich denken kann, habe ich eine Nacht erlebt, die mir so hart zugesetzt hat wie diese."

Die sechs Männer der Fianna gingen daraufhin in das beleuchtete Haus. Ihre Schilde und Waffen nahmen sie mit. Sie ließen sich zunächst auf der Lehne eines Stuhls nieder, bis ein blondes Mädchen kam und sie zu einem leuchtenden Sitz in der Mitte des Hauses führte, wo ihnen das beste Essen und die besten Getränke vorgesetzt wurden.

Als der erste Hunger gestillt und der erste Durst gelöscht war, sprach Finn: „Wem von euch kann ich Fragen stellen?" „Frage, wen du willst", antwortete der größte der Männer, der in seiner Nähe war. „Wer seid ihr eigentlich?", fragte Finn. „Ich hätte nie gedacht, dass es so viele starke Kämpfer in Irland gibt, die ich nicht kenne."

„Jene achtundzwanzig bewaffneten Männer, die du dort drüben siehst", erklärte der große Mann, „haben denselben Vater und dieselbe Mutter wie ich. Wir sind die Söhne von Midhir dem Blonden und unsere Mutter ist Fionnchaem, die reine, schöne Tochter des Königs der Sidhe von Monaid im Osten. Die Tuatha de Danaan hielten einst eine Versammlung und übergaben das Königtum an Bodb Dearg, Sohn des Dagda, der in seinem hellen, gastlichen Haus lebt. Er wollte ein Pfand von mir und meinen Brüdern, aber wir weigerten uns. Da sagte Bodb Dearg zu unserem Vater: ‚Wenn du deine Söhne nicht einsperrst, werden wir dich in deinem Haus einmauern.‘ So zogen wir Brüder aus, um nach einer Bleibe zu suchen. Wir suchten in ganz Irland, bis wir diesen geheimen Ort fanden, und seitdem sind wir hier. Mein Name ist Donn, Sohn des Midhir. Wir hatten ein jeder zehn Hundertschaften bewaffneter Männer, die aber inzwischen alle aufgerieben sind. Nur wir sind noch übrig." „Was ist es, das euch aufreibt?", fragte Finn. „Die Männer von Dea", antwortete Donn. „Sie kommen in jedem Jahr dreimal und kämpfen gegen uns, draußen auf der Wiese." „Was ist das für ein frisches Grab, da draußen?", erkundigte sich Finn. „Das ist das Grab des Diangalach, eines Zauberers der Männer von Dea. Sein Tod ist der größte Verlust, den sie bisher erlitten haben", antwortete Donn. „Ich selbst habe ihn getötet", fügte er hinzu. „Welcher weitere Verlust kam dem am nächsten?", fragte Finn. „Alle Juwelen, Reichtümer und Schätze, alle Hörner, Gefäße und Becher aus mattem Gold, die die Tuatha de Danaan besaßen, nahmen wir ihnen auf einmal weg." „Was war ihr drittgrößter Verlust?", wollte Finn wissen. „Fethnaid, Tochter des Feclach, die Harfenspielerin der Tuatha de Danaan, ihre Musik und die Freude ihres Geistes", erwiderte Donn. „Morgen", sagte er, „werden sie kommen und uns angreifen. Nur meine Brüder und ich sind noch übrig. Wir wussten, dass wir in Gefahr sind und gegen sie nichts ausrichten können. Deshalb sandten wir das kahlköpfige Mädchen dort drüben in

Gestalt eines einfältigen Damkitzes nach Toraig im Norden und ihr seid ihr hierher gefolgt. Es ist das Mädchen, das sich gerade wäscht und einen grünen Umhang anhat." „Die leere Hälfte des Hauses", sagte er, „gehörte unseren Leuten, die die Männer von Dea getötet haben."

Sie verbrachten diese Nacht mit gutem Wein und allerlei Vergnügungen. Als sie am nächsten Morgen aufstanden, sagte Donn zu Finn: „Komm mit mir hinaus auf die Wiese, dann siehst du den Platz, auf dem wir jedes Jahr unsere Kämpfe austragen." Sie gingen und sahen sich die Gräber und Grabplatten an, und Donn sagte: „Bis hierher kommen die Männer von Dea, um gegen uns zu kämpfen." „Wer von ihnen kommt denn?", fragte Finn. „Bodb Dearg mit seinen sieben Söhnen", antwortete Donn, „Angus Og, Sohn des Dagda, mit seinen sieben Söhnen; Finnbharr von Cnoc Medha mit seinen siebzehn Söhnen; Lir von Sidhe Fionnachaidh mit seinen siebenundzwanzig Söhnen und deren Söhnen; Tadg, Sohn des Nuada, vom schönen Hügel von Almhuin; Donn von der Insel und Donn aus dem Bottich; die beiden, die Glas genannt werden, aus dem Bezirk von Osraige; Dobhran Dubthaire mit dem Glatten Hemd vom Hügel von Liambain; Aedh von der Insel Rachrainn im Norden; Ferai, Aillinn, Lir und Fainnle, die Söhne des Eogobal, aus Cnoc Aine in Munster; Cian, Coban und Conn, die drei Söhne des Königs der Sidhe Monaid in Alban; Aedh Minbhreac von Ess Ruadh mit seinen sieben Söhnen; die Kinder der Morrigu, der Großen Königin, mit den sechsundzwanzig Kriegerinnen; die beiden Luaths aus Magh Lifé; Derg und Drecan aus dem Hügel von Beinn Edair im Osten; Bodb Dearg selbst mit seinem zahlreichen Geschlecht, seinen zehn Hundertschaften, Truppen und Männern. Das sind die obersten Führer der Tuatha de Danaan, die jedes Jahr kommen, um unseren Hügel zu zerstören."

Daraufhin kehrte Finn zurück und erzählte alles seinen Leuten. „Männer", sagte er, „die Söhne des Midhir sind in großer Not und werden unterdrückt. Wir selbst sind auch in großer Gefahr. Wenn wir jetzt nicht gut kämpfen, werden wir die Fianna wohl nie wieder sehen." „Guter Finn", sagte da ein jeder, „hast du jemals erlebt, dass einer von uns gekniffen hätte, weil du uns derart ermahnst?" „Ich gebe euch mein Wort", sagte Finn, „selbst wenn ich durch die ganze Welt ziehen müsste und ihr wärt bei mir, ich hätte keine Angst. Guter Donn", fragte er, „greifen euch die Männer von Dea bei Tag oder bei Nacht an?" „Sie kommen bei Einbruch der Nacht", antwortete Donn. „Dann können sie uns den größten Schaden zufügen."

Also warteten sie, bis die Nacht hereinbrach. Dann sagte Finn: „Einer von euch geht jetzt hinaus und hält Wache, damit wir nicht ohne Vorwarnung überfallen werden." Der Mann, den sie als Wachposten aufgestellt hatten, war noch nicht weit gegangen, als er fünf starke Bataillone der Männer von Dea kommen sah. Er ging zum Hügel zurück und sagte: „Die Truppen, gegen die wir kämpfen werden, stehen gerade am Grab des Zauberers. So, wie sie aussehen, sind sie eine Herausforderung für jeden Kämpfer."

Da rief Finn nach seinen Leuten: „Gegen euch werden gute Kämpfer antreten. Sie haben starke, rote Speere. Schlagt euch gut! Ihr müsst vor allem die kleine Truppe der Brüder, die Söhne des Midhir, schützen. Wenn wir zulassen, dass ihnen ein Leid geschieht, geben wir ihre Freundschaft preis. Caoilte und ich sind die Ältesten unter euch, also überlasst uns alles andere."

Im Schutz der Dunkelheit kämpften sie vom Abend bis zum Morgen des nächsten Tages. Die Tuatha de Danaan verloren nicht weniger als zehn Hundertschaften, zehn zwanzigköpfige Truppen und zehn Männer. Da sagten Bodb Dearg, Midhir und Fionnbhar zueinander: „Was sollen wir tun? Wir werden Lir von den Sidhe Fionnachaidh um Rat fragen", beschlossen sie. „Er ist der Älteste von uns." Und Lir meinte: „Ich rate euch Folgendes: Lasst jeden seine Freunde und Kinder, seine Söhne und Brüder nach Hause bringen. Und für uns, die wir hier bleiben, lasst eine Wand aus Feuer auf einer Seite errichten und eine Wand aus Wasser auf der anderen." Da trugen die Männer von Dea einen großen Steinhaufen zusammen und schafften ihre Toten fort; und von dem ganzen großen Gemetzel, das Finn, seine Männer und die Söhne des Midhir veranstaltet hatten, war gerade so viel übrig, dass es einer Krähe als Aufsitzstange gereicht hätte.

Finn und seine Männer kehrten verwundet und erschöpft in den Hügel zurück. Sie blieben ein ganzes Jahr dort bei den Söhnen des Midhir. Dreimal griffen die Männer von Dea in diesem Jahr an und kämpften gegen sie.

Conn, Sohn des Midhir, wurde in einem der Kämpfe getötet und die Fianna hatten so viele Wunden, dass man ihnen die Kleidung mit krummen Haselnussstecken vom Leib halten musste. Sie lagen danieder und zwei von ihnen waren dem Tod nahe. Finn, Caoilte und Lugaidhs Sohn traten hinaus auf die Wiese und Caoilte sagte: „Unsere beiden Kameraden werden wir wohl zurücklassen. Dass wir hierher gekommen sind, war nicht gut." „Es ist nie gut, wenn man seine Kameraden zurücklässt", meinte Lugaidhs Sohn. „Wer gehen will, soll gehen. Ich werde sie auf keinen Fall im Stich lassen", entgegnete Finn. Da kam Donn zu ihnen. „Guter Donn, kennst du einen Arzt, der unseren Männern noch helfen kann?", fragte Finn. „Ich kenne nur einen, der dazu in der Lage wäre", antwortete Donn, „ein Arzt, den die Tuatha de Danaan bei sich haben. Wenn einem Verwundeten nicht gerade das Rückenmark durchtrennt wurde, kann dieser Arzt ihn heilen und er ist nach neun Tagen wieder gesund." „Wie können wir diesen Mann hierher bringen?", fragte Finn. „Die Tuatha de Danaan sind nicht gerade unsere besten Freunde." „Er geht jeden Morgen bei Tagesanbruch hinaus", sagte Donn, „und sammelt Heilkräuter, solange sie noch mit Tau bedeckt sind." „Wer kann mir diesen Arzt zeigen, Donn?", fragte Caoilte. „Dann bringe ich ihn hierher, tot oder lebendig."

Da erhoben sich Aedh und Flann, zwei von Midhirs Söhnen. „Komm mit uns, Caoilte", forderten sie ihn auf und gingen ihm voran. Als sie bei einer mit Tau bedeckten, grünen Wiese anlangten, sahen sie einen starken, jungen Mann, der bewaffnet war. Er trug einen Umhang, der aus der Wolle der sieben Schafe aus dem Land der Verheißung gefertigt war. Darin hatte er eine Vielzahl von Heilkräutern gesammelt, mit denen er die verwundeten Männer von Dea behandeln wollte. „Wer ist der Mann?", fragte Caoilte. „Das ist der Arzt, nach dem wir suchen", antwortete Aedh. „Gebt Acht", warnte er, „dass er uns nicht entkommt und zu seinen Leuten flieht." Sie liefen gemeinsam auf ihn zu. Caoilte packte ihn an der Schulter und sie brachten ihn zur Furt von Slaine in der großen Ebene von Leinster, wo sich ein Großteil der Fianna zu dieser Zeit aufhielt. Ein Druidennebel stieg auf und niemand konnte sie sehen.

Dann stiegen sie auf den kleinen Hügel über der Furt und sahen von dort oben vier junge Männer mit purpurroten Umhängen und Schwertern mit goldenen Griffen. Sie hatten vier prächtige Jagdhunde bei sich. Die jungen Männer konnten sie wegen des Nebels nicht sehen, aber Caoilte sah, dass es Colla und Faolan, seine beiden Söhne, und zwei andere junge Männer der Fianna waren. Er konnte hören, wie sie miteinander sprachen und sagten, es sei jetzt schon ein Jahr, dass Finn, Sohn des Cumhal, fortgegangen sei. „Und was soll die Fianna von Irland denn tun", fragte einer, „ohne ihren Herrn und Anführer?" „Nichts kann sie tun", sagte ein anderer, „außer sich trennen oder nach Teamhair gehen und einen neuen Anführer suchen." Sie waren tief betrübt über den Verlust ihres Herrn; und Caoilte wurde es schwer ums Herz, als er sie so sah.

Mit den Söhnen des Midhir ging er dann am See der Zwei Vögel entlang nach Slieve-nam-Ban und zurück in den Hügel. Finn und Donn hießen Luibra, den Arzt, herzlich willkommen und führten ihn zu den beiden verwundeten Kameraden. „Diese Männer sind wie Brüder für mich", sagte Donn. „Sage mir, ob du sie heilen kannst." Da schaute sich Luibra ihre Wunden an und meinte: „Ich kann sie heilen, wenn ich gut entlohnt werde." „Du sollst deinen Lohn bekommen", versprach Caoilte. „Sage mir jetzt, wie lange es dauern wird, bis sie wieder gesund sind?" „Neun Tage", sagte Luibra. „Gut, dann lasse ich dir dein Leben zum Lohn", sagte Caoilte. „Wenn sie aber nicht gesund werden", drohte er, „schlage ich dir eigenhändig den Kopf ab." Innerhalb von neun Tagen hatte der Arzt sie geheilt und sie waren wieder so gesund und munter wie zuvor.

Zu dieser Zeit sandte der Hohe König einen Boten aus, um die Fianna zum Festmahl nach Teamhair zu rufen. Sie alle versammelten sich dort, Männer und Frauen, Knaben, Helden und Barden. Goll, Sohn des Morna, saß neben dem König. „Ihr habt einen großen Verlust erlitten, Fianna von Irland", sagte der König, „da ihr Finn, euren Herrn und Anführer verloren habt." „Das ist in der Tat ein großer Verlust", bestätigte Goll. „Irland hat seit dem Weggang von Lugh, Ethnes Sohn, keinen größeren Verlust erlitten", sagte der König. „Wie lauten nun deine Weisungen, König?", fragte Goll. „Dir, Goll", antwortete der König, „werde ich das Jagdrecht für ganz Irland übertragen, bis wir sicher wissen, dass Finn nicht mehr zurückkehrt." „Ich werde Finns Stelle erst dann einnehmen", entgegnete Goll, „wenn er mindestens drei Jahre als vermisst gilt und kein Mensch mehr Hoffnung hat, ihn wieder zu sehen." Da sagte Ailbe mit dem Gefleckten Gesicht zum König: „Was sollen die siebzehn Königinnen tun, die zu Finns Geschlecht gehören?" „Jede soll eines der sonnigen Häuser bekommen, in denen sie sicher sind", ordnete der König an. „Dort sollen sie mit ihren Frauen bleiben und so lange versorgt werden, bis wir wissen, ob Finn noch am Leben ist."

Dann erhob sich der König, nahm sein Trinkhorn zur Hand und sagte: „Es wäre eine gute Sache, Männer von Irland, wenn ihr uns Nachrichten über Finn verschaffen könntet, sei er in den Hügeln oder an einem geheimen Ort, sei er an den Flüssen oder in einem Haus der Sidhe, sei er in Irland oder in Alban." Bei diesen Worten meinte Berngal, ein Kuhbesitzer aus dem Grenzland bei Slieve Fuad: „An dem Tag, als Finn aus dem Norden kam und mit seinen fünf Kameraden einen Hirsch der Sidhe verfolgte, drückte er mir einen scharfen Speer mit einer glänzenden Spitze und ein Hundehalsband in die Hand. Er befahl mir, sie aufzubewahren, bis er mich am selben Ort wieder treffen würde." Dann zeigte Berngal dem König und Goll den Speer und das Halsband. Sie schauten es an und der König sagte: „Es ist ein großer Verlust für Irland, wenn der Mann, der dieses Halsband und diesen Speer besaß, nicht mehr da ist. Waren die Hunde bei Finn?", fragte er. „Ja", antwortete Berngal, „Bran und Sceolan waren bei Finn, Breac und Lainbhui bei Caoilte und Conuall und Comrith bei Lugaidhs Sohn."

Da rief der Hohe König nach Fergus mit der Wahren Stimme und fragte ihn: „Weißt du, wie lange Finn schon nicht mehr bei uns ist?" „Das weiß ich wohl", sagte Fergus. „Es ist seither ein Monat, ein Vierteljahr und ein ganzes Jahr vergangen. Wenn er und seine Männer nicht mehr kämen, wäre das wahrhaftig ein großer Verlust für die Fianna von Irland. „Ja", sagte der König, „und ich habe nicht die geringste Hoffnung, sie jemals wieder zu sehen, die die Besten waren in Irland und Alban."

Dann rief er Cithruadh, dem Druiden, zu: „Finn hat dich immer reich belohnt. Lass uns jetzt wissen: Ist er noch am Leben oder ist er tot?" „Er lebt", sagte Cithruadh. „Aber ich werde euch nicht sagen, wo er ist. Das wäre nicht in seinem Sinn." Als sie das hörten, freuten sie sich sehr, denn alle Weissagungen des Druiden waren bisher eingetroffen. „Sage uns, wann er zurückkommen wird", bat ihn der König. „Noch bevor das Fest in Teamhair zu Ende ist", antwortete der Druide, „werdet ihr den Anführer der Fianna sehen."

Finn und seine Männer blieben im Haus der Zwei Vögel, bis sich Donn, Sohn des Midhir, mit den Tuatha de Danaan geeinigt hatte. Und als der letzte Tag des Fests in Teamhair angebrochen war, kehrten sie zu ihren Leuten zurück.

Von dieser Zeit an hatten die Fianna von Irland mit Menschen, die in Häusern leben, nicht mehr Umgang als mit dem Volk der Götter der Dana.

Kapitel 4
Die Gastfreundschaft in Cuannas Haus

Eines Tages stiegen Finn, Oisin, Caoilte, Diarmuid und Lugaidhs Sohn mit ihren fünf Jagdhunden, Bran, Sceolan, Sear Dubh, Luath Luachar und Adhnuall, auf die Spitze des Cairn Feargall. Sie waren noch nicht lange dort, als ein Mann zu ihnen kam, ein wahrhaft riesiger und rauer Geselle. Er trug eine Heugabel aus Eisen auf dem Rücken, auf deren Zinken ein quiekendes Schwein steckte. Hinter dem Riesen lief ein hübsches, junges Mädchen, das ihn dauernd vor sich her schob. „Geh einer und rede mit diesen Leuten!", befahl Finn. Diarmuid ging, doch sie wandten sich ab, bevor er noch bei ihnen war. Daraufhin erhoben sich Finn und die anderen und folgten ihnen, aber bevor sie den Riesen und das Mädchen erreichten, kam ein dunkler Druidennebel auf und sie konnten den Weg nicht mehr sehen.

Als sich der Nebel lichtete, erblickten Finn und die anderen ein nettes, helles Haus an einer Furt ganz in der Nähe. Sie gingen darauf zu. Auf der Wiese vor dem Haus standen zwei Brunnen. Am Rand des einen Brunnens war ein Gefäß aus rauem Eisen und am Rand des anderen ein Gefäß aus Kupfer. Sie gingen in das Haus und sahen dort einen alten, weißhaarigen Mann, der an der Tür lehnte. Das schöne, junge Mädchen, das sie zuvor gesehen hatten, saß neben ihm. Der große, raue Geselle hatte am Feuer Platz genommen und kochte ein Schwein. Ihm gegenüber saß ein alter Bauer mit grauem Haar und zwölf Augen im Kopf. Das waren die zwölf Söhne des Kampfes. Außerdem war noch ein Widder im Haus, der einen weißen Bauch und einen ganz schwarzen Kopf hatte, ferner dunkelblaue Hörner und grüne Klauen. Auch eine Hexe wohnte hinten im Haus. Sie hatte ein verschlissenes, graues Kleid an. Sonst war niemand da.

Der Mann an der Türe hieß sie willkommen und die fünf ließen sich mit ihren Jagdhunden auf dem Boden nieder. „Zollt Finn, Sohn des Cumhal, und seinen Leuten Respekt!", befahl der Mann an der Tür. „Das ist nun mal mein Los", sagte der Riese, „immer um etwas zu bitten und nichts zu bekommen." Aber trotz allem erhob er sich und erwies Finn seine Achtung.

Finn war sehr durstig, was aber niemand außer Caoilte zur Kenntnis nahm. Der begann sich nun laut zu beklagen. „Warum klagst du, Caoilte?", fragte der Mann an der Tür. „Du brauchst nur hinauszugehen und Finn aus dem Brunnen deiner Wahl etwas zu trinken zu holen." Da ging Caoilte hinaus und brachte Finn das gefüllte Kupfergefäß. Finn nahm einen Schluck und dann noch einen. Zuerst schmeckte das Wasser nach Honig, aber dann nach bitterer Galle. Heftige, blähende Schmerzen überfielen ihn und er zeigte die Anzeichen eines baldigen Todes. Sein Aussehen veränderte sich derart, dass man ihn kaum noch erkennen konnte. Caoilte jammerte nun noch lauter als zuvor, bis ihm der Mann an der Tür befahl, hinauszugehen und aus dem anderen Brunnen Wasser zu holen. Caoilte tat, wie ihm geheißen, und brachte das gefüllte Eisengefäß herein. Finn hatte in keinem Kampf so viel Elend durchlitten wie beim Schlucken dieser bitteren Arznei. Doch kaum hatte er getrunken, da nahm er wieder Farbe an und fühlte sich so gesund wie zuvor. Seine Leute waren sehr froh, als sie dies sahen.

Dann erkundigte sich der Mann des Hauses, ob das Schwein im Kessel jetzt fertig sei. „Ja", antwortete der Riese, „und ich werde es aufteilen." „Wie willst du es denn teilen?", wollte der Mann wissen. „Ein Hinterviertel für Finn und seine Jagdhunde", erklärte der Riese, „das andere für seine vier Kameraden. Das Vorderviertel behalte ich selbst und das Kamm- und Rumpfstück bekommen der alte Mann dort am Feuer und die Vettel in der Ecke. Die Innereien kannst du haben und das junge Mädchen an deiner Seite." „Mein Wort darauf", lobte der Mann des Hauses, „das hast du gut gemacht." „Mein Wort dagegen", sagte da der Widder, „das ist nicht gut. Du hast meinen Anteil vergessen." Mit diesen Worten schnappte er sich das Viertel, das für die Fianna vorgesehen war, trug es in eine Ecke und begann, es aufzufressen. Da griffen die vier ihn mit ihren Schwertern an, doch sie konnten ihm nichts anhaben, trotz all der heftigen Hiebe, die sie ihm versetzten. Die Schwerter blitzten an seinem Rücken ab wie an einem Felsen. „Bei meinem Wort, es ist schon ein Jammer, wenn man solche Kameraden hat", meinte der Mann mit den zwölf Augen. „Ihr lasst euch von einem Schaf das Essen stehlen!" Daraufhin ging er zu dem Widder, nahm ihn an den Beinen und warf ihn zur Tür hinaus. Er landete auf dem Rücken und sie sahen ihn nie wieder.

Nicht lange danach stand die Vettel auf und warf ihr graues Gewand über die vier Kameraden Finns. Da verwandelten sie sich in vier alte Männer, schwach und ausgedörrt, mit hängenden Köpfen. Finn, der dies sah, erfasste große Angst. Als der Mann an der Tür das bemerkte, sagte er zu Finn, er solle zu ihm kommen und den Kopf an seine Brust legen. Dann werde er sicher schlafen. Finn ging zu ihm. Die Vettel aber nahm ihr Gewand von den vier Männern, und als sie aufwachten, sahen sie aus wie zuvor. Da freute sich Finn sehr.

„Du wunderst dich wohl, Finn", sagte der Mann an der Tür, „wie es in diesem Haus zugeht?" „Das stimmt, so etwas habe ich in meinem ganzen Leben noch nicht gesehen", erwiderte Finn. „Dann werde ich dir sagen, was das zu bedeuten hat", sagte der Mann. „Der Riese, den du zuerst gesehen hast, der das quiekende Schwein auf der Heugabel hatte, heißt Trägheit; und das Mädchen, das ihn anschob, ist die Lebhaftigkeit, denn die Lebhaftigkeit schiebt die Trägheit an, und die Lebhaftigkeit kommt mit einem Augenblinzeln weiter, als man zu Fuß in einem Jahr reisen kann. Der alte Mann dort drüben, der mit den zwölf leuchtenden Augen, ist die Welt. Er ist stärker als alle anderen. Das hat er mit dem Widder bewiesen, der für die Wünsche der Menschen steht. Die Vettel ist das Alter. Ihr Gewand hat deine Kameraden ausgedörrt. Die beiden Brunnen, aus denen du deine Arznei geholt hast", erklärte er, „bedeuten Lüge und Wahrheit. Denn zuerst ist das Lügen ganz angenehm, aber am Ende ist es bitter. Und was mich betrifft, ich heiße Cuanna von Innistuil und bin nicht oft hier, aber ich habe dich in mein Herz geschlossen, Finn, wegen deiner Weisheit und deines großen Namens und deswegen habe ich dich auf die Probe gestellt. Die Gastfreundschaft in Cuannas Haus, die Finn erwiesen wurde, soll bis zum Ende der Welt über dieser Geschichte stehen. Komm nun mit deinen Männern und schlaft euch aus bis zum nächsten Morgen."

Das taten sie dann auch, und als sie am Morgen erwachten, fanden sie sich auf der Spitze des Cairn Feargall wieder und ihre Hunde und Waffen lagen neben ihnen.

Kapitel 5
Katzenköpfe und Hundeköpfe

Eines Tages wollten neun Männer der Fianna einen Welpen haben und machten sich auf die Suche. Es dauerte lange, bis sie einen fanden. Sie suchten in ganz Magh Leine, im Tal der Schwerter, im Sturm von Druim Cleibh und in der schönen Ebene von Lifé, fanden aber nichts. Dann durchforsteten sie Burgen und Schlösser, das freigebige Durlass, das große Teamhair, Dun Dobhran und Ceanntsaile. In ganz Irland suchten sie, aber alles war umsonst.

Während sie mit ihren Leuten von Ort zu Ort zogen, sahen sie die drei Armeen der Söhne des Königs von Ruadhleath. Die eine Armee hatte Soldaten mit Katzenköpfen, die andere Soldaten mit Hundeköpfen und die Männer der dritten Armee hatten weiße Rücken. Sie kamen auf die Fianna zu. Finn hielt seinen leuchtenden Speer in die Höhe. Der ängstliche Caoilte stieß einen Schrei aus und rief so laut, dass man es noch in Almhuin, in Magh Leine, in Teamhair und in Burg Reithlein hören konnte. Goll, Sohn des Morna, erwiderte den Ruf und auch Faolan, Finns Sohn, der bei ihm war, dann die Stotterer von Burren, die beiden Söhne des Maith Breac, Iolunn mit der Scharfen Klinge und Cael mit dem Scharfen Schwert, der keinem Geschichtenerzähler je Gehör schenkte.

Wie Musik klangen die Speere und die seidenen Fahnen im böigen Morgenwind. Auf Finns Fahne, der Dealb-Greine, leuchtete das Abbild der Sonne; Golls Fahne, die Fulang Duaraidh, war die erste und die letzte, die in der Schlacht geschwenkt wurde; Faolans Fahne nannte man Coinneal Catha, die Kerze des Kampfes, Oisins Fahne Donn Nimhe, die Tödliche Schwarze; Caoilte trug Lamh Dearg, die Rote Hand. Auf Osgars Fahne, Sguab Gabhaidh, war ein Besen aus den Zweigen des Vogelbeerbaumes und in der Hitze des Gefechts schaute jeder nur, wo der Besen gerade war. Die Fahne des fröhlichen Diarmuid war Liath Loinneach, die Glänzende Graue, und Craobh Fuileach, Blutiger Zweig, hieß die Fahne von Lugaidhs Sohn. Weil er für jeden Streit zu haben war, hatte Conan einen Dornenstrauch auf seiner Fahne und man sagte, dass er schon zuschlug, wenn einer nur die Stirn runzelte.

Als die Männer der Fianna ihre Fahnen geschwenkt hatten, griffen sie die drei Armeen an. Sie töteten alle Katzenköpfe, dann alle Hundeköpfe und machten schließlich auch den Weißrücken ein Ende.

Danach gingen sie zu einem kleinen Hügel im Süden, auf dem eine Doppelburg stand. Dort fanden sie endlich einen Jagdhund, von dem sie einen Welpen bekamen. Mittlerweile hatten sie zu neunt ganz Irland durchsucht und waren nirgendwo auf Männer gestoßen, die ihnen gewachsen waren.

Ebenso wie Fahnen gab es auch Schwerter bei der Fianna, die Namen hatten: Mac an Luin, der Sohn der Wellen, gehörte Finn; Ceard-nan Gallan, der Schmied der Zweige, gehörte Oisin; Caoiltes Schwert hieß Cruadh-Chosgarach, der Harte Zerstörer; Diarmuids Schwert war Liomhadoir, der Polierer, und Osgars trug den Namen Cosgarach Mhor, der Große Triumphierende.

Die Schwerter aber gelangten so in ihren Besitz: Einmal kam zu Finn, Caoilte und einigen anderen aus der Fianna ein junger Mann, der sehr groß und hässlich war und nur einen Fuß und ein Auge hatte. Über den Schultern trug er einen Umhang aus schwarzen Häuten und in der Hand hielt er eine stumpfe, rote Pflugschar. Er verkündete ihnen, dass er Lon sei, Sohn des Liobhan, einer der drei Schmiede des Königs von Lochlann, und dann rannte er auf einmal los. Ob er sich von der Fianna entfernen oder sie zu seiner Schmiede führen wollte, weiß niemand. Sie liefen auf jeden Fall hinter ihm her und folgten ihm durch ganz Irland, nach Slieve-na-Righ, nach Luimnech, nach Ath Luain, entlang der rechten Seite von Cruachan von Connacht, nach Ess Ruadh, nach Beinn Edair und schließlich ans Meer. Sie gelangten zur Schmiede, wo immer das auch war, und traten ein. Vier Schmiede waren dort bei der Arbeit. Jeder von ihnen hatte sieben Hände. Finn, Caoilte und die anderen hielten inne und sahen ihnen zu. Dann nahmen sie die Schwerter, die sie geschmiedet hatten, mit und machten guten Gebrauch von ihnen.

Außer seinem Schwert besaß Finn noch einen Schild namens Sgiath Gailbhinn, der Sturmschild. Wenn dieser erklang, konnte man es in ganz Irland hören. Ob es nun der Sturmschild war oder nicht, Finn hatte einen wundervollen Schild, mit dem er große Taten vollbrachte, und die folgende Geschichte berichtet von ihm: In der Großen Schlacht von Magh Tuireadh hatte Lugh seinem Widersacher Balor mit dem Bösen Blick den Kopf abgeschlagen und hängte ihn in das Geäst eines Haselnussbaums. Der Baum spaltete sich. Das Gift, das aus dem Kopf tropfte, ließ die Blätter zu Boden fallen. Ganze fünfzig Jahre war dieser Baum ein Aufenthaltsort von Krähen und Raben. Dann kam Manannan, Sohn des Lir, an dem Baum vorbei und sah, dass er gespalten und verwelkt war. Er befahl seinen Männern, ihn auszugraben. Als sie damit begannen, stieg ein giftiger Nebel von den Wurzeln empor. Neun Männer starben auf der Stelle, weitere neun kurze Zeit später und noch mal neun erblindeten. Luchtaine, der Zimmermann, fertigte aus dem Holz des Haselnussbaums einen Schild für Manannan. Nach einiger Zeit gab er ihn Tadg, Sohn des Nuada, zusammen mit einem Satz Schachfiguren; und von Tadg ging er an Finn, seinen Enkel, dem Sohn der Muirne und des Cumhal.

Kapitel 6
Lomnas Kopf

Eines Tages nahm sich Finn eine Frau der Luigne von Midhe. Zur gleichen Zeit befand sich in seinem Haus ein gewisser Lomna, ein Narr.

Finn ging nun mit der Fianna zur Jagd nach Tethra und Lomna blieb zu Hause. Nach einer Weile sah er, wie Coirpre, ein Mann der Luigne, heimlich Finns Frau aufsuchte.

Als die Frau dann erfuhr, dass er alles beobachtet hatte, flehte sie Lomna an, Finn kein Wort davon zu sagen. Lomna willigte ein, aber es ließ ihm keine Ruhe, dass er bei dem Verrat an Finn die Hand im Spiel hatte. Nach einiger Zeit nahm er eine feste Rute und schrieb darauf die folgenden Worte: „Ein Erlenpfosten in einer Umpfählung aus Silber; Tollkirsche in einem Bündel Kresse; ein Mann bei einer lüsternen Frau; ein Narr bei der gelehrten Fianna; Heidekraut auf dem kahlen Ualann der Luigne."

Finn verstand die Botschaft und wurde wütend auf die Frau. Sie wusste gleich, dass Lomna geplaudert hatte, und sandte nach Coirpre: Er solle kommen und den Narren töten. Coirpre kam also, schlug ihm den Kopf ab und nahm ihn mit. Als Finn am Abend zurückkehrte, sah er die Leiche ohne Kopf. „Wir müssen herausfinden, wer das ist", sagten die Männer der Fianna. Finn befragte die Vorsehung und sprach Folgendes: „Es ist die Leiche von Lomna. Nicht von einem wilden Eber wurde er getötet; nicht durch einen Sturz kam er ums Leben; er starb auch nicht im Bett. Er starb durch seine Feinde, und wie er umkam, ist den Luigne kein Geheimnis. Setzt die Jagdhunde auf seine Spur!", befahl er.

Sie ließen die Jagdhunde los. Finn folgte ihnen und sie kamen zu einem Haus, in dem sich Coirpre mit drei neunköpfigen Einheiten seiner Männer aufhielt. Fische steckten auf einem Bratspieß und

Lomnas Kopf steckte auf einem Spieß neben dem Feuer. Den ersten der gebratenen Fische teilte Coirpre unter seinen Männern auf, Lomnas Kopf jedoch bekam kein Stück. Dann teilte er den zweiten Fisch auf die gleiche Weise. Das verstieß nun gegen das Gesetz der Fianna. Der Kopf sprach: „Ein gefleckter, weißbäuchiger Lachs, der aus einem kleinen Fisch im Meer heranwächst; es war nicht rechtens, wie du geteilt hast. Die Fianna wird an dir Rache nehmen, Coirpre." „Schafft den Kopf nach draußen!", befahl Coirpre. „Böse Worte gehen bei uns um." Da sagte der Kopf von draußen: „In viele Stücke werden sie dich teilen, gewaltige Feuer wird Finn entfachen." Und wie er das sagte, kam Finn herein und machte Coirpre und seinen Männern ein Ende.

Kapitel 7
Ilbrec von Ess Ruadh

Einmal jagte Caoilte auf Beinn Gulbain und zog dann weiter nach Ess Ruadh. Als er in die Nähe der Sidhe kam, sah er einen jungen Mann, der dort auf ihn wartete. Er war in einen purpurrot gefassten Mantel gehüllt, eine Brosche aus Silber steckte an seiner Brust und er trug einen weißen Schild mit einem rotgoldenen Ornament aus ineinander verschlungenen Bestien. Sein Haar war zu einem Knoten zusammengebunden und mit einer goldenen Kappe bedeckt. Er führte schwere grüne Waffen und hatte zwei Jagdhunde an einer silbernen Kette bei sich. Als Caoilte bei ihm angelangt war, küsste er ihn dreimal und setzte sich neben ihn ins Gras. „Wer bist du, junger, starker Kämpfer?", fragte Caoilte. „Ich bin Derg, Sohn des Eoghan von den Usnach", antwortete er, „dein Pflegebruder." Da erkannte ihn Caoilte und fragte: „Und wie ist das Leben beim Volk deiner Mutter, den Tuatha de Danaan?" „Es fehlt uns dort an nichts", sagte der junge Mann, „aber lieber würde ich wie der letzte Dienstjunge bei der Fianna leben als im Hügel der Sidhe." „Du bist heute ganz allein auf der Jagd", sagte Caoilte. „Ich habe dich schon oft im Tal der drei Flüsse gesehen, dort, wo Siuir, Beoir und Berba zusammenfließen, und immer war eine große Kompanie bei dir: fünfzehnhundert junge Männer, fünfzehnhundert Dienstjungen und fünfzehnhundert Frauen." „Das stimmt", sagte Derg. „Ich bin schon so lange im Hügel der Sidhe und trotzdem denke ich dauernd an die Fianna. Ich kann mich noch gut daran erinnern, wie du das Rennen gegen Finn und seinen zähen Rappen gewonnen hast. Komm jetzt in den Hügel, es wird dunkel." So brachte er Caoilte in den Hügel und sie nahmen die Plätze ein, die man ihnen zuwies.

Zu dieser Zeit nun herrschte ein gewaltiger Krieg zwischen Lir von den Sidhe Fionnachaidh und Ilbrec von Ess Ruadh. Ein Vogel mit einem Schnabel aus Eisen und Schwanzfedern aus Feuer kam jeden Abend zu dem goldenen Fenster an Ilbrecs Haus und schüttelte sich so lange, bis kein Schwert mehr auf seinem Kissen, kein Schild an seinem Haken und kein Speer an seinem Platz war. Schwerter, Schilde und Speere, das alles fiel den Leuten im Haus auf den Kopf. Was auch immer sie nach dem Vogel warfen, fiel wieder auf sie selbst zurück. In der Nacht, als Caoilte kam, war der Saal für ein Festmahl hergerichtet. Der Vogel flog herein und richtete dieselbe Zerstörung an wie zuvor und alles, was sie nach ihm warfen, prallte an ihm ab. „Macht das der Vogel schon lange?", fragte Caoilte. „Seit einem ganzen Jahr", antwortete Derg, „seit wir den Sidhe Fionnachaidh den Krieg erklärt haben." Da holte Caoilte einen Kupferstab aus seinem Schild und schleuderte ihn auf den Vogel. Er traf und der Vogel stürzte auf den Boden des Saals. „Hat je einer einen besseren Wurf gesehen?", fragte Ilbrec. „Bei meinem Wort", antwortete Caoilte, „in der Fianna hat keiner das Recht, sich vor anderen zu rühmen." Ilbrec holte einen scharfen Speer, der mit dreißig Goldnieten versehen war, und verkündete: „Das ist der Speer des Fiacha, des Sohnes des Congha, und mit ihm hat Finn Aillen, den Sohn des Midhna, getötet, der Teamhair in Brand gesteckt hat. Nimm ihn an dich, Caoilte, und behalte ihn, bis Lir kommt und für seinen Vogel Rache nimmt."

Dann nahmen sie ihre Hörner und ihre Becher zur Hand, tranken und vergnügten sich. Ilbrec sagte: „Nun, Caoilte, wenn Lir kommt und seinen Vogel rächen will, wer soll dann unsere Truppen befehligen?" „Derg soll das tun", antwortete er. „Wirst du uns in den Kampf führen, Derg?", fragten die Leute des Hügels. „Ja, das werde ich", versprach Derg, „ob wir verlieren oder gewinnen."

So verbrachten sie die Nacht. Schon früh am anderen Morgen hörten sie Hörner blasen, Streitwagen rattern, Schilde aufeinander prallen, den ganzen Tumult einer gewaltigen Armee, die geschlossen über den Hügel heranrückt. Da schickten sie einige ihrer Leute hinaus, die nachsehen sollten, wie groß die Armee war. Sie sahen drei gleich starke, tapfere Armeen. „Es wäre ein Jammer", bemerkte da Aedh Nimbrec, der Gefleckte, „wenn wir zu Tode kämen und Lirs Leute den Hügel einnähmen." „Hast du noch nie gehört, Aedh", sagte da Caoilte, „dass auch der Rothirsch dem Jagdhund und der Eber dem Wolf entkommt? Welchen Mann fürchtet ihr denn am meisten?", fragte er. „Lir aus dem Volk der Sidhe Fionnachaidh, den besten Kämpfer von allen", waren sich alle einig. „Gegen den besten Mann trete ich im Nahkampf an. Das habe ich schon immer getan und werde es auch heute tun", sagte Caoilte. „Die beiden, die im Kampfe an zweiter Stelle kommen", fügten sie hinzu, „sind Donn und Dubh." „Die beiden werde ich niederwerfen", meinte Derg.

Daraufhin zogen sie hinaus. Mit breiten, grünen Speeren, kleinen Wurfspeeren und schweren Steinen gingen die Armeen aufeinander los; der Kampf dauerte vom Morgen bis zum Mittag. Dann trafen Caoilte und Lir aufeinander. Sie fochten einen harten Kampf aus und schließlich fiel Lir durch Caoiltes Hand.

Die beiden großen Spitzenkämpfer Dubh und Donn, Söhne des Eirrge, waren entschlossen, weiterzumachen und sie kämpften auf folgende Weise: Dubh an der Spitze der gesamten Armee und Donn als Letzter, der die Nachhut sicherte. Derg wusste das, griff in den Riemen seines Speers und schleuderte ihn auf den, der am nächsten bei ihm stand. Der Speer brach diesem das Rückgrat, flog weiter und traf auch noch den anderen, so dass er mit einem Wurf beide Männer tötete. Damit war der Kampf beendet und alle, die von der gewaltigen Armee des Lir noch übrig waren, zerstreuten sich und gingen nach Norden. Da war die Freude groß im Hügel von Ess Ruadh. Ilbrec nahm die Siegesbeute der geschlagenen Armee und verteilte sie an seine Leute. Caoilte gab er den verzauberten Speer des Fiacha zusammen mit neun wertvollen Mänteln, neun langen Schwertern mit Griffen und Scheiden aus Gold und neun Hunden für die Jagd. Sie sagten einander Lebewohl. Caoilte gab den Leuten des Hügels seinen Segen und empfing ihren Dank. Und so schwer der Kampf auch war, noch schwerer fiel es Derg, sich wieder von seinem Kameraden trennen zu müssen. Er empfand dieselbe Trauer wie damals, als er von Finn und der Fianna geschieden wurde.

Lange Zeit danach ging Caoilte wieder zu dem Hügel des Ilbrec in Ess Ruadh, und dies kam so: In einem Kampf bei Beinn Edair schleuderte Mane, der Sohn des Königs von Lochlann, einen tödlichen Speer auf ihn. Er hörte das Pfeifen des Speers, der auf ihn zurauschte, und hob seinen Schild, um Kopf und Körper zu schützen, aber es war zu spät. Der Speer traf ihn in den Oberschenkel und vergiftete ihn. Nun musste er sehen, wer ihn heilen konnte. Er ging zu dem Hügel der Sidhe in Ess Ruadh, um Bebind, Tochter des Elcmer von Brugh na Boinne, um Hilfe zu bitten. Sie war im

Besitz des Heiltranks der Tuatha de Danaan und hatte auch noch den Rest, der vom Ale des Goibniu übrig war.

Caoilte rief nach Cascorach, dem Barden, Sohn des Caincenn, und bat ihn, seine Harfe zu holen und mit ihm zu kommen. Sie blieben eine Nacht lang im Hügel der Sidhe von Druim Nemed in Luigne von Connacht. Von dort aus gingen sie weiter an Ess Dara, dem Herbst der Eichen, vorbei nach Druim Dearg na Feinne, dem Roten Gebirgsgrat der Fianna, nach Ath Daim Glas, der Furt des Grauen Rothirsches, nach Beinn Gulbain und nach Norden in die Ebene von Ceitne, wo die Männer von Dea ihren Tribut an die Fomor zu zahlen pflegten; dann hinauf zum Fußstapfen von Ess Ruadh und dem Hohen Ort der Knaben, wo die Knaben der Tuatha de Danaan ihre Wurfspiele abhielten. Aedh und Ilbrec von Ess Ruadh standen am Eingang des Hügels und hießen Caoilte aufrichtig willkommen. „Ich freue mich über diesen Empfang", sagte Caoilte. Da kam Bebind in Begleitung von hundertfünfzig hübschen Frauen heraus, setzte sich in das grüne Gras und gab Caoilte, Cascorach und Fermaise, der von den Sidhe in Connacht gekommen war, drei freundschaftliche Küsse. Alle Leute des Hügels begrüßten sie und sagten: „Eure Freundschaft wäre nicht viel wert, wenn ihr uns nicht helft, wo wir doch Hilfe brauchen." „Ich wurde nicht wegen meiner Tapferkeit hierher gebeten", entgegnete Cascorach, „aber wenn die Zeit kommt, werde ich für euch Musik machen, wenn ihr wollt." „Wir sind wirklich nicht gekommen, um hier Heldentaten zu vollbringen", bestätigte Fermaise, „aber wir helfen euch, wenn es nötig ist." Daraufhin teilte ihnen Caoilte den Grund seiner Reise mit. „Wir werden dich heilen", versprachen sie. Dann gingen sie alle in den Hügel und tranken und feierten drei Tage und drei Nächte.

Und in der Tat waren Caoilte und Cascorach eine große Hilfe. Jedes Jahr kam nämlich eine Kriegerin auf den Schiffen der Männer von Lochlann und griff die Tuatha de Danaan an. Sie war von einer

Frau aufgezogen worden, die zaubern konnte, und so gab es im ganzen Hügel der Sidhe keinen kostbaren Gegenstand, der ihr nicht bekannt gewesen wäre und den sie nicht mitgenommen hätte. Gerade zu der Zeit, als Caoilte und Cascorach dort waren, kam ein Bote und brachte die Nachricht, dass der Hafen voll mit Schiffen und die Kriegerin mit einer großen Armee gelandet sei. Cascorach, der Barde, stellte sich ihr mit einem Schild entgegen, das ihm Donn, Sohn des Midhir, geliehen hatte. Sie machte große Worte, als sie den jungen Mann gegen sie antreten sah, der noch dazu alleine war. Aber trotz all ihres stolzen Geredes tötete er sie und ließ sie am Strand liegen, wo sie vom Meeresschaum umspült wurde.

Caoilte zog in einem Streitwagen aus, der Midhir dem Blonden, Sohn des Dagda, gehörte. Er bekam einen Speer namens Benbadb, die Kriegerin, den er auf den König von Lochlann schleuderte. Er traf ihn, der König fiel ihm in die Arme und hauchte sein Leben aus. Fermaise machte sich auf die Suche nach Eolus, dem Bruder des Königs, der als schönster Mann der Welt galt. Er erkannte ihn an seinem goldenen Band, das er um den Kopf trug, seiner grünen Rüstung und seinem roten Schild und er tötete ihn mit einem fünfzackigen Speer. Als die Männer von Lochlann sahen, dass ihre drei Führer tot waren, bestiegen sie ihre Schiffe und kehrten heim. Im ganzen Land, bei den Männern von Irland wie auch bei den Tuatha de Danaan, herrschte große Freude, dass die Männer von Lochlann durch Caoilte, Fermaise und Cascorach vertrieben worden waren.

Das war aber noch nicht alles, was sie vollbrachten. Denn es geschah zu dieser Zeit, dass drei Schwärme von schönen, roten Vögeln aus Slieve Fuad im Norden kamen und begannen, das grüne Gras vor dem Hügel der Sidhe aufzufressen. „Was sind das für Vögel?", fragte Caoilte. „Es sind drei Schwärme, die jedes Jahr kommen und das Gras zerstören. Sie fressen es ab bis auf die kahlen Steinplatten und wir haben dann keinen Platz mehr für unsere Rennen", antwortete Ilbrec. Da hoben Caoilte und seine Kameraden drei Steine auf, warfen sie auf die Schwärme und vertrieben sie. „Seid gepriesen", sagten die Leute der Sidhe, „ihr habt gute Arbeit geleistet. Aber ihr könnt noch etwas für uns tun", fügten sie hinzu, „denn jedes Jahr kommen drei Raben aus dem Norden zu uns, immer dann, wenn die jungen Burschen ihre Wurfspiele abhalten, und jeder Rabe nimmt einen unserer Jungen mit. Morgen finden die Spiele wieder statt", sagten sie. Als es am nächsten Morgen hell geworden war, gingen die Tuatha de Danaan hinaus, um die Spiele zu sehen. Jeder sechste Mann bekam ein Schachbrett, jeder fünfte ein Brett für ein anderes Spiel, jeder zehnte eine kleine Harfe, jeder hundertste eine Harfe und jeder neunte Pfeifen, die schrill und laut waren. Die drei Raben kamen aus dem Norden über das Meer geflogen. Sie ließen sich auf dem großen Baum der Stärke nieder, der auf der Wiese stand. Dann kreischten sie dreimal auf, so düster und gellend, dass selbst Tote davon geweckt würden – wenn das ginge. Damit nahmen sie der ganzen Versammlung den Mut. Cascorach ergriff eine Schachfigur und warf sie nach einem der Raben. Er traf ihn am Hals und setzte seinem Leben ein Ende. Auf dieselbe Weise tötete Fermaise den zweiten und Caoilte den dritten.

„Heilt mich jetzt", bat Caoilte. „Ich habe dafür bezahlt, die Zeit ist reif." „Das ist wahr", sagte Ilbrec. „Wo ist Bebind, Tochter des Elcmer?", fragte er. „Hier bin ich", antwortete sie. „Führe Caoilte, Sohn des Ronan, an einen geheimen Ort", trug er ihr auf, „heile ihn und sorge dafür, dass er gut bedient wird. Er hat die Männer von Dea und die Söhne der Gael von allen Gefahren befreit. Cascorach soll Musik für ihn machen und Fermaise soll auf ihn aufpassen." So ging Elcmers Tochter mit ihren beiden Söhnen zum Haus der Waffen, wo ein Bett für Caoilte hergerichtet war. Man brachte ihr eine mit Wasser gefüllte Schüssel aus mattem Gold. Sie nahm ein Kristallgefäß, gab Kräuter hinein, zerstieß sie, schüttete sie ins

Wasser und reichte dann Caoilte die Schüssel. Er nahm einen großen Schluck und erbrach das Gift des Speeres, das noch in ihm war. Er nahm fünf weitere Schlucke von der Medizin, dann gab sie ihm frische Milch zu trinken. Drei Tage und drei Nächte war alle Kraft von ihm gewichen.

„Caoilte, mein Leben", sagte sie zu ihm, „spürst du nun eine Linderung?" „Ja", antwortete er, „nur mein Kopf macht mir Kummer." „Flann, Tochter des Flidais, wird dich jetzt waschen", beruhigte sie ihn, „dann wird dein Kopf nie mehr schmerzen. Auch Haarausfall und Sehschwäche werden dich nicht mehr plagen." So wurde er eine Weile umsorgt und geheilt. Die Gesellschaft der Leute im Hügel war dreigeteilt. Ein Teil bestand aus den besten Männern und hohen Edlen, ein weiterer aus jungen Männern und ein dritter aus Frauen und Dichtern. Sie besuchten ihn alle und munterten ihn auf, solange er auf dem Krankenbett lag, und wenn sie von der Jagd kamen, gaben sie ihm die besten Stücke.

Eines Tages, als Elcmers Tochter, ihre Söhne, Cascorach und Fermaise bei Caoilte waren, hörten sie Musik, die von den Gewässern in Ess Ruadh zu ihnen drang. Es war eine Musik, die jede andere Musik dieser Welt vergessen machte. Sie lehnten ihre Harfen an die Pfeiler und gingen hinaus. Caoilte wunderte sich, dass sie ihn verließen. Er spürte, dass seine Kraft noch nicht wiederhergestellt war, und unter Tränen sprach er: „Ich bin in manche raue Schlacht und in manch schweren Kampf gezogen und jetzt habe ich nicht einmal die Kraft, aufzustehen und hinauszugehen." Da kehrten die anderen zurück und er bat sie um Nachricht. „Was war das für eine Musik?", fragte er. „Das war Uaine vom Hügel der Sidhe, bei Cliodnas Welle im Süden", erklärten sie. „Die Vögel aus dem Land der Verheißung waren bei ihr. Sie macht Musik für das ganze Land. Jedes Jahr besucht sie einen der Hügel der Sidhe und diesmal sind wir an der Reihe." Die Frau aus dem Land der Verheißung betrat das Haus. Vögel begleiteten sie und ließen sich auf den Pfeilern und

Balken nieder. Einige von ihnen flogen zu Caoilte und sie begannen zusammen zu singen. Cascorach nahm seine Harfe, und was er auch spielte, die Vögel sangen dazu. „Ich habe schon viel Musik gehört", meinte Caoilte, „aber noch nie so schöne."

Danach bat Caoilte, dass sein Oberschenkel behandelt werde. Die Tochter des Elcmer kümmerte sich selbst darum. Ihre Diener saugten die Wunde aus und dann begann sie zu heilen. Noch drei Nächte blieb Caoilte anschließend in seinem Krankenbett.

Eines Tages gingen die Leute vom Hügel zum Schwimmen in den Strom. Caoilte sagte: „Was hindert mich daran, schwimmen zu gehen. Jetzt bin ich ja wieder gesund." Mit diesen Worten stieg er ins Wasser. In dieser Nacht feierten sie ein großes Fest.

Dann verabschiedeten sich Caoilte und Cascorach. Fermaise blieb noch eine Weile bei den Leuten im Hügel. Caoilte bekam schöne Geschenke: einen umsäumten, purpurroten Mantel aus der Wolle der sieben Schafe vom Land der Verheißung und einen Fischhaken namens Aicil mac Mogha, bei dem jeder Fisch anbiss. Außerdem gaben sie ihm den Gedächtnistrunk. Damit blieb ihm jeder Ort, den er jemals sah, und jede Schlacht, die er jemals kämpfte, in Erinnerung. „Das ist eine große Hilfe", freute sich Caoilte. Caoilte und Cascorach verließen den Hügel und alle weinten ihnen nach.

Kapitel 8
Die Höhle von Cruachan

Eines Tages war Caoilte mit Cascorach in Cruachan. Auf einem Steinhaufen sah er dort einen Mann mit ganz zotteligem, grauem Haar sitzen. Er trug einen Mantel, der mit einer Bronzenadel zusammengehalten war, und hielt einen langen Stock aus

weißem Haselnussholz in der Hand. Vor ihm weidete eine Viehherde in einem eingezäunten Feld. Caoilte wollte wissen, wer er sei.
„Ich bin der Hofmeister des Königs von Irland", sagte der alte
Mann. „Von ihm habe ich dieses Land erhalten. Wir haben zur Zeit
große Schwierigkeiten in unserem Bezirk." „Worum handelt es sich
denn?", fragte Caoilte. „Ich besitze viele Viehherden", erzählte er,
„und jedes Jahr an Samhain kommt eine Frau aus dem Hügel der
Sidhe von Cruachan und nimmt die neun besten Tiere aus jeder
Herde mit. Ich heiße übrigens Bairnech und bin der Sohn des
Carbh von Collamair von Bregia." „Wer war der beste Mann, der
jemals von Collamair kam?", fragte Caoilte. „Ich weiß es und die
Männer von Irland und von Alban wissen, dass es Caoilte, Sohn
des Ronan, war. Weißt du, wo er jetzt ist?", fragte Bairnech. „Ich
bin es, Caoilte, dein Verwandter", antwortete Caoilte.

Als Bairnech das hörte, hieß er ihn herzlich willkommen und
Caoilte küsste ihn dreimal. „Es scheint mir, als ob heute Nacht
Samhain wäre", meinte Caoilte. „Wenn das stimmt, wird die Frau
kommen und uns berauben", sagte Bairnech. „Lass mich heute
Nacht zum Eingang des Hügels der Sidhe gehen", bat Cascorach.
„Tu das und bring deine Waffen mit", stimmte Caoilte zu. Casco-
rach ging. Nach nicht allzu langer Zeit sah er das Mädchen aus dem
Hügel von Cruachan vorbeigehen. Sie hatte einen wunderschönen
Mantel an und ein Kleid aus gelber Seide, das durch einen Knoten
zwischen den Oberschenkeln zusammengehalten wurde. Zwei
Speere hielt sie in der Hand und sie hatte vor nichts und niemandem Angst. Da blies Cascorach in sein Horn, griff mit dem Finger
in den Riemen seines Speeres und schleuderte ihn auf das Mädchen. Der Speer durchbohrte sie. Auf solche Weise nahm ihr Cascorach das Leben.

Bairnech sagte: „Weißt du, Caoilte, was uns hier noch zu schaffen macht?" „Nein, erzähle!", sagte Caoilte. „Drei Wölfinnen, die
jedes Jahr aus der Höhle von Cruachan kommen und unsere Schafe

reißen. Danach kehren sie wieder in die Höhle zurück. Wir sind machtlos gegen sie. Wer diese Bestien vernichtet, wäre unser bester Freund", sagte er. „Nun, Cascorach", fragte Caoilte, „weißt du, wer die Wölfinnen sind?" „Ich weiß es wohl", erwiderte Cascorach. „Es sind die drei Töchter des Airetach, die Letzten vom Volk der Unterdrücker der Höhle von Cruachan. Als Frauen könnten sie nicht so leicht auf Beutezug gehen, daher verwandeln sie sich in Wölfinnen." „Nähern sie sich auch den Menschen?", fragte Caoilte. „Nur dann, wenn sie sehen, dass es Harfenspieler sind", sagte Cascorach. „Wie wäre es", schlug er vor, „wenn ich morgen zu dem Steinhaufen dort drüben gehe und meine Harfe mitnehme?" Er stand also am Morgen auf, ging zu dem Steinhaufen, stellte sich darauf und spielte auf seiner Harfe, bis der Abendnebel hereinbrach. Die drei Wölfinnen kamen, legten sich zu seinen Füßen und lauschten der Musik. Aber Cascorach sah keine Möglichkeit, sie anzugreifen, und als es Nacht wurde, kehrten sie in die Höhle zurück.

Cascorach ging zu Caoilte und berichtete ihm, was geschehen war. „Geh morgen noch einmal hin", befahl Caoilte, „und sage ihnen, dass ihnen die Musik viel besser gefallen würde, wenn sie als Frauen kämen und zuhörten." Cascorach begab sich am nächsten Morgen wieder zu dem Steinhaufen und ließ seine Leute Stellung nehmen. Die Wölfinnen kamen, legten sich ausgestreckt auf den Boden und lauschten der Musik. Da sagte Cascorach: „Wenn ihr jemals Frauen wart, dann wüsstet ihr, dass für eine Frau diese Musik viel schöner klingt als für eine Wölfin." Nun warfen sie ihre dunklen Schleppen ab, denn sie hörten die liebliche Musik der Sidhe so gern. Als Caoilte die Frauen dort Seite an Seite und Ellbogen an Ellbogen liegen sah, warf er seinen Speer. Er durchbohrte sie alle drei und sie hingen auf ihm wie ein zusammengezogener Fadenstrang. Auf diese Weise setzte er den seltsamen Wesen ein Ende. Und der Ort erhielt den Namen Tal der Wolfsgestalten.

Kapitel 9
Hochzeit in Ceann Slieve

Finn und die Fianna hielten einmal auf dem Hügel von Torc, der über Loch Lein und Feara Mor liegt, eine große Jagd ab. Sie zogen immer weiter, bis sie in das freundliche, grüne Slieve Echtge kamen. Von dort aus jagten sie durch dichte Wälder, über sanfte grüne und schroffe rote Hügel und über die weiten Ebenen des Landes. Jeder ihrer besten Männer wählte einen Jagdplatz ganz nach seinem Geschmack. Überall in der Gegend konnte man ihr Jagdgebrüll hören. Das Hochwild lief aufgeschreckt durch die Wälder und die Füchse, diese kleinen roten Bestien, kletterten die Felsen hoch. Dachse flüchteten aus ihrem Bau, Vögel aus Nestern und Bäumen und die Damkitze liefen davon, so schnell sie konnten. Die Männer der Fianna ließen ihre wütenden, kleinen Jagdhunde los.Bald waren ihre Hände rot vor Blut und stolz blickten sie auf ihre Jagdhunde, die an diesem Abend abgehetzt und voller Wunden zu ihnen zurückkehrten.

Niemand war an diesem Tag bei Finn, nur Diorraing, Sohn des Domhar. „Diorraing", sagte Finn, „halte du für mich Wache. Ich bin heute früh aufgestanden, so früh, dass ich noch nicht einmal den Schatten meiner fünf Finger gesehen habe und die Blätter der Hasel von denen der Eiche unterscheiden konnte." Bei diesen Worten fiel er in einen tiefen Schlaf. Erst als der Abend im gelben Licht dämmerte, wachte er wieder auf. Die anderen aus der Fianna brachen die Jagd ab, da sie nicht wussten, wo Finn war.

Diorraing wurde die Zeit lang, als Finn schlief. Dann weckte er ihn und meinte, dass die Fianna die Jagd wohl beendet haben müssten, denn er konnte weder Schreie noch Pfiffe hören. „Der Tag ist zu Ende", entgegnete Finn. „Heute Nacht werden wir sie nicht mehr suchen. Geh jetzt in den Wald und hole Holz und

Zweige für einen Unterschlupf. Ich werde mich nach etwas Essbarem umsehen." Diorraing machte sich auf den Weg. Er war noch nicht weit gegangen, da sah er ganz in der Nähe am Waldrand ein schönes, hell erleuchtetes Haus der Sidhe. Er kehrte zurück und berichtete Finn davon. „Dann gehen wir dorthin", sagte Finn. „Wir müssen ja schließlich nicht im Wald bleiben, wenn Menschen in der Nähe wohnen." Also gingen sie zu dem Haus und klopften an. Der Torwächter kam. „Wessen Haus ist das?", fragte Diorraing. „Es gehört Conan von Ceann Slieve", antwortete der Wächter. „Sage ihm", befahl Diorraing, „dass zwei von der Fianna der Gael an der Tür sind."

Der Wächter ging hinein und brachte Conan diese Botschaft. „Einer von ihnen", sagte er, „ist jung und kräftig und hat ein eher stilles Wesen. Er ist blond und schöner als alle anderen Männer der Welt. Er hat einen Jagdhund mit einem kleinen Kopf und weißem Brustfell und er hält ihn an einem Halsband aus glänzendem Gold und einer Kette aus altem Silber. Der andere von ihnen", fuhr er fort, „hat braune Haare, ein rosiges Gesicht und weiße Zähne. Er führt einen gelb gefleckten Jagdhund an einer Kette aus glänzender Bronze." „Du hast sie gut beschrieben", lobte Conan. „Ich weiß, wer sie sind. Der Mann, von dem du zuerst gesprochen hast, ist Finn, Sohn des Cumhal, der Anführer der Fianna von Irland, und er hat Bran an der Hand. Der andere ist Diorraing mit Sceolan. Geh und lass sie rasch herein!", befahl er.

Finn und Diorraing wurden hereingebeten und gut bedient. Man nahm ihnen die Waffen ab und bescherte ihnen ein großartiges Fest, das ihnen großes Vergnügen bereitete. An Finns Seite saßen Conans Frau und seine Tochter Finndealbh die Schöne. Sie redeten viel miteinander, und weil Finndealbh so schön anzusehen war mit ihren goldenen Locken und ihren blumenblauen Augen, mit dem weichen Tuch und der Silbernadel an der Brust, hielt Finn zu guter Letzt um ihre Hand an. „Lass ab, darum zu bitten", warnte

Conan. „Der Mann, dem sie versprochen ist, hat sicher mehr Mut als du." „Wer ist es?", fragte Finn. „Fatha, der Sohn des Königs von Ess Ruadh", antwortete Conan. „Leiden und Gefahren sollen über dich kommen", rief Diorraing. „Ich täte recht daran, deine stammelnde Zunge abzuschneiden und dir den Giftbecher zu geben! Finn ist besser als alle Männer von Dea zusammen!" „Lass es gut sein, Diorraing", sagte Finn. „Ich bin nicht zum Kämpfen hier, sondern ich wollte um eine Frau anhalten und ich werde sie bekommen, ob es ihnen passt oder nicht." „Ich werde keinen Streit mit dir anfangen", meinte Conan, „aber ich verlange von dir, dass du mir, wenn du ein wahrer Held bist, alle meine Fragen beantwortest." „Das werde ich tun", versprach Finn.

Da stellte Conan Fragen über Finns Herkunft und Erziehung und über die Taten, die er vollbracht hatte, seit er bei der Fianna war. Finn antwortete auf jede Frage. Schließlich sagte er: „Nun wollen wir aufhören und die Barden holen, wenn du welche hast. Ich brauche schöne Melodien. Keine einzige Nacht kann ich ohne Musik sein." „Sage mir zuerst", hielt Conan dagegen, „wer hat die Dord Fiann gebaut und wann war das?" „Das werde ich dir sagen", antwortete Finn. „Die drei Söhne des Cearmait Honigmund haben sie in Irland gebaut. Früher haben neun Männer sie gespielt. Ich habe fünfzig, die sie spielen können." „Sage mir", bat Conan, „welche Musik ist dir die liebste?" „Das werde ich dir sagen", meinte Finn. „Der Moment, in dem die sieben Bataillone der Fianna versammelt sind, ihre Speere über die Köpfe heben und das Heulen des scharfen, reinen Windes durch sie hindurchfährt, das ist ein lieblicher Klang in meinen Ohren. Wenn sie den Festsaal in Almhuin herrichten und die glänzenden Becher vor die Obersten der Fianna stellen, dann ist das auch ein lieblicher Klang in meinen Ohren. Ich liebe den Ruf der Möwen und Reiher, das Rauschen der Wellen von Traig Liath, das Lied der drei Söhne des Meardha, die Flöte von Lugaidhs Sohn, die Stimme des Kuckucks, wenn der

Sommer beginnt, das Grunzen der Schweine in der Ebene von Eithne und das Lachen in Doire." Dann sagte er noch: „Aber schöner als alles andere ist die Dord in den grünen Wäldern, die immer während Brandung an der Küste, der Klang der Wellen in Traig Liath, wenn sie auf den Fluss der Weißen Forelle treffen. Und die drei Männer, die zur Fianna kamen – einer war sanft, einer rau und einer pflügte die Wolken – sie waren mir angenehmer als alles andere. Die graue Gischt des Meeres, der keiner folgen kann, die Dünung, die den Fisch an Land spült, das ist meine Schlafmusik, sie klingt so süß. Feargall, Sohn des Fionn, ein Mann, so gewandt: Er sprang weit, seine Spur ist noch zu sehen; nie gab er eine Geschichte zum Besten, die nicht voller Geheimnisse war; sein Gesang war meine Schlafmusik."

Weil Finn all diese Fragen so gut beantwortet hatte, versprach ihm Conan seine Tochter zur Frau. Am Ende des Monats wollten sie Hochzeit feiern. Dann legten sie sich schlafen, doch Finn hatte einen furchtbaren Traum, der ihn dreimal wach werden ließ. „Was erschreckt dich so, Finn?", fragte Diorraing. „Ich habe die Tuatha de Danaan gesehen", antwortete er. „Sie begannen einen Streit mit mir und richteten ein großes Gemetzel unter der Fianna an."

Die Fianna aber machte in dieser Nacht Rast bei Fotharladh von Moghna und die Männer waren sehr niedergeschlagen, da sie keine Nachricht von Finn hatten. Früh am Morgen standen zwei von ihnen auf, Bran Beag und Bran Mor, und gingen zu Mac-an-Reith, Sohn des Ram, der die Gabe der Weissagung besaß. Sie fragten ihn, wo Finn die Nacht über gewesen sei. Mac-an-Reith zögerte etwas, doch dann sagte er ihnen, dass Finn die Nacht im Haus des Conan von Ceann Slieve verbracht habe.

Die beiden Brans gingen zu Conans Haus. Finn empfing sie herzlich, doch sie machten ihm Vorwürfe, als sie erfuhren, dass er heiraten wollte, ohne dass einer von ihnen davon wusste. „Lade die ganze Fianna ein. Sie sollen alle zu dem Fest kommen", sagte

Conan. So gingen Finn, Diorraing und die beiden Brans zurück zur Fianna, erzählten, was sich zugetragen hatte, und gingen dann weiter nach Almhuin.

Als sie in dieser Nacht im Festsaal von Almhuin beieinander saßen, sahen sie den Sohn des Königs von Irland kommen. „Er wird mit dem Saal wohl nicht zufrieden sein, so, wie er jetzt aussieht", meinte Finn, „sondern alles nach seinem Gutdünken umräumen." „Er kann uns nichts befehlen", sagte Oisin. „Soll er die eine Hälfte des Saales nehmen und uns die andere überlassen." So kamen sie überein. Zufällig saßen aber in dem Teil des Saales, den sie dem Königssohn überlassen hatten, zwei der Männer von Dea, Failbhe Mor und Failbhe Beag, und sie dachten nun, dass dieser Teil geräumt worden sei, weil sie dort saßen. „Es ist eine Schande", meinte Failbhe Beag, „uns so zu beleidigen. Wahrscheinlich führt Finn noch mehr gegen uns im Schilde, denn schließlich wird er auch die Frau entführen, die dem drittbesten Mann der Tuatha de Danaan versprochen ist, und das gegen den Willen ihrer Eltern." Am frühen Morgen machten sich die beiden auf zu Fionnbhar von Magh Feabhail und erzählten ihm von den schmählichen Taten, die Finn und die Fianna gegen die Tuatha de Danaan im Sinn hätten. Als Fionnbhar, der König der Tuatha de Danaan, das hörte, sandte er Boten durch ganz Irland. Sie sollten alle seine Männer zusammenrufen. Einen Monat später waren sechs gut gerüstete Bataillone bei ihm am Rand von Loch Derg Dheirc. Das war gerade der Tag, an dem Finns Hochzeitsfest stattfinden sollte.

Finn war zu dieser Zeit in Teamhair Luachra. Dort sollte das Fest abgehalten werden. Zufällig waren die meisten Männer, die damals bei ihm waren, Söhne des Morna. Auf dem Weg nach Teamhair sagte Finn zu Goll: „O Goll, bisher habe ich mich noch nie vor einem Fest gefürchtet. Nur wenige meiner Leute sind bei mir und ich weiß, dass mir nichts Gutes bevorsteht. Die Männer von Dea werden einen Streit anzetteln und meine Leute töten." „Ich werde dich verteidigen, was immer auch geschieht", versprach Goll. Sie gingen zu Conans Haus, wurden empfangen und in den Festsaal geführt. Finn bekam den Platz neben der Tür zugewiesen, Goll saß zu seiner Rechten, Finndealbh die Schöne zu seiner Linken und alle anderen an ihren üblichen Plätzen.

Fionnbhar und die Tuatha de Danaan aber hüllten sich in einen Druidennebel und zogen unsichtbar mit sechzehn Bataillonen zur Wiese vor Conans Haus. „Wir werden nichts gegen sie ausrichten", befürchteten sie, „wenn Goll auf Finns Seite ist." „Diesmal wird ihn Goll nicht in Schutz nehmen können", sagte Ethne, die Druidin. „Ich werde Finn aus dem Haus locken, mag er noch so gut bewacht werden." Sie ging auf das Haus zu und stellte sich vor Finn auf. „Wer steht da vor mir?", fragte sie. „Ich bin es", antwortete Finn. „Ich fordere dich auf, gemäß deiner Heldenpflicht zu mir zu kommen", sagte sie. Finn zögerte nicht und ging. Und obwohl so viele Leute im Haus waren, bemerkte das keiner außer Caoilte, der ihm nach draußen folgte. Zur gleichen Zeit ließen die Tuatha de Danaan einen Schwarm Amseln mit feuerroten Schnäbeln los. Sie stürzten sich auf die Menschen im Haus, hackten sie in die Brust, verbrannten und vernichteten sie, bis alle Jungen, Frauen und Kinder nach allen Seiten davonliefen. Die Frau des Hauses, Conans Frau, wurde im Fluss vor der Burg ertränkt.

Ethne, die Druidin, fragte Finn, ob er gegen sie antreten würde. „Ich will gegen dich laufen, darum habe ich dich auch nach draußen gerufen", erklärte sie. „Wohin soll der Lauf denn gehen?", fragte Finn. „Von Doire da Torc, dem Wald der Zwei Keiler, bis nach Ath Mor, der Großen Furt", antwortete sie. Sie rannten los und Finn kam als Erster an die Furt. Caoilte lief hinter ihnen her. Da sagte Finn: „Du lässt dich ja von einer Frau überholen! Du solltest dich schämen, Caoilte." Caoilte machte einen großen Satz nach vorne. Jetzt war er vor der Hexe. Er drehte sich um und teilte sie mit einem einzigen Schwerthieb in zwei Hälften. „Mögen Kraft und Glück mit dir sein, Caoilte!", rief Finn. „Du hast zwar so manchen guten Hieb gelandet, aber nie einen besseren als den hier."

Sie gingen zurück zur Wiese vor Conans Burg und trafen dort auf die ganze Kompanie der Tuatha de Danaan. Den Druidennebel hatten sie abgelegt. „Es scheint mir, Caoilte", sagte Finn, „dass wir unseren Feinden in die Hände gelaufen sind." Sie stellten sich Rücken an Rücken und wurden von allen Seiten angegriffen. Der ungleiche Kampf rang Finn ein Stöhnen ab. Als das Goll im Haus hörte, sagte er: „Es ist schlimm, dass es die Tuatha de Danaan geschafft haben, Finn und Caoilte von uns wegzulocken. Lasst uns ihnen zu Hilfe eilen und keine Zeit verlieren."

Dann lief er nach draußen und mit ihm die ganze Fianna und Conan von Ceann Slieve und seine Söhne. Goll war so wütend, dass er unter seinem grauen Schild wie ein mächtiger Berg aussah. Er schlug sich durch die Tuatha de Danaan, bis er Fionnbhar, ihren Anführer, erreichte. Sie griffen sich an, schlugen aufeinander ein und verwundeten sich, bis schließlich Fionnbhar durch Golls Schläge fiel. Auch viele andere fielen in diesem Kampf. Nie wurde ein härterer Kampf in Irland ausgetragen. Keiner war bereit, auch nur einen Schritt zurückzuweichen, gegen wen er auch kämpfen mochte. Die härtesten Kampftruppen der Welt standen sich da gegenüber: die starke, zähe Fianna der Gael und die schönen Männer von Dea, die in diesem Kampf fast vernichtet wurden.

Nach einer Weile kamen die Übrigen der Fianna, die nicht am Kampf beteiligt waren, aus allen Teilen Irlands herbeigeströmt. Als die Tuatha das sahen, hüllten sie sich wieder in den Druidennebel und machten sich davon. Wolken der Schwäche legten sich über Finn und diejenigen, die noch bei ihm waren. Viele Männer der Fianna starben in dieser Schlacht. Die Überlebenden blieben so lange in Almhuin von Leinster, bis ihre Wunden geheilt waren.

Kapitel 10
Die Schattenumwobene

Finn hatte damals wirklich kein Glück mit den Frauen. Als er einmal um eine Frau von den Sidhe anhielt, erging es ihm nicht besser. Das trug sich folgendermaßen zu: Er jagte auf dem Berg von Bearnas Mor. Ein großes Wildschwein ging auf die Jagdhunde der Fianna los und tötete viele von ihnen. Da aber griff Bran an und gewann die Oberhand. Das Schwein begann zu schreien. Ein riesiger Mann kam aus dem Hügel und forderte Finn auf, das Wildschwein freizulassen. Finn war einverstanden. Der Riese führte ihn dann in den Hügel der Sidhe bei Glandeirgdeis. Als sie zur Eingangstür kamen, berührte er die Schwelle mit seinem Druidenstab und augenblicklich stand eine schöne, junge Frau vor ihnen. Sie hieß Scathach, die Schattenumwobene.

Er gab ein großes Fest für die Fianna und Finn hielt um die Hand des jungen Mädchens an. Der große Mann, ihr Vater, willigte ein und gab sie ihm noch in derselben Nacht.

Als es dunkel wurde, bat Scathach um eine Harfe und sie wurde ihr gebracht. Mit dieser Harfe verhielt es sich so: Eine ihrer Saiten war aus Eisen, eine aus Bronze und eine aus Silber. Wenn sie die Eisensaite anschlug, brachen alle in Tränen aus; wenn sie die helle Bronzesaite anschlug, mussten alle einen ganzen Tag lang lachen; und wenn sie die Silbersaite anschlug, fielen alle Männer der Welt in einen langen Schlummer. Scathach spielte auf der Silbersaite und Finn, Bran und all seine Leute fielen in tiefen Schlaf.

Als sie am nächsten Morgen wieder erwachten, fanden sie sich jenseits des Berges wieder, dort, wo sie zuerst das Wildschwein gesehen hatten.

Kapitel 11
Finns Wahnsinn

Einst kamen Finn und die Fianna an eine Furt der Slaine und ruhten sich dort eine Weile aus. Da erblickten sie auf dem runden Felsen über der Furt eine junge Frau, die ein Kleid aus Seide und einen grünen Mantel trug, an dem eine goldene Brosche steckte. Auf dem Kopf hatte sie die goldene Krone einer Königin. „Fianna von Irland", sprach sie, „einer von euch soll kommen und mit mir sprechen."

Sciathbreac mit dem Gefleckten Schild ging zu ihr. „Wen willst du sprechen?", fragte er. „Finn, Sohn des Cumhal", erwiderte sie. Da ging Finn zu ihr. „Wer bist du", fragte er, „und was ist dein Anliegen?" „Ich bin Daireann, Tochter des Bodb Dearg, des Sohnes des Dagda", antwortete sie. „Ich bin gekommen, um deine Frau zu werden, wenn du mir zur Hochzeit eine Bitte erfüllst. „Was soll das sein?", fragte Finn. „Dein Versprechen", antwortete sie, „dass ich deine einzige Frau bin, und zwar ein volles Jahr lang, und dass du mir dann wenigstens die Hälfte deiner Zeit widmest." „So etwas würde ich nie versprechen", sagte Finn, „keiner Frau der Welt und dir auch nicht."

Bei diesen Worten holte die junge Frau einen Becher aus weißem Silber hervor, füllte ihn mit einem starken Trunk und reichte ihn Finn. „Was ist das?", fragte Finn. „Das ist ein sehr starker Met", antwortete sie. Nun war Finn gebunden, niemals etwas abzulehnen, was zu einem Festmahl gehörte. Also nahm er den Becher, trank ihn aus und augenblicklich gebärdete er sich wie ein Wahnsinniger. Er wandte sich zur Fianna und warf einem jeden seine Übel vor, seine Fehler und Missgeschicke, soweit sie ihm bekannt waren. Das tat er aber nur, weil ihn die Frau in diesen wahnsinnigen, trunkenen Zustand versetzt hatte.

Da erhoben sich die Obersten der Fianna und ließen ihn stehen. Alle machten sich auf den Weg und schließlich war keiner mehr auf dem Hügel außer Finn und Caoilte. Caoilte folgte ihnen und beschwor sie: „Fianna von Irland, verlasst nicht euren Herrn und euren Anführer wegen der List und Tücke einer Frau." Dreizehnmal ging er ihnen nach und endlich brachte er sie zum Hügel zurück. Bei Einbruch der Nacht verließ die Bitterkeit Finns Zunge. Als Caoilte die ganze Fianna versammelt hatte, war er wieder bei Verstand und hätte sich am liebsten in sein Schwert gestürzt.

Das war das schwerste Tagwerk, das Caoilte je vollbracht hatte. Ähnlich erging es ihm nur an dem Tag, als er die Tiere und Vögel nach Teamhair brachte, um Finn beim Hohen König von Irland auszulösen.

Ein anderes Mal verliebte sich Maer, die Frau des Bersa von Berramain, in Finn. Sie verstand sich auf den Liebeszauber und besprach neun Nüsse von Segair für ihn. Die ließ sie Finn schicken. „Ich werde sie nicht essen", sagte Finn. „Das sind keine Nüsse der Weisheit, und was dahinter steckt, weiß man nicht, vielleicht sogar ein Liebeszauber." Und damit vergrub er sie einen Fuß tief im Boden.

Kapitel 12
Die Rote Frau

Es begab sich, dass die Fianna in Almhuin war und nichts Großartiges zu tun hatte. Als dann eines Morgens dichte Nebelschwaden aufzogen, fürchtete Finn, dass sich seine Männer der Trägheit hingeben könnten. Er stand auf und sagte: „Macht euch fertig, wir gehen nach Gleann-na-Smol zur Jagd." Sie entgegneten allesamt, dass der Tag viel zu neblig zum Jagen sei, aber alles Reden war zwecklos. Sie mussten tun, was Finn sagte. So machten sie sich fertig und zogen los in Richtung Gleann-na-Smol. Sie waren noch nicht weit gegangen, als sich der Nebel verzog und die Sonne zum Vorschein kam.

Als sie an den Rand eines kleinen Waldes gelangten, sahen sie ein seltsames Tier, das in Windeseile auf sie zurannte. Eine Rote Frau war ihm auf den Fersen. Das Tier hatte schmale Klauen und einen Kopf mit Hörnern wie ein Keiler, aber sonst sah es aus wie ein Hirsch. Auf jeder seiner Flanken war ein leuchtender Mond. Finn hielt an und sprach: „Fianna von Irland, habt ihr jemals so ein Tier gesehen?" „Noch nie", antworteten sie. „Vielleicht sollten wir die Jagdhunde loslassen." „Wartet noch", sagte Finn, „bis ich mit der Roten Frau gesprochen habe; aber lasst das Tier nicht an euch vorbei." Sie wollten es aufhalten, indem sie ihm in den Weg traten, doch schafften sie es nicht und das Tier brach durch.

Als die Rote Frau zu ihnen hochgelaufen war, fragte Finn, welches Tier sie denn da verfolge. „Das weiß ich nicht", antwortete sie, „obwohl ich ihm seit einem Monat folge und es nie aus den Augen verlor. Die beiden Monde auf seinen Flanken scheinen nachts durch das ganze Land. Ich muss ihm folgen, bis es fällt. Sonst verliere ich mein Leben und das meiner drei Söhne, der besten Kämpfer der ganzen Welt." „Wir werden das Tier für dich fangen, wenn du willst", bot Finn ihr an. „Versucht das erst gar nicht", entgegnete sie, „denn ich bin schneller als ihr und kann es doch nicht einholen." „Wir werden es nicht laufen lassen, bis wir wissen, was das für ein Tier ist", sagte Finn. „Wenn du oder deine Männer ihm folgen, werde ich euch an Händen und Füssen fesseln", drohte sie. „Deine Rede ist gewagt", sagte Finn. „Du weißt wohl nicht, dass ich Finn, Sohn des Cumhal, bin; und bei mir sind achtzig Kämpfer, die noch keiner besiegt hat." „Das kümmert mich wenig", sagte die Rote Frau. „Wenn meine Söhne hier wären, würden sie gegen euch antreten." „Das wird ein wahrhaft schlechter Tag", meinte

Finn, „wenn uns schon eine Frau drohen und Angst machen will." Dann blies er in sein Horn und sagte: „Lasst uns nun alle, Männer und Hunde, diesem Tier folgen, das wir gesehen haben." Kaum hatte er diese Worte gesprochen, da verwandelte sich die Frau in einen großen Drachen und griff Finn an. Sie hätte ihn an Ort und Stelle getötet, wenn nicht Bran bei ihm gewesen wäre. Bran verbiss sich in den Drachen und schüttelte ihn. Dabei wickelte sich der Drache mit dem Schwanz um Brans Körper und hätte der Hündin schier das Leben aus dem Leib gepresst. Da stieß ihm Finn sein scharfes Schwert in den Hals. „Halt ein", sagte da der Wurm, „sonst lastet der Fluch einer einsamen Frau auf dir." „Ich glaube", entgegnete Finn, „du würdest mich nicht am Leben lassen, wenn du mich töten könntest. Aber geh mir jetzt aus den Augen, auf dass ich dich nie wieder sehe." Da verwandelte sie sich wieder in die Rote Frau und ging fort in den Wald.

Alle aus der Fianna waren der Spur des Tieres gefolgt, während Finn mit der Roten Frau kämpfte. Nun wusste er nicht, wo sie waren, doch er nahm mit Bran ihre Spur auf. Spät am Abend stieß er zu einem Teil von ihnen. Sie waren dem Tier noch immer auf den Fersen. Die Nacht brach herein, aber die beiden Monde auf den Flanken des Tieres waren so leuchtend und hell, dass sie es nie aus den Augen verloren. Sie folgten ihm immerzu. Gegen Mitternacht hatten sie es in die Enge getrieben und es begann, Blut zu verlieren. Nach kurzer Zeit waren Finn und seine Männer von Kopf bis Fuß rot vor Blut. Aber das hielt sie nicht von ihrer Verfolgungsjagd ab. Bei Tagesanbruch verschwand das Tier im Hügel von Cnoc-na-righ.

Als die Fianna am Fuß des Hügels ankamen, stand die Rote Frau vor ihnen. „Ihr habt also das Tier nicht gefangen", sagte sie. „Nein, aber wir wissen, wo es ist", erwiderte Finn. Da nahm sie einen Druidenstab und schlug gegen den Hang des Hügels. Im selben Augenblick tat sich eine große Tür vor ihnen auf und sie hörten liebliche Musik. „Geht jetzt hinein", sagte die Rote Frau, „dann seht ihr das wundervolle Tier." „Unsere Kleider sind nicht sauber", wandte Finn ein. „So, wie wir jetzt dastehen, lassen wir uns nicht gern in Gesellschaft sehen." Sie setzte ein Horn an den Mund, blies hinein und sofort kamen zehn junge Männer. „Bringt Wasser zum Waschen", befahl sie, „und achtzig Gewänder, dann noch ein besonders schönes Gewand und eine Krone mit Edelsteinen für Finn, Sohn des Cumhal." Die zehn jungen Männer gingen und waren schon nach einer Minute mit Wasser und Kleidung wieder zur Stelle.

Als sich die Männer der Fianna gewaschen und angezogen hatten, führte sie die Rote Frau in einen großen Saal, der gleißend hell im Licht von Sonne und Mond erstrahlte. Von dort brachte sie Finn und seine Männer in einen anderen großen Saal; und obwohl sie schon einiges erlebt hatten, so viel Pracht und Glanz wie hier hatten sie noch nie gesehen. Ein König in grünen und goldenen Kleidern saß auf einem goldenen Thron. Sein Gefolge hatte sich um ihn geschart und seine Musiker, die Gewänder in allen Farben des Regenbogens trugen, spielten wunderbare Melodien. In der Mitte stand ein großer Tisch, der mit allen Köstlichkeiten dieser Welt gedeckt war. Der König erhob sich und hieß Finn und die Fianna herzlich willkommen. Dann bat er sie zu Tisch. Hungrig von der Jagd aßen und tranken sie sich satt. Nun stand die Rote Frau auf und sprach: „König des Hügels, wenn es dein Wille ist, dann lass Finn und seine Männer das wundervolle Tier sehen. Sie sind ihm lange Zeit gefolgt und eben das hat sie hierher geführt."

Der König schlug an seinen goldenen Thron. Hinter ihm öffnete sich eine Tür. Das Tier trat hervor und stellte sich vor den König. Es verneigte sich und sprach: „Ich ziehe mich jetzt in mein Land zurück. Auf der ganzen Welt gibt es keinen Läufer, der so gut ist wie ich. Für mich ist das Meer dasselbe wie das Festland. Wer es mit mir aufnehmen will, soll mit mir kommen, denn ich gehe nun."

Mit diesen Worten lief das Tier so schnell wie ein Windstoß aus dem Hügel und alle folgten ihm. Nach nicht allzu langer Zeit hatten Finn und seine Männer die anderen überholt und führten die Jagd an. Gegen Mittag zwang Bran das Tier kehrtzumachen. Das gelang der Hündin auch ein zweites Mal. Das Tier schrie auf und bald ließ seine Kraft nach. Bei Sonnenuntergang fiel es ermattet zu Boden und war tot. Bran stand neben ihm.

Finn und seine Männer kamen herbei, aber anstelle eines Tieres sahen sie einen großen Mann, der tot vor ihnen lag. Auch die Rote Frau kam und sagte: „Hoher König der Fianna, ihr habt den König der Firbolgs getötet. Seine Nachkommen werden noch Kummer und Leid über dieses Land bringen, wenn du und deine Leute längst unter der Erde liegen. Ich gehe jetzt in das Land der Ewigen Jugend", verkündete sie, „und ich werde euch mitnehmen, wenn ihr wollt." „Wir danken dir dafür", meinte Finn, „aber wir würden niemals unser Land aufgeben, selbst wenn wir die ganze Welt und das Land der Ewigen Jugend noch dazu bekämen." „Das ist gut", entgegnete die Rote Frau, „aber ihr kehrt nach der Jagd mit leeren Händen zurück." „In Gleann-na-Smol werden wir schon noch einen Hirsch finden", sagte Finn. „An dem Baum dort drüben liegt ein prächtiger Hirsch", sagte die Rote Frau. „Ich werde ihn für euch aufscheuchen." Mit diesen Worten stieß sie einen Schrei aus. Der Hirsch schreckte auf und flüchtete. Finn und seine Männer setzten ihm nach. Er hielt nicht inne, bis er nach Gleann-na-Smol kam, und sie konnten ihn nicht einholen. Da sagte die Rote Frau: „Ich glaube, ihr seid jetzt müde. Ruft eure Jagdhunde zurück. Ich werde meinen kleinen Hund auf ihn ansetzen." Finn blies in ein kleines Horn, das er an seiner Seite trug, und die Hunde kamen augenblicklich zu ihm. Die Rote Frau holte ihren kleinen Jagdhund, der so weiß wie der Schnee auf den Bergen war, und schickte ihn los. Nicht lange danach hatte er den Hirsch eingeholt und riss ihn. Dann kehrte er zurück und sprang unter den Mantel der Roten

Frau. Finn wunderte sich sehr, aber bevor er noch fragen konnte, war sie außer Sichtweite. Finn wusste, dass der Hirsch verzaubert war, deshalb ließ er ihn dort zurück. Als die Fianna in dieser Nacht nach Almhuin zurückkehrten, waren sie müde und ausgebrannt.

Kapitel 13
Finn und die Geister

Finn ging eines Tages zu einer Versammlung nach Aonach Clochair, zu der auch viele Männer aus Munster kamen. Die Pferde der Fianna wurden dorthin gebracht und auch die Pferde der Männer von Munster. Sie trugen ein Rennen gegeneinander aus. Auch Fiachu, Sohn des Eoghan, war dabei. Als die Spiele vorüber waren, machte er Finn schöne Geschenke, einen Rappen mit großer Ausdauer, der alle Preise gewonnen hatte, einen Streitwagen, ein Pferd für den Wagenlenker, einen Speer mit tödlicher Zauberkraft, Waffen aus Silber und drei schöne Jagdhunde, Feirne, Derchaem und Dialath, die Halsbänder aus gelbem Gold und Ketten aus weißer Bronze trugen. Finn stand auf und bedankte sich bei Fiachu, Sohn des Eoghan.

Mit seinen Leuten machte er sich auf und ging zum Haus des Cacher in Cluain-da-loch. Dort blieben sie drei Tage und feierten ein Fest. Finn zahlte den Preis für das Festmahl und das Ale, nämlich fünfzig Ringe, fünfzig Pferde und fünfzig Kühe.

Dann zog er mit der Fianna weiter über Luachair an den Strand in Berramain. Finn wollte am Strand seinen Rappen laufen lassen. Caoilte und Oisin traten zum Rennen gegen ihn an, doch war dies ein unsinniges Unterfangen, denn Finn gab seinem Pferd einen Schlag und weg war er. Er ritt nach Traigh Liath, über Ebenen, Täler und an Seen entlang, bis er den Hügel von Bairnech erreichte. Caoilte und Oisin kamen nach ihm dort an.

„Die Nacht bricht an", sagte Finn. „Sucht einen Platz, wo wir schlafen können." Er sah sich auf dem Felsen zu seiner Rechten um und erblickte dann im Tal unter ihm ein Haus, das vom Schein eines Feuers hell erleuchtet war. „Ich wusste gar nicht, dass es dort ein Haus gibt", sagte er. „Am besten gehen wir hin und schauen es uns an", schlug Caoilte vor. „Es gibt sicher noch mehr Dinge, von denen wir nichts wissen." Die drei gingen auf das Haus zu und hörten schon von weitem, dass drinnen jemand schrie und weinte. Als sie an der Tür standen, kamen ihnen ganz wilde und rohe Menschen entgegen. Ein großer, grauer Mann nahm ihre Pferde, brachte sie hinein und verriegelte die Tür mit Eisenhaken. „Herzlich willkommen, Finn mit dem großen Namen", sagte er. „Du hast dir viel Zeit gelassen, bis du endlich gekommen bist."

Sie setzten sich auf die harten Bretter eines Bettes. Der graue Mann zündete ein Feuer an und warf drei Holzscheite aus Holunder hinein. Da stieg so viel Rauch auf, dass sie fast erstickt wären. Im Haus war auch noch eine Hexe mit drei Köpfen auf ihrem dünnen Hals und ein Mann, der keinen Kopf hatte, nur ein Auge, und das saß auf seiner Brust. „Alle, die in diesem Haus wohnen, sollen aufstehen und für den König der Fianna Musik machen!", befahl der graue Mann. Bei diesen Worten erhoben sich neun Leiber in der Ecke, an der Finn saß, und neun Köpfe auf der anderen Seite des Bettes. Dann stießen sie gemeinsam neun schrille Schreie aus, an denen wohl niemand Gefallen finden würde. Die Hexe erwiderte sie und auch der kopflose Mann. Er übertraf sie alle. Bei seinen Tönen glaubten sie, dass ihnen gleich die Köpfe platzen müssten. Es war in der Tat keine liebliche Musik.

Der große, graue Mann stand auf, nahm die Axt, die zum Holzhacken gedacht war, und begann, auf die Pferde einzuschlagen. Dann zog er ihnen das Fell ab und teilte das Fleisch in Stücke. Man brachte ihm fünfzig spitze Spieße aus Eberesche. Er steckte das Pferdefleisch darauf und legte die Spieße ins Feuer. Als er sie vom Feuer nahm und Finn das Fleisch vorsetzte, war es noch roh. „Nehmt euer Essen weg!", befahl Finn. „Ich habe noch nie rohes Fleisch gegessen und werde das auch nicht tun, nur weil ich einen Tag lang ohne Nahrung bin." „Wenn ihr in unserem Haus seid und unser Essen verschmäht", drohte der graue Mann, „dann gibt es Streit!"

Bei diesen Worten griffen sie Finn, Caoilte und Oisin an. Sie wichen in die Ecke zurück, das Feuer ging aus und sie kämpften in der Dunkelheit weiter, die ganze Nacht lang. Ohne Finn und seinen Heldenmut wären sie verloren gewesen. Als die Sonne aufging und das Haus am Morgen erleuchtete, stieg ihnen ein Nebel zu Kopf und sie sanken wie tot zu Boden.

Aber nach einiger Zeit standen sie wieder auf. Von dem Haus und seinen Bewohnern war nichts mehr zu sehen. Alles war verschwunden, nur ihre Pferde standen da. Schwach und müde machten sie sich auf den langen Weg zurück zum Strand von Berramain.

Die Gestalten, gegen die sie gekämpft hatten, waren aus dem Tal des Eibenbaums gekommen, um Cuillen die Breitmundige, ihre Schwester, zu rächen. Cuillen war die Tochter des Königs von Munster und ihr Mann war der Sohn des Königs von Ulster. Sie hatten einen Sohn namens Fear Og, was so viel heißt wie „der junge Mann". In ganz Irland gab es keinen, der so stark und mutig war und so gut den Speer werfen konnte wie er. Einmal nahm er an einem Spiel mit der Fianna teil und schnitt besser ab als sie alle. Finn ließ ihm eine große Belohnung zuteil werden. Dann gingen sie auf die Jagd und keiner aus der Fianna, sondern Fear Og vergoss als Erster das Blut von Schweinen und Rehen. Auf dem Rückweg traf den jungen Mann der böse Blick seiner Neider. Eine heimtückische Krankheit kam über ihn und nach neun Tagen war er tot. Sie begruben ihn unter einem grünen Hügel und stellten den glänzenden Stein, den er bei seinen mutigen Taten immer in der Hand gehalten hatte, auf sein Grab. Seine Mutter kam ein Jahr lang jeden Tag zu seinem Grab und beklagte seinen Tod. Eines Tages starb sie dort vor Trauer um ihren Sohn und sie legten sie in denselben grünen Hügel.

Finn aber war jemand, der vor nichts und niemandem auf dieser Welt Angst hatte. Er tötete viele Drachen in Loch Cuilinn und Loch Neathach und bei Beinn Edair und Ungeheuer bei Loch Lein und Drom Cleib und Loch Liath und eine Schlange und eine Katze in Ath Cliath.

Kapitel 14
Angus' Schweine

Angus Og, Sohn des Dagda, gab einmal ein Fest für Finn und die Fianna. Tausend Männer kamen zu ihm nach Brugh na Boinne. Sie trugen grüne Kleider und purpurrote Mäntel und Angus' Leute trugen Kleider aus roter Seide. Finn saß neben Angus. Schon lange hatte man in Irland nicht mehr Männer wie sie beieinander gesehen. Und jeder Fremde sah mit Staunen, wie die goldenen Becher von Hand zu Hand gingen.

Angus sprach mit lauter Stimme, dass es jeder hören konnte: „Es ist schon ein besseres Leben hier in diesem schönen Haus, als immer auf die Jagd zu gehen." Da wurde Finn wütend und erwiderte: „Das ist es nicht. Es lebt sich schlechter ohne Jagdhunde, ohne Pferde, ohne Bataillone und ohne die Rufe der Armeen." „Warum redest du so?", fragte Angus. „Deine Jagdhunde könnten nicht einmal ein einziges Schwein töten." „Du und das ganze Heer der Tuatha de Danaan", widersprach Finn, „ihr habt kein Schwein, das jemals über trockenes Land gelaufen ist, das Bran und Sceolan nicht töten könnten." „Ich werde dir ein Schwein schicken", sagte Angus, „das deinen Jagdhunden davonläuft und sie am Ende töten wird."

Der Haushofmeister rief mit lauter Stimme: „Lasst uns nun alle zu Bett gehen, bevor euch die Leichtfertigkeit der Trunkenheit übermannt." Aber Finn sprach zu seinen Leuten: „Gehen wir fort von hier; wir sind zu wenige. Die Männer von Dea sind uns bei weitem überlegen." Sie machten sich auf und gingen nach Slieve Fuad, wo sich die Fianna zu dieser Zeit aufhielt.

Ein ganzes Jahr lang prahlten die Tuatha de Danaan, dass sie es den Fianna schon zeigen würden, und die Männer der Fianna dachten darüber nach, wie sie in der Jagd am besten abschneiden könnten. Dann sandte Angus Boten zu Finn, die ihn mit allem Respekt fragten, ob er nun zu seinem Wort stehe. Finn bejahte und die Jagdhunde wurden herausgebracht. Finn selbst führte Bran und Sceolan, jeden an einer Hand, Caoilte hatte Adhnuall, Oisin hielt Ablach, der fröhliche Bran Beag kam mit Lonn, Diarmuid hielt Eachtach, Osgar lief mit Mac an Truim, Garraidh wurde von Faolan geführt und Rith Fada der Weit Rennende vom hungrigen Conan.

Kaum waren sie alle zusammen, da sahen sie in der Ebene im Osten auch schon eine fürchterliche Herde riesiger Schweine. Jedes war so groß wie ein Hirsch. Das Schwein, das den anderen vorauslief, war schwärzer als Schmiedekohle und die Borsten auf seinem Kopf waren wie ein Dickicht aus Dornensträuchern.

Caoilte ließ Adhnuall los und die Hündin tötete das erste Schwein. Da riss sich Bran von der Leine los, die Finn hielt. Die Schweine rannten, so schnell sie konnten, aber die Hündin holte sie ein und bekam ein Schwein zu fassen. Da sagte Angus: „O Bran, Pflegling des blonden Fergus, du tust nicht recht daran, meinen eigenen Sohn zu töten." Da gab Bran nach, doch hielt sie das Schwein wie einen Feind und ließ es nicht mehr los.

Die Jagd ging über Slieve Cua und Slieve Crot, von Magh Cobha nach Cruachan, nach Fionnabraic und Finnias. Am Abend war kein Schwein aus der ganzen Herde mehr ohne Wunden und nur gute Hundert waren noch am Leben. Angus hatte große Verluste hinzunehmen, aber die Fianna ebenso. Sie vermissten tausend Männer, von den Dienern und Hunden ganz zu schweigen.

„Wir sollten nach Brugh na Boinne gehen und Genugtuung für unsere Leute fordern", schlug Oisin vor. „Das ist der Rat eines Mannes ohne Verstand", entgegnete Finn. „Wenn wir die Schweine so zurücklassen, dann werden sie wieder lebendig. Wir müssen sie verbrennen und die Asche ins Meer streuen." Da machten die sieben Bataillone der Fianna siebenmal Feuer. Doch so sehr sie sich auch abmühten, sie konnten kein einziges Schwein verbrennen. Plötzlich lief Bran, die einen scharfen Verstand und großes Wissen besaß, davon und kam mit drei Scheiten wieder zurück. Keiner weiß, von welchem Holz sie stammten. Als sie die Scheite ins Feuer legten, loderte eine Flamme hoch und die Schweine verbrannten. Dann streuten sie die Asche ins Meer.

Oisin sagte noch einmal: „Lasst uns jetzt nach Brugh na Boinne gehen und den Tod unserer Leute rächen." Sie machten sich also auf den Weg und jeden Schritt, den sie taten, konnte man bis zum Himmel widerhallen hören.

Angus schickte Boten zu Finn. Alles wollte er ihm geben, wenn Finn seine Leute verschonte. „Von dir werde ich überhaupt kein Geschenk nehmen, Angus", sagte Finn, „solange es in deinem Haus auch nur ein Zimmer gibt, das nicht brennt." Aber Angus sagte: „Auch wenn dich der Verlust deiner edlen Leute schmerzen mag, o Finn, Vater des Oisin, so habe auch ich den Tod meines guten Sohnes zu beklagen. Denn das schwarze Schwein, das vor euch herlief", erklärte er, „war kein gewöhnliches Schwein. Mein eigener Sohn hat diese Gestalt angenommen. Und mit ihm fielen der Sohn des Königs der Meerenge, der Sohn des Königs des Meeres der Möwen, der Sohn des Ilbhrec, des Sohnes von Manannan, und hundertvierzig der schönen Söhne von Königen und Königinnen. Meine ganze Kraft und meine Achtung waren dahin, als ich mit ansehen musste, wie sie fern ihrer Heimat verbrannt wurden. Es ist ein Jammer, süße, kühne Bran, dass du dir keinen anderen Ruhm verdient hast. Deinen Pflegebruder musstest du töten! Ich werde einen Fluch über dich aussprechen, Bran. Nie wieder sollst du das Wild sehen, das du erlegen wirst." Finn wurde wütend, als er das hörte, und sagte: „Wenn du Bran verfluchst, Angus, wird von deinem ganzen großen Haus nichts übrig bleiben. Ich werde alles niederbrennen." „Wenn du das tust", drohte Angus, „werde ich dir bei jedem Kampf Steine und Bäume in den Weg legen; und wenn ich durch meinen Ring schaue, weiß ich auch, wie viele Männer du in deinen Armeen hast." Da sagte der weise Oisin: „Am besten einigt ihr euch jetzt und zahlt euer Bußgeld." Sie stimmten zu und schlossen Frieden. Dann tauschten sie ihre Kinder aus. Ein Sohn des Finn sollte von Angus und ein Sohn des Angus bei der Fianna großgezogen werden.

Aber trotz allem war Angus Finn nicht sehr freundlich gesinnt, schon gar nicht zu der Zeit, als er Diarmuid und Grania in ganz Irland verfolgte.

Kapitel 15
Die Jagd von Slieve Cuilinn

Finn war eines Tages auf der Wiese von Almhuin und sah etwas über die Ebene laufen, das aussah wie ein graues Dammkitz. Er rief seinen Leuten und pfiff seinen Jagdhunden, aber außer Bran und Sceolan kam keiner. Er setzte die beiden auf das Damkitz an. Sie blieben ihm dicht auf den Fersen, Finn an erster Stelle, bis sie schließlich Slieve Cuilinn in der Provinz Ulster erreichten. Aber kaum waren sie bei dem Hügel, als das Damkitz vor ihren Augen auf einmal verschwand. Finn suchte es im Osten und die beiden Jagdhunde im Westen.

Bald danach kam Finn an einen See. An seinem Ufer saß ein junges Mädchen, das schönste, das er je gesehen hatte. Sie hatte Haare wie Gold, eine Haut so weiß wie Kalk und Augen so klar wie die Sterne in einer Winternacht, doch schien sie sehr traurig zu sein. Finn fragte sie, ob sie seine Hunde gesehen habe. „Nein, ich habe sie nicht gesehen", antwortete sie. „Außerdem habe ich zur Zeit andere Sorgen." „Was bedrückt dich denn, Frau mit den weißen Händen?", fragte Finn. „Kann ich dir irgendwie helfen?" „Ich habe meinen rotgoldenen Ring im See verloren. Wenn du ein Mann bist, Finn der Fianna", sagte sie, „dann hole ihn mir zurück."

Da legte Finn seine Kleider ab, sprang ins Wasser und schwamm dreimal um den ganzen See. Er suchte alles ab und fand ihn schließlich. Als er dem Mädchen den Ring übergab, sprang sie ins Wasser und ward nicht mehr gesehen.

Am Ufer angelangt, kam er gerade noch an seine Kleider und im selben Augenblick war er, Finn, der Anführer der Fianna von Irland, ein alter Mann, grau, schwach und verbraucht. Bran und Sceolan holten ihn ein, aber sie erkannten ihn nicht und umrundeten weiterhin den See auf der Suche nach ihrem Herrn.

Schließlich wurde er in Almhuin vermisst. Caoilte fragte nach ihm: „Wo ist Finn, unser gütiger Herrscher?" Aber keiner wusste, wo er war. Als sie ihn nirgendwo finden konnten, machten sie sich große Sorgen. Nur Conan meinte: „Es klingt wie schöne Musik in meinen Ohren, wenn ich höre, dass Finn vermisst wird. Vielleicht bleibt er ja ein ganzes Jahr weg. Dann werde ich euer König!" Bei diesen Worten mussten sie lachen, so traurig sie auch waren.

Caoilte und die anderen aus der Fianna machten sich auf die Suche und kamen schließlich nach Slieve Cuilinn. Da sahen sie einen alten Mann am See sitzen, den sie für einen Fischer hielten. „Sage uns, alter Mann", bat Caoilte, „hast du ein Damkitz gesehen und zwei Jagdhunde in Begleitung eines großen, gut aussehenden Mannes?" „Ja, ich habe sie gesehen", antwortete er. „Sie sind erst vor kurzem weggegangen." „Wo sind sie jetzt?", fragte Caoilte. Aber er gab keine Antwort, denn er hatte nicht den Mut, ihnen zu sagen, dass er selbst Finn war, ihr Anführer, der nun ein so kränklicher, sorgenvoller alter Mann war, einer, der nicht mehr springen, nicht mehr rennen, nicht mehr laufen konnte. Caoilte zog sein Schwert aus der Scheide und drohte: „Du wirst gleich den Tod kennen lernen, wenn du uns nicht sagst, was geschehen ist." Da erzählte ihnen Finn die ganze Geschichte. Als die sieben Bataillone der Fianna das hörten und Finn erkannten, stießen sie vor Kummer drei Schreie aus. Den See tauften sie Loch Doghra, See der Sorge.

Aber der scharfzüngige Conan fing nun an, bald Finn, bald alle anderen aus der Fianna zu beschimpfen. „Du hast mich nie für meine Taten gelobt, Finn, Sohn des Cumhal", warf er ihm vor. „Du warst immer der Feind der Söhne des Morna, aber wir leben trotzdem. So, wie du jetzt aussiehst, sollte die ganze Fianna aussehen!" Da griff ihn Caoilte an: „Glatzköpfiger, dummer Conan, dir werde ich gleich den Mund stopfen." Aber Conan rannte zu den anderen der Fianna und bat sie um Schutz und der Friede wurde wieder hergestellt.

Dann fragten sie Finn, ob man ihn denn noch heilen könne. „Ich bin wohl von Miluchradh, Tochter des Cuilinn, verzaubert worden. Sie ist eifersüchtig auf ihre Schwester Aine. Bringt mich zum Hügel ihres Vaters, Cuilinn von Cuailgne", sagte er, „er ist der Einzige, der mir meine Gestalt zurückgeben kann." Sie stellten sich um ihn, hoben ihn sanft auf ihren Schilden hoch und trugen ihn zum Hügel der Sidhe in Cuailgne. Dort war aber niemand. Da begannen die sieben Bataillone zu graben und den ganzen Hügel aufzuwühlen. Sie gruben drei Tage und drei Nächte. Dann kam Cuilinn von Cuailgne, von dem manche sagen, er sei Manannan, Sohn des Lir. Er hielt einen Becher aus rotem Gold in der Hand und gab ihn Finn. Kaum hatte Finn daraus getrunken, da sah er wieder so aus wie früher. Nur sein Haar, das einmal so blond und so schön gewesen war wie das Haar einer Frau, erlangte nie wieder seine ursprüngliche Farbe, denn in dem See, den Cuilinns Tochter für Finn gezaubert hatte, wären alle Männer dieser Welt grau geworden.

Als Finn ausgetrunken hatte, rutschte ihm der Becher aus der Hand. Er fiel auf den Boden, der vom Graben aufgelockert war, und war verschwunden. Dort, wo er versunken war, wuchs ein Baum empor. Jeder, der fastete und am Morgen die Zweige des Baumes anschaute, wusste, was der Tag bringen würde.

So also kam Finn zu seinem grauen Haar, durch die Eifersucht von Miluchradh von den Sidhe, weil er seine Liebe nicht ihr, sondern ihrer Schwester Aine geschenkt hatte.

BUCH V

OISINS KINDER

Wenden wir uns nun Oisin zu, der so tüchtig war und so gut gebaut, dass er den schnellsten Hirsch im Lauf überholen und den Dorn einer Distel bei dunkelster Nacht sehen konnte. Er nahm sich Eibhir mit den Blonden Zöpfen zur Frau, Eibhir, die aus einem fernen Land kam und die Geliebte des Großen Königs von Irland war. Sie lebte jenseits der See, an einem sonnigen Ort. Der Name ihres Vaters war Iunsa. Ihr lichtdurchflutetes Haus war mit Vogelfedern gedeckt, die Türpfosten waren aus reinem Gold und die Türen selbst aus gebundenen Grashalmen. Oisin ging dorthin, weil er um sie werben wollte, und er kämpfte um sie gegen den Großen König und gegen die Armee der Firbolgs, die dem König zur Seite stand. Als Sieger ging er aus dem Kampf hervor und brachte Eibhir die Goldhaarige nach Irland.

Er hatte eine Tochter, die den Sohn des Oiliol heiratete, der seinerseits der Sohn des Eoghan und der Beara war, der Tochter des Königs von Spanien. Jener Eoghan war eines Tages aus Irland vertrieben worden und nach Spanien geflohen. Beara war eine strahlend schöne Frau. Ihr Vater wollte wissen, wer einmal ihr Ehemann würde. Er ließ nach seinem Druiden schicken und fragte ihn. „Das kann ich dir beantworten", sagte der Druide. „Der Mann, den sie ehelichen wird, geht genau in dieser Nacht in Spanien an Land.

Schicke deine Tochter nach Osten zu dem Fluss Eibhear. Sie wird einen purpurrot gefleckten Lachs finden, dessen Haut vom Kopf bis zum Schwanz glänzt. Sage ihr, sie soll ihm diese Haut abnehmen und daraus ein prächtiges Hemd für ihren Ehemann fertigen." Da begab sich Beara zum Fluss Eibhear, fand den goldenen Lachs, wie der Druide gesagt hatte, nahm ihm die purpurrote Haut ab und machte daraus ein prächtiges Hemd.

Noch in derselben Nacht hießen die Wellen Eoghan am Strand willkommen und er ging in das Haus des Königs. Der König bot ihm einen freundlichen Empfang. Alle sagten, dass sie noch nie einen besser aussehenden Mann als Eoghan und nie eine schönere Frau als Beara gesehen hätten und dass beide gut zusammenpassten. Eoghans Gefolgsleute meinten, sie würden es noch nicht einmal bedauern, aus Irland vertrieben worden zu sein, wenn Eoghan diese Frau bekäme.

Nach einiger Zeit sandte der König seinen Druiden zu Eoghan. Er sollte ihn fragen, warum er noch nicht um die Hand seiner Tochter angehalten habe. „Das kann ich dir beantworten", sagte Eoghan. „Es wäre unter meiner Würde, wenn sie mich ablehnte. In diesem Land bin ich als Fremder nur geduldet und habe weder Schätze noch Reichtümer, die ich den Gelehrten und Dichtern geben könnte. Doch trotzdem ist mir des Königs Tochter lieb und teuer und ich denke, der König steht freundschaftlich zu mir."

Der Druide kehrte mit dieser Nachricht zurück. „Das ist meine Antwort", sagte der König von Spanien. „Bitte meine Tochter, sich zur Rechten Eoghans zu setzen, und ich werde sie noch heute Nacht mit ihm vermählen." Als Beara, die Königstochter, dies vernahm, schickte sie ihre Dienstmagd nach dem Hemd, das sie für Eoghan gemacht hatte. Er zog es sich über seine Rüstung und alle konnten sehen, wie es glänzte. Von da an erhielt er den Namen Eoghan der Strahlende.

Oiliol war der erste Sohn der beiden, dem von Aine von den Sidhe das Ohr abgebissen wurde aus Rache für ihren Bruder, und sein Sohn heiratete Oisins Tochter.

Osgar, Oisins Sohn, aber war der beste junge Kämpfer der Fianna. Als er noch ein kleines Kind war, wurde er von allen verwöhnt. Sie hoben immer die Knochen mit Mark für ihn auf und ließen ihn nur ungern Härte jeglicher Art spüren. So wuchs er zu einem großen, faulen Mann heran und niemand hätte gedacht, dass er einmal so stark würde, wie er dann wirklich war. Eines Tages wurde eine Truppe der Fianna angegriffen und alle zogen aus, um zu kämpfen, doch Osgar ließen sie zurück. Als diesem klar wurde, dass da ein Kampf stattfand, nahm er das Erste, was er fand, nämlich einen Baumstamm, und griff den Feind an. Er richtete ein großes Gemetzel an und die Feinde rannten auf und davon. Von diesem Tag an war er immer der Erste, der sich in den Kampf stürzte. Man sagte, Osgar sei der stärkste von allen Männern der Fianna, obwohl die Leute von Connacht der Überzeugung waren, dass Goll dieser Rang gebührte. Osgar und Diarmuid, Enkel des Duibhne, waren Kameraden und enge Freunde und Diarmuid lehrte Osgar, wie man mit Waffen umgeht und Schach spielt. Sein Vater Oisin und sein Großvater Finn waren sehr stolz auf ihn. Eines Tages feierte Finn in Almhuin ein Fest und fragte die Anführer der Fianna, die bei ihm waren, welche Musik ihrer Meinung nach die beste sei. „Spielen", sagte Conan, „ist die beste Musik, die ich kenne." Conan hatte eine glückliche Hand im Kampf, aber es gab wohl keinen Mann mit weniger Verstand als ihn. „Mich mit Frauen zu unterhalten ist mir die schönste Musik", sagte Diarmuid. „Und die Musik, die mir zusagt, ist das Heulen der Jagdhunde, wenn sie das Rotwild zur Strecke bringen", fügte Lugaidhs Sohn hinzu. „Mir gefällt die Musik der Wälder am besten", sagte Oisin, „das Rauschen des Windes, das Rufen des Kuckucks und der Amsel und das süße

Schweigen des Kranichs." Als Osgar an die Reihe kam, sagte er: „Die schönste Musik ist das Schlagen der Schwerter im Kampf." In dieser Hinsicht kam er wohl nach Finn, denn trotz all der schönen Klänge, die Finn in Conans Haus in Ceann Slieve genannt hatte, hieß es unter den Leuten, dass auch ihm das Schlagen der Schwerter die liebste Musik sei.

Dies ist die Geschichte, wie Osgar seine Frau kennen lernte: Eines Tages kamen Finn und seine Männer nach Slieve Crot und sahen dort eine Frau, die einen purpurroten, mit Fransen besetzten Umhang und eine goldene Brosche trug und ein goldgelbes Band auf der Stirn hatte. Finn fragte sie nach ihrem Namen, und woher sie komme. „Etain die Blonde ist mein Name", antwortete sie. „Ich komme vom Hügel der Sidhe in Beinn Edair und bin die Tochter von Aedh mit der Weißen Brust, dem Sohn des Angus Og." „Was führt dich hierher, Mädchen?", fragte Finn weiter. „Ich bin gekommen, um einen Mann der Fianna von Irland zu einem Rennen herauszufordern." „Und welche Art Läuferin bist du?", fragte Diarmuid. „Ich bin eine gute Läuferin", gab sie zur Antwort, „und es ist mir gleich, ob die Strecke kurz oder lang ist." Alle aus der Fianna, die da waren, wollten gegen sie antreten. Sie liefen zu der Anhöhe über Badhamair, weiter nach Ath Cliath und von dort aus zum Hügel der Sidhe in Beinn Edair.

Hier wurden sie herzlich willkommen geheißen. Man reichte ihnen Fleisch und Wein und auch Wasser, damit sie ihre Füße waschen konnten. Nach einer Weile entdeckten sie ein hübsches, blondes Mädchen, das mit einem Kelch aus reinstem Silber in der Hand vor den Fässern stand und jedem zu trinken gab. „Dies scheint mir das Mädchen zu sein, das die Fianna zum Lauf herausgefordert hat", sagte Finn. „Das kann nicht sein", entgegnete Aedh mit der Weißen Brust, „denn sie ist die langsamste von allen Frauen hier." „Wer war es dann?", fragte Finn. „Es war Be-mannair,

Tochter von Ainceol, eine Botin der Tuatha de Danaan. Sie kann sich in alles Mögliche verwandeln, in eine Fliege oder auch in eine treu Liebende, doch jeder, der mit ihr zu tun hat, schweigt darüber. Sie allein hat euch beim Rennen übertroffen, nicht dieses Mädchen, das hier im Saal getrunken und für Fröhlichkeit gesorgt hat." „Wie heißt sie?", fragte Finn. „Etain die Blonde", antwortete er. „Sie ist meine Tochter und wird von allen geliebt. Und sie hat einen Geliebten unter den Männern der Fianna." „Das ist gut", sagte Finn. „Wer ist dieser Geliebte?" „Osgar, Sohn des Oisin", sagte Aedh. „Sie selbst sandte die Botin in ihrer eigenen Gestalt nach Slieve Crot zu euch. Der Sohn des Großen Königs von Irland hat den Männern von Dea einen hohen Brautpreis geboten, einen großen Teil des Landes, das an Bregia und Midhe grenzt, und sein eigenes Gewicht in Gold. Wir haben aber nicht angenommen, weil sie selbst es nicht wünschte. Daher haben wir auch nicht verhandelt und keinen Vertrag abgeschlossen." „Nun, welche Bedingungen muss Osgar erfüllen?", fragte Finn. „Er darf mich nie verlassen, es sei denn, es geschieht durch meine Schuld", antwortete das Mädchen. „Darauf lasse ich mich ein", sagte Osgar. „Bürge mir dafür", forderte sie. „Lass Goll für die Söhne des Morna und Finn für die Fianna von Irland bürgen." So legten sie ihre Bürgschaft ab und feierten die Hochzeit von Osgar und Etain. Zwanzig Nächte blieben sie dort und nach dieser Zeit fragte Osgar Finn, wo er seine Frau nun hinbringen solle. „Bringe sie für die ersten sieben Jahre nach Almhuin. Dort ist Platz genug", sagte Finn.

Doch nach einiger Zeit wurde Osgar bei einer großen Schlacht in Beinn Edair so schwer verwundet, dass Finn und die Fianna ganz verzweifelt waren. Als Etain die Blonde an sein Krankenbett geeilt kam und Osgar in diesem erbärmlichen Zustand sah, kam eine große Dunkelheit über sie und sie schrie vor Schmerz laut auf. Sie legte sich auf ihr Bett und ihr Herz brach entzwei wie eine Nuss und sie starb aus Kummer über ihren Ehemann und ihre erste Liebe.

Doch Osgars Zeit war noch nicht gekommen. Er starb lange Zeit danach, in der Schlacht von Gabhra.

———⟨⊙⟩———

BUCH VI

DIARMUID

Kapitel 1
Diarmuids Geburt

Diarmuid war der Sohn von Donn, der wiederum der Sohn des Duibhne aus der Fianna war. Seine Mutter, eine Verwandte Finns, hieß Crochnuit. Als Diarmuid zur Welt kam, verbannte man Donn wegen einiger Streitereien aus der Fianna und Angus Og nahm das Kind an sich, um es in Brugh na Boinne großzuziehen.

Nach einiger Zeit gebar Crochnuit noch einen Sohn, dessen Vater, Roc Diocain, der oberste Verwalter auf Angus' Hof war. Roc Diocain ging zu Donn und bat ihn, dass er seinen Sohn großziehe, so, wie Angus Donns Sohn großzog. Donn aber sagte, er werde sicher nicht den Sohn eines gemeinen Mannes in sein Haus aufnehmen und es sei das Beste, wenn er es bei Angus versuche. Angus nahm das Kind in Brugh na Boinne auf und es wurde mit Diarmuid zusammen erzogen.

Eines Tages war Finn auf dem großen Hügel bei Almhuin von Leinster. Bei ihm waren nur Donn, einige Dichter und Gelehrte der Fianna und die Hunde. Da kam Bran Beag und erinnerte sie daran, dass sie sich zehn Nächte lang nicht gemeinsam in Almhuin aufhalten durften. Finn aber fragte, wo er in dieser Nacht etwas Unterhaltung finden könne, und Donn meinte: „Ich bringe dich in das Haus des Angus, des Sohnes des Dagda, wo mein Sohn großgezogen wird."

So gingen sie zusammen in das Haus des Angus in Brugh na Boinne. Der kleine Diarmuid war dort, den Angus sehr liebte, und auch der Sohn des Verwalters. Beide Kinder wurden von den Leuten im Haus gleich behandelt. Als Donn das sah, war er sehr aufgebracht. Nach einer Weile begannen zwei von Finns Hunden erbittert um ein Stück Fleisch zu kämpfen, das man ihnen hingeworfen hatte. Die Frauen und gemeinen Männer am Ort liefen davon und die anderen sprangen auf, um die Hunde zu trennen. Als alle wegrannten, geriet das Kind des Verwalters zwischen Donns Knie. Er presste das Kind so heftig zwischen seinen Knien zusammen, dass es auf der Stelle tot war. Dann warf er es vor die Hunde. Als der Verwalter kam und seinen toten Sohn sah, brach er in ein langes und schmerzliches Weinen aus. Zu Finn sagte er: „Keiner in diesem Haus hat unter dem Aufruhr heute Nacht mehr gelitten als ich. Ich hatte nur diesen einen Sohn. Jetzt ist er tot. Wie willst du mir dafür Genugtuung verschaffen, Finn?", fragte er. „Sieh zu, dass du an ihm Spuren der Zähne oder Klauen von einem der Hunde entdeckst", sagte Finn. „Wenn dir das gelingt, verschaffe ich dir Genugtuung."

Sie sahen sich das Kind an, konnten aber nicht einen Kratzer oder Biss an ihm entdecken. Daraufhin stellte der Verwalter Finn unter den vernichtenden Bann der Druidenhöhle von Cruachan, um zu erfahren, wer seinen Sohn getötet hatte. Finn bat um ein Schachbrett und eine blassgoldene Schale mit Wasser. Er forschte nach und sah wahrhaftig, dass Donn den Sohn des Verwalters zwischen seinen Knien getötet hatte. Als er dessen gewahr wurde, sagte Finn, er werde die Strafe auf sich nehmen. Doch der Verwalter gab sich damit nicht zufrieden, sondern zwang ihn zu gestehen, wer ihm diese Schmach angetan hatte. Da erfuhr er, dass Donn das Kind getötet hatte und sagte: „Von keinem Mann in diesem Haus könnte ich leichter Genugtuung erhalten als von ihm. Sein eigener Sohn ist hier und ich müsste ihn nur zwischen meine Knie nehmen. Wenn ich ihn ungeschoren davonkommen lasse, habe ich ihm den Tod meines Sohnes verziehen." Angus trafen diese Worte hart. Er wollte Donn den Kopf abschlagen, doch Finn hielt ihn zurück. Dann kam der Verwalter mit einer Druidenrute. Er berührte seinen eigenen Sohn damit und verwandelte ihn in einen wilden Eber ohne Borsten, ohne Ohren, ohne Schwanz. Er sagte: „Dir ist auferlegt, den Enkel des Duibhne, Diarmuid, zu töten. Dein Leben wird aber nicht länger währen als das seine." Bei diesen Worten erhob sich das wilde Tier und lief durch die offene Tür. Man nannte es den Eber von Slieve Guillion und durch diese Bestie kam Diarmuid schließlich zu Tode.

Als Diarmuid seine volle Manneskraft erlangt hatte, gab man ihm seinen Platz in der Fianna von Irland. Alle Frauen liebten ihn. Er vollbrachte große Taten und kämpfte gegen die Feinde Irlands und der Fianna. Einmal kämpfte er auf dem Gipfel des Glücksberges ganze sieben Tage und Nächte gegen einen wilden Ochsen.

Kapitel 2
Wie Diarmuid zu seinem Liebesmal kam

Diarmuid, Conan, Goll und Osgar waren eines Tages auf der Jagd. Sie waren so weit gelaufen, dass sie abends nicht mehr nach Hause zurückkehren konnten. Die halbe Nacht irrten sie durch den Wald und pflückten Beeren, um ihren Hunger zu stillen. Um Mitternacht sahen sie ein Licht. Sie gingen darauf zu und entdeckten ein kleines Haus, aus dem das Licht schien. Da traten sie ein und erblickten einen alten Mann. Er hieß sie willkommen und nannte sie alle beim Namen. Außer dem alten Mann war noch ein junges Mädchen und eine Katze im Haus, sonst sahen sie niemand. Der Alte bat das Mädchen, für die Fianna von Irland das Essen zu bereiten, denn sie waren sehr hungrig.

Als das Essen fertig war und auf dem Tisch stand, kam ein großer Schafbock, der hinten im Haus angebunden war. Er stellte sich an dem Tisch auf, an dem sie aßen. Sie blickten sich an. „Steh auf, Conan", sagte da Goll, „und binde den Bock wieder an seinen Platz!" Conan erhob sich und bekam ihn auch zu fassen, doch der Bock bäumte sich auf und warf Conan unter einen seiner Hufe. Die anderen sahen zu. Daraufhin sagte Goll: „Steh du jetzt auf, Diarmuid, und binde den Bock fest!" Also stand Diarmuid auf und packte ihn, aber er bäumte sich wieder genauso auf, und als Diarmuid am Boden lag, stellte er seinen Huf auf ihn. Goll und Osgar schauten sich an. Sie schämten sich, dass sie dem Bock keinen Einhalt gebieten konnten. Osgar stand auf, doch der Bock brachte auch ihn zu Fall. Als Letzter erhob sich Goll, packte ihn und warf ihn zu Boden. Doch der Bock sprang wieder auf und brachte Goll unter seinen vierten Huf. „Es ist eine große Schande", sagte da der alte Mann, „wenn das der Fianna von Irland widerfährt. Jetzt steh du auf, Katze, und binde den Bock an seinen Platz!" Die Katze packte den Bock, führte ihn an seinen Platz und band ihn fest.

Da richteten sich die Männer wieder auf, doch der Sinn stand ihnen nicht danach weiterzuessen. Zu sehr schämten sie sich für das, was ihnen der Bock angetan hatte. „Ihr dürft ruhig weiteressen", sagte der alte Mann, „und wenn ihr fertig seid, beweise ich euch, dass ihr die tapfersten Männer der Welt seid." So aßen sie sich satt und der alte Mann sprach so zu ihnen: „Goll, du bist der tapferste Mann der Welt, denn du hast gegen die ganze Welt gekämpft und sie unterworfen. Denn die Kraft der ganzen Welt steckt in diesem Bock, doch auch über die Welt wird der

Tod kommen, und das ist der Tod", sagte er und zeigte auf die Katze.

Dann unterhielten sie sich noch eine Weile. Als sie ihre Mahlzeit beendet hatten, sagte der alte Mann, die Betten seien gemacht und sie könnten sich nun zur Ruhe legen. Alle vier gingen gemeinsam in ein Zimmer. Sie lagen gerade in ihren Betten, da kam das junge Mädchen und legte sich im selben Raum schlafen. Das Licht ihrer Schönheit leuchtete an den Wänden wie das Licht einer Kerze.

Als Conan sie sah, ging er zu ihrem Bett hinüber. Das junge Mädchen aber war die Jugend, und als sie Conan kommen sah, sagte sie: „Geh zurück in dein Bett, Conan, ich war einmal dein, aber ich werde dir nie wieder gehören." Da ging Conan zu seinem Bett zurück und Osgar wollte zu ihr gehen. Sie fragte ihn: „Wohin willst du?" „Zu dir will ich eine Weile", antwortete er. „Geh wieder weg, Osgar!", sagte sie. „Ich war einmal dein, aber ich werde dir nie wieder gehören." Dann stand Diarmuid auf und wollte zu ihr: „Wohin willst du, Diarmuid?", fragte sie wieder. „Zu dir will ich eine Weile." „O Diarmuid", sagte sie, „das kann nicht sein; ich war einmal dein und kann dir nie wieder gehören, doch komm her zu mir, Diarmuid, ich zeichne dich mit dem Liebesmal. Jede Frau, die es sieht, wird dir ihre Liebe schenken." So ging Diarmuid zu ihr und sie legte ihre Hand auf seine Stirn. Dann zeichnete sie ihn mit dem Liebesmal und keine Frau konnte ihm von da an widerstehen.

Kapitel 3
Die Tochter des Königs Unter den Wellen

In einer Winternacht voller Schnee ging die Fianna nach der Jagd in ihr Haus zurück. Um Mitternacht hörten sie es an der Tür klopfen. Eine Frau kam herein, ganz wild und hässlich. Die Haare hingen ihr bis zu den Fersen. Sie ging zu dem Platz, an dem Finn lag, und bat ihn, dass er sie unter den Saum seiner Decke lasse. Doch als er sie sah, so sonderbar und hässlich und so wild dreinblickend, wies er sie zurück. Sie brach in ein lautes Heulen aus und ging zu Oisin. An ihn richtete sie dieselbe Bitte, aber auch Oisin wies sie zurück. Wieder stieß sie einen lauten Schrei aus und ging dann zu Diarmuid. „Lass mich zu dir", bat sie, „unter den Saum deiner Decke." Diarmuid schaute sie an und sagte: „Du siehst so sonderbar aus, wild und hässlich, und deine Haare reichen bis zu den Fersen. Aber von mir aus, komm her."

Also kam sie und legte sich unter den Saum seiner Decke. „O Diarmuid", sagte sie dann, „seit sieben langen Jahren fahre ich über die Meere und Ozeane und vor dieser Nacht hat mir noch niemand Schutz gewährt. Lass mich jetzt an euer wärmendes Feuer." Da führte sie Diarmuid zur Feuerstelle. Alle aus der Fianna, die dort saßen, gingen weg, als die Frau kam, so schrecklich und Furcht erregend sah sie aus.

Sie saß noch gar nicht lange am Feuer, da sagte sie: „Lass mich jetzt zu dir, unter deine warme Decke." „Du verlangst viel von mir", entgegnete Diarmuid. „Zuerst wolltest du unter den Saum meiner Decke, dann ans Feuer und jetzt willst du sogar zu mir unter die Decke kommen. Aber meinetwegen, komm nur mit." So schlüpfte sie in sein Bett. Er legte aber eine Falte der Decke zwischen sie beide. Es dauerte nicht lange und er sah nach ihr. Da erblickte er eine wunderschöne, junge Frau, die neben ihm lag und schlief. Er rief die anderen zu sich und sagte: „Ist das nicht die schönste Frau, die man je gesehen hat?" „Das ist wahr", sagten sie und deckten sie auf, während sie weiterschlief. Nach einer Weile aber fuhr sie hoch: „Bist du wach, Diarmuid?", fragte sie. „Ja", antwortete er. „Wo sollte das beste Haus stehen, das jemals gebaut wird?", wollte sie von ihm wissen. „Da oben, am Hang, wenn es nach mir ginge", sagte er und schlief wieder ein.

Am nächsten Morgen kamen zwei Männer der Fianna und erzählten, sie seien gerade auf dem Weg, sich das große Haus auf dem Hügel anzusehen, dort, wo vorher noch nie ein Haus gestanden hätte. „Steh auf, Diarmuid", sagte da die sonderbare Frau, „bleib nicht länger liegen. Gehe zu deinem Haus. Schau es dir an!" So blickte er hinaus und sah das große Haus, das dort oben auf ihn wartete. Er sagte: „Ich werde nur gehen, wenn du mit mir gehst." „Das werde ich tun", sagte sie, „wenn du mir versprichst, keine drei Mal zu sagen, wie ich aussah, als ich zu dir kam." „Kein einziges Mal werde ich das tun", versprach Diarmuid.

Dann gingen sie zu dem Haus, das mit Essen und Dienern und allem, was sie sich nur wünschen konnten, für sie bereitstand. Drei Tage blieben sie dort, und als die drei Tage vorüber waren, sagte sie: „Du bist traurig, weil du deine Kameraden aus der Fianna nicht mehr siehst." „Nein, ich bin keineswegs traurig", entgegnete Diarmuid. „Es wird aber trotzdem das Beste sein, wenn du gehst. Essen und Trinken werden nach deiner Rückkehr auch nicht schlechter sein als jetzt", meinte sie. „Wer kümmert sich aber um meine Windhündin und ihre drei Jungen, wenn ich weg bin?", fragte Diarmuid. „Mach dir darum keine Sorgen", beruhigte sie ihn. Da nahm er von ihr Abschied und ging zur Fianna zurück, die ihn herzlich willkommen hieß. Aber nicht alle zeigten sich bei seiner Rückkehr hocherfreut. Einige waren auch neidisch, dass Diarmuid nun das große Haus besaß und auch die Liebe jener Frau, von der sie sich abgewandt hatten.

Die Frau aber blieb, nachdem Diarmuid gegangen war, eine Weile vor dem Haus stehen und sah Finn, Sohn des Cumhal, näher kommen. Sie begrüßte ihn. „Bist du mir böse, Königin?", fragte er. „Überhaupt nicht", erwiderte sie. „Komm nur herein und trink einen Becher Wein mit mir." „Nur, wenn du mir einen Wunsch erfüllst", sagte Finn. „Welchen Wunsch sollte man dir wohl abschlagen?", lachte sie. „So bitte ich dich um ein Junges von Diarmuids

Windhündin." „Wenn es nur das ist, dann kannst du nehmen, welches du willst." Also holte er ein Junges und nahm es mit.

Bei Einbruch der Nacht kehrte Diarmuid zurück. Schon an der Haustür kam ihm seine Windhündin entgegen. Sie bellte. Er sah nach den Jungen und bemerkte gleich, dass eines von ihnen fehlte. Da wurde er wütend und sprach zu der Frau: „Wenn du daran gedacht hättest, wie du aussahst, als ich dich zu mir ließ, mit deinen Haaren, die bis zu den Fersen hingen, hättest du niemals zugelassen, dass mir das Junge weggenommen wird." „Das hättest du nicht sagen sollen, Diarmuid!" „Verzeihe mir", bat Diarmuid. Sie verziehen einander und er verbrachte die Nacht im Haus.

Am Morgen ging Diarmuid wieder zu seinen Kameraden zurück. Die Frau blieb im Haus und nach einer Weile sah sie, wie Oisin näher kam. Sie begrüßte ihn und bat ihn ins Haus. Er aber sagte, er wolle nur hereinkommen, wenn sie ihm einen Wunsch erfülle. Er bat um ein Junges der Windhündin. Sie gab ihm das Junge und er nahm es mit. Als Diarmuid in dieser Nacht heimkehrte, lief ihm die Windhündin wieder entgegen. Sie heulte zweimal auf und er wusste, dass wieder ein Junges fehlte. Da sprach er im Beisein der Frau zu der Hündin: „Wenn sie sich erinnert hätte, wie sie aussah, als sie zu mir kam, hätte sie das Junge nicht wegbringen lassen."

Am nächsten Tag ging er wieder zur Fianna zurück, und als er weg war, sah die Frau, wie Caoilte kam. Auch er wollte nicht ins Haus und mit ihr trinken, bevor sie ihm nicht, wie den anderen, eines der Jungen versprochen hatte.

Als Diarmuid in dieser Nacht zurückkam, lief die Windhündin auf ihn zu und heulte dreimal auf, so fürchterlich wie nie zuvor. Großer Zorn überkam ihn, als er sah, dass alle drei Jungen weg waren, und zum dritten Mal sagte er: „Wenn diese Frau sich erinnern würde, wie sie aussah, als sie zu mir kam, mit den Haaren, die ihr bis zu den Fersen hingen, hätte sie das Junge nicht weggegeben." „O Diarmuid, was hast du nur gesagt?", klagte sie. Da bat er

sie um Verzeihung und wollte ins Haus gehen, aber das Haus war
weg und im selben Augenblick war die Frau weg, und als er am
Morgen erwachte, lag er auf dem nackten Boden. Großes Leid kam
über ihn und er wollte so lange nach ihr suchen, bis er sie wieder
gefunden hatte.

Also machte er sich auf den Weg durch die einsamen Täler. Da
fand er seine geliebte Windhündin tot am Boden liegend. Er nahm
sie auf die Schulter, denn er wollte sie nicht so zurücklassen. Nach
einer Weile traf er einen Kuhhirten und fragte ihn, ob er einer Frau
begegnet sei. „Gestern, am frühen Morgen, habe ich eine Frau gesehen. Sie lief sehr schnell", sagte der Kuhhirte. „Wohin lief sie?",
wollte Diarmuid wissen. „Den Weg zum Strand hinunter, dann
habe ich sie nicht mehr gesehen."

Er folgte ihr zum Strand und lief, bis es nicht mehr weiter ging.
Da sah er ein Schiff. Er stützte sich auf seinen Speer und sprang auf
das Schiff, das weitersegelte und schließlich Land erreichte. Er ging
von Bord, legte sich am Hang eines Hügels nieder und schlief ein.
Als er erwachte, war kein Schiff mehr zu sehen. „Es steht wohl
nicht zum Besten um mich", sagte er. „Wie soll ich hier nur wieder
wegkommen?"

Aber nach einer Weile sah er ein Boot und einen Mann, der ruderte. Er ging wieder zum Strand, stieg in das Boot und nahm auch
die Windhündin mit. Das Boot fuhr zuerst auf dem Meer und
dann unter dem Meer, und nachdem es abwärts gegangen war, fand
sich Diarmuid auf dem flachen Land wieder. Er ging weiter und es
dauerte nicht lange, bis er einen Blutstropfen entdeckte. Er nahm
ihn auf und setzte ihn in ein Tuch. „Die Windhündin hat ihn verloren", dachte er. Nach einer Weile fand er wieder einen Blutstropfen und dann noch einen. Er setzte sie alle in das Tuch. Danach sah
er eine Frau, die Schilf zusammentrug, als habe sie den Verstand
verloren. Er ging auf sie zu und fragte, ob sie ihm Auskunft geben
könne. „Ich kann erst mit dir reden, wenn ich das Schilf eingesam-

melt habe", sagte sie. „Rede doch mit mir, während du das tust", entgegnete Diarmuid. „Ich bin in großer Eile", gab sie zur Antwort. „An welchem Ort sind wir denn hier?", fragte Diarmuid. „Das ist das Land Unter den Wellen", sagte sie. „Und wozu brauchst du das Schilf?" „Die Tochter des Königs Unter den Wellen ist heimgekehrt", sagte sie. „Sie war sieben Jahre in einem Zauber gefangen und jetzt ist sie krank. Alle Ärzte sind da, aber keiner kann ihr helfen und sie glaubt, ein Schilfbett würde ihr gut tun." „Zeigst du mir, wo die Königstochter ist?", fragte Diarmuid. „Das werde ich gern tun", sagte die Frau. „Ich setze dich in ein Bündel Schilf, dann bette ich etwas Schilf auf dich und unter dich und trage dich auf meinem Rücken zu ihr." „Aber das schaffst du doch nicht", gab ihr Diarmuid zu bedenken. Doch sie legte das Schilf um ihn, hob ihn auf ihren Rücken, und als sie in das königliche Gemach kamen, stellte sie das Bündel ab. „Oh, komm her zu mir", sagte die Tochter des Königs Unter den Wellen und Diarmuid ging zu ihr. Sie hielten sich an den Händen und waren glücklich, dass sie sich wieder sahen. „Drei Teile meiner Krankheit sind schon von mir genommen", sagte sie dann, „aber noch bin ich nicht gesund und ich werde wohl nie mehr gesund werden, denn jedes Mal, wenn ich auf meiner Reise an dich dachte, Diarmuid, habe ich einen Tropfen meines Herzbluts verloren." „Ich habe die Tropfen hier in meinem Tuch", sagte Diarmuid. „Nimm und trinke sie und du wirst von deiner Krankheit geheilt sein." „Das wird mir nichts nützen", sagte sie, „denn mir fehlt das, was ich am meisten von allem brauche, aber nie bekommen werde." „Was ist das?", fragte Diarmuid. „Etwas, das weder du noch sonst jemand mir beschaffen kann", sagte sie, „denn schon lange ist jeder Versuch fehlgeschlagen." „Mir wird es gelingen, wo immer ich danach suchen muss", erwiderte Diarmuid. „Es ist der Becher des Königs von Magh an Ionganaidh, dem Wunderland, aus dem ich dreimal trinken muss", sagte sie. „Kein Mann hat den Becher jemals besessen und wird jemals in seinen

Besitz gelangen." „Sag mir, wo ich diesen Becher finde", sagte Diarmuid, „und auf der ganzen weiten Welt wird mich keiner aufhalten." „Das Land liegt nicht weit von meines Vaters Land", sagte sie, „doch dazwischen fließt ein kleiner Fluss und du müsstest ein Jahr und einen Tag mit dem Schiff auf dem Fluss segeln, den Wind im Rücken, bevor du das Land der Wunder erreichst."

Da machte sich Diarmuid auf den Weg und gelangte an den kleinen Fluss. Er lief eine Weile am Ufer entlang, doch sah er keinen Weg, auf dem er über das Wasser kommen konnte. Schließlich entdeckte er einen kleinen, roten Mann, der in der Mitte des Flusses stand. „Du bist in Nöten, Diarmuid, Enkel des Duibhne", rief er. „Komm her und stelle deinen Fuß auf meine Handfläche, damit ich dich über den Fluss bringen kann." Diarmuid tat, wie ihm geheißen. Er stellte seinen Fuß auf die Hand des roten Männleins und es brachte ihn über den Fluss. „Du willst doch zum König des Wunderlandes", sagte es, „um seinen Becher zu holen. Ich werde mit dir gehen."

So gingen sie weiter, bis sie zur Burg des Königs gelangten. Diarmuid befahl, dass man ihm den Becher herausbringe; andernfalls sollten ihre Spitzenkämpfer kommen und gegen ihn antreten. Nicht den Becher sandten sie ihm aber, sondern zweimal achthundert Kämpfer. Doch nach drei Stunden gab es keinen Einzigen mehr, der sich gegen ihn gestellt hätte. Dann sandten sie noch bessere Kämpfer hinaus, zweimal neunhundert an der Zahl, aber nach vier Stunden gab es auch unter ihnen keinen mehr, der sich gegen ihn gestellt hätte. Da ging der König selbst hinaus. Er stand am großen Tor und rief: „Woher kommt dieser Mann, der mein ganzes Königreich vernichtet?" „Das werde ich dir sagen, ich bin Diarmuid, ein Mann der Fianna von Irland." „Du hast leider keinen Boten geschickt, um dich anzukündigen", sagte der König, „sonst hätte ich meine Männer schonen können; denn sieben Jahre vor deiner Geburt wurde mir geweissagt, dass du kommen und sie vernichten wirst. Was willst du von mir?" „Den Becher der Heil-kraft will ich, aus deiner Hand", sagte Diarmuid. „Niemand hat von mir jemals diesen Becher erhalten", entgegnete der König, „aber dir gebe ich ihn leichten Herzens, ob er nun heilen kann oder nicht."

Er reichte Diarmuid den Becher. Sie trennten sich und Diarmuid ging weiter bis zum Fluss. Da fiel ihm der rote Mann ein, an den er gar nicht mehr gedacht hatte, solange er im Hause des Königs war. Und da war er auch schon bei ihm, stellte Diarmuids Fuß auf seine Hand und brachte ihn über den Fluss. „Ich weiß, wohin du jetzt gehst, Diarmuid", sagte er. „Du willst zur Tochter des Königs Unter den Wellen, denn du liebst sie und willst sie heilen. Ich werde dir den Weg zu einem Brunnen zeigen. Geh dorthin und hole Wasser. Wenn du zu der Frau kommst, musst du das Wasser in den Becher gießen und einen der Blutstropfen dazu. Dann soll sie daraus trinken. Mach es mit dem zweiten und dem dritten Blutstropfen genauso. Von diesem Augenblick an wird ihre Krank-heit von ihr genommen sein. Aber dir wird auch etwas genommen sein, und das ist deine Liebe zu ihr." „Das wird niemals geschehen", sagte Diarmuid. „Doch", sagte der Mann, „und es wird das Beste sein, wenn du kein Geheimnis daraus machst, denn sie weiß es und ihr Vater wird sehen, dass du nicht mehr für sie empfindest als für jede andere Frau. Der König Unter den Wellen wird zu dir kom-men und dir für die Heilung seiner Tochter große Schätze ver-sprechen. Nimm aber nichts von ihm. Bitte ihn nur um ein Schiff, das dich nach Irland zurückbringt. Weißt du überhaupt, wer ich bin?", fragte er. „Nein", sagte Diarmuid. „Ich bin ein Bote aus der anderen Welt. Ich kam dir zu Hilfe, weil auch dein Herz danach drängt, anderen zu helfen."

So tat Diarmuid, wie ihm geheißen. Er brachte der Frau das Was-ser und den Becher und die Blutstropfen. Sie trank und war beim dritten Schluck geheilt. Kaum war das aber geschehen, da war ihm seine Liebe genommen und er wandte sich von ihr ab. „O Diarmuid", sagte sie, „du liebst mich nicht mehr." „Das ist in der Tat wahr", gab er zur Antwort.

Im ganzen Land erklang nun Musik und das Klagen nahm ein Ende, da die Tochter des Königs geheilt war. Diarmuid aber nahm keinen Lohn. Er wollte auch nicht bleiben, sondern bat um ein Schiff, das ihn zurück nach Irland bringen sollte, zu Finn und der Fianna. Und als er dort ankam, begrüßten sie ihn voller Freude.

Kapitel 4
Der Unbeugsame Diener

Die Fianna ging einmal in den zwei stolzen Provinzen von Munster auf die Jagd. Sie nahmen den kürzesten Weg zum Fluss Brosna in Slieve Bladhma und von da zu den zwölf Bergen von Eiblinne und weiter nach Aine Cliach, der Harfe von Aine. Dann zerstreuten sie sich und jagten durch das Waldgebiet, das Magh Breogain heißt. Sie jagten durch undurchdringliches, nie betretenes und zerklüftetes Land, über die wunderschönen Ebenen und die hohen Hügel von Desmumum. Sie jagten unter dem lieblichen Slieve Crot und dem sanften Slieve na Muc, entlang der erhabenen Ufer des blauen Siuir, über die grüne Ebene von Feman und über die raue Ebene von Eithne und durch die dunklen Wälder von Belach Gabrain.

Finn hatte mit seinem Gefolge am Hang eines Hügels angehalten, denn sie hörten das Gebell der Jagdhunde, die aufgeregten Schreie der Jungen, die Pfiffe und Rufe der starken Männer so gern. Schließlich fragte Finn, wer auf ihrer Hügelseite Wache halten wolle. Finnbane, Sohn des Bresel, erklärte sich bereit. Er stieg auf die Kuppe des Hügels, wo er nach allen Seiten Ausschau halten konnte. Kaum war er oben, da sah er auch schon von Osten einen riesigen Mann kommen, einen hässlichen, düsteren und verunstalteten Mann. Er hatte einen schwarzen Schild auf dem Rücken, ein breites Schwert an seinem krummen linken Oberschenkel, zwei Speere auf der Schulter und ein zerrissener Umhang hing über seinen Armen, die so schwarz waren wie verglühte Kohle. Er führte ein knochiges, dünnes Pferd bei sich, das auf schwachen Beinen dahintrabte, trübe dreinblickte und krank aussah. Er führte es an einem rauen Halfter aus Eisen und es war fast ein Wunder, dass er ihm nicht den Kopf vom Rumpf trennte oder sich selbst die Arme ausriss, wenn das Pferd plötzlich stehen blieb oder weiter wollte. Der riesige Mann drosch mit einem eisernen Knüppel auf das Pferd ein, um es anzutreiben, und die Schläge dröhnten wie hohe, brechende Wellen.

Als Finnbane das sah, dachte er bei sich, es sei wohl nicht gut, wenn ein Fremder wie dieser käme, ohne dass Finn und die Fianna davon wüssten. Hastig lief er zurück und erzählte ihnen alles. Als er mit seiner Geschichte fertig war, sahen sie ihn schon ganz in ihrer Nähe. Dennoch brauchte er noch ziemlich lange, bis er bei ihnen war, weil er nur schwer und mühsam vorankam. Dann stand er vor Finn, grüßte ihn und beugte unterwürfig Kopf und Knie.

Finn hielt die Hand über seinen Kopf und fragte, welche Nachricht er bringe und ob er auf dieser Welt adeliger oder gemeiner Abstammung sei. Er antwortete, dass er keine Kenntnis über seine Herkunft habe, außer dass er von den Fomor stamme und sich gegen Lohn in die Dienste der Könige dieser Welt stelle. „Und ich habe gehört, dass Finn keinem Mann den Lohn verweigert." „Das ist richtig", sagte Finn, „und das wird bei dir nicht anders sein. Aber warum hast du keinen Jungen, der sich um dein Pferd kümmert?" „Aus gutem Grund", sagte der große Mann. „Für mich gibt es nichts Schlimmeres, als ständig einen Jungen um mich zu haben, denn ich brauche Nahrung für hundert Männer. Das reicht mir gerade und ich würde keinem Jungen auch nur einen Teil davon abtreten." „Wie heißt du?", fragte Finn. „Mein Name ist Gilla Decair, der Unbeugsame Diener", sagte er. „Woher hast du diesen Namen?", wollte Finn wissen. „Auch dafür gibt es einen Grund", sagte der große Mann. „Es gibt nämlich für mich auf der Welt nichts Schlimmeres, als einem Herrn oder sonst jemandem zu dienen. Sage mir, Conan, Sohn des Morna, wer erhält den besseren Lohn, ein Reiter oder ein Läufer?" „Ein Reiter bekommt doppelt so viel", antwortete Conan. „Dann bezeuge mir, Conan, dass ich ein Reiter bin und als Reiter zur Fianna stieß. Und du Finn, Sohn des Cumhal, gib mir nun dein und der Fianna Wort und ich lasse mein Pferd zu euren Pferden." „Dann sei es so", sagte Finn.

Der große Mann streifte das Halfter von seinem Pferd und es machte sich davon, so schnell es konnte, bis es bei den Pferden der Fianna war. Doch da fing es an zu reißen und zu stoßen und zu beißen, es tötete und verstümmelte die anderen. „Hol dein Pferd da weg, großer Mann!", rief Conan. „Nur mit Finns Erlaubnis durftest du sein Halfter abnehmen. Ich würde ihm das Gehirn aus dem Schädel blasen, das schwöre ich dir und der ganzen Welt. So etwas Übles wie du ist Finn noch nie begegnet, so schlecht es ihm schon ergangen sein mag." „Und ich schwöre dir und der ganzen Welt", sagte der große Mann, „ich werde das Pferd da nicht herausholen. Ich habe nämlich keinen Diener und es schickt sich nicht für mich, dass ich mein Pferd mit eigener Hand hole."

Da erhob sich Conan, nahm das Halfter, legte es dem Pferd an und führte es an seiner Hand zu Finn zurück. „Keinem aus der Fianna hättest du jemals als Pferdeknecht gedient, Conan", sagte Finn, „wie hoch er auch immer über diesem Mann der Fomor stünde. Und wenn du tust, was ich dir rate, dann besteige jetzt das Pferd, reite über alle Hügel und Niederungen und alle blühenden Ebenen Irlands, bis sein Herz gebrochen ist und es dafür bezahlt hat, dass es die Pferde der Fianna vernichtet hat. Conan schwang sich auf das Pferd und spornte es hart mit den Fersen an, aber das Pferd rührte sich nicht von der Stelle. „Ich weiß, was ihm fehlt", sagte Finn. „Es wird sich erst bewegen, wenn die, die es reiten, genauso viel wiegen wie der große Mann." Daraufhin stiegen dreizehn Männer der Fianna hinter Conan auf. Das Pferd legte sich mit ihnen nieder und stand mit ihnen wieder auf. „Ich glaube, Finn, du spottest über mich und mein Pferd", sagte der große Mann. „Ich bin mir zu schade, den Rest des Jahres bei dir zu verbringen, nachdem ich all den Unsinn miterleben muss, den du treibst. Jetzt weiß ich, dass alles gelogen ist, was man über dich erzählt. Den großen Namen, den du dir in aller Welt gemacht hast, verdienst du wahrlich nicht. Ich werde dich jetzt verlassen, Finn!"

Bei diesen Worten ging er weg, langsam und schwach. Er schleppte sich über einen kleinen Hügel, der ihn von der Fianna trennte. Sobald er auf der anderen Seite war, riss er sich den Umhang vom Leib und schleuderte ihn schnell wie eine Schwalbe durch die Luft; und das klang, als würde ein tosender Frühjahrssturm über Berge und Täler ziehen.

Das Pferd konnte es nicht ertragen, seinen Herrn weggehen zu sehen, und so schwer seine Last auch war, es jagte in vollem Galopp hinter ihm her. Als Finn und die Fianna sahen, wie das Pferd mit vierzehn Männern auf dem Rücken losrannte, brachen sie in lautes Spottgelächter aus. Conan war klar, dass er es ohne Hilfe nie schaffen würde, von diesem Pferd wieder herunterzukommen. Er schrie und rief ihnen zu, sie dürften nicht zulassen, dass ihn das Tier zu dem großen Unbekannten bringe. Dann begann er zu fluchen und zu schimpfen. „Die Wolke des Todes gieße sich aus über dir, Finn! Der Sohn eines Sklaven oder Diebes von bösem Blut, einer, der Vater und Mutter ein noch schlechterer Sohn ist als du, soll dir alles nehmen, was dir lieb ist, wenn du uns nicht folgst und nach Irland zurückbringst."

Da erhoben sich Finn und die Fianna. Sie folgten Gilla Decair über jeden kahlen Hügel, über jeden Weg und Fluss bis nach Corca Duibhne. Der Unbeugsame Diener, der nun mit Conan und den anderen auf dem Pferd saß, ritt der tiefen See entgegen. Liagan Luath von Luachar griff mit beiden Händen nach dem Schweif des Pferdes, da er dachte, er könne es so zurückhalten. Doch das Pferd riss sich los und rannte über das Meer, und Liagan mit ihm, den Schweif in den Händen.

Eine schwere Bürde lastete da auf Finn. Vierzehn Männer seines Volkes waren ihm genommen und er hatte die Pflicht und Schuldigkeit, sie zurückzubringen. „Was sollen wir jetzt tun?", fragte Oisin. „Wir können nichts anderes tun, als unseren Leuten immer weiter zu folgen und zu versuchen, sie nach Irland zurückzuholen." „Wie sollen wir das anstellen ohne Schiff oder Boot?", fragte Oisin. „Wir haben etwas", sagte Finn, „was die Tuatha de Danaan den Kindern der Gael als Geschenk hinterlassen haben. Jeder, der Irland verlassen muss, soll nach Beinn Edair gehen, und wie viele auch mit ihm gehen mögen, sie werden dort ein Schiff finden, das alle aufnehmen kann." Finn blickte zur See hin und sah zwei schwer bewaffnete Männer kommen. Der Eine hatte einen gerippten, bunten Schild mit eingravierten wundersamen Tieren, ein mächtiges Schwert an der Seite und zwei starke Speere auf der Schulter. Er trug einen purpurroten Umhang mit einer goldenen Spange auf der Brust, einen hellen Bronzereif um den Kopf und goldenes Schuhwerk. Der andere war ähnlich gekleidet. Sie hielten nicht an, bis sie bei Finn angelangt waren. Dann verbeugten sie sich und fielen vor ihm auf die Knie. Finn hob seine Hand über ihre Köpfe und bat sie, sich vorzustellen. „Wir sind die Söhne des Königs der östlichen Welt", sagten sie. „Wir sind nach Irland gekommen, um uns in Finns Dienste zu stellen, denn wir haben gehört, dass es in ganz Irland niemanden gibt, der unsere Fähigkeiten besser beurteilen könnte als du." „Wie ist dein Name und von wel-

chen Fähigkeiten sprichst du?", fragte Finn. „Mein Name ist Feradach der Unerschrockene", sagte er. „Ich besitze eine Zimmer-
mannsaxt und einen Riemen, und selbst wenn dreitausend Männer
Irlands mit mir an einer Stelle stünden, könnte ich mit meiner Axt
am Riemen mit drei Schlägen ein Schiff bauen, das sie alle tragen
würde. Ich bitte dich nur, dass alle den Kopf beugen, während ich
die drei Schläge tue." „Das ist eine gute Kunst", sagte Finn. „Und
nun berichte mir, was der andere Mann kann." „Ich kann", sagte
der, „die Spur der Krickente über neun Grate und neun Furchen
verfolgen, bis ich sie in ihrem Nest zu fassen kriege; und das schaffe
ich an Land wie auf dem Meer." „Auch das ist eine gute Kunst",
sagte Finn. „Es wäre uns eine große Hilfe, wenn du jetzt mit uns
eine Spur verfolgen würdest." „Wer ist euch entkommen?", fragte
er. Da erzählte ihnen Finn die ganze Geschichte vom Unbeugsamen Diener.

Alsdann schlug Feradach drei Schläge mit seiner Axt am Riemen
und die Fianna senkte die Köpfe. Im selben Augenblick war die
ganze Bucht und der ganze Hafen voller Schiffe und schneller
Boote. „Was sollen wir mit so vielen Schiffen?", fragte Finn. „Wir
werden alle die beseitigen, die du nicht brauchst", sagte Feradach.

Nun erhob sich Caoilte und stieß drei laute Schreie aus und jeder
aus der Fianna Irlands, wo immer er auch war, hörte sie und dachte,
dass Finn und seine Leute von den Männern jenseits des Meeres
bedroht würden. Da kamen sie in kleinen Gruppen, wie sie sich
eben trafen, und gingen bis zu den Stufen des Katzenkopfs im westlichen Teil von Corca Duibhne. Sie fragten nach Finn, und was geschehen sei, da er sie alle von der Jagd weggerufen habe. Finn erzählte ihnen alles. Daraufhin hielten Finn und Oisin miteinander
Rat und kamen überein, dass alle mit Finn auf See gehen sollten.
Nur fünfzehn Mann blieben bei Oisin, der zum Schutze Irlands die
Führung der Fianna übernahm.

So nahmen sie Abschied. Ein großes Schiff wurde für Finn und seine Leute bereitgestellt. Sie brachten Nahrung zu ihrer eigenen Versorgung und Gold für Geschenke an Bord. Die jungen Männer gingen auf ihre Plätze, griffen zum Ruder und machten sich auf den Weg über die ruhelosen Berge und dunklen Täler der großen See.

Und die See erhob sich und dröhnte. Auf ihren zerrissenen grünen Wassern lag der Wahnsinn, doch Finn und seine Leute lauschten dem ewigen Rauschen und Säuseln um das Schiff. Es rief sie am Morgen wach und wiegte sie nachts in den Schlaf.

So fuhren sie drei Tage und drei Nächte und sahen kein Land und keine Insel. Am vierten Tag ging einer ihrer Männer zum Bug des Schiffes und hielt Ausschau. Er sah ein großes, raues, graues Kliff. Sie fuhren darauf zu und sahen am Rand des Kliffs einen hohen Felsen, rund geformt und auf allen Seiten glatter als der Rücken eines Aals. Und sie entdeckten die Spur des Unbeugsamen Dieners, die bis zum Fuß des Felsens reichte. Da sagte Fergus mit der Wahren Stimme zu Diarmuid: „Es ist nicht gerade mutig, dass du dich so zurückhältst, Diarmuid, wurdest du doch mit Manannan dem Mächtigen, Sohn des Lir, und mit Angus Og, Sohn des Dagda, erzogen und ausgebildet, im Land der Verheißung und an den Hafenküsten. Reicht denn dein Mut und dein Können nicht so weit, dass du Finn und seine Leute auf diesen Felsen bringen kannst?" Diarmuid errötete bei diesen Worten. Er ergriff den Stab der Kraft, den er bei sich hatte und errötete abermals. Dann sprang er hoch und traf auf dem überhängenden Felsen eine Stelle, die ihm Platz für beide Füße ließ. Von dort blickte er herab auf Finn und seine Leute, doch so sehr er auch wünschte, sie dorthin zu bringen, er schaffte es nicht.

Er überwand den Felsen und war noch nicht weit gegangen, als er einen wild bewachsenen Platz vor sich sah, mit dichtem Gehölz voll von Laub, das erfüllt war von den Lauten des Windes, der Flüsse und Vögel und dem Summen der Bienen.

Er ging weiter über die Ebene. Als er sich umblickte, sah er einen Felsen neben einem großen Baum mit vielen Ästen und Zweigen und eine sprudelnde Quelle zu seinen Füßen. Neben ihr lag ein glatt geschliffenes Trinkhorn. Nach der langen Seereise hatte Diarmuid großen Durst. Doch als er sich über die Quelle beugte, kam ihm ein tosendes Geräusch entgegen. Da wusste er, dass ein Zauber über dem Wasser lag. „Ich werde trotzdem daraus trinken", sagte er. Es dauerte nicht lange, bis er einen Zauberer sah, bewaffnet und nicht sehr freundlich dreinblickend. Und auch nicht sehr freundlich sprach er dann mit Diarmuid. „Es ist nicht recht", sagte er barsch, „dass du durch mein Gehölz gehst und mein Wasser trinkst." Sie blickten sich grimmig an und kämpften dann bis zum Abend. Schließlich gab der Zauberer auf. Er sprang in die Quelle und war nicht mehr gesehen. Diarmuid aber blieb ganz verstört zurück.

Er blickte sich um und sah eine Wildherde durch das Gebüsch kommen. Er pirschte sich heran und warf seinen Speer nach dem Hirsch, der am nächsten stand. Der Speer verfehlte sein Ziel nicht und trieb dem Tier die Eingeweide aus dem Leib. Dann zündete Diarmuid ein Feuer an, schnitt zehn Stücke Fleisch und steckte sie auf weiße Haselspieße. In dieser Nacht hatte er genug Fleisch und auch Wasser aus der Quelle.

Am nächsten Morgen stand er früh auf und sah den Zauberer an der Quelle stehen. „Es scheint mir, Enkel des Duibhne", sagte der, „dass es dir nicht genügt, durch mein Gehölz zu ziehen, du musst auch noch mein Wild töten." Bei diesen Worten fingen sie wieder an, sich Schlag um Schlag, Stoß um Stoß und Wunde um Wunde zu verpassen, bis die Nacht hereinbrach. Diarmuid erlegte noch einen großen Hirsch in dieser Nacht und am Morgen begann der Kampf von neuem. Aber abends, als der Zauberer gerade in die Quelle springen wollte, schlang Diarmuid die Arme um seinen Hals, weil er glaubte, ihn damit aufhalten zu können. Und da geschah es. Er fiel mit ihm ins Wasser, und als er am Grund angekommen war, verließ ihn der Zauberer.

Diarmuid ging dem Zauberer nach und kam in ein wunderschönes, weites und mit Blumen bedecktes Tal. Auf einmal sah er eine prächtige Königsstadt vor sich. Auf dem Grünplatz vor dem Palast lagerte eine gewaltige Armee. Als die Soldaten erkannten, dass der Zauberer verfolgt wurde, bildeten sie eine Gasse entlang des Königswegs, ließen den Zauberer durch und schlossen die Tore. Dann stellte sich die ganze Armee gegen Diarmuid. Der aber kannte weder Furcht noch Feigheit und stürmte durch sie hindurch und über sie hinweg wie ein Falke durch einen Schwarm kleiner Vögel oder wie ein wilder Hund durch eine Schafherde. Er tötete alle, die ihm in die Hände fielen. Einige von ihnen konnten in den Wald fliehen, einige erreichten den Palast und verriegelten die Türen und sie schlossen auch die Tore der Stadt.

Diarmuid, der nach dem schweren Kampf mit Wunden übersät war, legte sich auf den Boden. Da kam ein starker und tollkühner Kämpfer und stieß ihn von hinten an. Diarmuid sprang auf und griff mit tapferer Hand nach seiner Waffe. „Warte eine Weile, Enkel des Duibhne", sagte da der Kämpfer. „Ich bin nicht gekommen, um dir ein Leid zu tun, sondern um dir zu sagen, dass du dir eine schlechte Schlafstelle ausgesucht hast, da auf dem Rasen der Flüche. Komm mit mir, ich zeige dir einen besseren Ruheplatz."

Da folgte ihm Diarmuid und sie gingen einen weiten Weg, bis sie zu einer Stadt auf einer Anhöhe gelangten. Hundertfünfzig tapfere Kämpfer waren dort und hundertfünfzig sittsame Frauen. Auf einer Bank saß eine junge Frau mit rosigen Wangen und zarten Händen. Sie trug einen silbernen Umhang und ein Kleid, das aus Goldfäden genäht war. Auf dem Kopf hatte sie den wehenden Schleier einer Königin. Sie alle hießen Diarmuid freundlich willkommen, um seiner selbst willen und um seines Volkes willen. Dann brachten sie ihn in das Haus der Heilkunst und legten wohltätige Kräuter auf seine Wunden, bis sie geheilt und glatt waren.

Nun aber feierten sie ein Fest. Sie stellten Tische und Bänke auf und kein Mensch von hohem Rang kam auf den Platz eines niederrangigen und kein Mensch von niederem Rang auf den eines hochrangigen, sondern jeder auf seinen Platz gemäß seines Standes, seiner Herkunft oder seiner Kunst. Eine Fülle an Köstlichkeiten und wohlschmeckenden Getränken gab es da. Die ganze Nacht verbrachten sie mit Trinken, mit Musik und allerlei Vergnügungen. Dann fielen sie in einen tiefen Schlaf, bis am Morgen die Sonne über der feuchten Erde aufging.

Diarmuid blieb drei Tage und drei Nächte in dieser Stadt und feierte das beste Fest, das man ihm zu Ehren jemals gegeben hatte. Als diese Zeit vorüber war, fragte er, in welchem Land er sei und wer es anführe. Der Spitzenkämpfer, der ihn hergebracht hatte, sagte, es sei das Land Unter den Wellen und der Mann, der mit ihm gekämpft habe, sei sein König. „Für mich ist er ein Feind der Roten Hand", sagte er. „Ich selbst stand einmal im Dienste Finns und ich habe bei ihm das schönste Jahr meines Lebens verbracht. Erzähle mir jetzt, wohin dich deine Reise führt und welche Aufgabe vor dir liegt." Diarmuid erzählte ihm die Geschichte vom Unbeugsamen Diener von Anfang bis zum Ende.

Finn und seine Leute aber machten, als sie das Gefühl hatten, Diarmuid sei schon zu lange weg, Leitern aus den Schiffstauen, legten sie an die Felsen und suchten nach ihm. Nach einer Weile fanden sie Reste von dem Fleisch, das er gegessen hatte, denn Diarmuid aß nie Fleisch, ohne etwas davon übrig zu lassen.

Finn blickte sich nach allen Seiten um und sah über die Ebene einen Reiter auf einem schönen, dunklen Pferd und mit einem Zaumzeug aus rotem Gold näher kommen. Als er bei ihm war, grüßte Finn. Der Reiter verbeugte sich, küsste Finn dreimal und bat ihn, mit ihm zu gehen. Sie gingen einen langen Weg, bis sie zu einem riesigen Haus voller Waffen und zu einer großen Truppe bewaffneter Männer kamen, die auf dem Grünplatz vor der Festung lagerten. Drei Nächte und drei Tage blieben Finn und seine Leute dort und man gab ihnen das beste Fest, das ihnen jemals zuteil wurde. Danach fragte Finn, in welchem Land er sei. Der Mann, der ihn dorthin gebracht hatte, sagte, es sei das Land der Sorcha und er selbst sei der König. „Ich war schon einmal bei dir Finn, Sohn des Cumhal, und stand ein Jahr in Irland in deinen Diensten."

Nun riefen Finn und der König von Sorcha ihre Leute zusammen und hielten eine große Versammlung ab. Da stürmte eine Botin durch die Menge auf sie zu. Der König fragte sie, was sie zu berichten habe. „Schlechte Nachrichten", sagte sie. „Die ganze Bucht und der Hafen sind voller Schiffe und Boote und durch das ganze Land ziehen Heere, die alles plündern, was ihnen in die Hände fällt." „Dann weiß ich jetzt", sagte der König, „dass der Hohe König von Griechenland da ist. Er will sich die ganze Welt unterwerfen und dieses Land, wie jedes andere auch, unter seine Herrschaft bringen." Da schaute der König von Sorcha Finn an. Finn verstand, dass er ihn um Hilfe bat, und seine Worte waren: „Ich stelle dieses Land unter meinen Schutz, solange ich hier bin." Er und seine Leute erhoben sich und mit ihnen der König von Sorcha. Dann begaben sie sich auf die Suche nach dem fremden Heer. Und als sie auf das Heer stießen, töteten sie viele, jene aber, die sie nicht töteten, rannten davon. Sie hielten sich nicht besser als ein Schwarm verängstigter Vögel, bis kaum mehr einer übrig war, der davon berichten konnte.

Da sprach der Hohe König: „Wer hat dieses Gemetzel unter meinen Leuten angerichtet? Noch nie habe ich gehört, dass die irischen Männer so mutig und zu solchen Großtaten fähig sind. Nun aber werde ich die Söhne der Gael vertreiben bis ans Ende dieser Welt." Finn und der König von Sorcha errichteten ein grünes Zelt, als sie die griechischen Schiffe sahen.

Der König der Griechen bat um Beistand gegen Finn und den König von Sorcha, damit er für die Schmach, die sein Volk erlitten hatte, Genugtuung erlange. Die Königssöhne der östlichen und der südlichen Welt kamen ihm zu Hilfe, aber gegen Finn, Osgar, Oisin und Goll konnten sie nichts ausrichten. Und schließlich brachte der König von Griechenland alle seine Leute nach Hause zurück, damit nicht noch mehr sterben mussten.

Nun beriefen Finn und der König von Sorcha nochmals eine große Versammlung ein. Und während sie berieten, sahen sie eine große Truppe mit Kämpfern näher kommen, die seidene Flaggen in vielen Farben hatten. Sie trugen graue Schwerter an der Seite und hohe Speere, die sich über ihren Köpfen türmten. Und Diarmuid, Enkel des Duibhne, führte sie an. Als Finn ihn sah, sandte er Fergus mit der Wahren Stimme aus, um Neuigkeiten zu erfahren, und sie erzählten einander alles, was geschehen war.

Es würde zu lange dauern und die Zuhörer ermüden, wollte man berichten, wie Finn den Unbeugsamen Diener dazu brachte, die fünfzehn Männer, die er entführt hatte, wieder nach Hause zu bringen. Und als er sie zurückgebracht hatte, ritt er wieder weg, er und sein langbeiniges Pferd. Die Fianna sah ihm nach. Er tauchte ein in einen Dunst, der sich bis zur See erstreckte.

Das ist die Geschichte vom Unbeugsamen Diener und von Diarmuids Abenteuern auf der Insel Unter den Wellen.

Kapitel 5
Das Haus der Vogelbeerbäume

Und es war oft so, dass es ohne Diarmuids Hilfe schlecht um die Fianna gestanden hätte. Einmal kam er ihnen zu Hilfe, als sie Miodac, der Sohn des Königs von Lochlann, in das verzauberte Haus der Vogelbeerbäume brachte.

Durch einen Betrug brachte er sie dorthin, indem er sich selbst als Dichter ausgab, der Verse für Finn schrieb, und der sollte ihren Sinn herausfinden. Eine Strophe dichtete er über ein großes Heer, das er über die Ebenen dem Sieg entgegenreiten sah, alles plündernd, was vor ihm lag, und mit Reitern, die keine Pferde, sondern Pflanzen und Äste hatten. „Ich verstehe", sagte Finn, „du hast ein Heer von Bienen gesehen, das auf seinem Weg den Blütenstaub aus allen Blumen gesammelt hat." Und noch einen Vers verfasste Miodac über eine Frau in Irland, die schneller war als das schnellste Pferd. „Ich weiß", sagte Finn, „diese Frau ist der Fluss Boinn; und wenn sie auch langsam läuft, so ist sie am Ende doch schneller als das schnellste Pferd, da sie niemals zu laufen aufhört." Und andere Verse verfasste er über das Haus des Angus in Brugh na Boinn, doch immer konnte Finn ihren Sinn entschlüsseln.

Dann sagte er, er habe ein Festmahl für sie bereitet und bat sie in das Haus der Vogelbeerbäume. Und so gingen sie hinein. Es war ein schönes Haus, mit Wänden in allen Farben und Teppichen aus allen Ländern und einem Feuer, das angenehm brannte. Sie ließen sich nieder und nach einer Weile sagte Finn: „Es ist ein Wunder, dass es hier so ein schönes Haus gibt." „Und es ist ein noch größeres Wunder", sagte Goll, „dass das Feuer, das gerade noch so angenehm brannte, jetzt den übelsten Gestank der Welt verbreitet." „Und ein noch größeres Wunder ist es", sagte Glas, „dass die Wände, die in allen Farben leuchteten, jetzt nichts anderes als zusammengenagelte, raue Bretter sind." „Und noch ein größeres Wunder ist es", sagte Fiacha, „dass anstelle der sieben Türen jetzt nur noch eine Tür da ist, und die ist verschlossen." „Es gibt in der Tat ein noch größeres Wunder", sagte Conan. „Denn wir haben uns auf schönen Teppichen niedergelassen und jetzt sitzen wir auf der nackten Erde und es ist bitterkalt." Er versuchte aufzustehen, aber er konnte sich nicht von der Stelle bewegen und die anderen auch nicht, denn ein Zauber hielt sie gefangen und sie mussten bleiben, wo sie waren.

Durch den Betrug des Miodac und die Verwünschungen der Drei Könige von der Insel der Fluten waren sie in diese Gefahr geraten. Finn wusste aus der Prophezeiung, dass ihre Feinde sich verbündet hatten, um der Fianna ein Ende zu machen, und er sagte seinen Leuten, sie sollten nicht klagen, sondern das Lied der Dord Fiann anstimmen.

Einige aus der Fianna, die in der Nähe warteten, hörten das wehmütige Lied und traten zum Kampf gegen Miodac und sein Heer an. Sie kämpften tapfer, doch konnten sie ihm nicht standhalten. Und am Schluss war es Diarmuid, Enkel des Duibhne, der dem Verräter Miodac und den Drei Königen von der Insel der Fluten ein Ende bereitete, und es war Diarmuid, der mit ihrem Blut den Zauber vom Haus der Vogelbeerbäume nahm.

Als er die Fianna befreite, rief Conan, er solle das Festmahl bringen, das Miodac für seine Freunde bereitet hatte, denn er war hungrig. Diarmuid schenkte ihm keine Beachtung. Da sagte Conan: „Hätte dich eine schöne Frau gebeten, Diarmuid, dann hättest du sehr wohl auf sie gehört."

Denn viele Frauen liebten Diarmuid und viele liebte er; und sooft er Diarmuid der Kühne, der Harte, der Stattliche oder auch der Falke von Ess Ruadh genannt wurde, sooft hieß man ihn auch Diarmuid-na-man, den Freund und Verführer der Frauen.

BUCH VII

DIARMUID UND GRANIA

Kapitel 1
Die Flucht aus Teamhair

Eines Morgens stand Finn früh in Almhuin auf und machte sich allein, ohne Jungen oder Diener, auf den Weg durch die grüne Landschaft. Oisin folgte ihm mit Diorraing, dem Druiden. „Warum bist du schon so früh auf, Finn?", fragte Oisin. „Es gibt durchaus einen Grund dafür", sagte Finn. „Seit Maighneis, die Tochter des Schwarzen Garraidh, starb, hatte ich weder Frau noch Geliebte; und ein Mann ohne Frau, die zu ihm steht, findet keinen ruhigen Schlaf." „Warum lebst du auch so?", fragte Oisin. „In dem ganzen grünen Irland gibt es keine Frau, die dir gefällt, und keine, die wir dir nicht holen würden, ob sie will oder nicht." „Ich wüsste schon eine Frau, die zu dir passt", sagte Diorraing. „Wer soll das sein?", fragte Finn. „Grania, die Tochter des Hohen Königs von Irland", gab Diorraing zur Antwort. „In ihrem ganzen Wesen, ihrer Gestalt und ihrer Sprache ist sie die beste aller Frauen auf dieser Welt." „Bei meinem Wort, Diorraing", sagte Finn, „zwischen dem Hohen König und mir herrscht seit langer Zeit Unfrieden und Streit und es würde mir nicht gefallen, von ihm abgewiesen zu werden. Es wäre vielleicht das Beste, wenn ihr zusammen geht und in meinem

Namen um die Hand seiner Tochter anhaltet. Wenn er ablehnt, so sagt er das nicht mir, sondern euch." „Wir werden gehen", sagte Oisin, „auch wenn nicht viel dabei herauskommen sollte. Erzähle keinem davon, bis wir wieder zurück sind."

Dann verabschiedeten sich die beiden von Finn, machten sich auf den Weg und niemand weiß, was geschehen ist, bis sie nach Teamhair kamen. Zu dieser Zeit hatte der König von Irland eine Versammlung auf der grünen Ebene von Teamhair einberufen. Aus seinem Volk waren Männer von höchstem Rang bei ihm. Oisin und Diorraing wurden freundlich aufgenommen. Der König verlegte die Versammlung auf den nächsten Tag, denn er war sicher, dass eine dringende Angelegenheit diese beiden Männer nach Teamhair geführt hatte. Oisin nahm ihn zur Seite und erzählte ihm, dass er für Finn, das Oberhaupt der Fianna, um die Hand seiner Tochter Grania anhalten solle. Da hob der König an zu sprechen: „In ganz Irland gibt es keinen Königs- oder Fürstensohn und keinen Kämpfer, den meine Tochter noch nicht abgewiesen hätte, und mich allein machen alle dafür verantwortlich. Ich werde euch die Antwort schuldig bleiben, bis ihr selbst mit ihr gesprochen habt; denn es ist besser, ihr hört Granias Antwort selbst, als dass ihr mir gram seid."

So gingen sie zusammen zum sonnigen Haus der Frauen und der König ließ sich neben Grania auf dem höchsten Thron nieder und sagte: „Hier, Grania, sind zwei Gefolgsleute Finns, des Sohnes des Cumhal, die für ihn um deine Hand anhalten. Welche Antwort willst du ihnen geben?" Grania sagte: „Wenn er euch als Schwiegersohn geeignet erscheint, warum sollte er nicht der geeignete Ehemann für mich sein?" Da waren sie zufrieden und in dieser Nacht wurde ihnen ein großes Festmahl in Granias sonnigem Haus bereitet. Der König setzte fest, dass nach zwei Wochen ein Treffen zwischen ihm und Finn in Teamhair stattfinden solle.

Oisin und Diorraing kehrten nach Almhuin zurück und erzählten Finn die ganze Geschichte von Anfang bis zum Ende. Und wie im Leben alles vergeht, so vergingen auch die beiden Wochen. Da rief Finn die sieben Bataillone der Fianna aus allen Landesteilen nach Almhuin. Sie versammelten sich und machten sich auf den Weg nach Teamhair.

Der König und das große Volk Irlands standen vor ihnen und gaben ihnen ein herzliches Willkommen. Als Grania den ergrauten Finn sah, sagte sie: „Es erstaunt mich, dass Finn mich nicht mit Oisin verheiraten will. Er würde sicher besser zu mir passen als ein Mann, der älter als mein Vater ist." Doch dann sprachen sie eine Weile miteinander und Finn stellte Grania Fragen, denn sie war bekannt für ihre schlagfertigen Antworten. „Was ist weißer als Schnee?", fragte er. „Die Wahrheit", sagte Grania. „Welche Farbe ist die beste?", fragte Finn. „Die Farbe der Kindheit", sagte sie. „Was ist heißer als Feuer?" „Das Gesicht eines gastfreundlichen Mannes, wenn ein Fremder zu ihm kommt und sein Haus leer ist." „Was schmeckt noch bitterer als Gift?" „Die Anschuldigung eines Feindes." „Was ist für einen Kämpfer das Beste?" „Große Taten und Bescheidenheit." „Welcher Edelstein ist der beste?" „Das Messer." „Was ist schärfer als ein Schwert?" „Der Verstand einer Frau, die zwischen zwei Männern steht." „Was ist schneller als der Wind?", fragte Finn dann. „Der Geist einer Frau", sagte Grania. Und was sie sagte, war die Wahrheit. Bei ihrem Gespräch kam jedoch nicht die geringste Zuneigung in ihr auf und sie fühlte, wie sie sich mit jeder Faser ihres Herzens gegen ihn sträubte.

Schließlich war alles für die Hochzeit bereit und sie gingen in das Festhaus des Königs im mittleren Hof. Der König ließ sich nieder, um fröhlich zu feiern. Seine Gemahlin saß zu seiner Linken und Grania neben ihr. Finn, Sohn des Cumhal, saß zur Rechten des Königs, neben ihm Oisin. Alle anderen nahmen ihre Plätze nach Rang und Geburt ein.

Daire, der Sänger, stellte sich vor Grania und sang für sie die schönen Lieder und Gedichte ihres Vaters. In der Nähe Granias saß ein gelehrter Mann, ein Druide aus Finns Volk, und es dauerte nicht lange, bis sie miteinander ins Gespräch kamen. „Sag mir nun", sagte Grania, „wer der Mann ist, der zur Rechten Oisins sitzt?" „Das ist Goll, Sohn des Morna", sagte der Druide, „der immer zum Kampf bereit ist." „Und wer ist der neben Goll?", fragte Grania. „Osgar, Sohn des Oisin", antwortete der Druide. „Und wer ist der Mann mit den dünnen Beinen neben Osgar?" „Das ist Caoilte, Sohn des Ronan." „Und wer ist der stolze, hitzige Mann neben Caoilte?" „Lugaidhs Sohn mit der Starken Hand." „Wer ist der Mann mit den schmeichelnden Worten", fragte sie dann, „der dunkles Haar und Wangen wie Vogelbeeren hat und zur Linken Oisins sitzt?" „Das ist Diarmuid, Enkel des Duibhne", sagte der Druide, „der beste Liebhaber aller Frauen." „Das ist eine gute Gesellschaft", sagte Grania.

Nachdem sie eine Weile gefeiert hatten, bekamen auch die Hunde draußen ihr Festmahl. Sie kämpften um jeden Bissen. Der Lärm drang bis in den Saal und die obersten Männer der Fianna mussten hinauslaufen und sie auseinander treiben. Diarmuid nun zog sich immer seine Kappe über das Liebesmal auf der Stirn, denn keine Frau konnte ihm widerstehen, wenn sie das Mal sah. Doch während er die Hunde auseinander trieb, begab es sich, dass er die Kappe verlor. Gerade in diesem Moment blickte Grania auf ihn und auf der Stelle entbrannte sie in großer Liebe. Sie rief ihre Dienerin zu sich und trug ihr auf, den großen, goldenen Becher aus dem sonnigen Haus zu bringen, aus dem neunmal neun Männer ihren Durst stillen konnten. Als die Dienerin den Becher gebracht hatte, füllte sie ihn mit Wein, der ein Zaubermittel enthielt, und sagte: „Reiche zuerst Finn diesen Becher und bitte ihn, daraus zu trinken. Sage ihm, dass ich selbst ihn gesandt habe." Die Dienerin tat, wie ihr geheißen. Finn nahm den Becher und trank daraus. Kaum war das geschehen, da fiel er auch schon in tiefen Schlaf.

Dann wurde der Becher dem König gereicht und der Königin und den Königssöhnen und der ganzen Gesellschaft, allen bis auf Oisin, Osgar, Caoilte, Diarmuid und Diorraing, dem Druiden. Und alle, die daraus tranken, fielen in den gleichen, schweren Schlaf.

Da erhob sich Grania leise von ihrem Stuhl, wandte ihr Gesicht Diarmuid zu und sagte: „Willst du meine Liebe, Diarmuid, Enkel des Duibhne? Wirst du mich heute Nacht aus diesem Hause fortbringen?" „Nein", sagte Diarmuid. „Ich werde mich nicht mit der Frau einlassen, die Finn versprochen ist." „Wenn das so ist", sagte Grania, „dann werde ich dich mit der Macht des Druiden so weit bringen, dass du mich noch heute Nacht aus diesem Haus führst, bevor Finn und der König von Irland aus dem Schlaf erwachen." „Der Bann deiner Liebe ist verhängnisvoll, Grania", sagte Diarmuid. „Warum ich und nicht die großen Männer und Königssöhne, die heute Nacht alle hier versammelt sind? Unter ihnen ist keiner, der deiner Liebe weniger wert wäre als ich." „Bei meinem Leben, Diarmuid, das geschieht nicht ohne Grund", sagte Grania. „Denn ich war vor einer Weile an der Tür, als du die Hunde getrennt hast. Da habe ich dich angesehen und mich verliebt wie nie zuvor und wie es auch nie wieder geschehen wird." Ich frage mich, warum du dich in mich und nicht in Finn verliebt hast", sagte Diarmuid, „denn in ganz Irland gibt es keinen besseren Liebhaber als ihn. Weißt du, Grania, in den Nächten, die Finn in Teamhair zubringt, ist er selbst der Torwächter. Und weil das so ist, können wir die Stadt nicht verlassen." „In meinem sonnigen Haus ist eine Nebentür", sagte Grania, „durch die wir fliehen werden." „Das werde ich niemals tun", entgegnete Diarmuid, „durch eine Nebentür fliehen." „Das mag sein", sagte Grania, „aber man sagt doch auch, dass sich jeder kämpfende Mann mit dem Schaft seines Speers freien Weg über jede Burg und jede Befestigung verschaffen kann. Ich werde durch die Tür gehen und du sollst mir auf diese Weise folgen."

Bei diesen Worten ging sie hinaus und Diarmuid sprach so zu seinen Leuten: „O Oisin, Sohn des Finn, sie hat mich unter ihren Bann gebracht. Was soll ich tun?" „Dich trifft keine Schuld", sagte Oisin. „Ich rate dir, Grania zu folgen und dich so weit wie möglich von Finn fern zu halten." „Osgar, Sohn des Oisin", sagte er dann, „was soll ich tun?" „Ich rate dir, Grania zu folgen", sagte Osgar. „Denn wer sich ihrem Bann entzöge, wäre ein jämmerlicher Mann." „Welchen Rat gibst du mir, Caoilte?", fragte Diarmuid. „Ich sage dir, dass ich eine Frau habe, die zu mir passt, aber dass ich es lieber als alle Reichtümer auf dieser Welt gesehen hätte, wenn mir Grania ihre Liebe geschenkt hätte." „Was rätst du mir, Diorraing?" „Folge Grania", sagte Diorraing, „auch wenn du dabei den Tod finden wirst, was mich schwer trifft." „Ist das der Rat, den ihr mir alle gebt?", fragte Diarmuid. „Ja", sagten Oisin und all die anderen. Da stand Diarmuid auf, griff mit der Hand nach seinen Waffen und verabschiedete sich von Oisin und den anderen; und die Tränen, die er vergoss, waren so groß wie Vogelbeeren. Dann ging er hinaus zur Burgmauer. Er nahm seinen Speerschaft, stieg mit leichtem Sprung hoch und kam auf dem Rasen auf der anderen Seite wieder auf. Grania erwartete ihn dort. Da sagte Diarmuid: „Du gehst auf keine gute Reise mit mir, Grania. Es wäre besser für dich, du hättest Finn zum Geliebten, nicht mich, denn ich kenne keinen Flecken in ganz Irland, wo ich dich verbergen könnte. Und wenn ich dich jetzt mit mir nehme, dann nicht als meine Frau, denn ich werde Finn die Treue halten. Wenn du aber jetzt zur Stadt zurückgehst, soll Finn nie erfahren, was du vorhattest." „Ich werde mit Sicherheit nicht zurückgehen", sagte Grania. „Ich werde bei dir bleiben, bis der Tod uns trennt." „Wenn das so ist, dann lass uns gehen, Grania", sprach Diarmuid.

Sie gingen weiter und waren noch nicht weit von der Stadt entfernt, als Grania sagte: „Ich werde so müde." „Es ist jetzt wirklich an der Zeit", sagte Diarmuid, „dass du in dein Haus zurückgehst.

Ich schwöre dir beim Wort eines wahren Kämpfers, dass ich weder dich noch irgendeine Frau bis ans Ende aller Zeiten tragen werde."

„Das musst du auch nicht", sagte Grania. „Die Pferde meines Vaters stehen auf den grünen Weiden und Wagen sind auch dort; gehe jetzt zurück und hole zwei Pferde. Ich werde hier auf dich warten."

Diarmuid ging und holte die Pferde und wir wissen nicht, wie ihre Reise verlief, bis sie an der Furt von Sionnan ankamen, die jetzt Ath-luain genannt wird. Dort sagte Diarmuid zu Grania: „Finn kann unserer Spur leichter folgen, solange die Pferde bei uns sind." „Wenn das so ist", erwiderte Grania, „dann lass die Pferde hier und wir gehen von jetzt an zu Fuß weiter." Diarmuid lief zum Fluss hinunter. Er nahm ein Pferd mit über die Furt und ließ das andere zurück. Er und Grania gingen dann ein gutes Stück mit dem Strom nach Westen. Bei der Provinz Connacht begaben sie sich wieder an Land. Und wo immer sie auch waren, ließ Diarmuid ungebrochenes Brot zurück, als Zeichen, dass er Finn die Treue gehalten hatte.

Von da aus gingen sie weiter nach Doire-da-Bhoth, dem Wald der Zwei Hütten. Diarmuid schlug Holz und baute einen Zaun mit sieben Toren aus geflochtenen Zweigen. Für Grania baute er in der Mitte des Waldes ein Bett aus weichen Binsen und Birkenspitzen.

Kapitel 2
Die Verfolgung

Was sich aber bei Finn abspielte, werde ich jetzt erzählen: Alle, die in Teamhair waren, standen an jenem Morgen früh auf und sahen, dass Diarmuid und Grania fort waren. Rasende Eifersucht und gleichzeitig ein Gefühl der Schwachheit überkamen

Finn. Er sandte seine Späher über das Land und gebot ihnen, nach Diarmuid und Grania zu suchen. Sie folgten der Spur bis zur Furt am Sionnan. Finn und die Fianna liefen hinter ihnen her, doch konnten sie die Spur jenseits der Furt nicht mehr finden. Finn gab ihnen sein Wort, dass er sie zu beiden Seiten der Furt hängen werde, wenn sie die Spur nicht auf der Stelle wieder aufnähmen.

Da gingen die Söhne des Neamhuin stromaufwärts. An beiden Ufern fanden sie ein Pferd. Dann gingen sie mit dem Strom in westlicher Richtung und entdeckten ihre Spur auf der Seite der Provinz Connacht wieder. Finn und die Fianna von Irland folgten nach. Finn sagte: „Ich weiß jetzt sehr wohl, wo wir Diarmuid und Grania finden; sie sind in Doire-da-Bhoth." Oisin, Osgar, Caoilte und Diorraing hörten seine Worte. Da sprach Osgar zu den anderen: „Es besteht die Gefahr, dass sie wirklich da sind, und wir sollten sie warnen. Osgar, schau nach Bran, der Jagdhündin. Sie mag Diarmuid genauso gern wie Finn. Schicke sie mit einer Warnung zu ihm."

So wies Osgar Bran an und Bran verstand sehr gut. Sie ging am Ende der ganzen Truppe, so dass Finn sie nicht sehen konnte, und folgte dann der Spur von Diarmuid und Grania bis nach Doire-da-Bhoth. Dort legte sie den Kopf an die Brust des schlafenden Diarmuid. Der aber fuhr aus dem Schlaf hoch und weckte Grania: „Hier ist Bran, Finns Jagdhündin. Sie kam sicher mit der Warnung, dass Finn selbst kommen wird." „Hören wir also auf diese Warnung", sagte Grania, „und fliehen." „Nein", entgegnete Diarmuid, „wenn ich Finn schon nicht entrinnen kann, dann soll er mich lieber jetzt treffen als irgendwann sonst." Als Grania das hörte, befiel sie große Furcht.

Bran verließ sie wieder. Als Oisin sie zurückkommen sah, sagte er: „Ich fürchte, Bran konnte nicht bis zu Diarmuid vordringen. Wir sollten ihm noch eine Warnung schicken. Seht nach, wo Fearghoin ist, Caoiltes Diener." Fearghoin besaß die Eigenschaft, dass er mit seinen Rufen schier Tote wieder zum Leben erwecken konnte. So ließen sie ihn dreimal rufen. Diarmuid hörte ihn und sagte zu Grania: „Ich kann Caoiltes Diener hören. Er ist bei Caoilte und Caoilte ist bei Finn und diese Rufe sollen uns eine Warnung sein." „Höre auf diese Warnung", sagte Grania. „Nein", sagte Diarmuid, „denn Finn und die Fianna sind bei uns, bevor wir noch den Wald verlassen haben." Furcht und Schrecken kamen über Grania, als sie ihn so sprechen hörte.

Finn aber wich nicht von ihrer Spur, bis er nach Doire-da-Bhoth kam. Dann schickte er die Söhne des Neamhuin auf die Suche in den Wald. Sie sahen Diarmuid und die Frau, die bei ihm war, und kehrten zu Finn zurück: „Diarmuid ist dort", sagten sie, „und eine Frau ist bei ihm, aber wir kennen nur Diarmuid, Grania kennen wir nicht." „Nichts Gutes möge den Freunden Diarmuids um seinetwillen widerfahren", sagte Finn. „Er wird aus diesem Wald nicht herauskommen, bis er mir nicht Genugtuung verschafft hat für alles, was er mir angetan hat." „Du bist blind vor Eifersucht, Finn", sagte Oisin, „wenn du glaubst, Diarmuid würde hier auf der Ebene von Maen Mhagh bleiben, wo es außer Doire-da-Bhoth keinen einzigen verborgenen Ort gibt und er weiß, dass du ihm folgst." „Solche Reden werden dir schaden", sagte Finn. „Ich wusste sehr wohl, als ich die Rufe von Caoiltes Diener hörte, dass sie von dir als Warnung gedacht waren. Und noch etwas", sagte er, „du warst es auch, der Bran, meine eigene Hündin, zu ihm geschickt hat. Aber das wird dir alles nichts nützen, denn er wird Doire-da-Bhoth erst verlassen, wenn er mir für alles, was er mir angetan hat, und für all die Schmach, die über mich gekommen ist, Genugtuung verschafft hat." „Du bist ein großer Narr, Finn", sagte Osgar dann, „wenn du glaubst, Diarmuid würde mitten in dieser Ebene bleiben und warten, bis du ihm den Kopf abschlägst." „Wer außer ihm hätte das Holz so geschlagen", sagte Finn, „und diesen verborgenen, geschützten Platz mit den sieben geflochtenen Toren geschaffen? O Diarmuid", rief er dann aus, „wer von uns spricht die Wahrheit, Oisin oder ich?" „Du hast in deinem Urteil noch nie gefehlt, Finn", sagte Diarmuid. „Es ist so, Grania und ich sind hier." Da befahl Finn seinen Männern, Diarmuid und Grania einzukreisen und sie gefangen zu nehmen.

Zu dieser Zeit konnte Angus Og in Brugh na Boinne sehen, in welch großer Gefahr sich Diarmuid befand, der einmal sein Schüler gewesen war und sein geliebter Ziehsohn. Er machte sich auf den Weg mit dem klaren, kühlen Wind und hielt nicht an, bis er nach Doire-da-Bhoth kam. Unerkannt ging er zu Finn und der Fianna, zu dem Platz, an dem auch Diarmuid und Grania waren. In freundlichen Worten sprach er zu Diarmuid: „Was hast du getan, Enkel des Duibhne?" „Die Tochter des Königs von Irland", sagte Diarmuid, „ist mit meiner Hilfe vor ihrem Vater und vor Finn geflohen. Es war nicht mein Wille, dass sie jetzt hier ist." „Kommt beide unter den Saum meines Umhangs", sagte Angus. „Ich bringe euch hier weg, ohne dass Finn oder seine Leute etwas merken." „Nimm Grania mit", sagte Diarmuid. „Ich werde nicht mitgehen; wenn ich aber am Leben bleiben sollte, folge ich euch. Wenn nicht", sagte er, „dann übergib Grania ihrem Vater und er mag mit ihr machen, was er will." Bei diesen Worten nahm Angus Grania unter den Saum seines Mantels und brachte sie ohne Wissen Finns und der Fianna weg. Wie sie aber nach Ros-da-Shoileach, der Landspitze der Zwei Bleichen, kamen, weiß niemand.

Diarmuid aber stand, nachdem Angus und Grania gegangen waren, aufrecht wie eine Säule. Er legte Rüstung und Waffen an, ging dann zu einer der sieben Türen und fragte, wer da sei. „Keiner deiner Feinde", hieß es. „Hier sind Oisin und Osgar und die besten Männer der Söhne des Baiscne. Komm heraus zu uns und niemand wird dir ein Leid zufügen." „Ich werde nicht zu euch kommen", sagte Diarmuid, „solange ich nicht weiß, an welcher Tür Finn steht." Nun ging er zu einer anderen der sieben Türen und fragte, wer da sei. „Caoilte, Sohn des Ronan, und die anderen Söhne des Ronan; komm heraus zu uns und wir werden in deinem Namen kämpfen." „Ich komme nicht zu euch", sagte Diarmuid, „denn ich will euch nicht Finns Zorn ausliefern, nur weil ihr mir Gutes tun wollt." Dann ging er zu einer anderen Tür und fragte, wer da sei. „Hier ist Conan, Sohn des Morna, und die anderen Söhne des Morna; wir sind Finns Feinde. Du bedeutest uns weitaus mehr als er. Du kannst herauskommen und niemand wird Hand an dich legen." „Das werde ich nicht", sagte Diarmuid, „denn Finn sähe lieber den Tod eines jeden von euch, als dass er mich entkommen ließe." Er ging dann zu einer weiteren Tür und fragte, wer da sei. „Dein Freund und Kamerad, Fionn, Sohn des Cuadan, Oberhaupt der Fianna von Munster, mit seinen Gefolgsleuten; wir sind von demselben Land und demselben Grund und wir werden Leib und Leben für dich opfern." „Ich werde nicht zu euch kommen", sagte Diarmuid, „denn ich will nicht, dass ihr euch Finns Groll zuzieht, wenn ihr mir Gutes tut." Er ging dann zu einer weiteren Tür und fragte, wer da sei. „Hier ist Fionn, Sohn des Glor, Oberhaupt der Fianna von Ulster, mit seinen Gefolgsleuten; komm zu uns heraus und keiner wird dir etwas tun." „Ich werde nicht kommen", sagte Diarmuid, „denn du bist mein Freund und auch dein Vater ist mein Freund. Ich möchte nicht, dass euch Finn meinetwegen gram ist." Er ging weiter und fragte, wer da sei. „Hier sind keine Freunde von dir", war die Antwort. „Hier sind Aodh Beag der Kleine aus Eamhuin und Aodh Fada der Lange aus Eamhuin und Caol Crodha der Wilde und Goineach der Verwunder und Gothan mit den Weißen Fingern und Aoife seine Tochter und Cuadan der Fährtenleser aus Eamhuin. Wir sind dir nicht wohlgesinnt, und wenn du zu uns herauskommst, schonen wir dich nicht, sondern machen deinem Leben ein Ende." „Eine schlechte Truppe habt ihr da", sagte Diarmuid. „Ihr mit euren Lügen und Schnüffeleien. Nicht aus Furcht vor euch, werde ich nicht hinausgehen, sondern weil ich euer Feind bin." Er ging dann zur letzten der sieben Türen und fragte, wer da sei. „Keine Freunde", sagten sie, „sondern Finn, Sohn des Cumhal, mit vierhundert bezahlten Kämpfern; wenn du zu uns herauskommst, brechen wir dir alle Knochen." „Ich gebe dir mein Wort, Finn", sagte Diarmuid, „dass ich zuerst durch die Tür, an der du stehst, gehen werde."

Als Finn das hörte, drohte er seinen Bataillonen mit den Qualen eines langsamen Todes, wenn Diarmuid unerkannt an ihnen vorbeikäme. Als aber Diarmuid das vernahm, stieg er am Schaft seines Speers mit einem leichten Sprung empor und setzte weit von Finn und seinen Leuten wieder auf, ohne dass sie es merkten. Er blickte zurück und rief ihnen zu, dass er an ihnen vorbei sei. Dann nahm er seinen Schild auf den Rücken und ging geradenwegs nach Westen und schon bald war er für Finn und die Fianna nicht mehr zu sehen. Als er sich vergewissert hatte, dass ihm niemand folgte, wandte er sich dahin, wo er Angus und Grania aus dem Wald kommen sah, und er folgte ihrer Spur bis Ros-da-Shoileach.

Dort fand er Angus und Grania in einer geschützten, hellen Hütte. Ein flammendes Feuer brannte darin und ein halbes Wildschwein steckte auf dem Spieß. Diarmuid begrüßte sie und Grania freute sich fast zu Tode, als sie ihn wieder sah. Diarmuid erzählte seine Geschichte von Anfang bis Ende. Sie nahmen ihr Mahl ein und schliefen dann die ganze Nacht, bis der Morgen mit seinem vollen Licht hereinbrach. Angus stand früh auf und sagte zu Diarmuid: „Ich verlasse dich jetzt, Enkel des Duibhne, und gebe dir diesen Rat mit auf den Weg: Wenn du vor Finn fliehst, dann gehe in keinen Baum mit nur einem Stamm, in keine Erdhöhle mit nur einer Tür, auf keine Insel mit nur einem Hafen. Und wo du auch immer deine Mahlzeit kochst, iss sie nicht am selben Platz; wo du auch essen magst, lege dich nie am selben Platz zur Ruhe; und wo du auch ruhen magst, steh am Morgen nicht dort auf." Danach verabschiedete er sich von ihnen und ging seines Weges.

Kapitel 3
Die Grünen Spitzenkämpfer

Diarmuid und Grania gingen nun weiter am rechten Ufer des Sionnan nach Westen, bis sie an den Garbh-abha-na-Fiann, den reißenden Fluss der Fianna, kamen. Diarmuid tötete einen Lachs am Ufer des Flusses und steckte ihn auf einen Spieß über dem Feuer. Dann durchquerten er und Grania den Fluss, um ihn zu essen, wie ihnen Angus aufgetragen hatte, gingen in westlicher Richtung weiter und legten sich schlafen.

Am nächsten Morgen standen sie früh auf und setzten ihre Reise immer in Richtung Westen fort, bis sie an die Sümpfe von Finnliath kamen. Dort begegneten sie einem jungen Mann, der gut gebaut war und gut aussah, der aber weder passende Kleidung noch Waffen hatte. Diarmuid grüßte den jungen Mann und fragte, wer er sei. „Ein junger Kämpfer bin ich, der einen Herrn sucht", sagte er. „Mein Name ist Muadhan." „Welche Dienste kannst du mir anbieten", fragte Diarmuid. „Am Tag könnte ich dein Diener sein und nachts für dich Wache halten", antwortete er. „Ich sage dir, behalte diesen jungen Mann", sagte Grania. „Du kannst nicht immer ohne Gefolge bleiben."

So wurden sie sich einig und gingen zusammmen weiter nach Westen, bis sie den Fluss Carrthach erreichten. Da wollte Muadhan Diarmuid und Grania auf den Rücken nehmen, um sie beide über den Fluss zu tragen. „Das wäre eine große Last für dich", sagte Grania. Er aber nahm sie auf den Rücken und trug sie hinüber. Dann gingen sie weiter, bis sie an den Beith kamen, und Muadhan trug sie auf dieselbe Weise hinüber. Und sie gingen in eine Höhle am Hang des Currach Cinn Adhmuid, dem waldreichen Land der Bog über Tonn Toime, und Muadhan bereitete ihnen im hintersten Winkel der Höhle ein Lager aus weichen Binsen und Birkenspitzen. Er selbst ging in das Gebüsch, das dort wuchs, und nahm einen langen, geraden Zweig des Vogelbeerbaums. Er steckte ein Haar und einen Haken auf den Zweig und eine Frucht der Stechpalme auf den Haken, ging stromaufwärts und fing beim ersten Wurf einen Lachs. Dann steckte er eine zweite Frucht auf und fing noch einen Fisch; und er steckte eine dritte Frucht auf und fing den dritten Fisch. Dann schob er das Haar und den Haken unter seinen Gürtel, rammte den Zweig in die Erde, brachte die drei Lachse zu Diarmuid und Grania und steckte sie auf Spieße. Als sie gebraten waren, sagte Muadhan: „Wie du den Fisch aufteilst, überlasse ich dir, Diarmuid." „Es wäre mir lieber, du würdest ihn teilen", meinte Diarmuid. „Dann überlasse ich es eben dir, den Fisch aufzuteilen, Grania", sagte er. „Auch mir wäre es aber recht, wenn du ihn teiltest", sagte sie. „Wenn du den Fisch aufgeteilt hättest, Diarmuid", sagte Muadhan, „hättest du Grania das beste Stück gegeben, und wenn Grania den Fisch geteilt hätte, hätte sie dir das beste Stück gegeben, und da ich ihn nun selbst aufteile, soll dir der größte Fisch gehören, Diarmuid, und Grania der zweitgrößte und ich selbst werde den kleinsten nehmen."

Sie verbrachten dort die Nacht. Diarmuid und Grania schliefen im hinteren Winkel der Höhle und Muadhan hielt Wache, bis der Tag anbrach und der Morgen im hellen Licht erstrahlte. Diarmuid stand früh auf und bat Grania, für Muadhan Wache zu halten. Er selbst wolle sich in der Gegend umsehen. So brach er auf, stieg auf einen Hügel in ihrer Nähe und schaute sich um, nach Osten und Westen, Norden und Süden.

Er war noch nicht lange dort, als er von Westen eine große Flotte von Schiffen kommen sah, die genau auf den Fuß des Hügels zusteuerte, auf dem er war. Und als sie an Land gegangen waren, kamen neunmal neun Kämpfer an die Küste. Diarmuid ging hinunter, begrüßte sie und fragte, aus welchem Land sie kämen. „Wir sind die drei Könige der Grünen Spitzenkämpfer von Muir-na-locht", sagten sie. „Finn, Sohn des Cumhal, sandte nach uns wegen eines Wilddiebs und Feindes, der sich vor ihm verborgen hält. Wir sind gekommen, um ihn aufzuhalten. Wir haben zweitausend gute Kämpfer. Jeder von uns nimmt es mit hundert Männern auf und außerdem", sagten sie, „haben wir drei Kampfhunde dabei, die kein Feuer verbrennen, kein Wasser ertränken und keine Waffe verletzen kann. Wir werden sie auf seine Fährte hetzen und binnen kurzer Zeit haben wir ihn. Nun sag uns, wer du bist. Hast du Nachricht vom Enkel des Duibhne?" „Gestern sah ich ihn", sagte Diarmuid. „Ich bin aber nur ein Kämpfer, der mit der Kraft seiner Hände und der Macht seines Schwerts durch die Welt zieht. Bei meinem Wort", sagte er, „ihr werdet Diarmuids Hand spüren, wenn ihr damit in Berührung kommt." „Bisher haben wir ihn aber noch nicht gefunden", sagten sie. „Wie heißt ihr?", fragte Diarmuid. „Dubh-chosach, der Schwarzfüßige, Fionn-chosach, der Weißfüßige, und Treun-chosach, der Starkfüßige", sagten sie. „Habt ihr Wein auf den Schiffen?", wollte Diarmuid wissen. „Ja", sagten sie. „Wenn ihr mir ein Fass bringen würdet", sagte Diarmuid, „dann zeige ich euch einen Trick." Sie schickten ihre Männer los, um ein Fass Wein zu holen, und als es da war, nahm es Diarmuid in beide Hände und trank daraus und die anderen tranken, was übrig blieb. Nun nahm Diarmuid das leere Fass, brachte es auf die Spitze des Hügels, stellte sich darauf und ließ es bis zum Fuß des steilen Hügels hinunterrollen. Dann brachte er das Fass wieder auf den Hügel hinauf, rollte es herunter und ging wieder hinauf. Dreimal führte er den Fremden diesen Trick vor. Sie aber sagten, dass er wohl noch keinen guten Trick gesehen habe, wenn er behaupte, das sei einer; und dabei stellte sich einer ihrer Männer auf das Fass. Doch Diarmuid schlug mit dem Fuß dagegen und der junge Mann fiel herunter, bevor es sich noch bewegte. Da kam es ins Rollen und zerschmetterte ihn. Noch einer stieg darauf und nach ihm noch ein weiterer. Schließlich waren fünfzig Männer tot, die Diarmuids Trick ausprobiert hatten. Diejenigen, die noch lebten, begaben sich in dieser Nacht auf ihre Schiffe zurück.

Diarmuid ging zu Grania zurück. Muadhan band das Haar und den Haken an den Zweig und fing drei Lachse. Sie nahmen ihr Mahl ein und Muadhan hielt auch in dieser Nacht Wache.

Am nächsten Tag stieg Diarmuid früh auf den Hügel und es dauerte nicht lange, bis er die drei Fremden kommen sah. Er fragte sie, ob sie noch mehr Tricks sehen wollten. Sie aber wollten lieber wissen, wo der Enkel des Duibhne sei. „Ich habe einen Mann getroffen, der ihn gestern gesehen hat", sagte Diarmuid. Dabei legte er seine Waffen und seine Kleider ab bis auf das Hemd, das er auf der Haut trug. Dann schlug er Crann Buidhe, den Speer des Manannan, mit der Spitze nach oben in die Erde. Er sprang leicht wie ein Vogel hoch, ließ sich auf der Spitze des Speers nieder und kam wieder herunter, ohne sich auch nur eine Wunde zugefügt zu haben. Da sagte ein junger Mann von den Grünen Spitzenkämpfern: „Nur ein Mann, der noch nie im Leben ein Kunststück gesehen hat, würde so etwas ein Kunststück nennen." Dann legte auch er seine Kleidung ab und sprang. Dabei kam er mit voller Wucht auf der Spitze des Speers auf. Sie ging durch sein Herz und er fiel zu Boden. Am nächsten Tag kam Diarmuid wieder, brachte zwei gegabelte Stöcke aus Holz mit und stellte sie aufrecht auf den Hügel. Dann legte er das Schwert des Angus Og, das Mor-alltach, das Große-Scharfe, auf den Rand zwischen den beiden Gabeln. Dann sprang er leichten Fußes darauf und ging dreimal über das Schwert vom Griff bis zur Spitze, kam herunter und fragte, ob sie auch dieses Kunststück könnten. „Das ist eine närrische Frage", sagte einer von ihnen. „Wenn in Irland ein Kunststück vollbracht wird, dann von einem unserer Leute." Dabei erhob er sich, um auf dem Schwert zu laufen; aber da geschah es, dass er mit voller Wucht auftraf und in zwei Hälften geteilt wurde.

Die anderen Spitzenkämpfer baten ihn dann, sein Schwert wegzunehmen, bevor noch mehr Männer ums Leben kämen. Und sie fragten ihn, ob er vom Enkel des Duibhne Nachricht hätte. „Ich habe einen Mann getroffen, der ihn heute gesehen hat", sagte Diarmuid. „Ich werde ihn heute Nacht nach ihm fragen."

Dann ging er zu Grania zurück. Muadhan fing ihnen drei Lachse für ihr Nachtmahl und hielt dann Wache. Früh am nächsten Morgen stand Diarmuid auf. Er legte seine Kampfkleidung an, durch die keine Waffe dringen konnte, und nahm Angus' Schwert, dem keiner entkommen konnte, an die linke Seite; dazu die beiden dick umwickelten Speere, Gae Buidhe und Gae Dearg, den Gelben und den Roten, die nie heilende Wunden schlagen konnten. Dann weckte er Grania und bat sie, auf Muadhan Acht zu geben. Er selbst wolle sich in der Gegend umsehen. Als er so kühn vor Grania stand, in den Kleidern von Zorn und Kampf, befiel sie große Furcht. Sie fragte ihn, was er vorhabe. „Nur für den Fall, dass ich meinen Feinden begegnen sollte, sehe ich so aus." Grania war beruhigt und Diarmuid zog aus gegen die Grünen Spitzenkämpfer.

Sie kamen an Land und fragten ihn nach dem Enkel des Duibhne. „Vor nicht allzu langer Zeit ist er mir begegnet", erwiderte Diarmuid. „Wenn das so ist, lass uns wissen, wo er jetzt ist. Dann bringen wir Finn seinen Kopf." „Das hieße ihn schlecht bewachen", sagte Diarmuid, „denn er steht mit Leib und Leben unter meinem Schutz und ich werde ihn nicht verraten." „Ist das wahr?", fragten sie. „So wahr ich hier stehe", antwortete Diarmuid. „Dann verlasse jetzt diesen Ort, Feind des Finn!", entgegneten sie. „Sonst bringen wir ihm deinen Kopf." „Ihr müsstet mir schon Fesseln anlegen, um an meinen Kopf zu kommen", erwiderte Diarmuid. Bei diesen Worten zog er sein Schwert, das Mor-alltach, aus der Scheide und verpasste dem, der ihm am nächsten stand, einen so heftigen Schlag, dass sein Kopf in zwei Hälften gespalten wurde. Dann griff er die ganze Truppe an und vernichtete einen nach dem anderen. Er schlug die wunderschön glänzenden Rüstungen der

Männer von Muir-na-locht entzwei. Kaum einer kam mit dem Leben davon und entging dem leidvollen Tod. Nur den drei Königen und ein paar Untergebenen gelang die Flucht. Nur sie erreichten die Schiffe und konnten von diesem Kampf berichten.

Unversehrt und wohlbehalten kehrte Diarmuid zu Grania und Muadhan zurück. Sie hießen ihn willkommen. Grania fragte ihn, ob er Nachricht von Finn und der Fianna habe. Er verneinte. Dann aßen sie zusammen und legten sich zur Ruhe.

Beim ersten Morgengrauen stand Diarmuid auf und ging zu dem Hügel zurück. Dort schlug er mit solcher Wucht auf seinen Schild, dass die ganze Küste dröhnte. Das hörte Dubh-chosach. Nun wollte er mit Diarmuid kämpfen und machte sich sogleich auf den Weg zur Küste. Wie Ringkämpfer gingen sie aufeinander los. Sie spannten Arme und Sehnen an, hielten sich fest umklammert und kämpften am Rand der Klippen wie wütende Bullen und tollkühne Falken. Doch zuletzt hob Diarmuid Dubh-chosach auf seine Schultern, warf ihn zu Boden und legte ihn auf der Stelle in Fesseln. Dann kamen nacheinander Fionn-chosach und Treun-chosach, um mit ihm zu kämpfen, doch Diarmuid besiegte auch sie, legte sie ebenso in Fesseln und drohte, ihnen den Kopf abzuschlagen. Doch dann hielt er es für eine schlimmere Strafe, sie liegen zu lassen, wie sie waren. „Denn euch kann keiner befreien“, sagte er und ließ sie zurück, erschöpft und voller Leid.

Am nächsten Morgen erzählte er Grania die ganze Geschichte von Anfang bis Ende, alles, was er mit den Fremden gemacht, und wie er am fünften Tag ihre Könige in Fesseln gelegt hatte. „Sie haben drei scharfe Hunde, die nur darauf warten, mich zu jagen“, sagte er. „Hast du den drei Königen denn nicht den Kopf abgeschlagen?“, fragte Grania. „Nein“, antwortete Diarmuid, „denn unter allen Helden Irlands gibt es nur vier, die ihre Fesseln lösen könnten, Oisin, Sohn des Finn, und Osgar, Sohn des Oisin, und Lugaidhs Sohn mit der Starken Hand und Conan, Sohn des

Morna. Und ich weiß wohl, keiner von ihnen wird es tun. Doch wie dem auch sei, Finn wird bald davon erfahren. Wir sollten lieber aus der Höhle verschwinden, bevor Finn mit seinen drei Hunden über uns herfällt."

Da verließen sie die Höhle und gingen zum Moor von Finnliath. Grania begann hinter den anderen zurückzufallen. Muadhan nahm sie auf den Rücken und trug sie bis zum großen Slieve Luachra. Dann setzte sich Diarmuid an das Ufer des Stroms, der mitten durch das Gebirge floss. Grania wusch ihre Hände und bat ihn um sein Messer, um sich die Nägel zu schneiden.

Die Fremden aber, alle die, die noch am Leben waren, kamen zu dem Hügel, wo ihre Anführer gefesselt lagen, und versuchten, sie zu befreien. Doch die Fesseln waren so beschaffen, dass sie sich bei jedem Griff nur noch fester zuzogen. Sie waren noch nicht lange dort, als eine Frau auf sie zukam, schnell wie eine Schwalbe oder ein Wiesel oder auch ein Windstoß, der über nackte Gipfel fegt. Sie fragte, wer denn dieses Gemetzel angerichtet habe. „Und wer bist du, die du das fragst?", wollten sie wissen. „Ich bin die Frau des Schwarzen Berges, die Botin Finns, des Sohnes des Cumhal", entgegnete sie. „Finn sandte mich aus, um euch zu suchen." „Wir haben keine Ahnung, wer das angerichtet hat", sagten sie, „aber wir können dir sagen, wie er ausgesehen hat. Jung war er und hatte dunkle Locken und rote Wangen. Das Schlimme ist, dass wir unseren Anführern nicht helfen können." „In welche Richtung ist der junge Mann gegangen?", fragte die Frau. „Es war schon Nacht", sagten sie, „wir wissen nicht, wohin er gegangen ist." „Ich schwöre euch", sagte sie, „das war Diarmuid. Bringt jetzt die Hunde her und setzt sie auf seine Spur. Ich hole Finn und die Fianna von Irland."

Sie ließen eine Druidin da, die bei den drei Spitzenkämpfern wachen sollte, holten die drei Hunde vom Schiff und setzten sie auf Diarmuids Spur. Sie folgten ihnen bis zur Höhle und fanden im

Inneren die Schlafstellen von Diarmuid und Grania. Dann wandten sie sich nach Westen, kamen zum Fluss Carrthach, zum Moor von Finnliath und immer weiter, bis sie am großen Slieve Luachra anlangten.

Diarmuid aber bemerkte, dass sie hinter ihm her waren, erst als er sie sah, mit ihren Fahnen aus glänzender Seide, den drei scharfen Hunden an der Spitze der Truppe und drei starken Spitzenkämpfern, die sie an der Kette führten. Und als er sie so kommen sah, war sein Herz voller Hass. Einer von ihnen trug einen grün gefärbten Umhang, der ihn von allen anderen abhob. Grania gab Diarmuids Messer zurück. „Es sieht so aus, als hättest du den jungen Mann im grünen Umhang nicht gerade in dein Herz geschlossen", sagte Diarmuid. „Das stimmt", antwortete Grania, „und es wäre besser, ich hätte bis zum heutigen Tag keinem einzigen Mann mein Herz geschenkt." Diarmuid steckte das Messer in die Scheide und ging weiter. Muadhan nahm Grania auf den Rücken und trug sie über den Berg.

Es dauerte nicht lange, bis einer der drei Hunde Diarmuids Spur aufgenommen hatte. Muadhan meinte, Diarmuid solle nun Grania folgen, er selbst wolle sich um den Hund kümmern. Dann drehte er sich um, nahm einen Welpen aus seiner Leibbinde und setzte ihn auf die flache Hand. Als der Welpe den Hund mit weit geöffnetem Maul auf sich zulaufen sah, richtete er sich auf und sprang von Muadhans Hand in den Rachen des Hundes, kam aus seiner Seite wieder zum Vorschein und brachte sein Herz mit. Dann hüpfte er wieder auf Muadhans Hand und ließ den Hund tot zurück.

Dann ging Muadhan Diarmuid und Grania nach. Er hob Grania wieder hoch und trug sie ein Stück Weges in den Berg. Dann wurde noch ein Hund hinter ihnen losgelassen und Diarmuid sagte zu Muadhan: „Ich habe oft gehört, dass es nichts gibt, was den Waffen der Druiden standhalten könnte, und dass kein Rachen eines wilden Tieres ihnen standhalten kann. Bleib du nun hier, bis ich den Gae Dearg, den Roten Speer, durch diesen Hund gestoßen habe." Da blieben Muadhan und Grania stehen, um dem Wurf zuzusehen. Diarmuid warf auf den Hund. Der Speer ging durch seinen Körper und trieb ihm die Eingeweide heraus. Diarmuid nahm daraufhin den Speer wieder an sich und sie gingen weiter.

Nicht lange danach wurde der dritte Hund losgelassen. Da sagte Grania: „Das ist der wildeste von allen, ich habe große Angst, sieh dich vor, Diarmuid." Es dauerte nicht lange, bis der Hund sie eingeholt hatte. Das war am Lic Dhubhain, dem Stein von Dubhan, auf dem Slieve Luachra: Mit einem leichten Sprung setzte er über Diarmuid hinweg, als ob er auf Grania losgehen wollte, doch Diarmuid fasste ihn bei den Hinterbeinen und schlug seinen Körper gegen den nächsten Felsen, bis sein Gehirn aus allen Höhlen seines Kopfes drang. Dann nahm Diarmuid Waffen und Kampfkleider, fuhr mit der Fingerspitze in die seidene Kordel des Gae Dearg und warf ihn auf den jungen Mann im grünen Umhang, der sofort tot war. Dann warf er auf den zweiten Mann und tötete ihn; und dem dritten erging es nicht anders. Und da es nicht der Brauch ist, weiterzukämpfen, wenn die Anführer gefallen sind, ergriffen die anderen Fremden die Flucht. Diarmuid folgte ihnen aber, tötete sie und trieb sie auseinander, und wenn nicht der eine oder andere über Felder, Wälder oder Flüsse davonkam, so gab es keinen mehr, der über das, was geschehen war, berichten konnte. Nur die Botin vom Schwarzen Berg blieb noch übrig. Sie war immer in der Nähe und sah, wie Diarmuid die Fremden niederstreckte.

Es dauerte nicht lange, bis sie zu Finn kam. Ihr Blick war müde, ihre Beine schwankten und ihre Stimme zitterte. „Ich habe euch nichts Gutes zu berichten", sagte sie. Und sie erzählte Finn die ganze Geschichte von Anfang bis zum Schluss. Sie berichtete, wie Diarmuid alles vernichtet hatte und wie er die drei todbringenden Hunde getötet hatte. „Ich selbst kam gerade noch mit dem Leben davon", sagte sie. „Wohin ging der Enkel des Duibhne?", fragte Finn. „Ich weiß es nicht", antwortete sie.

Als Finn erfahren hatte, dass die Könige der Grünen Spitzenkämpfer von Diarmuid in Fesseln gelegt worden waren, rief er seine Männer zu sich und schickte sie auf kürzestem Wege zu jenem Hügel. Und wie er sie so liegen sah, stieg ein quälender Schmerz in seinem Herzen auf. „Oisin", sagte er, „binde die drei Könige los. Tu es für mich." „Das kann ich nicht", erwiderte Oisin, „denn Diarmuid hat mich mit einem Bann belegt. Ich kann keinen Menschen aus Fesseln befreien, die er angelegt hat." „Dann versuche du es, Osgar", sagte Finn. „Ich gebe dir mein Wort", sagte Osgar, „eher könnte ich die Fesseln noch fester binden, als sie abnehmen." Conan konnte auch nicht helfen, ebenso wenig Lugaidhs Sohn. Und während sie sich noch miteinander berieten, starben die drei Könige unter den Qualen der Fesseln, die ihnen angelegt waren.

Finn ließ drei große Gräber für sie ausheben. Sie wurden mit einer Grabplatte bedeckt, über der ein Stein mit ihren Namen errichtet wurde. Müde und schweren Herzens kehrte Finn mit seinen Leuten nach Almhuin zurück.

Kapitel 4
Der Wald von Dubhros

Diarmuid, Grania und Muadhan aber gingen weiter durch Ui Chonaill Gabhra und bogen dann ab nach Ros-da-Shoileach. Als es Nacht wurde, erlegte Diarmuid ein wildes Reh und sie konnten sich an dem Fleisch satt essen. Sie tranken reines Wasser und legten sich dann zur Ruhe. Am nächsten Morgen stand Muadhan früh auf und verkündete Diarmuid, dass er sie nun verlassen werde. „Das ist nicht recht", entgegnete Diarmuid, „du hast alles bekommen, was ich dir versprochen habe, ohne jede Widerrede." Doch er konnte ihn nicht davon abbringen. Muadhan sagte ihnen Lebewohl und verließ sie auf der Stelle. Diarmuid und Grania blieben traurig und niedergeschlagen zurück.

Sie setzten ihre Reise fort und gingen Richtung Norden nach Slieve Echtge und von da aus nach Ui Fiachrach. Als sie dort ankamen, war Grania völlig erschöpft, doch sie sprach sich Mut zu und ging neben Diarmuid, bis sie zum Wald von Dubhros kamen.

In diesem Wald gab es einen wunderbaren Vogelbeerbaum. Wie er dort hinkam, ist eine eigene Geschichte:

Einmal stritten sich zwei Frauen der Tuatha de Danaan, Aine und Aoife, die Töchter des Manannan, des Sohnes des Lir. Aoife hatte sich in Lugaidhs Sohn verliebt und Aine in einen Mann ihres eigenen Volks. Jede von ihnen behauptete, ihr Mann sei der bessere Werfer. Das Ende vom Lied war, dass ein Wettspiel in der wunderbaren Ebene bei Loch Lein angesetzt wurde, in dem die Männer von Dea gegen die Fianna von Irland antreten sollten. Alle fanden sich ein: Die nobelsten und tapfersten Männer der Tuatha de Danaan waren da, die drei Garbhs von Slieve Mis, die drei Mases von Slieve Luachra, die drei blonden Murchadhs, die drei Eochaidhs von Aine, die drei Fionns vom Weißen Haus, die drei Sgals von Brugh na Boinne, die drei Ronans von Ath na Riogh, die Suirgheach Suairc, der Freundliche Werber von Lionan, der Mann der Süßen Worte von Boinn, Ilbrec der Vielfarbige, Sohn des Manannan, Neamhanach, Sohn des Angus Og, Bodb Dearg, Sohn des Dagda, und Manannan, Sohn des Lir. Drei Tage und drei Nächte fochten sie mit der Fianna dieses Spiel aus, von Leamhain bis ins Tal der Fleisg, das auch das Krumme Tal der Fianna genannt wird. Keiner von ihnen erzielte ein Tor. Als die Tuatha de Danaan sahen, dass es ihre Werfer so schwer hatten, hielten sie es für besser, das Spiel abzubrechen und zu gehen. Die Männer von Dea hatten aus dem Land der Verheißung purpurrote Nüsse, Äpfel und süß schmeckende Vogelbeeren mitgebracht. Als sie durch das Gebiet von Ui Fiachrach zogen, fiel eine Beere zu Boden, aus der dann ein Baum wuchs. In seinen Beeren aber war Heilkraft. Keine Krankheit und kein Leiden kam über den, der sie aß, sondern er spürte in ihnen die Lebenskraft des Weins und die wohltuende Stärke des Mets. Selbst Hundertjährige wurden bei ihrem Genuss wieder jung und junge Mädchen wuchsen zu strahlenden Schönheiten heran.

Einst geschah es, dass Boten der Tuatha de Danaan durch den Wald von Dubhros zogen. Auf einmal hörten sie Vögel singen und Bienen summen. Sie folgten diesen Lauten und sahen den wunderbaren Druidenbaum. Sie kehrten zurück und erzählten davon. Als die Obersten der Tuatha de Danaan das hörten, wussten sie gleich, dass der Baum aus einer Beere vom Land der Ewig Lebenden stammen musste. Sie befragten alle ihre Leute und erfuhren, dass ein junger Barde die Beere verloren hatte.

Da beschlossen sie, ihn auf die Suche nach einem Mann in Lochlann zu schicken, der den Baum tagsüber bewachen und nachts darin schlafen sollte. Die Frauen der Sidhe waren sehr betrübt, als er ging, denn kein Harfenspiel klang auch nur halb so süß wie sein Spiel auf dem Efeublatt. Er ging nach Lochlann, setzte sich auf eine Bank und fiel in tiefen Schlaf. Er schlief, bis die Sonne aufging, und als er erwachte, sah er einen riesigen Mann, der ihn fragte, wer er denn sei. „Ich bin ein Bote der Männer von Dea", antwortete er, „und ich suche einen starken Mann, der den Druidenbaum hier im Wald von Dubhros bewachen will. Vom Morgen bis zum Abend kann er dann von diesen Beeren essen." Als der große Mann die Beeren gekostet hatte, sagte er: „Für diese Beeren bewache ich den ganzen Wald."

Sein Name war Searbhan Lochlannach der Mürrische. Ganz schwarz und hässlich war er, hatte schiefe Zähne und nur ein Auge mitten auf der Stirn. Um den Hals trug er einen eisernen Kragen.

Man hatte ihm geweissagt, dass er nur durch drei Hiebe mit dem Eisenstab, den er selbst bei sich trug, sterben werde. Drei Nächte schlief er in dem Baum und drei Tage wachte er in seiner Nähe. Das ganze Gebiet um den Baum geriet zur Wildnis, denn die Fianna fürchteten sich vor ihm und keiner wagte, hier zu jagen.

Als aber Diarmuid zum Wald von Dubhros kam, ging er geradenwegs auf den Mürrischen zu. Er einigte sich mit ihm und erhielt seine Erlaubnis, dort zu jagen, solange er den Beeren nicht zu nahe kam. Im Wald baute er dann eine Hütte für sich und Grania.

Finn und seine Leute aber waren noch nicht lange in Almhuin, als sie fünfzig bewaffnete Männer herankommen sahen. Darunter waren zwei, die größer und stattlicher als die anderen waren. Finn fragte, ob jemand von seinen Leuten sie kenne. „Wir kennen sie nicht", antworteten sie, „aber vielleicht kennst du sie, Finn." „Nein", sagte er, „aber mir scheint, es sind Feinde von mir." Die Truppe der bewaffneten Männer kam zu ihnen und grüßte sie. „Ich bin Aonghus, Sohn von Art Og, einem der Kinder des Morna", sagte einer von ihnen, „und das ist Aodh, Sohn des Andela. Wir sind deine Feinde. Unsere Väter waren dabei, als dein Vater starb, und dafür mussten auch sie sterben. Wir sind gekommen, um mit dir Frieden zu schließen", sagten sie. „Wo wart ihr, als mein Vater getötet wurde?" „Wir waren noch nicht geboren", entgegneten sie. „Unsere Mütter stammen von den Tuatha de Danaan. Es ist jetzt an der Zeit, dass wir den Platz unseres Vaters in der Fianna einnehmen." „Das gestehe ich euch zu", sagte Finn, „aber erst müsst ihr euer Bußgeld für den Tod meines Vaters zahlen." „Wir haben weder Gold noch Silber, keine Güter und auch kein Vieh, das wir dir geben könnten, Finn", sagten sie. „Erlasse ihnen das Bußgeld, Finn", meinte Oisin, „der Tod ihres Vaters für den Tod deines Vaters muss genügen." „Ich denke, wenn ich getötet würde, Oisin", sagte Finn, „dann wäre es ein Leichtes zu bezahlen, was du forderst.

Keiner kommt in die Fianna, der mir nicht gibt, was ich zur Genugtuung meines Vaters verlange." „Was verlangst du, Finn?", fragte Aonghus, Sohn des Art Og. „Ich will den Kopf eines Spitzenkämpfers oder eine Hand voll Beeren vom Vogelbeerbaum in Dubhros." „Ich gebe euch den guten Rat, Kinder des Morna", sagte Oisin, „geht dahin zurück, wo ihr aufgewachsen seid und bittet Finn nie wieder um Frieden, solange ihr lebt. Denn was er verlangt, könnt ihr nicht einlösen. Wisst ihr, um welchen Kopf er euch bittet?" „Nein", antworteten sie. „Um den Kopf von Diarmuid, Enkel des Duibhne. Und wenn ihr zweitausend starke Männer hättet, könntet ihr den Kopf von Diarmuid nicht gewinnen." „Und wie ist es mit den Beeren, die Finn von uns will?" „Nichts ist schwieriger, als an die Beeren zu kommen", erwiderte Oisin.

Er erzählte ihnen die ganze Geschichte von dem Baum und von Searbhan dem Mürrischen aus Lochlann, der ihn im Auftrag der Tuatha de Danaan bewachte. Da aber sagte Aodh, Sohn des Andela, dass er lieber auf der Suche nach den Beeren sterben, als jemals wieder in das Land seiner Mutter heimkehren wolle. Er bat Oisin, bis zu seiner Rückkehr für seine Leute zu sorgen oder sie ins Land der Verheißung zurückzuschicken, sollte ihm und seinem Bruder etwas zustoßen. Sie verabschiedeten sich von Oisin und den Führern der Fianna und machten sich auf den Weg nach Dubhros. Sie gingen den Wald entlang, bis sie den Weg entdeckten, der bis zur Tür von Diarmuids und Granias Jagdhütte führte.

Diarmuid hörte sie kommen. Er nahm seine Waffen und fragte, wer an der Tür sei. „Wir stammen von den Kindern des Morna", antworteten sie, „Aodh, Sohn des Andela, und Aonghus, Sohn des Art Og." „Was führt euch in diesen Wald?", fragte Diarmuid. „Finn, Sohn des Cumhal, will deinen Kopf, wenn du Diarmuid, Enkel des Duibhne, bist", sagten sie. „Das bin ich", sagte Diarmuid. „Wenn das so ist", sagten sie, „dann will Finn zur Genugtuung für den Tod seines Vaters nichts anderes als deinen Kopf oder eine Hand voll Beeren vom Vogelbeerbaum in Dubhros." „Weder das eine noch das andere wird euch leicht fallen", entgegnete Diarmuid. „Es ist ein Jammer für jeden, der unter der Macht dieses Mannes steht. Außerdem weiß ich, dass er selbst euren Vater getötet hat. Mehr Genugtuung kann er nicht verlangen. Vermutlich könnt ihr ihm bringen, was ihr wollt, er wird mit euch keinen Frieden schließen." „Genügt es dir nicht", sagten sie, „dass du ihm seine Frau genommen hast? Musst du auch noch schlecht über ihn reden?" „Darum geht es mir nicht", erwiderte Diarmuid. „Ich will euch nur aus der Gefahr retten, in die er euch gebracht hat."

„Was hat es denn mit den Beeren auf sich, um die Finn bittet und an die man nicht kommt?", fragte Grania. Diarmuid erzählte ihr die ganze Geschichte von der Beere, die die Tuatha de Danaan verloren hatten, von dem Baum, der aus ihr wuchs und von dem Mann aus Lochlann, der sie bewachte. „Zu der Zeit, als Finn mein Feind wurde und ich mich vor ihm verstecken musste", sagte er, „erlaubte mir der Mürrische zu jagen, aber ich durfte nie in die Nähe der Beeren kommen. Und nun, Söhne des Morna", sagte er, „habt ihr die Wahl, mit mir um meinen Kopf zu kämpfen oder den Mürrischen um die Beeren zu bitten." „Beim Blut meines Volkes schwöre ich", sagte ein jeder von ihnen, „dass ich zuerst mit dir kämpfen werde."

Sie machten sich bereit und beschlossen, nur mit ihren Händen zu kämpfen. Diarmuid warf sie nieder und fesselte sie auf der Stelle. „Das war ein guter Kampf", sagte Grania. „Aber bei meinem Wort, wenn auch die Kinder des Morna jetzt nicht mehr nach den Beeren suchen, ich werde nicht eher ruhen, bis ich welche bekommen habe. Ich sterbe, wenn das nicht geschieht." „Bring mich nicht dazu, mein Wort zu brechen", sagte Diarmuid. „Der Mürrische wird sie mir nicht geben." „Binde uns los!", sagten die zwei jungen Männer. „Wir gehen mit dir und werden in deinem Namen kämpfen." „Das braucht ihr nicht", sagte Diarmuid. „Beim Anblick des

Schrecklichen würdet ihr wahrscheinlich tot umfallen." „Tu uns den Gefallen", sagten sie, „und löse unsere Fesseln. Lass uns in den Kampf ziehen, bevor du uns die Köpfe abschlägst." Diarmuid erfüllte ihnen diesen Wunsch.

Dann ging er zu dem Mürrischen und fand ihn in tiefem Schlaf. Er stieß ihn mit dem Fuß an. Der Mürrische hob seinen Kopf, schaute ihn an und sagte: „Willst du unseren Frieden brechen, Enkel des Duibhne?" „Das ist nicht meine Absicht", antwortete Diarmuid, „aber Grania, die Tochter des Hohen Königs, verlangt nach den Beeren und ich bitte dich, mir eine Hand voll zu geben." „Ich gebe dir mein Wort", entgegnete er, „selbst wenn sie sterben sollte, wird sie nie auch nur eine Beere zu sehen bekommen." „Ich will ehrlich sein", sagte Diarmuid, „ob es dir passt oder nicht, ich werde mir diese Beeren holen." Als der Mürrische das hörte, sprang er auf, schwang seinen eisernen Stab und verpasste Diarmuid drei schwere Schläge, die aber mehr seinen Schild trafen als ihn selbst. Diarmuid warf seine Waffen weg, und als der Mürrische nur einen Augenblick nicht aufpasste, sprang er auf ihn und griff sich den Stab mit beiden Händen. Dann versetzte er ihm drei so wuchtige Schläge, dass ihm das Hirn aus dem Kopf quoll. Die beiden jungen Männer aus dem Stamm des Morna sahen dem Kampf zu, und als der Mürrische tot war, kamen sie hervor. Diarmuid setzte sich, denn der Kampf hatte ihn sehr erschöpft. Er bat die jungen Männer, den Leichnam im Dickicht zu begraben, weil er Grania diesen Anblick ersparen wollte. „Und dann", sagte er, „geht und bringt sie her!" Also schleppten sie den Leichnam weg und begruben ihn. Dann holten sie Grania.

„Hier sind die Beeren, nach denen du verlangst, Grania", sagte Diarmuid. „Nimm dir so viel du willst." „Bei meinem Wort", antwortete Grania, „ich werde nur die Beeren essen, die du für mich pflückst, Diarmuid." Da erhob sich Diarmuid und pflückte Beeren für Grania und für die Kinder des Morna und sie aßen sich satt.

Dann sprach er zu den jungen Männern: „Nehmt so viele Beeren, wie ihr könnt, und bringt sie zu Finn. Sagt ihm, ihr hättet den Mürrischen von Lochlann zu Tode gebracht." „Wir geben dir unser Wort", antworteten sie, „keine einzige Beere geben wir ihm gern."

Doch Diarmuid pflückte ihnen viele Beeren. Sie dankten ihm für alles und gingen dann zu Finn und der Fianna zurück. Diarmuid und Grania stiegen auf die Spitze des Baumes, wo vorher der Mürrische geschlafen hatte. Die Beeren über ihnen erschienen ihnen noch viel süßer als die, die unter ihnen wuchsen. Als die zwei jungen Männer zu Finn kamen, fragte er sie, was sie Neues wüssten. „Wir haben den Mürrischen von Lochlann getötet", sagten sie, „und dir Beeren vom Vogelbeerbaum von Dubhros gebracht, um den Tod deines Vaters zu sühnen und mit dir Frieden zu schließen." Dann legten sie die Beeren in Finns Hand. Er erkannte sie und sagte zu den jungen Männern: „Ich sage euch eines: Diarmuid selbst hat diese Beeren gepflückt. Ich kenne den Geruch seiner Hand. Und ich weiß sehr wohl, dass er den Mürrischen getötet hat. Jetzt werde ich selbst gehen und nachsehen, ob er noch am Leben ist, da oben am Vogelbeerbaum."

Er rief die sieben Bataillone der Fianna zusammen und machte sich auf den Weg nach Dubhros. Sie folgten der Spur Diarmuids bis zum Fuße des Vogelbeerbaums, und da er unbewacht war, aßen sie von den Beeren. An diesem Tag schien die Sonne heiß auf sie herab und Finn meinte, sie sollten hier rasten, bis die größte Hitze wieder vorbei sei. „Ich weiß sehr wohl", sagte er, „dass Diarmuid dort oben auf dem Baum sitzt." „Aus dir spricht die Eifersucht, Finn", sagte Oisin. „Wie kannst du annehmen, Diarmuid würde auf dem Baum bleiben, wenn er weiß, dass du ihn töten willst?"

Finn bat dann um ein Schachbrett und sprach zu Oisin: „Ich würde jetzt gern mit dir spielen." Sie setzten sich, Oisin, Osgar, Lugaidhs Sohn und Diorraing an einer Seite des Bretts, Finn an der anderen. Sie spielten gekonnt und mit ganzem Einsatz. Finn trieb

Oisin derart in die Enge, dass er nur noch einen Zug hatte. „Mit dem einen Zug könntest du das Spiel noch gewinnen, Oisin", sagte er. „Ich rate aber keinem, dir zu sagen, wie es geht." Diarmuid, der oben im Baum saß, sagte leise, so dass es nur Grania hören konnte: „Es ist ein Jammer, dass ich dir diesen Zug nicht zeigen kann. Du sitzt ganz schön in der Falle." „Das trifft für dich noch mehr zu", meinte Grania, „du im Bett des Mürrischen auf der Krone des Vogelbeerbaums, um den sieben Bataillone der Fianna stehen, die dir nach dem Leben trachten." Doch Diarmuid nahm eine Beere und zielte auf die Schachfigur, die das Spiel wenden konnte. Oisin bewegte die Figur und entschied das Spiel zu seinen Gunsten. Beim zweiten Spiel ging es genauso. Diarmuid warf eine Beere auf die Figur, Oisin zog und gewann gegen Finn. Und als Oisin auch das dritte Spiel mit Hilfe der Beere gewann, jubelte die Fianna laut auf. Da sagte Finn: „Es erstaunt mich nicht, dass du gewinnst, Oisin. Osgar hilft dir, Diorraing passt auf, Lugaidhs Sohn denkt mit und der Enkel des Duibhne weist dich an." „Aus dir spricht große Eifersucht, Finn", sagte Osgar, „wenn du glaubst, Diarmuid sei noch auf dem Baum, während du ihm so nahe bist." „Wer von uns hat recht, Diarmuid, Enkel des Duibhne", rief Finn, „Osgar oder ich?" „Du hast deine Gabe, die Dinge richtig einzuschätzen, offenbar nicht eingebüßt, Finn", gab Diarmuid da zur Antwort. „Grania und ich sind hier, im Bett des Mürrischen von Lochlann." Dann stand er auf und vor Finn und der ganzen Fianna küsste er Grania dreimal. Finn wurde rasend vor Eifersucht und gleichzeitig überkam ihn eine namenlose Schwäche, als er das mit ansehen musste. „Es war schon schlimm genug, Diarmuid", sagte er, „dass du Grania von Teamhair weggebracht hast, gerade in der Nacht, als du zu meinem Schutz da sein solltest. Für diese drei Küsse aber wirst du deinen Kopf verlieren."

Finn rief vierhundert seiner Söldner, die Diarmuid töten sollten. Arm an Arm mussten sie um den Baum eine Kette bilden und Finn drohte ihnen an, dass sie alle ihr Leben verlieren würden, wenn Diarmuid durchbrechen könnte. Wer ihn dagegen zur Strecke brächte, der sollte seine Waffen und Rüstung erhalten und in die Fianna von Irland aufgenommen werden. Da rief Garbh von Slieve Cua, einer aus der Fianna, dass Diarmuid seinen Vater getötet habe und dass er ihn nun rächen werde. Mit diesen Worten stieg er auf den Baum.

Zu dieser Zeit nun erfuhr auch Angus Og in Brugh na Boinne, dass Diarmuid in Gefahr war, und ohne Wissen der Fianna eilte er ihm zu Hilfe. Als Garbh von Slieve Cua den Baum hinaufkletterte, versetzte ihm Diarmuid einen Stoß mit dem Fuß, so dass er hinunterfiel und inmitten der Söldner landete. Sie schlugen ihm den Kopf ab, denn Angus Og hatte ihn verzaubert und ihm Diarmuids Aussehen verliehen. Nachdem er tot war, nahm er jedoch wieder seine eigene Gestalt an und die Fianna musste erkennen, dass sie Garbh getötet hatte.

Da rief Garbhs Sohn, dass Diarmuid seinen Vater getötet habe und dass er ihn rächen werde, und die ganze Geschichte wiederholte sich. Zu guter Letzt versuchten alle neun Söhne des Garbh, Diarmuid das Leben zu nehmen und verloren dabei ihr eigenes. Alle sahen sie aus wie Diarmuid, als sie starben. Finn war darüber sehr traurig und verlor jeglichen Mut.

Angus wollte dann Grania fortbringen. „Tu das", sagte Diarmuid, „und wenn ich heute Abend noch am Leben bin, folge ich euch." Angus sagte ihm Lebwohl, nahm Grania unter seinen Druidenmantel und, ohne von Finn und der Fianna erkannt zu werden, ging er mit ihr nach Brugh na Boinne.

Dann sprach Diarmuid, Enkel des Duibhne: „Ich komme jetzt zu euch herunter und ich bringe Tod und Verderben über dich, Finn, und die Fianna. Denn ich bin mir sicher, ihr werdet mir keine Ruhe gönnen, bis ihr mich getötet habt. Und dieser Gefahr kann ich nirgends entgehen, denn ich habe an keinem Ort dieser großen

Welt einen Freund oder Kameraden, der mich schützen würde. Dazu habe ich viel zu oft schon für euch gegen die Männer dieser großen Welt gekämpft. Weder Kampf noch Krieg, weder Gefahr noch Leid habe ich um euretwillen gescheut. Und nicht nur das. Ich habe an vorderster Front gekämpft und euch auch Rückendeckung verschafft. Und ich gebe dir mein Wort, Finn", sagte er, „du musst teuer für mich bezahlen. Du bekommst mich nicht als Gastgeschenk." „Es ist wahr, was Diarmuid sagt", meinte Osgar, „vergib ihm jetzt und schließt Frieden." „Niemals", entgegnete Finn, „nicht bis ans Ende meiner Tage. Er wird nicht in Ruhe und Frieden leben, bis ich Genugtuung habe für alles, was er mir angetan hat." „Es ist eine große Schande, wenn du so sprichst, und nichts anderes als ein Beweis deiner Eifersucht", sagte Osgar. „Ich gebe dir mein Wort als treuer Kämpfer, wenn nicht der Himmel über mir zusammenbricht und die Erde sich unter meinen Füßen auftut, werde ich nicht zulassen, dass du oder irgendeiner aus der Fianna ihn anrührt. Ich stelle Leib und Leben Diarmuids unter meinen Schutz und er wird vor allen Männern Irlands sicher sein."

„Das sind große Worte, Osgar", sagte da Goll, „wenn du meinst, du könntest ihn da herausholen gegen den Willen aller Männer Irlands." „Du jedenfalls wirst sie sicher nicht gegen mich aufbringen", erwiderte Osgar, „denn was du sagst, kümmert keinen Einzigen von ihnen." „Wenn du so mit mir sprichst, größter Kämpfer aller Zeiten", sagte Goll, „dann zeige uns doch, was du kannst." „Den Kampf, der jetzt auf dich zukommt, hast du dir selbst zuzuschreiben", sagte Corrioll, Sohn des Goll, mit lauter Stimme. Osgar antwortete heftig: „Wenn das so ist, dann breche ich dir und deinem Vater alle Knochen. Komm jetzt herunter, Diarmuid", sagte er, „denn Finn hat nicht vor, dich in Frieden leben zu lassen. Ich aber verspreche dir bei meinem Leben, dass dir heute kein Leid geschieht."

Da stellte sich Diarmuid auf einen hohen Ast, umfasste den

Schaft seines Speeres, sprang hoch und landete weit entfernt von Finn und der Fianna im Gras. Er und Osgar gingen aufeinander zu, obwohl sich die Fianna zwischen sie stellten. Diarmuid schlug alle nieder, die ihm in den Weg traten, und unter Osgars Speeren stob die Fianna auseinander und wie der Wind, der durch das Tal fegt, tönte sein Wurf oder wie das Wasser, das über die Steine rauscht. Und Conan, der immer voller Bitterkeit war, sagte: „Sollen sich die Söhne des Baiscne doch die Köpfe einschlagen." Aber als Finn sah, dass Diarmuid fort war, befahl er ihnen den Kampf einzustellen und mit ihm nach Almhuin zurückzukehren.

Er sandte die Männer, für die noch Hoffnung bestand, zu den Heilern und für die neun Garbhs und die anderen Toten ließ er große Gräber ausheben. Müde, niedergeschlagen und voll des Leids war er dann. Doch er schwor, dass er nicht ruhen werde, bis er sich an Diarmuid für all das gerächt hätte.

Kapitel 5
Der Streit

Osgar und Diarmuid aber gingen unversehrt und wohlbehalten weiter nach Brugh na Boinne, wo sich Angus und Grania aufhielten. Überschwänglich wurden sie begrüßt und Diarmuid erzählte die ganze Geschichte von Anfang bis zum Ende. Grania wäre fast gestorben, als sie hörte, was er alles erlitten hatte. Dann machten sich Diarmuid und Grania wieder auf den Weg. Sie gingen immer weiter und erreichten schließlich eine Höhle nahe am Meer.

Eines Nachts kam ein heftiger Sturm auf und sie zogen sich in den hinteren Teil der Höhle zurück. Diese Nacht war an sich schon übel genug, aber es kam noch schlimmer. Ciach der Wilde, einer von den Fomor, kam in einem Boot mit zwei Rudern über das westliche Meer und schob das Boot zum Schutz gegen den Sturm in die Höhle. Diarmuid hieß ihn willkommen. Sie setzten sich und spielten zusammen Schach. Ciach gewann das Spiel und als Preis wollte er Grania zur Frau. Er umklammerte sie mit seinen Armen, als ob er sie gleich wegbringen wollte. Da sagte Grania: „Seit langer Zeit bin ich mit dem Mann unterwegs, der in der Fianna den dritten Rang einnimmt, aber so nahe ist er mir noch nie gekommen." Diarmuid nahm sein Schwert und wollte Ciach töten. Da packte Grania die Wut, sie nahm ein Messer und rammte es in Diarmuids Oberschenkel. Diarmuid tötete den Fomor, sprach kein Wort zu Grania und rannte auf und davon.

Grania lief hinter ihm her und rief nach ihm, aber er war voller Zorn und gab keine Antwort. Endlich, als schon der Morgen graute, hatte sie ihn eingeholt. Da hörten sie den Schrei eines Reihers und sie fragte ihn, warum er geschrien habe. „Sag es mir, Enkel des Duibhne, dem ich meine Liebe gab." Und Diarmuid antwortete: „O Grania, Tochter des Hohen Königs, Frau, die du wohl nie einen Schritt zu viel getan hast, er hat geschrien, weil es ihn fror durch Mark und Bein."

Da bat ihn Grania um Vergebung, er aber machte ihr Vorhaltungen: „O Grania mit dem wunderschönen Haar, wenn du auch schöner bist als ein blühender Baum, so vergeht doch deine Liebe schneller als eine eisige Wolke im Morgengrauen. Du verlangst viel von mir", sagte er. „Deine Worte waren mein Schaden. Du hast mich aus dem Hause meines Herrn getrieben, der mich verbannt hat bis zum heutigen Tag. Jetzt irre ich sorgenschwer durch die Nacht, ständig nach Freude fiebernd."

> „Ich bin wie ein wildes Reh, eine streunende Bestie, die weite Täler durchstreift. Wie groß ist mein Sehnen nach meinen Artgenossen.
> Ich habe mein Volk verlassen, das mir lichter schien als Kalk und

Schnee, großzügig wie die hohe Sonne über uns. Nun folgt es mir voller Zorn an jeden Hafen und an jede Küste.
Ich habe mein Volk verloren durch dich, meinen Herrn, meine großen Schiffe, die jedes Meer bezwangen. Ich habe mein Gold und Silber verloren. Hunger habe ich, seit du mich liebst.
Ich habe Land und Leute verloren, meine Männer, die mir dienten. Meine Ruhe ist dahin und meine Liebe auch. Die Männer Irlands habe ich verloren und die Fianna, ganz und gar.
Ich habe die Freude und die Musik verloren, Recht und Ehrbarkeit sind dahin. Die Fianna von Irland, meine Familie, gab ich auf für deine Liebe.
O Grania, so weiß wie Schnee, du hättest mich besser hassen und das Oberhaupt der Fianna lieben sollen."

Da sagte Grania: „O Diarmuid mit dem Gesicht wie Schnee, der Klang deiner Stimme war mir lieber als alle Reichtümer Finns. Deine blauen Augen liebte ich mehr als seine Macht, sein Gold und sein Schloss. Das Liebesmal auf deiner Stirn betörte mich mehr als Honig in Strömen. Sein Anblick ließ mich den König von Irland und die Seinen vergessen. Mein Herz erlag deiner erhabenen Schönheit. Bei dir zu sein heißt, mein ganzes Leben auf einmal zu spüren. O Diarmuid mit den schönen Händen, sei mir wieder gut, wie du mir zuvor gut warst. Ich trage die Schuld an allem, ich ganz allein. Versprich mir, dass du mich nicht verlässt." Doch Diarmuid gab ihr zur Antwort: „Wie kann ich dir wieder gut sein? Du bist mit Worten schnell bei der Hand. An einem Tag gibst du Finn auf und am nächsten mich. Und das ist deine Wahrheit. Du hast mich von Finn getrennt und ich fiel in Kummer und Leid. Dann hast du dich von mir getrennt, als ich dich so sehr liebte." Da sagte Grania: „Verlasse mich nicht. Meine Liebe zu dir wächst wie ein frischer Zweig in der gütigen Wärme eines Sonnentags." Aber Diarmuid gab nicht nach: „Du hast der Worte viele und du hast mir Kummer und Leid gebracht. Ich bin mit dir gegangen und du hast mich um dieses Mannes der Fomor willen angegriffen."

Sie kamen wieder zu der Höhle am Wasser zurück und hielten an, um sich auszuruhen. Grania fragte: „Möchtest du jetzt Brot und Fleisch, Diarmuid?" „Ich hätte wahrlich nichts dagegen", antwortete er. „Gib mir ein Messer", sagte sie. „Suche nach dem Messer in der Scheide, du hast es doch selbst verwahrt", entgegnete Diarmuid. Da sah sie, dass das Messer noch immer in seinem Schenkel steckte. Sie zog es heraus und schämte sich wie noch nie in ihrem ganzen Leben.

Sie blieben in der Höhle. Als sie am nächsten Tag weiterzogen, ließ Diarmuid kein ungebrochenes Brot wie sonst zurück, um Finn zu zeigen, dass er ihm die Treue hielt. Dieses Mal war das Brot gebrochen.

Kapitel 6
Die Wanderschaft

Sie zogen durch ganz Irland und mussten sich immer wieder vor Finn verbergen. Sie schliefen unter Steinhaufen und manchmal auch ohne jeglichen Schutz. Nirgendwo wagten sie länger zu bleiben. Wohin sie auch gingen, Finn war ihnen auf der Spur, denn durch die Gabe der Weissagung wusste er immer schon, wo sie waren. Einmal aber glaubte er, sie seien in den Bergen, denn in seiner Vorsehung sah er sie auf einer Heide liegen. Sie aber lagen am Strand und schliefen auf Heidekraut. Diarmuid hatte es aus den Bergen geholt und ihnen ein Bett daraus gemacht. Finn suchte jeden Hügel ab, konnte sie aber nicht finden.

Grania hielt Wache, während Diarmuid schlief. Sie sang ihm immer dieses Schlaflied:

„Schlafe Diarmuid, Enkel des Duibhne, schlafe eine Weile, nur eine Weile. Du musst dich nicht fürchten. Schlafe wohl, du, dem ich meine Liebe geschenkt habe.

Ich werde dich bewachen, Enkel des stattlichen Duibhne, schlafe neben dem Brunnen auf dem grünen Feld. Ich segne dich, mein Lamm über dem Wasser des Sees und den Ufern der gewaltigen Ströme.

Dein Schlaf sei so tief wie der Schlaf im Süden, als Dididach, der hohe Dichter, Moranns Tochter holte trotz allen Widerstands, den Conall leistete.

Dein Schlaf sei so tief wie der Schlaf im Norden, als der schöne Fionnchadh von Ess Ruadh kühn sich Slaine nahm trotz des Widerstands, den Failbhe der Hartnäckige leistete.

Dein Schlaf sei so tief wie der Schlaf im Westen, als sich Aine, Tochter des Gailian, eines Nachts mit Dubhthach von Doirinis im Licht der Fackeln auf den Weg machte.

Dein Schlaf sei so tief wie der Schlaf im Osten, als sich Deaghadh, der stolze, kühne Kämpfer, Coincheann, Tochter des Binn, nahm trotz allen Widerstands, den der wilde Decheall von Duibhreann leistete.

O du mein Held der westlichen Länder, dich nicht jeden Tag zu sehen würde mir das Herz brechen. Wenn man uns trennen wollte, so wäre das, als würde man Geschwister auseinander reißen oder Leib und Leben scheiden. O Diarmuid, Held des hellen Sees von Carman.“

Um ihn zu wecken, sang sie ihm ein anderes Lied, das folgendermaßen lautete:

„Sie hetzen Caoinche auf deine Spur. Caoinche läuft schnell, lass ihn dich nicht töten. Schlaf nicht ewig.

Der Hirsch im Osten ist wach. Auch wenn er im Wald der Am-

seln ist, denkt er nicht an Schlaf. Die Hirschkuh ist wach. Sie
läuft durch das Gebüsch und ruft nach ihrem gefleckten Kalb.
Der Kuckuck ist wach, die Drossel ist wach, rege wiegen sich
schon die Wipfel der Bäume. Die Ente ist wach und schickt sich
an zu schwimmen, keine Ruhe kennt die Lerche im stürmischen
Moor. Süß klingt ihr Lied am Fluss."

Einmal waren sie in einer Höhle bei Beinn Edair. Eine alte Frau
lebte dort, die ihnen freundlich gesinnt war und für sie Wache
hielt. Eines Tages stieg sie auf den Gipfel des Beinn Edair. Ein
Mann, der Waffen trug, kam auf sie zu. Sie kannte ihn nicht und
wusste nicht, dass es Finn war. Als er bei ihr war, fragte sie ihn, was
er hier wolle. „Ich suche eine Frau und die Liebe dieser Frau. Wirst
du alles für mich tun, worum ich dich bitte?" „Ja", antwortete sie,
denn sie dachte, er würde sie selbst zur Frau wollen. „Dann sage
mir", fuhr er fort, „wo Diarmuid ist, der Enkel des Duibhne?" Da
erzählte sie ihm, wo er sich versteckt hielt. Finn bat sie, Diarmuid
in der Höhle festzuhalten, bis er mit seiner Männern wiederkäme.
   Die alte Frau machte sich auf den Rückweg. Dabei tauchte sie
ihren Umhang ins Meer. Als sie wieder in der Höhle war, fragte
Diarmuid, warum der Umhang so nass sei. „Bis auf den heutigen
Tag", sagte sie, „wusste ich nicht, was Sturm und Kälte sind. Jetzt
liegt Frost auf allen Hügeln. Flüsse rauschen durch die Klippen, wo
einstmals sanfte Täler lagen. In ganz Irland findet kein Hirsch und
kein Vogel Schutz." Dann schüttelte sie ihren nassen Umhang aus
und stimmte ein Klagelied auf die Kälte an:

„Kalt, kalt, kalt liegt die weite Ebene von Lurg. Höher als die
Berge türmt sich der Schnee. Das Wild muss darben.
Kälte für immer, Sturm über allem. Jede Furche wird zum Fluss,
jeder Fluss zum Strom, jeder Strom zum See. Weder Mann noch
Pferd erreichen das Ufer.

Die Fische von Inisfail treiben auseinander. Kein Strand, kein Gitter gebietet den Wellen Einhalt. Keine Herberge bietet das Land. Stumm bleiben die Glocken, der Ruf des Kranichs verhallt.

Nicht Ruhe noch Schlaf finden die Hunde im Wald von Cuan, kein Nest die Zaunkönige an den Hängen von Lon. Eisig und scharf weht der Wind über die kleine Gesellschaft der Vögel. Vergebens sucht die Amsel Zuflucht in den Wäldern von Cuan. Immer hängt nun der Topf über dem Feuer. Geborsten ist die Hütte am Hang von Lon. Glatt wird das Holz durch den Schnee, kaum ist das Kliff von Bennait Bo zu erklimmen. Hart setzt der bittere Wind dem alten Vogel von Glen Ride zu. Eis hat er im Schnabel, groß ist sein Leid.

Sieh dich vor, bleib im Schutz der Höhle, verlasse sie nicht, sieh dich gut vor. Eis türmt sich über jedem Fluss. Und so sage ich ,Kälte' und immer wieder ,Kälte'."

Dann ging die alte Frau hinaus. Als sie weg war, nahm Grania den Umhang, den sie zurückgelassen hatte, roch und leckte mit ihrer Zunge daran. Er schmeckte nach Salzwasser. „O weh, Diarmuid", rief sie, „die Alte hat uns verraten. Steh auf und zieh dein Kampfkleid an!"

Das tat Diarmuid und verließ dann mit Grania die Höhle. Kaum waren sie draußen, als sie auch schon Finn und die Fianna von Irland kommen sahen. Diarmuid blickte sich um und entdeckte ein kleines Boot, das geschützt im Hafen lag. Sie liefen darauf zu. Auf dem Boot wartete schon ein Mann, der wunderschöne Kleider und einen goldgelben Umhang mit Stickereien über den Schultern trug. Da erkannten sie Angus. Wieder war er gekommen, um ihnen zu helfen, vor Finn zu fliehen. Sie fuhren zusammen nach Brugh na Boinne und auch Osgar kam dorthin.

Kapitel 7
Kampf und Frieden

Nach einiger Zeit befahl Finn seinen Leuten, sein Schiff fertig zu machen und reichlich mit Vorräten zu beladen. Dann ging er mit tausend Männern an Bord. Neun Tage segelten und ruderten sie, bis sie den Hafen im Norden Albans erreichten. Dort vertäuten sie das Schiff an einem Pfosten. Mit fünf Männern ging Finn zur Burg des Königs von Alban. Er schlug an das Tor. Der Torwächter fragte, wer da sei. „Finn, Sohn des Cumhal", war die Antwort. „Lasst ihn herein", sagte der König. Dann hieß er Finn und seine Leute willkommen. Finn bat er sogar, auf seinem Thron Platz zu nehmen. Man reichte ihnen starke, wunderbare Weine und der König ließ nach den Männern schicken, die noch auf dem Schiff waren.

Dann verriet ihm Finn den Grund seines Kommens. Wegen Diarmuid, Enkel des Duibhne, sei er da und bitte um des Königs Rat und Beistand. „Du tust recht daran, wenn du mir hilfst", sagte Finn. „Schließlich hat Diarmuid deinen Vater und deine beiden Brüder getötet und viele deiner besten Männer." „Das ist wahr", gab der König zur Antwort. „Daher werde ich meine eigenen Söhne mit dir schicken und zweitausend Männer dazu." Finn freute sich, das zu hören. Er nahm Abschied vom König und seinem Gefolge, wünschte ihnen Gesundheit und ein langes Leben und der König gab die guten Wünsche zurück.

In der Nähe von Brugh na Boinne ging Finn mit seinen Leuten an Land und sandte Boten zu Angus' Haus. Sie forderten Diarmuid, Enkel des Duibhne, zum Kampf heraus. „Was soll ich tun, Osgar?", fragte Diarmuid. „Wir gehen beide hinaus und stellen uns und alle werden wir töten. Keinem Einzigen wird die Flucht gelingen."

Am Morgen des nächsten Tages standen sie auf und hüllten ihre stattlichen Körper in Kampfkleider. Jeder konnte einem Leid tun, der diesen beiden Männern und ihrem Zorn gegenübertreten musste. Sie banden die Gürtel ihrer Schilde zusammen, um nicht im Kampf getrennt zu werden. Als Erste wollten die Söhne des Königs von Alban mit ihren Männern gegen sie antreten. An der Küste stürmten sie los. Doch Diarmuid und Osgar lieferten ihnen ein hitziges Gefecht und schlugen sie zurück. Groß war das Gemetzel und noch größer ihre Angst. Sie liefen davon und am Ende gab es keinen einzigen Mann, der den beiden noch standhalten konnte.

Finn stach mit seinen Leuten wieder in See. Sie machten sich auf den Weg zu Finns Amme, in das Land der Verheißung. Die alte Frau freute sich sehr, Finn wieder zu sehen. Er erzählte ihr die ganze Geschichte von Anfang bis Ende. Er sprach vom Streit mit Diarmuid und bat sie nun um ihren Rat, denn keine Waffe der Welt werde Diarmuid je besiegen. Nur durch Zauberkraft könne er bezwungen werden. „Ich werde mit euch gehen", sagte die Amme, „und ihn unter meinen Zauber bringen." Finn war froh, als er das hörte. Er blieb in dieser Nacht im Haus seiner Amme und ließ am nächsten Morgen die Segel setzen.

Als sie Brugh na Boinne erreichten, legte die Frau einen Druidennebel um Finn und die Fianna. Niemand konnte sie nun mehr sehen. Am Tag zuvor hatte sich Osgar von Diarmuid verabschiedet und Diarmuid war allein zur Jagd gegangen. Das alles hatte die Hexe bemerkt. Sie nahm ein Blatt aus dem Wasser, das in der Mitte ein Loch hatte und aussah wie ein Mahlstein. Sie nahm es hoch und blies einen Druidenwind über Diarmuid. Durch das Loch in der Mitte zielte sie mit tödlichen Speeren auf ihn. Diarmuid litt große Qualen. Seine Arme waren mit Wunden übersät, seine Kleidung hing in Fetzen und er konnte sich nicht einmal mehr davonschleppen. Nie zuvor war er in so großer Gefahr gewesen. Er wusste, dass ihn die alte Frau umbringen würde, wenn es ihm nicht gelänge, sie mit ihren eigenen Waffen zu schlagen. Er legte sich auf den Rücken, nahm Gae Dearg, den Roten Speer, zur Hand und schleuderte ihn mit aller Kraft von sich. Der Speer ging durch das Loch im Blatt und traf die Hexe. Sie fiel auf der Stelle tot um. Diarmuid schlug ihr den Kopf ab und kehrte damit zu Angus Og zurück.

Am nächsten Morgen stand Angus früh auf und begab sich zu Finn. Er fragte, ob er nicht Frieden schließen wolle mit Diarmuid. Finn willigte ein. Anschließend ging er zum König von Irland und bat um Frieden für Diarmuid. Auch er willigte ein. Dann ging er weiter zu Diarmuid und fragte ihn, ob er nicht mit Finn und dem König von Irland seinen Frieden machen wolle. „Doch", meinte Diarmuid, „unter bestimmten Bedingungen." „Wie sehen deine Bedingungen aus?", fragte Angus. „In Ui Duibhne, dem Land meines Vaters", sprach Diarmuid, „soll Finn kein Jagdrecht mehr haben, auch sollen dort keine Abgaben mehr an den König von Irland entrichtet werden. So sei es auch in Dumhais in Leinster. Denn diese beiden Gebiete sind die besten in ganz Irland. Das Land von Ceis Corainn will ich als Mitgift, wenn ich die Tochter des Königs heirate. Das sind meine Bedingungen." „Und dann bist du wirklich bereit, Frieden zu schließen?", fragte Angus. „Es würde mir zumindest leichter fallen", sagte Diarmuid.

Angus überbrachte Finn und dem König von Irland diese Nachricht. Sie willigten in seine Forderungen ein und verziehen ihm all seine Taten, die er begangen hatte in der Zeit, als er sich verbergen musste, und das waren sechzehn lange Jahre.

Diarmuid und Grania ließen sich in Rath Grania, im Gebiet von Ceis Corainn, nieder, weit entfernt von Finn und von Teamhair. Grania schenkte Diarmuid vier Söhne und eine Tochter. Sie lebten in Frieden und es hieß, dass damals kein anderer Mann so reich an Gold und Silber und so reich an Schafen und Rindern war wie Diarmuid.

Kapitel 8
Der Eber von Beinn Gulbain

Eines Tages jedoch sagte Grania zu Diarmuid, es sei doch eine Schande, wenn sie hier samt ihrem Reichtum und ihrem Gefolge lebten, aber die besten Männer von Irland, der Hohe König, ihr Vater, und Finn, Sohn des Cumhal, nie in ihr Haus kämen. „Was sagst du da, Grania", entgegnete Diarmuid. „Sie sind doch meine Feinde." „Ich würde ihnen gern ein Fest geben", fuhr Grania fort, „damit sie dir wieder ihre Zuneigung schenken." „Meinen Willen hast du", erwiderte Diarmuid.

Ein ganzes Jahr lang traf Grania Vorbereitungen für das Fest. Dann sandte sie mit Boten nach dem Hohen König von Irland und nach Finn und seinen sieben Bataillonen. Sie kamen alle und feierten ein ganzes Jahr.

Als Diarmuid in der letzten Nacht dieses Jahres in Rath Grania schlief, hörte er plötzlich Hundegebell. Er fuhr hoch. Grania nahm ihn in die Arme und fragte, was ihn so erschreckt habe. „Das Bellen eines Hundes", gab er zur Antwort. „Warum bellt er nachts?" „Hab keine Angst, du bist in Sicherheit. Das sind nur die Tuatha de Danaan. Wegen Angus von Brugh na Boinn spielen sie dir diesen Streich. Leg dich jetzt wieder schlafen." Doch Diarmuid konnte nicht mehr einschlafen und hörte wieder den Hund. Er schreckte hoch und wollte ihm folgen, doch zum zweiten Mal hielt ihn Grania zurück und meinte, es sei wohl nicht angemessen, nachts einem Hund hinterherzulaufen. Also legte er sich wieder zu Bett und schlief ein, doch der Hund weckte ihn auch ein drittes Mal. Beim hellen Tageslicht sagte er dann: „Jetzt, bei Tag, werde ich dem Hund folgen." „Wenn du unbedingt willst", meinte Grania, „dann nimm Manannans Schwert Mor-alltach, das Große Wilde, mit und Gae Dearg, den Roten Speer." „Nein", entgegnete Diarmuid, „aber Beag-alltach, den Kleinen Wilden, werde ich zur Hand nehmen und Gae Buidhe; und den Hund Mac an Chuill, Sohn der Hasel, werde ich an der anderen Hand führen."

Dann verließ Diarmuid Rath Grania und ritt, bis er den Gipfel des Beinn Gulbain erreichte. Dort entdeckte er Finn, ganz allein, ohne jede Begleitung. Diarmuid grüßte ihn nicht, sondern fragte gleich, ob er hier zur Jagd ginge. Finn verneinte, doch sei er nach Mitternacht mit einigen anderen aus der Fianna losgezogen: „Einer unserer Hunde nahm die Fährte eines wilden Ebers auf. Bis jetzt haben sie ihn aber noch nicht gefangen. Doch es ist müßig, den Eber zu jagen. Das hat die Fianna schon oft getan und immer ist er entkommen. Heute Morgen hat er schon dreißig unserer Männer getötet. Und jetzt läuft er den Berg hinauf, genau auf uns zu. Komm, wir lassen ihm den Hügel", sagte Finn. „Aus Angst werde ich ihm den Hügel sicher nicht überlassen", erwiderte Diarmuid. „Es wäre aber besser so", meinte Finn, „denn in ihm steckt der ohrlose grüne Eber von Beinn Gulbain. Er wird dich töten. Angus wusste das und hat dich deshalb mit dem Bann belegt, kein Schwein zu jagen." „Davon weiß ich nichts", entgegnete Diarmuid, „aber, wie dem auch sei, diesen Ort werde ich aus Furcht vor dem Eber nicht verlassen. Lass mir Bran da." „Nein", sagte Finn, „sie war schon oft hinter dem Eber her und konnte nichts gegen ihn ausrichten." Dann ging er weg und ließ Diarmuid allein. „Bei meinem Wort", sagte Diarmuid, „du hast mir diese Jagd bestellt, Finn, auf dass ich hier sterbe, doch wenn es mir bestimmt ist, hier zu sterben, dann hat es auch keinen Sinn davonzulaufen."

Da kam der Eber den Berg herauf und die Fianna lief hinter ihm her. Diarmuid band Mac an Chuill los, doch das nützte ihm nichts, denn der Hund lief gleich davon. „Man sollte immer auf den Rat einer guten Frau hören", sagte Diarmuid. „Hätte ich nur den Moralltach und den Gae Dearg bei mir, wie mir Grania geraten hat." Dann legte er den Finger in die silberne Schlinge seines Speers, zielte auf den Eber und traf ihn mitten ins Gesicht. Doch der Eber trug kaum einen Kratzer davon. Da sank Diarmuids Mut, doch zog er den Beag-alltach und hieb mit voller Wucht auf den Rücken des Ebers. Wieder fügte er ihm keine einzige Wunde zu. Das Schwert dagegen zerbarst in zwei Hälften. Nun ging der Eber so wild auf Diarmuid los, dass es ihm den Boden unter den Füßen wegriss und er zu Fall kam. Diarmuid schnellte hoch, bekam den Eber zu fassen und zwang ihn unter seine Beine. Kopfüber stürzte der Eber den Hügel hinunter, doch Diarmuid konnte er nicht abschütteln. So lief er weiter bis Ess Ruadh. Dreimal sprang er über den roten Strom, vorwärts und rückwärts, und wurde ihn doch nicht los. Auf demselben Weg lief er wieder zurück und den Berg hinauf. Dort oben konnte er sich schließlich befreien und Diarmuid fiel zu Boden. Der Eber stürzte sich auf ihn und riss ihm die Eingeweide aus dem Leib. Diarmuid aber hieb mit dem Griff seines Schwertes, den er noch in der Hand hatte, so heftig auf ihn ein, dass ihm das Gehirn aus dem Schädel spritzte. Auf der Stelle war der Eber tot. Noch bis auf den heutigen Tag wird dieser Ort Rath na h-Amhrann genannt, Hügel des Schwertgriffs.

Nicht lange danach kamen Finn und die Fianna. Diarmuid lag im Todeskampf. „So sehe ich dich gern, Diarmuid", sagte Finn. „Wenn dich nur alle Frauen Irlands so sehen könnten. Deine erhabene Schönheit ist vergangen, deine stattliche Gestalt dahin." „Dennoch hast du die Kraft, mich zu heilen, Finn", sagte Diarmuid, „wenn du willst." „Wie sollte ich dich heilen?", fragte Finn. „Ganz einfach", entgegnete Diarmuid, „du hast einmal am Boinn die große Gabe der Weisheit erlangt und damit die Gabe, dass jeder, der aus deiner Hand trinkt, jede Krankheit überwindet und wieder jung und gesund wird." „Du hast es nicht verdient, diesen Trank aus meiner Hand zu erhalten", sagte Finn. „Das ist nicht wahr", entgegnete Diarmuid. „Ich habe das sehr wohl verdient. Als du einmal mit deinen führenden Männern in Dearcs Haus ein Fest gefeiert hast, haben deine Feinde das Haus umstellt. Dreimal haben sie nach dir gerufen und mit Feuerpfeilen geschossen. Du hast dich erhoben und wolltest zu ihnen, doch ich habe dich gebeten, beim Fest zu bleiben. Ich wollte selbst gehen und sie niederwerfen. Ich ging auch, löschte die Flammen und stürmte dreimal um das Haus. Jedes Mal habe ich dabei fünfzig Männer getötet, ohne auch nur eine Wunde davonzutragen. Glücklich und froh warst du und guten Mutes, Finn. Wenn ich dich in jener Nacht um Heilung gebeten hätte, du hättest sie mir nicht verweigert und du tätest recht daran, auch jetzt so zu handeln." „So ist das nicht", gab Finn zur Antwort. „Du verdienst es nicht, dass ich dir Gutes tue. Als du mit mir nach Teamhair gingst, hast du mir Grania genommen, im Beisein aller Männer Irlands, du, dem ich sie anvertraut habe." „Mach mir das nicht zum Vorwurf, Finn", sagte Diarmuid. „Es war das einzige Mal, dass ich gegen dich gehandelt habe. Und du weißt, dass mich Grania mit einem Bann belegt hat. Nicht um alles Gold der Welt konnte ich mich davon lösen. Du weißt sehr gut, dass ich deinen Heiltrank verdient habe, wenn du dich an das Fest im Haus der Vogelbeerbäume erinnerst. Du warst mit deinen Männern dort gefangen. Als ich davon hörte, kam ich und habe mit Freuden für euch gekämpft. Mit meinem eigenen Blut habe ich euch gerettet und auch die drei Könige von der Insel der Fluten haben ihr Blut vergossen. Wenn ich in jener Nacht den Heiltrunk verlangt hätte, du hättest ihn mir nicht verweigert. Seite an Seite habe ich mit dir für Lon, Sohn des Liobhan, gekämpft. Du bist der Letzte, der mich jetzt im Stich lassen sollte. Oft wart ihr in Nöten, du und die Fianna von Irland, seit ich zu euch kam. Und immer war ich bereit, bei Gefahr mit Leib und Leben für euch zu kämpfen. Du solltest mir jetzt auch einen Dienst erweisen. Außerdem ist mancher gute Kämpfer für dich gefallen und es ist noch kein Ende in Sicht. Großes Unglück wird über die Fianna kommen und nur wenige werden überleben. Nicht deinetwegen mache ich mir Sorgen, Finn, sondern um Oisin und Osgar und meine anderen teuren Freunde. Du, Oisin, wirst übrig bleiben und um die Fianna klagen. Groß wird dein Verlangen nach mir sein, Finn. Wenn die Frauen der Fianna mich so sehen könnten, auf dieser Klippe, mit Wunden übersät, wie traurig wäre da ihr Blick."

Da sagte Osgar: „Auch wenn ich mit dir enger verwandt bin als mit Diarmuid, so lasse ich nicht zu, dass du ihm den Heiltrank verweigerst. Bei meinem Wort, wenn sich irgendein Prinz auf dieser Welt so gegen Diarmuid benehmen würde wie du, käme nur der Stärkere von uns beiden mit dem Leben davon. Gib ihm den Trank, jetzt, auf der Stelle!" „Ich wüsste gar nicht, dass es hier eine Quelle gibt", meinte Finn. „Doch", sagte Diarmuid. „Nicht einmal neun Schritte von hier fließt eine Quelle, die das beste und klarste Wasser der Welt führt."

Da ging Finn zu der Quelle und schöpfte mit beiden Händen Wasser. Als er zurückging, kam ihm auf halbem Wege Grania in den Sinn. Er ließ das Wasser durch die Hände laufen und sagte dann, er könne es nicht herbringen. „Mein Wort dagegen", sagte Diarmuid, „du wolltest es nicht schaffen." Finn ging zum zweiten Mal, doch auf dem Rückweg ließ er es beim Gedanken an Grania wieder durch die Hände rinnen. Diarmuid stöhnte vor Kummer und Schmerz. „Bei Schwert und Speer schwöre ich dir, Finn", rief Osgar, „wenn du nicht sofort das Wasser bringst, wird nur einer von uns den Hügel lebend verlassen." Nach diesen Worten machte sich Finn ein drittes Mal auf den Weg zur Quelle und holte das Wasser. Als er aber ankam, wich alles Leben aus Diarmuid. Da stießen alle aus der Fianna drei schwere Schreie aus, in Trauer und Klage um Diarmuid.

Osgar warf Finn einen vernichtenden Blick zu und gab ihm zu verstehen, dass er lieber ihn als Diarmuid tot sähe. Durch ihn habe die Fianna von Irland einen ihrer größten Kämpfer verloren. „Gehen wir hier weg, bevor Angus und die Tuatha de Danaan über uns herfallen. Sie würden uns niemals glauben, dass wir an Diarmuids Tod keine Schuld tragen." „Ich gebe dir mein Wort", sagte Osgar, „du hättest diese Jagd niemals ausgerichtet, wenn ich gewusst hätte, dass sie zum Schaden Diarmuids erdacht war." Finn und die Fianna verließen den Hügel. Finn führte Mac an Chuill, Diarmuids Hündin. Oisin, Osgar, Caoilte und Lugaidhs Sohn gingen wieder zurück und bedeckten Diarmuid mit ihren Umhängen. Dann schlossen sie sich den anderen an.

Als sie sich Diarmuids Burg näherten, stand Grania schon auf der Mauer und hielt Ausschau nach ihrem Mann. Da sah sie Finn und die Fianna. „Nie würde sich Mac an Chuill von Finn führen lassen, wenn Diarmuid noch am Leben wäre", sagte sie. Zu dieser Zeit trug Grania ein Kind unter ihrem Herzen. Da verließen sie all ihre Kräfte und sie stürzte von der Mauer. Als Oisin sie so sah, befahl er Finn und den anderen wegzugehen. Doch Grania hob den Kopf und bat Finn, die Hündin bei ihr zu lassen. Finn weigerte sich. Es sei sein gutes Recht, die Hündin als Erbe Diarmuids an sich zu nehmen. Bei diesen Worten entriss ihm Oisin die Hündin und übergab sie Grania. Dann ging er zu seinen Leuten.

Als Grania die Gewissheit hatte, dass Diarmuid tot war, stieß sie einen Schrei aus, der im ganzen Land zu hören war. Ihre Frauen und Gefolgsleute eilten zu ihr und fragten nach dem Grund ihres Schmerzes. Sie sagte ihnen, dass Diarmuid bei der Jagd auf den Eber von Beinn Gulbain, die Finn veranlasst hatte, zu Tode gekommen sei. „Mein Herz ist voller Kummer", sagte sie, „da ich nicht selbst gegen Finn kämpfen kann. Er käme hier nicht mehr lebend weg." Da schrien auch ihre Leute dreimal so laut und wehevoll auf, dass selbst der Himmel über ihnen erzitterte. Dann bat Grania ihre fünfhundert Gefolgsleute, Diarmuid von Beinn Gulbain zu holen.

Bei ihrer Rückkehr ging sie ihnen entgegen. Sie legten Diarmuid vor ihr auf den Boden und Grania sprach:

„Ich bin deine Frau, schöner Diarmuid, nie hätte ich dir ein Leid getan. Du machst mich so traurig heute Nacht.

Ich suche nach dem Falken, der mit meiner großen Liebe jagte, und nach der Hündin, die dich so liebte. Sie soll dich ins Grab begleiten.

Lasst uns froh sein in dieser Nacht und großzügig jeden willkommen heißen. Denn wir halten Totenwache bei einem König.

O Diarmuid, Finn hat dir ein hartes Bett bereitet, auf Steinen, vom Regen nass, dir, der du so freundlich und großmütig warst.

Deine blauen Augen können nicht mehr sehen, o weh! Meine Liebe! Mein Diarmuid! Er hat dich in den Tod geschickt! O welcher Schmerz!

Du warst einer der Besten Irlands, Meister und Stütze in jedem Kampf. Dein Wesen war so gut und freundlich.

Ich bin voller Trauer und Leid, ohne Freude und Licht. Kummer und Elend sind mein und ein langsamer Tod. Deine Harfe klang so süß, sie stimmte mein Herz so froh. Jetzt verlässt mich aller Mut. Ich höre dich nicht mehr, nur die Erinnerung bleibt. O wie durchbohrt mich der Schmerz.

Der Tag sei verflucht, als dir Grania ihre Liebe schenkte und Finn den Verstand verlor. Eine traurige Geschichte erzählt dein Tod.

Viele große Helden waren bei mir in diesem schönen Land, stark und geschickt im Kampf. O weh, wäre ich ihnen doch nur gefolgt.

Du warst der Beste der Fianna, schöner Diarmuid, den alle Frauen liebten. Dunkel ist nun dein Heim unter der Erde, kläglich und kalt dein Bett. Wie hell klang dein Lachen noch heute, an diesem Tag. Du warst mein ganzes Glück, Diarmuid.“

Grania ging dann zurück und befahl ihren Leuten, den Toten auf die Burg zu bringen.

Genau zu dieser Zeit konnte Angus in Brugh na Boinne sehen, dass Diarmuid, den er nachts zuvor nicht bewacht hatte, tot in Beinn Gulbain lag. Mit dem kalten Wind eilten er und sein Gefolge dorthin. Auf dem Weg begegneten sie Granias Leuten, die den Leichnam trugen. Als sie ihn sahen, hielten sie ihm als Zeichen des Friedens die Innenseiten ihrer Schilde entgegen. Angus erkannte sie. Beim Anblick des toten Diarmuid stießen er und sein Gefolge drei Grauen erregende Schreie aus.

Da sprach Angus: „Seit du neun Monate alt warst, Diarmuid, und sie dich zu mir nach Brugh na Boinne brachten, habe ich in jeder Nacht über dich gewacht und dich beschützt. Nur in der letzten Nacht nicht. Jetzt ist dein Blut vergossen. Du bist dieser Welt entrissen. Der Eber von Beinn Gulbain hat dich vernichtet, Diarmuid mit dem strahlenden Gesicht, mit dem strahlenden Schwert. Welch Unglück, dass Finn diesen Verrat beging, obwohl du Frieden mit ihm geschlossen hattest." „Bringt den Toten nun zu den ewigen Felsen von Brugh na Boinne", fuhr Angus fort. „Wenn ich ihn auch nicht mehr zum Leben erwecken kann, so werde ich doch so viel Leben in ihn bringen, dass er jeden Tag mit mir sprechen kann." Sie legten Diarmuid mit den beiden nach oben gerichteten Speeren auf eine goldene Bahre und machten sich dann auf den Weg. Granias Leute kehrten zurück und berichteten ihr, dass Angus sie gehindert habe, den Toten auf die Burg zu bringen und ihn nach Brugh na Boinne mitgenommen habe. Und Grania gab ihnen zu verstehen, dass sie keine Macht über ihn habe.

Sie ließ daraufhin nach ihren vier Söhnen schicken, die im Gebiet von Corca Ui Duibhne aufwuchsen. Als sie kamen, hieß sie Grania mit ihrer ganzen Liebe willkommen. Sie gingen in die Burg und nahmen ihrem Alter gemäß ihre Plätze ein. Grania sprach mit lauter, klarer Stimme zu ihnen: „Meine geliebten Kinder, euer Vater ist von Finn, Sohn des Cumhal, getötet worden, gegen sein Wort und sein Friedensversprechen. Dafür sollt ihr an ihm Rache nehmen. Hier ist das Erbe eures Vaters: seine Waffen, seine Rüstung, die Zeichen seiner Macht und Tapferkeit. Ich werde sie unter euch aufteilen. Mögen sie euch in jeder Schlacht zum Sieg führen. Dieses Schwert ist für Donnchadh, den besten Sohn, den Diarmuid sich wünschen konnte, das Gae Dearg ist für Eochaidh, die Rüstung für Ollann, die ihn vor jeder Wunde bewahren wird, und der Schild für Connla. Geht nun, übt euch in jeder Art des Kampfes, bis ihr herangewachsen seid. Dann sollt ihr euren Vater rächen." Dann nahmen sie Abschied und verließen die Burg.

Einige ihrer Leute aber sagten: „Was sollen wir nun tun, da unsere Herren gegen Finn und die Fianna von Irland ausziehen wollen." Doch Donnchadh, Sohn des Diarmuid, bat sie zu bleiben, wo sie waren. „Wenn wir mit Finn Frieden schließen, habt ihr nichts zu befürchten, und wenn nicht, könnt ihr euch entscheiden zwischen ihm und uns." Damit traten sie ihre Reise an.

Nach einiger Zeit schlich sich Finn heimlich und ohne Wissen der Fianna in Granias Gemächer. Trotz ihrer großen Worte ließ sie ihn zu sich. Er sprach sehr freundlich mit ihr. Doch sie wollte nicht auf ihn hören, befahl ihm, ihr aus den Augen zu gehen und schleuderte ihm alles entgegen, was ihr an Schmähungen in den Sinn kam. Er aber hörte nicht auf, sie mit süßen Worten zu bereden. Er schmeichelte ihr und umwarb sie, bis sie sich seinem Willen fügte.

Dann hörte man eine Zeit lang nichts von ihnen. Eines Tages begaben sie sich zu den sieben Bataillonen der Fianna. Als sie Finn und Grania sahen, die wie Mann und Frau auf sie zukamen, brachen sie in ein lautes Hohngelächter aus. Grania senkte beschämt den Kopf. „Bei meinem Wort, Finn", rief Oisin, „dieses Mal musst du besser auf sie aufpassen."

Manche sagten, Granias Sinneswandel käme daher, dass sich Frauen nun einmal ändern wie das Wasser strömender Flüsse. Andere aber meinten, Finn habe sie mit einem Zauber belegt.

Die Söhne des Diarmuid aber kehrten nach sieben Jahren zurück. In fernen Ländern hatten sie alles gelernt, was ein wahrer Held lernen muss. Auf der Burg ihres Vaters erzählte man ihnen, dass ihre Mutter mit Finn fortgegangen sei, ohne ihren Söhnen oder dem König von Irland eine Nachricht zu hinterlassen. Wenn das so sei, sagten sie, dann bliebe ihnen jetzt nichts mehr zu tun. Doch dann beschlossen sie, gegen Finn zu kämpfen, und zogen nach Almhuin. Sie ließen sich von niemandem aufhalten und veranstalteten ein großes Gemetzel unter den Truppen, die sich ihnen in den Weg stellten.

Schließlich vermittelte Grania zwischen ihnen und Finn und sie nahmen ihres Vaters Platz in der Fianna ein. Das brachte ihnen aber kein Glück, denn wie die anderen fielen auch sie in der Schlacht von Gabhra. Finn und Grania aber blieben bis an ihr Lebensende zusammen.

—❖—

BUCH VIII

CNOC-AN-AIR

Kapitel 1
Tailc, Sohn des Treon

Eines Tages waren alle aus der Fianna versammelt. Sie übten sich im Steinwerfen und in anderen Kunststücken. Nach einer Weile sprach der Druide von Teamhair, der ihnen zusah: „Ich fürchte, Finn von der Fianna, dass uns Kummer ins Haus steht. Sieh nur diese dunklen, blutigen Wolken am Himmel, die von allen Seiten auf uns zukommen. Ich fürchte, der Fianna droht etwas Schreckliches." Finn sah empor, entdeckte die große, blutige Wolke und rief nach Osgar. „Lass dich nicht einschüchtern. Denke an die Kraft deiner Waffen und deiner Männer, die bei dir sind", meinte Osgar. Anschließend sahen alle aus der Fianna die Wolke an. Einige von ihnen waren fröhlich und vergnügt, andere dagegen bedrückt.

Danach bat der Druide Finn, die Truppen zu rufen und sie in zwei Hälften zu teilen. Sie sollten nach dem Feind Ausschau halten, der da kommen könnte. Finn ließ die Dord Fiann ertönen. Seine Kämpfer antworteten mit lauten Rufen und jeder beeilte sich, der Erste zu sein. Finn befahl Osgar, Goll und Faolan, in dieser Nacht Wache zu halten. Conan der Kahle sollte in der dunklen

Höhle von Liath Ard bleiben und dort Ausschau halten. „Du kannst am lautesten schreien, wenn der Feind naht", meinte Finn. „Du willst wohl, dass mein Körper von Speeren durchbohrt wird, wenn ich allein dort bin, ohne die Hilfe der Fianna", erwiderte Conan. „Es steht dir nicht zu, dich Finn zu widersetzen", sagte Lugaidhs Sohn. „Du brauchst gar nicht weiterzusprechen", sagte Conan, „denn ich werde da bis ans Ende meiner Tage nicht hingehen, nicht für Finn und nicht für die ganze Fianna." Da sagte Osgar: „Gehe jetzt, Conan, Aodh Beag wird dich begleiten und du kannst auch die Hunde Bran, Sceolan, Fuaim und Fearagan mitnehmen. Geh jetzt ohne Widerspruch.

Also machte sich Conan in Begleitung von Aodh Beag und Finns Hunden auf nach Liath Ard. Finn legte sich schlafen. Im Traum sah er Aodh Beag, seinen Sohn, und er sah ihn ohne Kopf. Dann sah er Goll im Kampf mit einem starken Mann. Er erwachte und rief den Druiden zu sich, der ihm den Traum deuten sollte. „Ich fürchte, dass Vernichtung über die Fianna kommt, aber Aodh Beag wird nicht im Kampf verwundet und Goll auch nicht", gab der Druide zur Antwort.

Kurze Zeit später hörte Finn einen lauten Ruf und er ließ die Dord Fiann ertönen. Da sah er, wie Conan gelaufen kam, gefolgt von den Hunden. Finn blies abermals die Dord Fiann. Als Conan sie erreichte, fragte Osgar nach Aodh Beag. „Er war am Eingang der Höhle, als ich weglief, doch dann habe ich mich nicht mehr umgewandt", erwiderte er. „Es war nicht Aodh Beag, um den ich mir Sorgen machte." „Was hat dir dann Sorge gemacht?", fragte Osgar. „Ich mache mir um nichts Sorgen außer um mich selbst", fuhr Conan fort, „auch wenn ich niemandem etwas Schlechtes wünsche." Osgar machte sich auf und rannte, so schnell er konnte, zur Höhle. Dort fand er Aodh Beag, der furchtlos war und ausharren wollte, bis er den Lärm der Schilde hörte. Osgar brachte ihn zur Fianna zurück und schließlich sahen sie eine große Armee auf sich zukommen, die, so hatte es den Anschein, auf der Suche nach ihnen war.

Da kam eine wunderschöne Frau in einem purpurroten Umhang über die Ebene. Sie sprach zu Finn mit einer Stimme, die wie liebliche Musik klang. Finn fragte sie, wer sie sei und wonach sie suche. „Ich bin die Tochter von Garraidh, Sohn des Dolar Dian des Wilden. Mein Fluch komme über den König von Griechenland, der mich Tailc, Sohn des Treon, versprach, dem Mann, der mich verfolgt und vor dem ich nun fliehe", antwortete sie. „Nenne mir den Grund dafür und ich werde dich vor ihm beschützen", erwiderte Finn. „Ich hasse ihn nicht ohne Grund. Er sieht fürchterlich aus. Seine Haut hat die Farbe von Kohle und er hat den Kopf und den Schwanz einer Katze. Dreimal habe ich nun diese Welt durchwandert, bat jeden König und jeden Edelmann um Hilfe, doch nie wurde sie mir zuteil." „Ich werde dir Schutz gewähren", sagte Finn, „oder die sieben Truppen der Fianna werden um deinetwillen fallen."

In diesem Augenblick sahen sie einen großen, seltsamen Mann herankommen. Es war Tailc, Sohn des Treon. Er hatte kein Wort des Grußes für Finn, sondern forderte ihn gleich zum Kampf um die Frau heraus.

Also zogen tausend Mann der Fianna aus und traten gegen ihn und seine Männer an. Sie fielen alle, nicht einer kehrte zurück. Dann zogen noch einmal tausend der besten Männer der Fianna mit ihren blauen und grünen Schilden aus. Sie wurden von Caoilte, Sohn des Ronan, geführt und von Tailc und seinen Männern geschlagen. Dann bat Osgar um Finns Erlaubnis, dass er gegen den großen Mann kämpfen dürfe. „Du kannst gehen, obwohl ich sicher bin, dass du unter seinem Schwert sterben wirst", sagte Finn. So zog Osgar los. Er und Tailc, Sohn des Treon, kämpften fünf Tage und fünf Nächte hindurch, ohne zu essen, ohne zu trinken und ohne zu schlafen. Dann machte Osgar Tailc ein Ende. Er schlug ihm den Kopf ab. Als die Fianna das sahen, klagten sie um ihre Gefallenen und stießen laute Freudenschreie aus, da Tailc tot war.

Als die junge Frau sah, welches Gemetzel um ihretwillen stattgefunden hatte, wurde sie rot vor Scham und fiel auf der Stelle tot um. Sie so sterben zu sehen nach allem, was sie durchgemacht hatte, traf die Fianna härter als alles andere.

Kapitel 2
Meargachs Frau

Während die Fianna noch immer auf dem Hügel, auf dem sie Tailc besiegt hatte, versammelt war, sahen die Männer einen großen, starken Kämpfer mit seiner Armee näher kommen. Er beachtete niemanden, sondern fragte mit lauter Stimme nach Finn, dem Oberhaupt der Fianna. Da wollte Aodh Beag, der ein friedliebender Mensch war, seinen Namen und den Grund seines Kommens erfahren. „Dir werde ich dazu nichts sagen, mein Kind", antwortete dieser. „Du bist noch zu jung. Außerdem werde ich nur mit Finn sprechen." Also brachte ihn Aodh Beag zu Finn, der ihn fragte, wie er heiße. „Meargach mit den Grünen Speeren ist mein Name", sagte er. „Noch nie wurde eine Waffe mit meinem Blut getränkt und keiner kann sich brüsten, mich jemals geschlagen zu haben. Warst du es, Finn, der Tailc, Sohn des Treon, besiegt hat?" „Nicht durch mich fiel er, sondern durch Osgar mit der Starken Hand", antwortete Finn. „War das keine Schande für dich, Finn, dass eine Königin mit einem so bedeutenden Namen durch die Fianna den Tod fand?" „Nicht durch mich kam sie zu Tode. Sie starb, als sie die gefallenen Kämpfer sah", antwortete Finn. „Doch falls es dich nach Genugtuung für ihren oder Tailcs Tod verlangt, sei sie dir gewährt. Du kannst diesen Ort aber auch in Frieden wieder verlassen." Daraufhin antwortete Meargach, er wolle gegen jeden Mann kämpfen, der sich ihm stellen würde, um Tailc, Sohn des Treon, zu rächen.

Osgar stellte sich. Drei Tage lang kämpften sie erbittert. Einmal sah es für die Fianna so aus, als ob Osgar unterlegen wäre, und sie stießen schon einen lauten Schreckensschrei aus. Doch letzten Endes besiegte Osgar Meargach und schlug ihm den Kopf ab. Die sieben Bataillone der Fianna jubelten und ihre Gegner trauerten.

Dann kamen die beiden Söhne des Meargach, Ciardan der Flinke und Liagan der Wendige, und forderten einen Zweikampf, um Genugtuung für den Tod ihres Vaters zu erhalten.

Goll trat gegen Ciardan an und es dauerte nicht lange, bis er ihn besiegt hatte. Conan stellte sich Liagan. Der machte sich über ihn lustig: „Es ist närrisch, wenn du gegen mich antreten willst, du Kahlkopf!" Doch Conan holte schnell mit seinem Schwert aus und schlug ihm den Kopf ab, bevor der Kampf noch begonnen hatte.

Faolan meinte, es sei eine Schande, nicht seinen Mann zu stehen und einen fairen Kampf zu führen. Doch Conan antwortete: „Wenn ich in der Lage wäre, mit einem Schlag der ganzen Armee ein Ende zu machen, dann würde ich es tun und mich nicht dafür schämen; und die ganze Fianna könnte sie nicht vor mir retten."

Nun versammelten sich beide Truppen und machten sich zum Angriff bereit. Da sahen sie eine schöne Frau mit goldenem Haar kommen. Sie war in Tränen aufgelöst. Beide Seiten hielten inne und warteten. Die Soldaten des Meargach erkannten ihre Königin, Ailne mit dem Hellen Gesicht. Sie schrien vor Kummer laut auf, während die Männer der Fianna auf sie blickten und kein Wort über die Lippen brachten. Sie fragte nach ihrem Mann und ihren beiden Söhnen. „Hohe Königin", antwortete Finn, „trotz all ihrer Vollkommenheit, ihrer Schnelligkeit und Stärke sind die drei, nach denen du fragst, im Kampf gefallen. Als die Königin das vernahm, schrie sie laut auf. Sie ging zu der Stelle, wo ihr Mann und ihre Söhne lagen, und beugte sich über die Leichen, so dass ihr goldenes Haar über sie fiel. Sie klagte. Ihre Leute hörten das und auch sie brachen in lautes Wehklagen aus. Selbst die Fianna war voll des Kummers. Sie sagte:

„O Meargach mit den Scharfen, Grünen Speeren, so manchen Kampf und so manche schwere Schlacht hat deine harte Hand geschlagen.

Niemals habe ich eine Wunde an deinem Körper gesehen und ich weiß, dass nicht Stärke, sondern Verrat die Oberhand gewann.

Deine Reise war sehr lang von deinem schönen Land nach Inisfail zu Finn und der Fianna, die meinen drei Männern den Tod brachten.

O Kummer! Meinen Mann, mein Oberhaupt habe ich durch Verrat verloren und auch meine zwei Söhne, meine zwei Männer, die so hart im Kampf waren.

O Kummer! Mein Brot und mein Wein! Mein Lehrmeister in allen Dingen! Die weite Reise, die ich machen musste, nur um meine großen Helden verloren zu sehen.

O Kummer! Mein niedergeschmettertes Königreich! Mein Schild und mein Schutz! Meargach und Ciardan. O Kummer! Liagan der Breitbrüstige.

O Kummer! Meine Sicherheit und mein Schutz! Meine Stärke und meine Kraft! Dunkelheit kommt über mich; mein großer Kummer heute Nacht, euch so schwach zu sehen.

O Kummer! All meine Freude und mein Vergnügen! Mein immer währendes Sehnen! Mein Mut und meine Stärke haben mich verlassen. Mein Kummer wird dauern von diesem Tag an für immer.

O Kummer! Mein Weiser und mein Wegbereiter! Mein Begehren

bis zum Tod! Mein Halt und mein Schwanken! O Kummer!
Meine freigebigen Helden!

O Kummer! Mein Bett und mein Schlaf! Mein Kommen und
mein Gehen! Mein Lehrmeister und Teil von mir. O großer
Kummer! Meine drei Männer!

O Kummer! Meine Schönheit und mein Schmuck! Meine Juwe-
len und mein Reichtum! Meine Schätze und meine Güter! O
Kummer! Meine drei Kerzen der Tapferkeit!

O Kummer! Meine Freunde und Verwandten! Mein Volk und
meine Freunde! Mein Vater und meine Mutter! Mein Schmerz
und mein Kummer, euch tot zu sehen.

O Kummer! Mein Schicksal und mein Willkommen! Mein
Wohlsein alle Zeit! Mein Wachstum und mein Lebenslicht!
Mein weher Schmerz, euch ohne Kraft zu sehen.

O Kummer! Euer Speer und euer Schwert! Eure Zärtlichkeit
und eure Liebe! Euer Land und euer Heim! O Kummer, da ihr
mir entrissen wurdet!

O Kummer! Meine Küsten und meine Häfen! Mein Wohlstand
und mein Vermögen! Meine Herrschaft und mein Königreich!
Mein Kummer und mein Weinen werden bis zum Tode dauern.

O Kummer! Mein ganzes Glück, mein Bangen um euch in
Kriegszeiten! Meine versammelten Truppen! O Kummer! Meine
drei stolzen Löwen!

O Kummer! Meine Spiele und meine Feste! Meine Musik und
mein Entzücken! Mein sonniges Haus und meine Frauen! Mein
tiefer Kummer, euch besiegt zu sehen.

O Kummer! Meine Ländereien und meine Jagdgründe! Meine
drei sicheren Kämpfer! Wehe, welch Kummer! Ihnen, die durch
die Fianna gestorben sind, gehört mein Schmerz.

Ich wusste durch die großen Heerscharen der Sidhe, die hoch in
der Luft über der Burg kämpften, dass Zerstörung über meine
drei kommen würde.

Ich wusste durch die Stimmen der Sidhe, die in mein Ohr drangen, dass mich bald neue Sorgen quälen würden. Sie sagten euren Tod voraus.

Ich wusste vom Beginn dieses Tages an, als meine drei guten Männer mich verließen, als ich Tränen von Blut auf ihren Wangen sah, dass sie nicht als Sieger zu mir zurückkehren würden.

Ich wusste durch die Krähe, die jede Nacht über der Burg schrie, seit ihr so stattlich und Furcht erregend von mir gingt, dass Unglück und Kummer nahen.

Meine drei starken Männer, ich erinnere mich noch gut, wie oft ich euch gesagt habe, dass ich keinen Siegesglanz auf euren Gesichtern sehe, wenn ihr nach Irland geht.

Ich wusste durch den Ruf des Raben, der jeden Morgen ertönte, dass euer Untergang besiegelt ist, dass ihr niemals in euer Land zurückkehren würdet.

Ich wusste, meine drei starken Männer, dass ihr den Kampf nicht gewinnt noch dem Verrat der Fianna entgeht, da ihr die Lederriemen für eure Hunde vergaßt.

Ich wusste, ihr Kerzen der Tapferkeit, durch den Strom nahe der Burg, der sich in Blut verwandelte, als ihr fortgingt, dass Finn Verrat im Sinn hat.

Ich wusste durch den Adler, der jeden Abend über die Burg flog, dass es nicht lange dauern würde, ehe ich schlechte Nachrichten erhalten würde.

Ich wusste durch das Wispern der Bäume vor der Burg, dass ihr durch den Verrat des Finn niemals als Sieger hervorgehen würdet."

Als nun Grania hörte, was die Königin sagte, wurde sie wütend: „Sprich nicht so über Finn und die Fianna, Königin, denn deine drei Männer starben nicht durch Verrat oder Täuschung." Doch

Ailne antwortete nicht und schenkte ihr keine Beachtung, sondern fuhr fort mit ihren Klagen und ihrem immer währenden Weinen:

„Ich wusste durch den Raben, der vor euch flog an dem Tag, an dem ihr die Burg verließt, dass dies kein gutes Zeichen für eure Wiederkehr ist.

Ich wusste durch die Hunde des Ciardan, die jeden Abend traurig heulten, dass ich bald schlechte Nachricht erhalten würde.

Ich wusste durch den Schlaf, der mich verlassen hat, durch meine Tränen in jenen langen Nächten, dass euch kein Glück erwartet.

Ich wusste durch den leidvollen Traum, der mich selbst in Gefahr zeigte, geköpft und mit abgehackten Händen, dass ihr ohne Schutz seid.

Ich wusste durch Uaithnin, den liebsten Hund des Liagan, der jeden Morgen heulte, dass meine drei des Todes sind.

Ich wusste, als ich in einem Traum eine Blutlache anstelle der Burg sah, dass meine drei durch den Trug des Finn, der ihn nie verlässt, besiegt würden. "

„Gib nicht Finn die Schuld", sagte Grania, „wie sehr dein Herz auch leiden mag. Höre auf, gegen Finn und die Fianna zu sprechen. Wären deine Männer nicht gekommen, um den Tod von Treons Sohn zu rächen, wäre ihnen kein Leid geschehen." „Kein Vorwurf käme über meine Lippen", antwortete Ailne, „wenn meine drei Männer in einem fairen Kampf besiegt worden wären. Doch nun sind sie nicht mehr am Leben und können kein Zeugnis ablegen. Sie wurden wohl mit einem Druidenspruch belegt, sonst hätten sie niemals nachgegeben." „Wenn sie noch am Leben wären, Königin, würden sie nicht die Fianna beschimpfen, sondern dir sagen, dass sie von Mut und Stärke besiegt wurden", erwiderte Grania. „Ich schenke weder dir noch den Worten der Fianna Glauben, denn keiner, der mit dem Schwert gegen sie gekämpft hat, konnte sie jemals besiegen", sagte Ailne. Daraufhin sprach Grania: „Wenn du mir nicht glaubst, schöne Ailne, prophezeie ich dir, dass noch mehr Männer deiner großen Armee durch die Fianna sterben werden, aber nicht durch Verrat." „Das wird nicht geschehen", erwiderte Ailne, „denn ich bin zuversichtlich, dass meine Armee vielmehr der Fianna großen Schaden zufügen wird, um der Männer willen, die gefallen sind." „Nun Ailne", sagte Grania, „ich weiß, du hast eine weite Reise hinter dir. Setze dich also, iss und trink mit mir und der Fianna."

Doch Ailne ging nicht darauf ein. Sie sagte, es sei nicht angebracht, eine Mahlzeit von Leuten anzunehmen, die zu solchen Taten fähig seien. Alles, was sie wolle, sei Genugtuung für den Tod ihres Mannes und ihrer Söhne. So wurde zunächst vereinbart, dass auf jeder Seite zwei Männer gegeneinander antreten sollten. Doch dann meinte Ailne, dass auf jeder Seite dreißig Männer aufgestellt werden sollten. Sie wäre erst dann zufrieden, wenn sie Finns Kopf mit in ihr Land nehmen könnte und wenn der letzte seiner Männer gefallen sei. Schließlich kam es zu einer großen Schlacht, in der man die Fianna so hart wie selten kämpfen sah.

Es würde zu viel Zeit in Anspruch nehmen und die Zuhörer ermüden, wollte man berichten, wie viele gute Männer auf beiden Seiten ihr Leben lassen mussten. Am Ende hatte Ailne mit dem Hellen Gesicht das Nachsehen. Sie ging mit den Männern, die von ihrer Armee noch übrig waren, zurück in ihr Land, aber niemand wusste, wo es lag.

Der Hügel im Westen, auf dem dieser Kampf ausgetragen wurde, erhielt den Namen Cnoc-an-Air, was so viel heißt wie „Hügel des Gemetzels".

Kapitel 3
Ailnes Rache

Eines Tages waren Finn und seine Leute auf der Jagd in Slieve Fuad. Sie jagten einen Hirsch, der mit seinen großen, starken Hörnern gegen sie kämpfte. Dann drehte er sich um und lief weg. Die Fianna folgte ihm bis zu den grünen Hügeln von Liadhas und weiter noch in das gebirgige Cairgin. Dort verloren sie ihn für eine Weile, bis Sceolan ihn wieder aufspürte. Der Hirsch lief zurück nach Slieve Fuad und die Fianna blieb ihm auf der Spur. Doch Finn und Daire, der Sänger, die zusammen jagten, kamen vom Weg ab und verloren die anderen. Sie wussten nicht, ob sie nach Osten oder nach Westen gingen. Finn ließ die Dord Fiann ertönen und Daire spielte traurige Lieder, um ihre Leute wissen zu lassen, wo sie zu finden seien. Doch als die Männer der Fianna die Musik hörten, erschien es ihnen, als käme sie aus weiter Ferne. Manchmal dachten sie, die Musik käme von Norden, dann wieder von Osten, und bisweilen hörte es sich an, als ob sie aus Westen käme. Nie konnten sie mit Bestimmtheit sagen, aus welcher Himmelsrichtung sie nun eigentlich zu hören war.

Währenddessen wurden Finn und Daire von einem Druidennebel eingehüllt. Sie wussten nicht mehr, welchen Weg sie eingeschlagen hatten. Nach einer Weile trafen sie auf eine hübsche, junge Frau und sie fragten sie, wer sie sei und was sie an diesen Ort führe. „Mein Name ist Glanluadh", sagte sie, „und Lobharan ist mein Mann. Vor einer Weile gingen wir noch zusammen über die Ebene, doch er hörte das Jaulen von Hunden und verließ mich, um der Jagdgesellschaft zu folgen, und nun weiß ich nicht, wohin er gegangen ist." „Gehe mit uns, wir werden dich beschützen, denn wir wissen auch nicht, welche Richtung die Jagdgesellschaft genommen hat", erwiderte Finn.

Also gingen sie zusammen und kamen nach kurzer Zeit an einen Hügel. Sie hörten die einschläfernde Musik der Sidhe. Dann drangen plötzlich Rufe und Lärm an ihr Ohr. Wieder folgte die Musik und Finn und Daire fielen in tiefen Schlaf. Als sie erwachten, sahen sie ein großes, hell erleuchtetes Haus inmitten eines stürmischen Meeres. Ein großer, grauer Mann erhob sich aus den Wellen. Er packte Finn und Daire und dabei verließ sie alle Kraft. Er brachte sie durch die Wellen in das Haus und schloss die Tür mit einem Eisenhaken. „Ich heiße dich willkommen, Finn mit dem berühmten Namen, wir erwarten dich schon seit langem", dröhnte er mit barscher Stimme.

Sie setzten sich auf eine harte Bettkante. Als die Frau des Hauses auf sie zukam, erkannten sie in ihr Ailne, die Frau des Meargach. „Ich habe lange nach dir gesucht, Finn", sagte sie, „um Genugtuung für den Verrat zu erlangen, den du an Meargach und meinen zwei stattlichen Söhnen begangen hast und auch an Tailc, Sohn des Treon, und seinem Gefolge. Kannst du dich erinnern, Finn?" „Ich erinnere mich gut, dass sie durch die Schwerter der Fianna gefallen sind, nicht durch Verrat", erwiderte Finn. „Verrat war es, der sie tötete", sagte der graue Mann, „und der Beweis dafür ist der Zustand, in dem sich die schöne Ailne jetzt befindet, und der Kummer, den so manche starke Armee leidet." „Wie stehst du zu Ailne, Mann mit der barschen Stimme?", fragte Finn. „Ich bin ihr Bruder", antwortete er.

Daraufhin belegte er Finn, Daire und Glanluadh mit einem Bann und sperrte sie an einen dunklen Ort. Traurigkeit kam über sie. Fünf Tage und fünf Nächte mussten sie ohne Essen und Trinken und ohne Musik ausharren.

Dann kam Ailne zu ihnen und Finn sagte: „O Ailne, erinnere dich, wie du nach Cnoc-an-Air gekommen bist und wie großzügig dich die Fianna behandelt hat. Es steht dir nicht zu, uns hier gefangen zu halten, in Schande, Schwäche und Todesgefahr." „Ich erinnere mich gut an Granias freundliche Behandlung", erwiderte sie mit trauriger Stimme. „Und trotzdem, Finn, würde es mir sehr gefallen, wenn die ganze Fianna mit dir in Bann und Ketten läge. Ich hätte kein Mitleid mit ihnen." Und an Glanluadh gewandt sagte sie: „Warum bist du in Finns Gefolgschaft? Das ist ungehörig von dir. Er hat eine schöne Frau, die noch am Leben ist." Daraufhin erzählte ihr Glanluadh die ganze Geschichte, wie sie mit Lobharan, ihrem Mann, gewandert war und er der Jagd folgte; wie Nebel aufkam, so dass sie nicht Osten von Westen unterscheiden konnte, und wie sie schließlich Finn traf, den sie zuvor noch nie gesehen hatte. „Wenn das so ist, hast du nicht verdient, grundlos bestraft zu werden", sagte Ailne. Sie rief den grauen Mann, ihren Bruder, zu sich und bat ihn, Glanluadh zu befreien. Als sie frei war, war ihr weh ums Herz, da sie Finn und Daire in Bann und Ketten zurücklassen musste. Sie sagte ihnen Lebewohl und ging mit Ailne fort. Sie gab ihr zu essen, doch eine Schwäche kam über sie und ihr Zustand war erbarmungswürdig.

Als Ailne das sah, brachte sie ihr den Zauberkelch der Sidhe. Kaum hatte Glanluadh daraus getrunken, als wieder Kraft und Leben in sie kam. Dennoch grämte sie sich um Finn und Daire. „Ich meine fast, du machst dir Sorgen um diese beiden Männer", sagte Ailne. „Es ist wahr, ich sorge mich um sie", sagte Glanluadh, „zwei Männer von diesem Schlag, eingesperrt, ohne Essen und Trinken." „Wenn dir so daran liegt, ihnen Essen zu geben, dann steht es dir frei", sagte Ailne. „Denn sie sollen nicht sterben, ehe nicht auch der Rest der Fianna in Ketten liegt." Die zwei Frauen brachten Finn und Daire etwas zu essen und zu trinken. Glanluadh segnete Finn und weinte, als sie ihn so sah; doch Ailne hatte nicht das geringste Mitleid mit dem König der Fianna.

Der graue Mann hörte sie über die Fianna reden und vernahm, dass sich Daire mit seiner lieblichen Musik einen großen Namen gemacht hatte. Da sprach er: „Ich habe Sinn für solche liebliche

Musik." Er ging zu ihnen und wollte von Daire wissen, welche Art von Musik er denn spielen könne. „Meine Musik gefiel der Fianna immer sehr, doch es kann schon sein, dass sie dir nicht zusagt", meinte Daire. „Spiele für mich. Dann kann ich entscheiden, ob es stimmt, was man über dich sagt", entgegnete der graue Mann. „Ich bin wirklich nicht in der Lage zu spielen, so schwach und bedrückt, wie ich bin. Dein Bann hat mir jede Kraft geraubt." „Solange du für mich spielst, soll mein Zauber von dir genommen sein", antwortete der graue Mann. „Niemals könnte ich spielen, wenn Finn so mit einem Bann belegt ist, denn lieber leide ich selbst, als ihn leiden zu sehen." „Ich werde auch Finn von meinem Zauber befreien, solange du spielst", entgegnete der graue Mann. Er hielt, was er versprach. Von Daires Musik war er so begeistert, dass er Glanluadh und Ailne kommen ließ. Auch sie sollten diese süße Musik hören und auch ihnen gefiel sie. Glanluadh war überglücklich, Finn und Daire nicht mehr so mutlos zu sehen.

In der Zwischenzeit suchte die Fianna überall nach Finn und Daire. Als Daires liebliche Musik an ihr Ohr drang, waren die Männer glücklich. Als ihnen dann bewusst wurde, in welcher Lage sich die beiden befanden, griffen sie Ailnes Burg an, um Finn und Daire zu befreien. Aber der graue Mann vernahm ihre Kampfschreie und legte wieder die volle Kraft seiner Bannsprüche über Finn und Daire. Die Fianna hörte, wie die Musik immer leiser wurde. Dann kam ein Getöse auf, das wie das Brechen der Wellen klang. Ein dunkler Zauber suchte sie heim. Sie fielen alle in tiefen Schlaf und die Wolken des Todes legten sich über sie. Ailne und der graue Mann traten schweigend hinaus und brachten die Männer der Fianna in ihre Burg. Sie legten auch sie unter einen Bann und brachten sie zu Finn und Daire. Und großer Schmerz ergriff Finn und Daire, als sie dies sahen.

Da sagte Glanluadh zu dem grauen Mann: „Wenn dir Daires

Musik gefällt, dann lass ihn jetzt für uns spielen." „Wenn dir nach Musik ist", antwortete er, „soll Daire für uns und auch für Finn und seine Truppe spielen." Daraufhin gingen sie zu Daire und forderten ihn auf zu spielen. „Niemals könnte ich meine süße Musik spielen, wenn die Fianna leidet, denn wenn sie leidet, leide ich auch. Nicht einen lieblichen Ton brächte ich hervor, solange auch nur einer von ihnen leidet", sagte Daire. Der graue Mann nahm den Zauber von ihm und Daire ließ die ersten süßen Töne erklingen. Dann spielte er immer lauter und schließlich sang er von seinem Leid und dem Leid der Fianna. Der graue Mann sagte, dass es nun nicht mehr lange dauern werde, bis das Ende der Fianna gekommen sei. Da stimmte Daire eine laute, klagende Melodie an und erst auf Finns Bitte spielte er wieder eine lieblichere Musik für die Fianna.

Sie mussten lange Zeit in ihrem Gefängnis ausharren und wurden sehr schlecht behandelt. Manchmal kam Ailnes Bruder und schlug einem von ihnen den Kopf ab. Keiner konnte seinen Platz verlassen, an den er durch Zauberkraft gefesselt war. Eines Tages wollte er Conans kahlen Kopf abschlagen. Als Conan aber von seinem Platz aufsprang, blieben Fetzen seiner Haut daran hängen und auf seinem Rücken war danach das rohe Fleisch zu sehen. Da ging er zu dem grauen Mann und bat um Schonung: „Halte an dich!", sagte er. „Das ist genug für dieses Mal. Lass mich nicht in diesem Zustand sterben. Heile erst meine Wunden, bevor du mir ein Ende machst." Er sagte das, weil er wusste, dass Ailne einen Zauberkelch in der Burg besaß, der bereits Glanluadh geheilt hatte.

Der graue Mann hatte Mitleid und brachte ihn hinaus. Ailne bat er, den Kelch zu holen und Conans Wunden zu heilen. „Ich werde ihm den Kelch nicht bringen", erwiderte Ailne. „Ich halte es auch für das Beste, keine Zeit mehr zu verschwenden und ihm und der Fianna ein Ende zu machen." „Ich bitte dich nicht um den

Kelch, damit er mich vom Tode verschont, Ailne, doch will ich nicht so nackt sterben", sagte Conan. Bei diesen Worten holte Ailne eine Schafhaut und legte sie auf Conans Rücken. Sie passte ihm, wuchs an und bedeckte seine Wunden. „Ich werde dich nicht töten, Conan", sagte der graue Mann. „Du kannst bis ans Ende deiner Tage bei mir bleiben." „Wenn du ihn bei dir behältst", sagte Ailne, „wirst du immer in Gefahr leben und in der Angst verraten zu werden, denn er hat das Herz eines Verräters wie die anderen auch." „Davor habe ich keine Angst", antwortete er, „denn ich werde nun nicht mehr zögern und sie alle töten." Dann brachte er Conan zu dem Zauberkelch und legte ihn in seine Hand. Und genau in diesem Augenblick hörten sie Daires liebliche und schwermütige Musik. Sehr schnell und stolz eilte der graue Mann hinaus, um ihr zu lauschen. Conan folgte ihm und nach einer Weile fragte ihn der graue Mann, was er mit dem Kelch gemacht habe. „Ich habe ihn gelassen, wo er war, voll seiner Zauberkraft", sagte Conan.

Der graue Mann eilte sofort in die Schatzkammer seiner Burg zurück. Kaum war er verschwunden, als Conan den Kelch, den er verborgen gehalten hatte, hervorholte. Er gab Finn und Osgar daraus zu trinken und auch dem Rest der Fianna. Und sie, die schon ganz abgehärmt und zittrig waren, ohne Kraft und Mut, wurden im selben Augenblick wieder jung und stark wie früher.

Als der graue Mann von seiner Suche zurückkam und sah, was geschehen war, zog er sein Schwert und griff Conan an. Doch Conan rief nach Osgar, Osgar kämpfte gegen den grauen Mann und es dauerte nicht lange, bis dieser Bekanntschaft mit dem Tode schloss.

Als Ailne das sah, fiel sie vor Furcht und Schmerz auf der Stelle tot um.

Da nahm die Fianna alles, was sie an Essen und Trinken finden konnte, und feierte ein großes Fest. Sie waren fröhlich und vergnügt. Doch als sie am nächsten Morgen erwachten, war von der Burg und den Wellen nichts mehr zu sehen. Sie lagen im Gras.

Conan aber behielt die Schafhaut; und jedes Jahr wuchs auf ihr Wolle wie auf jeder anderen Schafhaut auch.

BUCH IX

DER ABSTIEG DER FIANNA

Kapitel 1
Der Streit mit den Söhnen des Morna

Als die Fianna wieder einmal beim Jagen war, saßen Black Garraidh und Caoilte neben Finn. Sie sprachen über den Kampf, in dem Finns Vater getötet worden war. Da sagte Finn zu Garraidh: „Sage mir nun, da du selbst dabei warst, auf welche Weise mein Vater Cumhal ums Leben kam?" „Das werde ich dir sagen", gab Garraidh zur Antwort, „durch meine Hand und die Hand meiner Brüder, den Söhnen des Morna." „Das nenne ich falsche Freundschaft von Seiten meiner Gefolgsleute, der Söhne des Morna!", sagte Finn. „Wenn es falsche Freundschaft ist", entgegnete Garraidh, „dann lege deine Zuneigung ab, die du für uns zu empfinden vorgibst, und zeige uns den Hass, den du schon die ganze Zeit gegen uns hegst." „Wenn ich jetzt meine Hand gegen euch erhöbe", sagte Finn, „könnte ich es mit euch allen aufnehmen, ohne jede weitere Hilfe." „Durch seine Tücke gewann Cumhal die Oberhand", sagte Garraidh. „Als er Macht über uns erlangte, verbannte er uns in alle fernen Länder. Einen Teil von uns sandte er nach Alban, einen anderen Teil in das finstere Lochlann und einen weiteren Teil in das helle Griechenland. Und so schied er uns voneinander. Sechzehn lange Jahre waren wir nicht in Irland und konnten uns in dieser ganzen Zeit nicht sehen. Das war nicht leicht für uns. Gleich an dem Tag, an dem wir nach Irland zurückkehrten, töteten wir sechzehnhundert Männer. Das ist keine Lüge. Unter ihnen war kein Mann, dessen Tod nicht von hundert Männern beklagt worden wäre. Danach nahmen wir ihre Burgen ein", sagte er, „und gingen weiter, bis wir alle um das Haus mit den Roten Mauern in Munster standen. Doch der Mann, der dein Vater war und der in diesem Haus lebte, war so tapfer, dass wir ihn leichter finden als töten konnten. Wir schlugen alle seine Stammesleute draußen auf dem Hügel. Dann erst stießen wir zu dem Haus vor, in dem Cumhal war. Jeder von uns fügte ihm mit seinem Speer eine Wunde zu. Ich war selbst dabei. Die erste Wunde empfing er von mir. Räche dich jetzt an mir, Finn, wenn du willst", sagte er.

Es geschah nicht lange danach, dass Finn in Almhuin für die obersten Männer ein Fest gab, und dazu kamen zwei Söhne des Königs von Alban und Söhne der Könige der Großen Welt. Als sie alle an der Festtafel saßen, standen die Diener auf, nahmen die kunstvoll gefertigten Trinkhörner, die mit Edelsteinen besetzt waren, und schenkten ein starkes Getränk ein. Da kam Freude auf in den jungen Männern, Mut in den Kämpfern, Freundlichkeit und Sanftheit in den Frauen, das Wissen und die Gabe der Weissagung in den Dichtern.

Ein Ausrufer stand auf und schüttelte eine raue Eisenkette, um die Spaßmacher und die gemeinen Burschen und die Müßiggänger zum Schweigen zu bringen. Dann schüttelte er eine Kette aus altem Silber, um die hohen Herren und die obersten Männer der Fianna und die Gelehrten zum Schweigen zu bringen. Da schwiegen sie alle und hörten zu. Und Fergus mit der Wahren Stimme erhob sich und sang vor Finn die Lieder und die schönen Gedichte seiner Vorväter. Finn und Oisin und Lugaidhs Sohn belohnten ihn reichlich. Dann ging er weiter zu Goll, Sohn des Morna, und erzählte von den Kämpfen, dem Viehtreiben und dem Freien seiner Väter. Hocherfreut und wohlgesinnt hörten die Söhne des Morna ihm zu. Da sagte Goll: „Wo ist meine Botin?" „Ich bin hier, König der Fianna", sagte sie. „Hast du mir meinen Tribut von den Männern von Lochlann gebracht?" „Sicher habe ich ihn gebracht", sagte sie. Und damit erhob sie sich und legte einen Klumpen reinen Goldes auf den Boden vor Goll. Er hatte die Größe eines guten Schweins und selbst ein starker Mann hätte seine Last damit gehabt. Goll hob die Decke, in die er gehüllt war, und gab Fergus eine gute Belohnung davon. Das pflegte er immer zu tun. Es gab keinen weisen, wortgewandten Dichter, keinen lieblichen Harfenspieler oder irgendeinen Gelehrten in Irland oder Alban, dem Goll nicht Gold oder Silber oder sonst etwas Gutes gegeben hätte.

Als Finn das sah, sagte er: „Wie lange schon, Goll, forderst du diesen Pachtzins von den Männern von Lochlann, die auch meinen Zins noch entrichten müssen, über den ebenso wie über mein Jagdrecht einer meiner Männer, Ciaran, Sohn des Latharne, und tausend Männer seines Geschlechts wachen?" Goll sah, dass Finn verärgert war, und sagte: „Seit langer Zeit, Finn, erhebe ich diesen Pachtzins, seit der Zeit nämlich, als dein Vater Krieg und Streit über mich brachte, als sich der König von Irland mit ihm verbündete und sie mich zwangen, Irland zu verlassen. Ich ging ins Land der Briten und nahm ihnen ihr Land. Ich selbst tötete den König und brachte Zerstörung über sein Volk, aber Cumhal vertrieb mich von dort. Ich ging nach Fionn-lochlann, wo der König durch meine Hand fiel und mit ihm sein Geschlecht, aber Cumhal vertrieb mich auch von dort. Dann ging ich ins Land der Sachsen. Der König und sein Geschlecht fielen durch meine Hand, doch Cumhal vertrieb mich. Dann aber kehrte ich nach Irland zurück und kämpfte gegen deinen Vater. Er fiel durch meine Hand. Zu jener Zeit war es, dass ich den Männern von Lochlann diesen Pachtzins auferlegte. Und Finn", sagte er, „es ist kein herrschaftlicher Zins, den du ihnen auferlegt hast, sondern der Tribut für den Schutz der Fianna von Irland und ich nehme davon nichts weg. Du brauchst mir diesen Tribut nicht zu neiden, denn wenn ich mehr als das besäße, würde ich ihn dir und den Männern von Irland geben."

Da kam große Wut über Finn und er sagte: „Du, Goll, erzählst mir mit deinen eigenen Worten, dass du aus der Stadt Beirbhe kamst, um gegen meinen Vater zu kämpfen, und dass du ihn im Kampf getötet hast. Es ist kühn von dir, mir das zu erzählen."

„Wenn du mir durch deine Hand die gleiche Behandlung zukommen ließest wie dein Vater", sagte Goll, „würde ich es dir genauso heimzahlen, wie ich es ihm heimgezahlt habe." „Das würde dir wohl schwer fallen", entgegnete Finn, „denn auf jeden Mann deines Geschlechts kommen hundert Männer meines Geschlechts."

„Das war bei deinem Vater auch so", sagte Goll. „Doch ich rächte mich für meine Schmach und das Gleiche würde ich dir gegenüber tun, wenn du es verdientest."

Da sprach Cairell mit der Weißen Haut, der Sohn des Finn: „Du hast so manchen Mann aus dem Geschlecht des Finn niedergeworfen, Goll!" Als Conan der Kahle das hörte, sagte er: „Ich schwöre bei meinen Waffen, dass Goll immer hundert Männer in seinem Geschlecht hat, von denen jeder Einzelne in der Lage wäre, euch zu besiegen." „Gehörst du etwa zu ihnen, Conan, du Lügenmaul und Glatzkopf?", sagte Cairell. „Jawohl, ich gehöre zu ihnen, du schwarzer, schwacher, krallenwetzender, rauhäutiger Cairell! Ich werde dir zeigen, dass Finn im Unrecht war", sagte Conan. Bei diesen Worten stand Cairell auf und versetzte Conan einen heftigen Schlag mit der Faust. Conan nahm dies ganz und gar nicht gelassen hin, sondern schlug ihm zurück auf die Zähne; und von da an schlugen sie immer heftiger aufeinander ein. Die zwei Söhne des Goll erhoben sich, um Conan zu helfen, und Osgar kam Cairell zu Hilfe. Es dauerte nicht lange, bis ein Großteil der obersten Männer der Fianna auf der einen oder anderen Seite kämpfte, entweder für Finn oder für die Söhne des Morna.

Aber da erhob sich Fergus mit der Wahren Stimme und mit ihm die anderen Dichter der Fianna. Sie sangen ihre Lieder und Gedichte, um ihnen Einhalt zu gebieten und die Streitenden zur Ruhe zu bringen. Beim Klang der Lieder ließen sie von ihrem Kampf ab und legten die Waffen zu Boden. Die Dichter hoben sie auf und schlossen Frieden zwischen den Kämpfern. Sie legten Finn und Goll die Verpflichtung auf, den Frieden so lange zu wahren, bis sie den Hohen König von Irland um ein Urteil bitten könnten. Und das war für dieses Mal das Ende des kleinen Streits in Almhuin.

Aber er brach wieder aus, als sich Finn und Goll einmal über die Teilung eines Schweins aus der Herde des Manannan entzweiten. In Daire Tardha, dem Eichenwald in der Provinz Connacht, fand ein großer Kampf zwischen Finns Männern und den Söhnen des Morna statt. Die Söhne des Morna wurden geschlagen und fünfzehn ihrer Männer getötet. Da beschlossen sie, sich von diesem Zeitpunkt an gegen jeden Freund von Finn und seinen Leuten zu stellen. Conan der Kahle hatte ihnen diesen Rat gegeben, denn er war immer voller Bitterkeit, stiftete allerorten Streit und säte überall Zwietracht.

Sie hielten Wort und verschonten niemanden. Es gab eine blonde Königin, die Finn liebte. Ihr Name war Berach Brec. Sie war weise und hübsch und jedes guten Mannes würdig. Ihr Haus war voll von Schätzen. Nie schlug sie eine Bitte ab. Jeder, der an Samhain zu ihr kam, konnte bis Beltaine oder auch noch länger bleiben. Sie war bei den Söhnen des Morna aufgewachsen. Diese gingen nun zu ihr und befahlen ihr, Finn aufzugeben. Dann hätte sie nichts zu befürchten. Sie aber sagte, sie würde niemals ihnen zuliebe ihren gütigen Geliebten verlassen. Dann ging sie weg zu ihrem Schiff. Doch Art, Sohn des Morna, warf seinen Speer nach ihr. Er durchbohrte ihren Leib und sie starb. Ihre Leute holten sie vom Strand herauf und begruben sie.

Goll wiederum packte einen kleinen Jagdhund, auf den Finn große Stücke hielt – Conbeg war sein Name – und ertränkte ihn im Meer. Sein toter Körper wurde von einer Welle an die Küste gespült und von der Fianna unter einem kleinen, grünen Hügel begraben. Caoilte klagte und erzählte, wie schnell der kleine Jagdhund immer das Hochwild und die Wildschweine verfolgt habe, wie gut er sie erlegen konnte und wie traurig er nun sei, dass er draußen in den kalten, grünen Wellen sterben musste. Etwa zur selben Zeit trafen sich neun Frauen der Tuatha de Danaan mit neun Männern der Fianna. Die Söhne des Morna sahen sie kommen und töteten sie.

Als Caoilte Goll begegnete, warf er seinen Speer nach ihm, der ihm den goldenen Helm vom Kopf schlug und ihm eine Fleischwunde zufügte. Aber Goll nahm es mit Stolz hin, setzte den Helm wieder auf, nahm seine Waffen und rief seinen Brüdern zu, dass er sich in keinster Weise beschämt fühle.

Finn suchte an allen möglichen Orten nach den Söhnen des Morna, um Rache zu nehmen. Einmal plünderten und töteten diese in Slieve Echtge, das nach Echtge, Tochter des Nuada mit der Silberhand, benannt ist. Finn und die Fianna waren im Westen, in Slieve Cairn im Bezirk von Corcomruadh. Finn wusste nicht, ob die Söhne des Morna in Richtung Süden nach Munster oder in Richtung Norden nach Connacht gegangen waren. Deshalb sandte er Aedan und Cahal, zwei Söhne des Königs von Ulster, und mit ihnen zweihundert Kämpfer in die lieblich schöne Provinz Connacht. Jeden Tag gingen sie von Ort zu Ort und suchten nach den Söhnen des Morna. Doch nach einiger Zeit entdeckten die drei Bataillone der Fianna, die sich in Corcomruadh befanden, die Spur einer Truppe und hielten sie für die Spur der Söhne des Morna. In dieser Nacht umzingelten sie die Männer und brachten alle um. Als aber am nächsten Morgen die Sonne am Himmel stand, erkannten sie, dass es sich um ihre eigenen Leute handelte, die bei den Söhnen des Königs von Ulster gewesen waren. Da schrien sie vor Schmerz dreimal laut auf und beklagten den Tod der Freunde, die sie ohne Absicht getötet hatten.

Caoilte und Oisin gingen nach Rath Medba. Sie brachten einen großen Stein und stellten ihn auf das Grab der Söhne des Königs. Er wurde Lia an Imracail genannt, der Stein des Versehens. Und der Ort, zu dem Goll seine Männer brachte, als er wütend von Finn schied, erhielt den Namen Druimscarha, der Abschiedshügel der Helden.

Kapitel 2
Golls Tod

Schließlich begab es sich, dass Goll und Cairell, Sohn des Finn, durch Zufall aufeinander trafen. Sie gerieten in Streit und kämpften dann im Meer, nahe dem Strand. Cairell kam dabei durch Goll zu Tode. Große Wut und tiefe Trauer überkamen da Finn, als er seinen Sohn, der so stark und hübsch gewesen war, tot und grau wie einen verwelkten Zweig daliegen sah.

Goll aber ging fort zu einer Höhle auf einer Landspitze, die sich ins Meer erstreckte. Er wollte dort bleiben, bis sich Finns Wut gelegt hätte.

Osgar wusste, wo er sich aufhielt, und suchte ihn auf, ihn, der in so vielen Kämpfen sein Kamerad gewesen war. Als er aber auf ihn zuging, hielt Goll ihn für einen Feind und warf seinen Speer. Er fügte ihm zwar keine Wunde zu, traf aber seinen Schild und zerschmetterte ihn. Als Finn den Schild sah und erfuhr, dass Goll seinen Speer nach Osgar geworfen hatte, überkam ihn eine noch größere Wut. Er sandte seine Männer aus und befahl ihnen, jeden

Pfad und jede Bergschlucht, die zu Golls Höhle führten, zu beobachten, um seinem Leben ein Ende zu machen.

Als Goll erfuhr, dass Finn ihm nach dem Leben trachte, versuchte er nicht zu fliehen, sondern blieb, wo er war, ohne Speise und ohne Trank. Und er erblindete von dem Sand, der ihm in die Augen wehte.

Da stieg seine Frau auf einen Felsen, von dem aus sie mit ihm sprechen konnte, und rief: „Komm zu mir, es ist schlimm, wenn du erblindest, da auf dem Felsen des wüsten Meeres, wo du nichts als Salzwasser trinken kannst, du, der Mann, der in jedem Kampf ganz vorne stand. Komm nun und schlafe bei mir. Anstelle des rauen Meerwassers will ich dich an meiner Brust nähren und dich heilen. Ich sehne mich nach deinem goldenen Haar. Bleibe nicht dort. Du verwelkst wie eine Pflanze im Winter und mein Herz wird schwarz vor Trauer." Aber Goll wollte den Ort nicht verlassen, was sie auch sagte. „Es ist am besten so, wie es ist", meinte er. „Ich habe noch nie auf den Rat einer Frau gehört, weder im Osten noch im Westen, und ich werde es niemals tun. O Königin mit der lieblichen Stimme, warum sorgst du dich so um mich? Denk jetzt lieber an dein Silber und dein Gold, an deine Seide und die anderen Kostbarkeiten! Denk an die sieben Jagdhunde, die ich dir in Cruadh Ceirrge geschenkt habe. Kein einziger von ihnen wird müde, bevor nicht alles Wild erlegt ist. Weine mir keine Träne nach, Königin mit den weißen Händen, denke lieber an Aodh, deinen ständigen Verehrer, den Sohn der besten Frau der Welt. Als er von Spanien kam und nach dir verlangte, habe ich in Corcar-an-Deirg gegen ihn gekämpft. Gehe jetzt zu ihm", sagte er, „denn es ist schlecht, wenn eine Frau keinen guten Mann hat."

Er legte sich auf den Felsen nieder und starb nach zwölf Tagen. Seine Frau beweinte dort seinen Tod und stimmte ein großes Wehklagen an um den Mann, der einen so großen Namen hatte und in der Fianna von Irland an zweiter Stelle stand.

Als Conan vom Tod seines Bruders Goll hörte, überkam ihn große Wut. Er suchte Garraidh auf und bat ihn, mit ihm zu Finn zu gehen, um Genugtuung für Goll zu verlangen. „Das habe ich nicht vor", sagte Garraidh, „denn wir werden keine Genugtuung für den großen Sohn des Morna bekommen." „Ob du mitkommst oder nicht, ich gehe auf jeden Fall", erwiderte Conan, „und ich werde dem blonden Goll zuliebe jeden Mann, dem ich begegne, töten. Ich werde Oisin, dem großen Sohn des Finn, das Leben nehmen und Osgar und Caoilte und Daire, dem Sänger. Ich werde keine Nachsicht üben. Wir dürfen Finn keine Angst zeigen, auch wenn wir ohne Golls Hilfe im Kampf sterben. Stellen wir uns dieser Aufgabe. Lass uns keine Zeit verlieren. Finn wird stark sein, bis er im Grab liegt." Aber wahrscheinlich ging Garraidh nicht mit ihm, nachdem er so törichte Worte gesprochen hatte.

Was mit Conan letztlich geschah, weiß man nicht. Aber auf einem Hügel von Burren, in der Nähe von Corcomruadh, ist ein Grabmal aus Steinen. Die Leute von Connacht sagen, dass er dort begraben liegt und dass dort einmal ein Stein gefunden wurde, auf dem die alte Inschrift stand: „Conan der Schnellfüßige und Barfüßige." Aber die Leute aus Munster sagen, dass er auf ihrer Seite von Burren begraben sei.

Kapitel 3
Die Schlacht von Gabhra

Nun war der Hohe König von Irland verärgert über Finn und die Fianna, aus welchem Grund auch immer. Als er einmal seine Leute um sich versammelt hatte, sagte er, sie sollten an all den Schaden denken, den ihnen die Fianna zugefügt hatte, an ihren

Stolz und auch an den Tribut, den sie verlangte. „Was mich betrifft", so sprach er, „eher würde ich im Kampf gegen die Fianna sterben, wenn ich sie mit ins Grab nehmen könnte, als unter ihrer Herrschaft in Irland zu leben." Seine Leute waren der gleichen Ansicht. Sie meinten, sie sollten nun keine Zeit mehr verlieren, sondern die Fianna angreifen und vernichten. „Wenn Almhuin sich ihrer einst entledigt hat", sagten sie, „dann werden wir schöne Tage voller Freuden und Feste haben."

Da begann der Hohe König, Pläne gegen Finn zu schmieden. Er schickte nach allen Männern Irlands, damit sie ihm zu Hilfe kämen. Als alles bereit war, ließ er Osgar kommen und bat ihn zu einem Festmahl nach Teamhair.

Osgar, der keine Angst vor seinen Feinden hatte, machte sich auf den Weg. Er hatte dreihundert seiner Männer bei sich. Unterwegs sahen sie eine Frau der Sidhe, die Kleider in einem Fluss wusch. Das Wasser war blutrot. Osgar sagte zu ihr: „An den Kleidern ist Blut. Du wäschst sie für die Toten." Und die Frau antwortete ihm: „Wenn der Kampf vorbei ist, werden die Raben auch über deinem Haupt schreien." „Sind deine Augen so schwach", sagte Osgar, „dass du meinst, diese kleine Geschichte würde uns zum Weinen bringen? Sage uns nun", fuhr er fort, „wird einer unserer Feinde durch uns fallen, bevor wir selbst zu Tode kommen?" „Neunhundert werden allein durch dich fallen", sagte sie, „und du wirst auch den Hohen König töten."

Osgar und seine Männer gingen dann weiter zum Haus des Königs in Teamhair. Sie wurden gut behandelt. Man bereitete ihnen ein Festmahl und sie vergnügten sich und tranken drei Tage lang. Am letzten Tag des Trinkgelages forderte der Hohe König Osgar mit lauter Stimme zu einem Schlagabtausch mit dem Speer heraus. „Warum forderst du mich heraus?", fragte Osgar, „wo ich doch oft genug im Kampf an deiner Seite stand? Das würdest du nicht tun, wenn Finn und die Fianna jetzt bei mir wären." „Ich würde einen jeden eurer Kämpfer herausfordern", sagte der König, „und dazu noch Abgaben und Tribut verlangen." „Wir würden dir Gold und Schätze geben, wenn du uns darum bätest", erwiderte Osgar, „aber es ist nicht recht, mich zum Speerkampf zu fordern." Große Worte fielen damals. Sie drohten einander und schließlich sagte der Hohe König: „Ich werde deinen Körper mit meinem Sieben-Zauber-Speer durchbohren." „Und ich setze mein Wort dagegen", sagte Osgar, „ich werde dir meinen Neun-Zauber-Speer zwischen Haar und Bart bohren."

Mit diesen Worten standen er und seine Männer auf und verließen Teamhair. Als sie Halt machten, um sich an einem Fluss auszuruhen, hörten sie eine wehevolle Harfenmelodie, die wie eine Totenklage klang. Als Osgar das hörte, überkam ihn große Wut. Er stand auf, nahm seine Waffen und rief seine Männer wach. Dann machten sie sich auf den Weg zu Finn. Ein Bote des Hohen Königs kam ihnen nach. Seine Nachricht lautete, dass er niemals der Fianna Tribut zollen und keinerlei Nachsicht mehr üben werde.

Als Finn das hörte, machte er sich zum Kampf bereit. Er versammelte alle Männer der Fianna, die ihm noch geblieben waren. Die Söhne des Morna jedoch bekannten sich zum Hohen König von Irland.

Am Hügel von Gabhra trafen ihre beiden Armeen aufeinander. Auf jeden Mann Finns kamen zwanzig Männer des Königs von Irland. Eine harte Schlacht wurde an diesem Tag geschlagen und auf beiden Seiten wurden große Taten vollbracht. Nie hat Irland einen größeren Kampf gesehen.

Was Osgar betrifft, so ist es nicht leicht, alle aufzuzählen, die er an diesem Tag in den Tod schickte: hundert Söhne der Gael und hundert Kämpfer aus dem Land des Schnees, hundertvierzig der Männer mit den Grünen Schwertern, die nie einen Schritt zurückwichen, vierhundert Kämpfer aus dem Land des Löwen und hundert Königssöhne. Schmach kam über den König von Irland.

Osgar, der am Morgen so mutig und stark war, glich zuletzt einem Blatt im Wind oder einer Zitterpappel, die fällt. Als er aber den Hohen König erblickte, stürzte er auf ihn wie eine Welle, die sich am Ufer bricht. Der König sah ihn kommen. Er schwang seinen gierigen Speer und schleuderte ihn fort. Er durchbohrte den Leib seines Gegners. Osgar fiel auf das rechte Knie. Das war der erste Schlag für die Fianna. Aber Osgar ließ sich nicht einschüchtern. Er warf seinen Neun-Zauber-Speer nach dem Hohen König, traf ihn zwischen Haar und Bart und versetzte ihm so den Todesstoß. Als die Männer, die beim König standen, das sahen, nahmen sie seinen Helm und steckten ihn auf einen Pfeiler. Seine Leute sollten denken, er sei noch am Leben. Aber Osgar hob eine Steinplatte vom Boden auf und warf sie so, dass der Helm auf dem Pfeiler zerbrach. Dann starb er selbst wie ein König.

In diesem Kampf fielen die sieben Söhne des Caoilte und der Sohn des Königs von Lochlann, der ihnen zu Hilfe geeilt war. Die Zahl derer, die fielen, ist kaum zu ermessen.

Als der Kampf zu Ende war, begaben sich jene, die noch übrig waren, auf die Suche nach ihren Toten. Caoilte beugte sein Haupt über seine sieben tapferen Söhne und jeder noch lebende Mann der Fianna beugte sich über seine teuren Freunde. Tiefe Trauer herrschte beim Anblick all jener, die an diesem Ort niedergestreckt lagen. Doch die Fianna hätte darüber nicht im gleichen Maße getrauert, wenn sie als Sieger vom Schlachtfeld gezogen wäre.

Oisin hielt nach Osgar Ausschau und fand ihn ausgestreckt auf seinem linken Arm liegend. Sein Schild lag zerbrochen neben ihm, in der Hand hielt er noch sein Schwert. Er war über und über mit Blut bedeckt. Osgar streckte die Hand nach Oisin aus, Oisin nahm sie und schrie laut auf. Osgar sagte: „Ich bin froh, dich in Sicherheit zu sehen, mein Vater." Oisin hatte darauf keine Antwort. In diesem Augenblick kam Caoilte zu ihnen. Er sah Osgar an. „Wie geht es dir, mein Liebster?", fragte er. „So, wie du es gerne hättest", sagte Osgar. Da untersuchte Caoilte die Wunde. Er sah, dass sich der Speer durch Osgars Rücken gebohrt hatte, und schrie auf. Eine Wolke legte sich über ihn, seine Kräfte schwanden. „O Osgar", sagte er, „du nimmst Abschied von der Fianna und die Fianna wird sich von ihren Kämpfen verabschieden und dem König von Irland Tribut zahlen."

Caoilte und Oisin hoben Osgar auf ihren Schilden hoch und brachten ihn zu einem sanften, grünen Hügel, wo sie ihm seine Kleider ausziehen wollten. Keine Handbreit seines weißen Körpers war frei von Wunden. Als die anderen aus der Fianna Osgars Zustand sahen, beklagte keiner mehr den Tod des eigenen Sohnes oder Bruders. Alle kamen sie herbei und trauerten um Osgar.

Nach einer Weile, zur Mittagszeit, sahen sie Finn kommen. Das, was von der Sonnenflagge noch übrig war, hatte er an einem Speerschaft befestigt. Sie grüßten Finn, aber er gab keine Antwort und ging hoch zu dem Hügel, auf dem Osgar lag. Als Osgar ihn kommen sah, grüßte er ihn und sagte: „Ich sehne mich nach dem Tod, Finn." Und Finn antwortete: „Mein Sohn, am Tag des Kampfes bei Beinn Edair, als die Wildgänse auf deiner Brust schwimmen konnten, da stand es schlechter um dich, doch meine Hand brachte dir Heilung." „Jetzt kann mir niemand mehr helfen", entgegnete Osgar. „Der König von Irland hat mich mit dem Sieben-Zauber-Speer durchbohrt." Darauf sagte Finn: „Es ist ein Jammer, dass nicht ich im sonnenarmen Gabhra gefallen bin und du an der Spitze der Fianna nach Osten und Westen gehst." „Wenn du im Kampf gefallen wärst", sagte Osgar, „hätte ich nicht geklagt, denn ich habe ein Herz aus Eisen. Doch das Heulen der Hunde neben mir, das Wehklagen der alten Kämpfer und die Tränen der Frauen, all das bedrückt mich." Da sprach Finn: „Kind meines Kindes, Kalb meines Kalbes, so weiß und schlank, dein Zustand ist erbarmenswert. Mein Herz schreckt auf wie ein Hirsch, nach dir und der Fianna von Irland überkommt auch mich die Schwäche. Das Unglück hat uns eingeholt. Jetzt heißt es Abschied nehmen von den Kämpfen und von einem großen Namen und Abschied auch von den Tributen. All das Gute, das mein war, ist vorbei." Als Osgar diese Worte hörte, streckte er seine Hände aus und schloss die Augen. Finn wandte sich von den anderen ab und weinte. Noch nie in seinem ganzen Leben hatte er eine Träne vergossen. Nur um Bran weinte er und um Osgar.

Und alle, die noch übrig waren, stießen drei wehevolle Schreie aus, denn keiner außer Finn und Oisin stand in der Fianna über Osgar.

Viele aus der Fianna lagen tot in Gabhra. Gräber wurden für sie errichtet. Lugaidhs Sohn aber, der ein so großer Mann und ein so guter Kämpfer gewesen war, bestatteten sie in einem großen Grab, wie es einem König gebührt. Und der ganze Hügelkamm bei Gabhra, vom einen Ende bis zum anderen, war das Grab Osgars, des Sohnes des Oisin, des Sohnes des Finn.

Und von diesem Tag an lebte Finn nie mehr in Frieden und Freude.

BUCH X

DAS ENDE DER FIANNA

Kapitel 1
Brans Tod

Eines Tages war Finn auf der Jagd. Bran verfolgte ein Damkitz.
Sie liefen auf Finn zu. Das Kitz schrie auf: „Wenn ich in das
Meer dort unten gehe, werde ich nie wieder zurückkehren; und
wenn ich in die Luft über mir entweiche, wird mich das nicht vor
Bran bewahren." Denn Bran überholte jede Wildgans, so schnell
war sie. „Geh zwischen meinen Beinen durch", sagte Finn. Das tat
das Damkitz und Bran folgte ihm. Als Bran unter ihm hindurch-
lief, zerquetschte sie Finn zwischen seinen beiden Knien, so dass sie
auf der Stelle starb. Da überkam ihn große Trauer und er vergoss
Tränen wie bei Osgars Tod.

Manche sagen, das Damkitz sei Finns Mutter gewesen und Finn
habe Bran getötet, um seine Mutter zu retten. Aber das ist unwahrscheinlich, denn seine Mutter war die schöne Muirne, Tochter des
Tadg, des Sohnes des Nuada von den Tuatha de Danaan, und man
hat nie gehört, dass sie in ein Damkitz verwandelt worden wäre. Es
ist wahrscheinlicher, dass es Oisins Mutter war.

Und manche sagen, man sähe Bran und Sceolan nachts noch immer aus dem Dickicht auf dem Hügel von Almhuin hervorpreschen.

Kapitel 2
Der Ruf nach Oisin

An einem nebligen Morgen versammelten sich die, die von der Fianna noch übrig waren, um Finn. Sie waren niedergeschlagen und voller Kummer nach dem Verlust so vieler Kameraden. Sie gingen auf die Jagd in der Nähe der Grenzen von Loch Lein, wo die Büsche blühten und die Vögel sangen, und störten das Hochwild auf, das so fröhlich war wie die Blätter eines Baumes im Sommer.

Nach nicht allzu langer Zeit sahen sie von Westen eine schöne, junge Frau kommen, die auf einem schnellen, schlanken Schimmelhengst ritt. Sie trug die Krone einer Königin und einen dunklen Umhang aus Seide, der bis auf den Boden reichte und mit Sternen aus rotem Gold bedeckt war. Ihre Augen waren blau und so rein wie der Tau auf dem Gras und an jeder goldenen Locke ihres Haares hing ein Ring aus Gold. Ihre Wangen waren röter als eine Rose, ihre Haut weißer als Schwäne auf den Wogen und ihre Lippen so süß wie mit Honig gemischter Rotwein. In der Hand hielt sie einen Zügel, der ein Gebiss aus Gold besaß, und sie saß auf einem Sattel aus rotem Gold. Über ihren Hengst war ein geschmeidiger Umhang gebreitet, er hatte eine silberne Krone auf dem Kopf und Hufe aus glänzendem Gold.

Sie kam zu Finn und sprach mit einer gütigen, sanften Stimme: „Ich habe eine lange Reise hinter mir, König der Fianna." Finn fragte, wer sie sei, aus welchem Land sie stamme und was der Grund ihres Kommens sei. „Niamh die Goldhaarige ist mein Name", sagte sie. „Mein Name steht über dem Namen aller Frauen der Welt, denn ich bin die Tochter des Königs des Landes der Ewigen Jugend." „Was brachte dich über das Meer zu mir, Königin?", fragte Finn. „Hat dich dein Mann verlassen oder welche

Sorge lastet auf dir?" „Mich hat kein Mann verlassen, denn ich hatte noch nie einen Mann. Aber, o König der Fianna", sagte sie, „meine ganze Liebe habe ich nun deinem Sohn geschenkt, Oisin mit der Starken Hand." „Warum gerade ihm und nicht all den Heerscharen von edlen Prinzen, die unter der Sonne leben?", fragte Finn. „Weil er einen großen Namen hat und man mir von seiner Tapferkeit und Schönheit erzählte", gab sie zur Antwort. „So mancher Königssohn und hohe Prinz hat mich schon begehrt, doch gab ich keinem nach, bis sich meine Liebe auf Oisin richtete."

Als Oisin diese Worte hörte, verliebte er sich mit jeder Faser seines Herzens in die schöne Niamh. Er nahm ihre Hand in die seine und sagte: „Sei aufrichtig willkommen in diesem Land, junge Königin. Du bist die Strahlendste, die Schönste und Liebste; du bist mir lieber als jede andere Frau; du bist mein Stern und meine Erwählte unter allen Frauen auf der ganzen Welt." „Wenn du ein wahrer Held bist", sagte Niamh, „dann komm jetzt mit mir in das Land der Ewigen Jugend." Und sie sprach die folgenden Worte zu ihm:

„Es ist das herrlichste Land unter der Sonne. Die Bäume beugen sich unter der Last der Früchte, Blätter und Blüten.

Honig und Wein sind im Überfluss vorhanden und auch alles andere, was das Auge je ersah. Nie wird der Zahn der Zeit an dir nagen. Nie wirst du Tod und Schwäche sehen.

Du wirst dich weiden an Festessen, Spiel und Trank. Süße Musik wirst du hören. Silber, Gold und Juwelen werden dein Eigen.

Du wirst wahrhaftig hundert Schwerter erhalten, hundert Umhänge aus der teuersten Seide, hundert Pferde, die schnellsten im Kampf, und hundert Hunde, bereit zu Jagd.

Du wirst die Krone des Königs der Ewigen Jugend erhalten, die er noch keinem Menschen unter der Sonne gegeben hat. Sie wird

dich Tag und Nacht beschützen, in jedem rauen Kampf und in
jeder Schlacht.
Du wirst eine stattliche Rüstung bekommen, ein Schwert mit
goldenem Griff, vollkommen im Kampf. Niemand wird ihm
lebend entkommen.
Hundert Wappen und Hemden aus Satin, hundert Kühe und
hundert Kälber, hundert Schafe mit goldenem Vlies, hundert
Juwelen, die nicht von dieser Welt sind.
Hundert fröhliche junge Mädchen, die leuchten wie die Sonne,
mit Stimmen lieblicher als der Gesang der Vögel, hundert be-
waffnete Männer, die stark im Kampf sind und fähig zu großen
Taten, werden dich begleiten, wenn du mit mir in das Land der
Ewigen Jugend kommst.
Du wirst all das, was ich sagte, bekommen und mehr noch,
Freuden, die ich dir nicht verraten darf. Du wirst Schönheit,
Stärke und Macht erhalten und ich werde dir als deine Frau zur
Seite sein."

Nachdem sie dieses Lied gesungen hatte, sagte Oisin: „O freundliche, goldhaarige Königin, du bedeutest mir mehr als alle Frauen
dieser Welt. Ich werde gerne mit dir gehen".

Er küsste Finn, seinen Vater, sagte ihm Lebewohl und verabschiedete sich von den anderen. Dann stieg er zu Niamh aufs Pferd. Der
Hengst setzte sich in Bewegung, und als er zum Strand kam, schüttelte er sich, wieherte dreimal und ging dann auf das Meer zu. Als
Finn und die Fianna sahen, wie Oisin vor dem weiten Meer stand,
stießen sie vor Kummer und Leid drei Schreie aus. Finn aber sagte:
„Mit Trauer sehe ich dich von mir gehen und ich habe keine Hoffnung, dass du jemals wieder zu mir zurückkehrst."

Kapitel 3
Die letzten großen Männer

Das war in der Tat das letzte Mal, dass Finn, Oisin und der Rest der Fianna von Irland zu Jagd, Kampf und Schachspiel, zu Trank und Musik versammelt waren, denn danach gingen sie alle langsam dahin, einer nach dem anderen:

Caoilte war alt und einsam, nachdem er seine Söhne verloren hatte, und er sehnte sich nach den alten Zeiten. Eines Tages, als der Boden dick mit Schnee bedeckt war, klagte er laut:

> *„Kalt ist der Winter. Wind ist aufgekommen. Der wilde, kühne Rothirsch erhebt sich. Kalt ist der ganze Berg heute Nacht und dennoch ruft der wilde Rothirsch. Das Hochwild von Slievecarn legt sich nicht zur Ruhe. Es hört den Gesang der Wölfe.*
>
> *Ich, Caoilte, der braunhaarige Diarmuid und der freundliche, schnellfüßige Osgar, wir hörten früher den Gesang der Wölfe bis zum Ende der kalten Nacht. Es ist gut, dass das braune Hochwild mit der zarten Haut in der Höhle schläft, in der Erde verborgen, bis zum Ende der kalten Nacht.*
>
> *Jetzt bin ich alt und kenne nur noch wenige Männer. Früher schwang ich tapfer meinen Speer am eiskalten Morgen. Oftmals habe ich ein großes Heer zum Schweigen gebracht, in einer Nacht, die so bitterkalt war wie die heutige."*

Nach einer Weile ging er zum Hügel des Feenvolkes, das ihn von seinen alten Wunden heilen sollte. Ob er von dort zurückkam, weiß man nicht. Manche sagen, dass er mit Patrick zu reden pflegte, zur gleichen Zeit, als auch Oisin bei ihm war. Aber das ist unwahrscheinlich, denn sonst hätte sich Oisin nicht so über seine Einsamkeit beklagt.

Lange Zeit danach war wieder ein König von Irland auf Reisen. Er und seine Leute kamen vom Weg ab, und als die Nacht hereinbrach, fanden sie sich in einem dunklen Wald wieder. Vor ihnen war kein Weg zu sehen. Da kam ein riesiger Mann, der wie eine lodernde Flamme leuchtete. Er nahm das Pferd des Königs beim Zügel und führte es durch den Wald, bis sie auf den richtigen Weg kamen. Der König von Irland fragte ihn, wer er sei. Zuerst sagte er: „Ich bin dein Leuchter." Dann aber fügte er hinzu: „Ich war einst mit Finn zusammen." Und der König wusste, dass es Caoilte, Sohn des Ronan, war.

Drei neunköpfige Einheiten vom Rest der Fianna kamen einmal aus dem Westen nach Teamhair. Sie bemerkten, dass ihnen niemand mehr Achtung schenkte oder überhaupt mit ihnen sprach, da sie nicht mehr die alte Stärke und den großen Namen hatten. Als ihnen das bewusst wurde, legten sie sich an der Seite des Hügels bei Teamhair nieder, berührten mit der Lippe die Erde und starben.

Nach dem Ende der Fianna von Irland hing ein Jahr, einen Monat und drei Tage Nebel über Loch Dearg.

Finn aber, so sagen einige, sei durch die Hand eines Fischers umgekommen, aber wahrscheinlich ist das nicht wahr, denn das wäre kein Tod für einen so großen Mann wie Finn, Sohn des Cumhal. Manche sagen, er sei gar nicht gestorben, sondern lebe an einem geheimen Ort.

Einst entdeckte ein Schmied eine Höhle. Sie hatte eine Tür und er fertigte einen Schlüssel an, mit dem sie sich öffnen ließ. Als er eintrat, sah er einen großen Platz und riesige Männer, die auf dem Boden lagen. Einer, der größer als die anderen war, lag in der Mitte und neben ihm die Dord Fiann. Da wusste er, dass es Finn und die Fianna waren. Der Schmied nahm die Dord Fiann in die Hand und konnte sie nur mit Mühe zum Mund führen. Er blies kräftig hinein. Der Klang, den sie erzeugte, war so laut, dass nicht viel gefehlt hätte und die Felsen wären über ihm eingestürzt. Das erschütterte die Männer, die auf dem Boden lagen, von Kopf bis Fuß. Da blies er noch einmal und sie wandten sich alle auf den Ellbogen gestützt um. Große Furcht überkam ihn, als er das sah. Er warf die Dord Fiann zu Boden, rannte aus der Höhle, sperrte die Tür hinter sich zu und warf den Schlüssel in den See. Da hörte er, wie sie hinter ihm herriefen: „Du lässt uns schlimmer zurück, als du uns gefunden hast." Seitdem hat keiner mehr die Höhle gefunden.

Aber manche sagen, dass der Tag kommen wird, an dem die Dord Fiann dreimal erklingen wird, und dass die Fianna dann auferstehen und so stark und gut sein wird, wie sie immer war. Und manche sagen, dass Finn, Sohn des Cumhal, seit diesen alten Zeiten immer wieder in Gestalt eines der Helden von Irland auf der Erde gewesen sei.

Was aber die Heldentaten anbelangt, die er und seine Männer vollbrachten, als sie noch zusammen waren, so ist es gut, dass sie durch die Dichter von Irland und Alban in Erinnerung geblieben sind. Eines Nachts hüteten zwei Männer in einem Tal Schafe. Sie sagten sich die Gedichte über die Fianna vor. Da sahen sie zwei riesige Gestalten auf den beiden Hügeln zu jeder Seite des Tals. Eine der Gestalten sagte zur anderen: „Hörst du den Mann dort unten? Ich war der zweite Posten bei Gabhra und dieser Mann weiß über all das besser Bescheid als ich."

Buch XI

OISIN UND PATRICK

Kapitel 1
Oisins Geschichte

Oisin aber kam lange Zeit, nachdem er von Niamh weggebracht worden war, wieder nach Irland zurück. Manche sagen, dass er hundert Jahre im Land der Ewigen Jugend war, andere meinen, es seien tausend Jahre gewesen. Wie auch immer, ihm schien die Zeit sehr kurz gewesen zu sein. Und was ihm dort auch widerfahren sein mag, nach seiner Rückkehr fanden sie ihn am Boden liegend, alt und grau und ohne sein weißes Pferd.

Zu dieser Zeit war Patrick ein mächtiger Mann in Irland. Oisin wurde zu ihm gebracht. Er nahm ihn in seinem Hause auf, unterrichtete ihn und stellte ihm Fragen. Oisin fand überhaupt keinen Gefallen an Irland, so, wie es jetzt war. Er redete dauernd von den alten Zeiten und trauerte der Fianna nach.

Patrick wollte wissen, was mit ihm geschehen sei, nachdem er Finn und die Fianna verlassen hatte und mit Niamh weggegangen war. Und Oisin erzählte seine Geschichte: „Als ich mit der goldhaarigen Niamh fortging, wandten wir uns vom Land ab und blickten nach Westen. Das Meer wich vor uns zurück und türmte sich hinter uns in hohen Wellen auf. Wir sahen wunderbare Dinge auf unserer Reise", sagte er, „Städte und Königsschlösser, Burgen und weiß gekalkte, von der Sonne beschienene Häuser und Paläste. Einmal sahen wir ganz in der Nähe ein Reh ohne Geweih, das vor einem lechzenden, weißen Hund mit roten Ohren flüchtete. Und ein anderes Mal sahen wir ein junges Mädchen auf einem Pferd. Sie ritt über die Wellenberge und hielt einen goldenen Apfel in der rechten Hand. Ein junger Mann im purpurroten Umhang, der ein Schwert mit goldenem Griff in der rechten Hand hielt, folgte ihr auf einem weißen Pferd."

„Erzähle weiter, lieber Oisin", sagte Patrick. „Du hast noch nicht gesagt, in welchem Land du warst." „Ich war im Land der Ewigen Jugend, dem Land des Sieges", sagte Oisin. „O Patrick, es wird seinem Namen wahrlich gerecht. Wenn es in deinem Himmel auch so großartige und wunderbare Dinge gibt, dann schließe ich gern Freundschaft mit Gott."

„Wir wandten uns dann von der Burg ab", berichtete er weiter. „Unser Pferd war schneller als der Frühlingswind in den Bergen. Schon bald verdunkelte sich der Himmel und der Wind nahm zu. Es war, als ob das Meer in Flammen stünde, von der Sonne war nichts zu sehen. Als wir eine Weile die Sterne und Wolken betrachtet hatten, ließen Sturm und Wind allmählich nach und die Sonne schien wieder. Vor uns sahen wir nun ein liebliches Land mit sanften Tälern; alles stand in Blüte. Auch das Königsschloss, das in allen Farben leuchtete, sahen wir und sonnige Häuser und Paläste, die von geschickten Männern aus Edelsteinen gebaut waren. Hundertfünfzig stattliche Soldaten, aus denen das Leben nur so sprühte, kamen auf uns zu. Da fragte ich Niamh, ob wir im Land der Ewigen Jugend seien. Sie nickte. ,So ist es, Oisin', sagte sie. ,Ich habe dir nicht zu viel versprochen. Was du hier siehst, wird immer so sein.'

Dann kamen hundert hübsche, junge Mädchen mit golddurchwirkten Umhängen aus Seide und begrüßten mich in ihrem Land.

Anschließend kam eine großartige, eine wahrlich glänzende Armee mit einem starken, schönen König, der ein gelbes Seidenhemd und einen goldenen Umhang darüber trug und eine glänzende Krone auf dem Kopf hatte. Ihm folgte seine junge Königin in Begleitung von fünfzig jungen Mädchen. Als sie alle versammelt waren, nahm mich der König bei der Hand und sprach vor ihnen: ‚Sei tausendmal gegrüßt, Oisin, Sohn des Finn. Ich werde dir alles über dieses Land erzählen, die ganze Wahrheit. Hier ist dein Leben ewig und du bleibst für immer jung. Alles, was dein Herz begehrt‘, sagte er, ‚jede Freude wird dir hier erfüllt. Du kannst mir glauben, Oisin, denn ich bin der König in diesem Land und das ist meine liebreizende Königin. Die goldhaarige Niamh, unsere Tochter, suchte dich jenseits des Meeres. Du sollst für immer ihr Mann sein.‘ Ich dankte ihm und verbeugte mich vor der Königin. Wir gingen auf das königliche Haus zu und alle Männer und Frauen von hohem Rang kamen zu unserer Begrüßung. Sie gaben ein großes Fest für uns, das zehn Tage und zehn Nächte dauerte. Das war unsere Hochzeitsfeier. So kam ich ins Land der Ewigen Jugend, wiewohl es mir nicht leicht gefallen ist, dies jetzt zu erzählen, Patrick von Rom", sagte Oisin.

„Erzähle deine Geschichte weiter, Oisin mit den Vernichtenden Waffen", sagte Patrick, „und sage mir endlich, wie du das Land der Ewigen Jugend wieder verlassen hast. Du warst so lange dort. Hattest du auch Kinder mit Niamh?" „Niamh und ich bekamen drei wunderschöne Kinder", fuhr Oisin fort, „zwei Söhne und eine liebreizende Tochter. Niamh nannte die beiden Söhne Finn und Osgar und ich gab unserer Tochter den Namen ‚Die Blume‘.

Ich habe nicht bemerkt, wie die Zeit verging, und ich war lange Zeit dort, bis der Wunsch in mir aufkam, auch Finn und meine Kameraden wieder zu sehen. Ich bat den König und Niamh um Erlaubnis, nach Irland zu gehen. ‚Meine Erlaubnis hast du‘, sagte Niamh, ‚aber dennoch, du bringst mir keine gute Nachricht. Ich habe Angst, dass du nie mehr zurückkehrst, solange du lebst.' Doch ich bat sie, sich keine Sorgen zu machen, denn mein Schimmel würde mich sicher wieder aus Irland zurückbringen. ,Merk dir das gut, Oisin', sagte sie, ,wenn du unterwegs auch nur einmal vom Pferd steigst und mit dem Fuß den Boden berührst, kannst du nie wieder hierher zurückkehren. O Oisin, ich sage dir noch einmal, wenn du einmal vom Pferd steigst, bist du ein alter Mann, blind und verwelkt, ohne Leben, ohne Freude, ohne Kraft. Es schmerzt mich, Oisin, dass du ins grüne Irland zurückwillst. Dort ist nichts mehr so, wie es einmal war. Du wirst weder Finn noch seine Leute sehen. Denn ganz Irland ist jetzt in der Hand eines Ordensvaters und einer ganzen Armee von Heiligen. Ich küsse dich, geliebter Oisin', sagte sie, ,denn du wirst nie mehr in das Land der Ewigen Jugend zurückkehren.'

Das ist meine Geschichte, Patrick, die ganze Wahrheit", sagte Oisin. „O Patrick, wenn ich noch derselbe wäre wie früher, dann hätte ich alle deine Diener in den Tod geschickt und keiner wäre ungeschoren davongekommen."

„Erzähle weiter!", sagte Patrick. „Deine Stimme klingt so angenehm. Du wirst von mir genauso gut behandelt werden wie von Finn."

Oisin fuhr also mit seiner Geschichte fort: „Über meine Reise gibt es nicht viel zu sagen. Als ich wieder im grünen Irland war, blickte ich mich nach allen Seiten um, doch von Finn war nichts zu sehen und nichts zu hören. Bald schon sah ich eine große Reitertruppe, Männer und Frauen, die von Westen her kamen. Als sie bei mir angelangt waren, wünschten sie mir Gesundheit und Heil. Aus ihren Blicken sprach ihr Erstaunen über mich, der ich so ganz anders aussah als sie, so groß und breit. Dann fragte ich nach Finn und der Fianna, ob sie noch lebten oder was geschehen sei. ,Von Finn haben wir schon oft gehört', sagten sie. ,Man sagt, dass er vor langer Zeit gelebt hat und niemand ihm an Kraft und Mut und

Ehre ebenbürtig gewesen ist. Die Dichter der Gael haben manches Buch über ihn geschrieben, über seine und der Fianna Heldentaten. Wir können sie unmöglich alle aufzählen. Finn soll einen Sohn gehabt haben, einen schönen, erhabenen Sohn. Ein junges Mädchen kam einst und suchte nach ihm und er ging mit ihr fort ins Land der Ewigen Jugend.' Als ich vernahm, dass weder Finn noch irgendeiner aus der Fianna mehr am Leben war, wurde mir schwer ums Herz. Müde und voller Leid wandte ich mich ab und zog nach Almhuin. Und wie staunte ich, als ich dort ankam und nicht die Spur von Finns riesiger Burg mit dem großen Saal entdeckte, nichts von allem, nur Gras und Nesseln."

Oisin wurde wieder vom Kummer übermannt. „O Patrick! O weh, o weh! Das war keine gute Reise", sagte er, „ohne ein Zeichen von Finn und der Fianna. Es wird mich mein Leben lang schmerzen."

„Hör auf zu klagen, Oisin!", mahnte ihn Patrick. „Vergieße deine Tränen lieber für den Gott der Gnade. Finn und die Fianna haben das versäumt und werden nie mehr Hilfe erlangen." „Welcher Jammer", klagte da Oisin, „Finn in ewigem Schmerz! Wer hat es geschafft, ihn zu besiegen, ihn, der mit eigener Hand so vielen starken Kämpfern den Tod bereitet hat?" „Gott hat den Sieg über Finn davongetragen", antwortete Patrick, „kein Feind mit starker Hand. Die Fianna wurde zusammen mit ihm in die Hölle verbannt, sie leiden dort ewige Qualen." „O Patrick", sagte Oisin, „zeige mir, wo Finn und seine Leute sind, und ich werde Himmel und Hölle niederwerfen. Wenn Osgar, mein Sohn, der Tapferste aller Helden, dort ist, dann gibt es keine noch so starke Truppe, weder im Himmel noch in der Hölle, die er nicht vernichten kann." „Lassen wir den Streit, Oisin", sagte Patrick. „Erzähle weiter. Was geschah, als du erfahren hattest, dass es mit der Fianna zu Ende ist?"

„Das werde ich dir sagen, Patrick", entgegnete Oisin. „Ich wollte gerade wegreiten, als ich den Stein entdeckte, in den die Fianna immer ihre Hand legte. Er war voller Wasser. Als ich ihn sah, wurde mein Verlangen danach so groß, dass ich vergaß, was man mir gesagt hatte. Ich stieg vom Pferd. In dieser Minute kamen all die Jahre zurück. Ich lag am Boden, das Pferd bekam es mit der Angst und lief fort und ich blieb zurück, ein alter Mann, schwach und verbraucht, ohne Augenlicht, ohne Stattlichkeit, ohne Ansehen, ohne Kraft, ohne Verständnis, ohne Achtung. Das, Patrick, ist meine Geschichte", sagte Oisin, „und es ist alles so, wie ich es sagte. Das alles geschah seit meinem Fortgang bis zu meiner Rückkehr aus dem Land der Ewigen Jugend."

Kapitel 2
Oisin in Patricks Haus

Oisin blieb bei Patrick, doch er war mit seiner Behandlung nicht zufrieden. Einmal meinte er: „Sie sagen, dass ich zu essen und trinken bekommen soll, aber, bei Gott, dem ist nicht so. Und ich, Oisin, Sohn des Finn, bin unter dem Joch und ziehe Steine hinter mir her." „Ich meine, du hast genug", antwortete Patrick. „Du bekommst jeden Tag ein Viertel vom Rind, ein Fass Butter und einen Fladen Brot." „Ich habe schon ein Viertel von einer Amsel gesehen, das größer war als dein Viertel von einem Rind", erwiderte Oisin, „und eine Vogelbeere, so groß wie dein Fass Butter, und ein Efeublatt, so groß wie dein Fladen Brot." Patrick wurde zornig, als Oisin so sprach, und er bezichtigte ihn der Lüge.

Da wurde Oisin sehr wütend und ging zu einem Wurf junger Hunde. Er befahl einem Knecht, die Haut eines frisch geschlachteten Ochsen an die Wand zu nageln und ein Junges nach dem anderen dagegenzuwerfen. Und eines nach dem anderen fiel wieder herunter, bis das letzte an der Reihe war. Es hielt sich mit Zähnen und Klauen an der Haut fest. „Nimm es und ziehe es auf", sagte Oisin. „Die anderen kannst du ertränken." Dann befahl er dem Knecht, das Junge an einem dunklen Ort zu halten und gut zu pflegen. Niemals dürfe es das Tageslicht sehen oder Blut riechen. Nach einem Jahr war Oisin von dem jungen Hund so angetan, dass er ihm den Namen Bran Og, Junger Bran, gab.

Eines Tages rief er nach dem Knecht, er solle mit ihm auf Reisen gehen und das Junge an einer Kette mitbringen. Sie machten sich auf den Weg und kamen bei Slieve-nam-Ban vorbei, wo die Hexen der Sidhe an ihren Spinnrädern saßen. Dann wandten sie sich ostwärts nach Gleann-na-Smol. Oisin hob einen Felsen hoch, der da lag, und befahl dem Knecht, er solle drei Dinge darunter hervorholen: ein großes Klanghorn der Fianna, eine Eisenkugel, mit der sie früher zu werfen pflegten, und ein scharfes Schwert. Als Oisin diese Gegenstände in der Hand hielt, sagte er: „Tausendmal sei der Tag gepriesen, an dem man euch hierher brachte!" Der Knecht musste alles sauber machen, und als er damit fertig war, befahl ihm Oisin, das Horn zu blasen. Der Knecht gehorchte. Oisin fragte ihn, ob er etwas Absonderliches gesehen habe. „Nein", antwortete der Knecht. „Dann blase noch einmal, so fest du kannst", sagte Oisin. „Fester kann ich nicht und ich sehe auch nichts", sagte der Knecht nach einem weiteren Versuch. Da nahm Oisin das Horn selbst zur Hand, führte es zum Mund und blies dreimal kräftig hinein. „Was siehst du jetzt?", fragte er. „Drei große Wolken kann ich erkennen", entgegnete der Knecht. „Sie legen sich über das Tal. Die erste Wolke ist ein Schwarm großer Vögel, die zweite ein Schwarm noch größerer Vögel und die dritte Wolke ein Schwarm der größten und schwärzesten Vögel, die unsere Welt je gesehen hat." „Was macht der Hund?", fragte Oisin. „Ihm fallen schier die Augen aus dem Kopf und jedes Haar steht ihm einzeln zu Berge." „Lass ihn jetzt los", sagte Oisin.

Der Hund rannte ins Tal und griff den größten Vogel an, der einen Schatten warf wie eine Wolke. Sie trugen einen hitzigen Kampf aus, doch zuletzt tötete Bran Og den Vogel und leckte sein Blut. Und sogleich gebärdete er sich wie verrückt. Er rannte auf Oisin zu, mit aufgerissenem Maul und Augen wie Feuer. „Ich fürchte mich, Oisin", sagte der Knecht. „Der Hund ist in Raserei verfallen und setzt uns nach." „Nimm die Eisenkugel und wirf sie auf ihn, wenn er näher kommt", sagte Oisin. „Das traue ich mich nicht", erwiderte der Knecht. „Dann gib sie mir in die Hand und drehe sie in seine Richtung", sagte Oisin. Der Knecht tat, wie ihm befohlen, und Oisin warf die Kugel nach dem Hund. Sie flog·in seinen Rachen und würgte ihn. Mit Schaum vor dem Maul bäumte sich der Hund auf und stürzte den Hang hinab.

Dann gingen sie zu dem großen Vogel. Oisin bat den Knecht, ihm mit dem Schwert ein Viertel aus dem Leib zu schneiden. Als er das getan hatte, befahl er ihm, den Leib zu öffnen. Er fand darin die größte Vogelbeere, die er je gesehen hatte, und ein Efeublatt, das größer war als der größte Fladen.

Oisin kehrte zu Patrick zurück und zeigte ihm das Viertel des Vogels, das größer war als das Viertel eines Rindes, und die Vogelbeere, die größer war als ein Fass Butter, und das Blatt. „Jetzt weißt du, Patrick mit den Glocken, dass ich nicht gelogen habe. Unser Leben lang hat uns das verbunden: die Wahrheit in unseren Herzen, die Kraft in unseren Armen und die Einhaltung unserer Versprechen."

„Du hast wahrlich nicht gelogen", sagte Patrick.

Als Oisin sein Augenlicht gänzlich verloren hatte, nahm er jeden Abend einen der Diener auf die Schultern und zog mit ihm los, weil er wissen wollte, wie es dem Vieh ging. Eines Abends aber stand den Dienern nicht der Sinn danach und sie beschlossen, Oisin zu erzählen, dass es eine fürchterliche Nacht sei. Der erste behauptete: „Der Regen prasselt so schwer von den Bäumen herab, dass man nicht einmal mehr das Rauschen der Wellen hören kann." Der nächste meinte: „Im Wald zittern die Bäume. Die Birken werden ganz schwarz und die Vögel sterben im Schnee. So geht es draußen zu." Der dritte schließlich sagte: „Der weiße Schnee und der dunkle Regen ziehen nach Osten. Darum ist es so kalt und der Schnee, der auf die Ebene fällt, wird sofort eisig und hart." Die Magd aber, die im Haus wohnte, sprach: „Steh auf, Oisin, zieh hinaus in den tiefen Schnee. Denn schon reißt der kalte Wind die Bäume von den Hügeln." Oisin ging dann mit einem Diener auf den Schultern ins Freie. Der Diener aber nahm eine Schüssel mit Wasser und einen Birkenzweig und spritzte damit Wasser in Oisins Gesicht, so dass dieser dachte, es regne. Als sie den Pferch erreichten, in dem das Vieh eingesperrt war, merkte Oisin, dass die Nacht ganz ruhig war. Von da an fragte er nie wieder einen der Diener, wie es denn um das Wetter bestellt sei.

Kapitel 3
Der Disput

Patrick hatte sich vorgenommen, Oisin zu bekehren und zur Taufe zu bewegen. Das aber war keine leichte Aufgabe, denn bei allem, was er sagte, wusste Oisin etwas dagegen zu sagen. Und ihre Unterhaltungen und Streitgespräche, wie sie die Dichter Irlands später aufgezeichnet haben, verliefen auf folgende Weise:

Patrick: „Oisin, du schläfst zu lange. Steh auf und höre den Psalm. Kraft und Wille scheinen dich verlassen zu haben, obwohl du doch in so viele raue Kämpfe und Schlachten gezogen bist."

Oisin:	„Meine Kraft und mein Wille sind dahin, seit es Finns Heer nicht mehr gibt. Mir steht der Sinn nicht nach deinen Geistlichen. Ihre Musik ist nicht halb so süß, wie es die seine war."
Patrick:	„Seit Anbeginn der Welt gibt es keine bessere Musik. Einen schönen Dienst würdest du dem Heer erweisen, so alt und dumm und grau, wie du bist."
Oisin:	„Patrick der Beschränkte, ich habe dem Heer sehr wohl gedient. Es ist nicht recht, dass du mir so übel nachredest. Bis auf den heutigen Tag hat mich niemand beschämt.

Ich habe viel süßere Musik als bei euch gehört, wie sehr du deine Geistlichen auch rühmen magst: das Lied der Amsel in Leiter Laoi, den Ton der Dord Fiann, die liebliche Drossel im Tal der Schatten, den Klang der Boote, die stranden. Selbst das Bellen der Jagdhunde klang in meinen Ohren besser als der Lärm eurer Schulen, Patrick. Kleine Nuss, meine Kleine Nuss, der liebe Zwerg, der bei Finn war! Wenn er seine Melodien und Lieder spielte, wiegte er uns alle in tiefen Schlaf. Die zwölf Hunde, die Finn gehörten, wenn sie losgelassen wurden, tönte ihr Schrei lieblicher als Harfen und Flöten.

Ich weiß eine kleine Geschichte über Finn. Wir waren nur fünfzehn Mann und haben den König der Sachsen in einem Kraftakt besiegt und die Schlacht gegen den König von Griechenland gewonnen. Neun Kämpfe haben wir in Spanien ausgefochten und neunmal zwanzig in Irland. Aus Lochlann und der östlichen Welt sandten sie Gold an Finn.

Welch ein Kummer, nach ihm noch leben zu müssen, und das ohne die Freude von Spielen und Musik. Welch Kummer, nach dem Ende meiner Kameraden dahinzusiechen! Mein Leiden heißt Leben. Ich und die Messdiener können niemals eins werden. Wenn Finn und die Fianna noch am Leben wären, liefe ich den Dienern und Glocken davon. Die Spur der Hirsche würde ich aufnehmen und ihnen durch die Täler nachjagen.

Erbitte den Himmel Gottes für Finn und sein Volk, Patrick, bete für diesen großen Mann, es gab keinen Zweiten wie ihn."

Patrick: „Für Finn werde ich nicht beten, du geistreicher Mann, der meinen Zorn schürt, denn seine ganze Freude bestand im Jagdgetümmel."

Oisin: „Wenn du nur einmal in Finns Gesellschaft gelebt hättest, o Patrick mit den freudlosen Geistlichen und Glocken, würdest du deinen Schulen und deinem Gott keine Achtung mehr zollen."

Patrick: „Für niemanden auf der Welt würde ich mich von Gottes Sohn abwenden. O Oisin, zittriger Poet, du wirst Schaden nehmen zur Genugtuung der Priester."

Oisin: „Wenn die Jagdhunde bellten und die wilden Hunde ausbrachen, wenn er mit Stolz auf seine Heere blicken konnte, das war Finns Freude."

Patrick: „Finn hatte an vielen Dingen seine Freude, die heute nicht mehr zählen. Finn und seine Jagdhunde leben nicht mehr und du wirst auch nicht ewig leben, Oisin."

Oisin: „Finns Geschichte wiegt mehr als unsere, mehr als die aller Lebenden und Toten. Ihm gebührt der Ruhm mehr als allen anderen."

Patrick: „Euer ganzer Ruhm nützt euch jetzt wenig. Er liegt in den Fesseln der Hölle, weil er Verrat und Unterdrückung übte."

Oisin: „Mann aus Rom mit den weißen Büchern, von deiner Wahrheit, der großzügige Finn, das Oberhaupt der Fianna, sei jetzt in der Hand von Teufeln und Dämonen, halte ich wenig."

Patrick: „Finn, der Mann, der euch so gefiel und der sein Gold großzügig verteilte, liegt in den Fesseln der Hölle, und weil er Gott nicht achtete, leidet er im Haus der Schmerzen."

Oisin: „Wenn die Söhne des Morna dort wären oder die starken Nachfahren des Baiscne, würden sie Finn befreien oder dieses Haus in Beschlag nehmen."

Patrick: „Und wenn die fünf Provinzen Irlands dort wären oder die sieben starken Bataillone der Fianna, so könnten sie Finn nicht befreien, wie stark sie auch wären."

Oisin: „Wenn Faolan und Goll noch lebten und der braunhaarige Diarmuid und der kühne Osgar, könnte niemand und nichts Finn und die Fianna in irgendeinem Haus halten, mag es auch Gott oder der Teufel gemacht haben."

Patrick: „Selbst wenn sie noch lebten und alle, die jemals zur Fianna gehörten, könnten sie Finn nicht aus dem Haus der Schmerzen befreien."

Oisin: „Was hat Finn denn Gott schon getan, außer dass er Schulen und Armeen stellte, dass er im Überfluss gab oder seine Hunde abrichtete?"

Patrick: „Finn und die Fianna schmoren in der Hölle, weil Finn eben nur an seine Hunde dachte und den Schulen der Dichter huldigte, Gott aber nicht geehrt hat."

Oisin: „Patrick mit den Psalmen, du sagst, die Fianna könnte Finn nicht herausholen, nicht einmal gemeinsam mit den fünf Provinzen. Dazu erzähle ich dir eine kleine Geschichte über Finn. Wir waren nur fünfzehn Mann, als wir den König von Britannien, der für seine Festgelage bekannt war, unterwarfen, allein durch unsere Kraft und die Kraft unserer Speere. Magnus den Großen haben wir besiegt, den Sohn des Königs von Lochlann mit den Gefleckten Schiffen. Er hat uns nicht Leid getan noch waren wir erschöpft, als wir zurückkamen. In der Ferne haben wir unseren Tribut geholt.

O Patrick, es ist eine traurige Geschichte, dass der König der Fianna in Fesseln liegt, ein Mann, dessen Herz keine Eifersucht und keinen Hass kannte, ein Mann, der nur auf Siege aus war. Gott ist ungerecht, wenn er ihm Nahrung und Reichtum nicht gönnt. Finn hat weder Starke noch Schwache abgewiesen und trotzdem ist die Hölle jetzt sein Heim.

Danach nur stand ihm der Sinn:Er hörte gern den Klang der Druim Dearg, er liebte es, am Flusslauf des Ess Ruadh zu schlafen und in den Buchten von Gallimh zu jagen.

Er liebte den Gesang der Amsel von Leiter Laoi, die brechenden Wellen am Strand von Rudraighe, das Brüllen des Ochsen von Magh Maoin, das Muhen des Kalbes von Gleann da Mhail.

Er liebte die Jagdrufe von Slieve Crot, das Röhren der Hirschkälber um Slieve Cua, das Schreien der Möwen auf Iorrus, das Krächzen der Krähen über der Schlacht.

Er liebte das Tosen der Wellen am Bug der Schiffe, das Heulen der Hunde in Druim Lis, Brans Bellen auf Cnocan-Air, das Rauschen der Flüsse um Slieve Mis.

Er liebte den Ruf Osgars, wenn er zur Jagd ging, die Stimmen der Hunde auf den Wegen der Fianna. Sie und die Dichter zu hören war immer sein Verlangen.

Osgars größtes Verlangen richtete sich darauf, die Hiebe auf den Schilden zu hören und in der Schlacht Knochen zu zerschmettern. Danach stand ihm der Sinn.

Einmal gingen wir nach Westen, um unsere Hunde zum ersten Mal auf die Jagd zu schicken. Finn hielt Bran und ich hatte Sceolan, Diarmuid, der Liebling der Frauen, hatte Fearan und Osgar den guten Adhnuall. Conan der

Kahlköpfige hatte Searc, Caoilte, Sohn des Ronan, hatte Daol, Lugaidhs Sohn und Goll hielten Fuaim und Fothran. Das war das erste Mal, dass wir unsere Hunde auf die Jagd ließen. O weh, Patrick, von allen, die dabei waren, bin nur noch ich übrig.

O Patrick, es ist ein Jammer, wie es um mich steht, ein verbrauchter, alter Mann, ohne Schwung, ohne Schnelligkeit, ohne Kraft, der zur Messe am Altar geht; ohne das großartige Wild von Slieve Luchra, ohne die Hasen von Slieve Cuilinn, ohne mit Finn zum Kampf zu gehen, ohne die Dichter hören zu können; ohne Schlachten, ohne Beute, ohne Spiele und Kunststücke und – was mein liebster Zeitvertreib war – ohne zu werben und ohne zu jagen."

Patrick: „Lass ab, alter Mann, lass ab von deiner Narrheit. Lass es jetzt genug sein. Denke lieber an die Schmerzen, die vor dir liegen. Die Fianna gibt es nicht mehr und auch du wirst bald von dieser Welt gehen."

Oisin: „Wenn ich gehe, sollst auch du gehen, Patrick mit dem Zaudernden Herzen. Wenn Conan, der Geringste in der Fianna, noch am Leben wäre, würdest du mit deinem Gesäusel nicht weit kommen. Oder wenn heute der Tag wäre, an dem ich der kopflosen Frau, die in das Tal der Zwei Ochsen kam, tausend Kühe gab. Die Vögel der Luft trugen den Ring fort, den ich ihr gegeben hatte. Nie habe ich erfahren, wohin sie ging, als sie mich verließ."

Patrick: „Das kann dir heute gleichgültig sein, Oisin, ihr wart schließlich nur eine kurze Zeit zusammen. Für dich ist es besser, du lebst so wie jetzt, als wieder mit ihnen zusammen zu sein."

Oisin: „O Sohn des Calphurn, der so freundlich spricht, es ist schade, dass er seine Achtung Geistlichen und Glocken schenkt. Mein Freund Caoilte und ich, wir waren nicht arm, als wir zusammen waren.

Die Melodie, die Finn in den Schlaf wiegte, war das Schnattern der Enten vom See der Drei Fjorde, das Schimpfen der Amsel von Doire an Cairn, das Brüllen der Ochsen vom Tal der Beeren, das Pfeifen des Adlers aus dem Tal der Siege oder aus den rauen Schilfzweigen am Fluss, das Klagen der Heide von Cruachan, der Ruf der Otter von Druim-re-Coir. Der Gesang der Amsel von Doire an Cairn – nie habe ich süßere Musik gehört. Könnte ich doch unter ihrem Nest liegen!

Welch ein Jammer, dass ich die Taufe genommen habe. Was habe ich nun davon? Nichts zu essen, nichts zu trinken, nur Fasten und Beten."

Patrick: „Ich glaube nicht, dass es dir geschadet hat. Du bekommst jede Menge Brot, Wein und Fleisch, das dir offenbar nicht schlecht schmeckt. Du redest Unsinn, alter Mann."

Oisin: „Möge die Stimme, die aus dir spricht, niemals einem Priester beichten. Eher finde ich die Reste von Finns Haus als einen Rest deiner Mahlzeiten."

Patrick: „Was Finn hatte, holte er durch Rauben und Morden von Flüssen und Bergen, jetzt aber hat er die Hölle wegen seines Unglaubens."

Oisin: „So war das bei uns nicht. Jeder bekam Wein und Fleisch, Recht und Gerechtigkeit. Bei unseren Festen gab es süßen Trank und jeder nahm davon.

Ich sorge mich die ganze Zeit um Diarmuid und Goll und um Fergus mit der Wahren Stimme, auch wenn du nicht willst, dass ich darüber spreche, neuer Patrick von Rom."

Patrick: „Du kannst von ihnen sprechen, wenn du zuerst Gott deine Achtung erwiesen hast. Du bist jetzt am Ende deiner Tage, schwacher, alter Mann, lass deine Narrheiten."

Oisin: „O Patrick, verrate mir ein Geheimnis, du musst es am besten wissen, können auch meine Hunde mit an den Hof des Königs der Gnade?"

Patrick: „Alter Mann, dessen Narrheit ich keine Grenze setzen kann, deine Hunde werden nicht zum Hof des Mächtigen Königs vorgelassen."

Oisin: „Wenn ich Gott kennen lernen würde und mein Hund wäre dabei, dann würde ich ihn und jeden, der mir zu essen gibt, so weit bringen, dass auch mein Hund etwas bekäme Jeder, der in der Fianna gekämpft hat, ist besser als der Gott der Frommen und als du selbst, Patrick."

Patrick: „O Oisin mit der Scharfen Klinge, du redest verrücktes Zeug. An einem einzigen Tag ist Gott besser als die ganze Fianna von Irland ihr Leben lang."

Oisin: „Auch wenn ich kraftlos und am Ende meiner Tage bin, Patrick, rede nicht schlecht über die großen Männer der Söhne des Baiscne. Wenn Conan bei mir wäre, der immer der Schnellste aus der Fianna war, er würde deinen Kopf vor all deinen Geistlichen und Priestern zerschmettern."

Patrick: „Alter Mann, es ist dumm, immer nur von der Fianna zu sprechen. Denke daran, dein Ende ist nahe, nimm die Hilfe von Gottes Sohn an."

Oisin: „Ich habe immer draußen auf dem Berg im grauen Tau geschlafen. Nie bin ich ohne Mahlzeit zu Bett gegangen, wenn noch ein Reh in der Nähe war."

Patrick: „Jetzt, am Ende deines Lebens, musst du dich für den geraden oder den ungeraden Weg entscheiden. Bleibe auf dem geraden Weg und die Engel des Herrn werden bei dir sein."

Oisin: „Wenn ich selbst, der freigebige Fergus und Diarmuid jetzt an dieser Stelle versammelt wären, würden wir überallhin gehen, ohne einen einzigen Priester um Erlaubnis zu fragen."

Patrick: „Hör auf, Oisin, sprich nicht so über die Priester, die überall Gottes Wort verkünden. Wenn du nicht von deinen kühnen Reden lässt, wirst du letztendlich große Schmerzen erleiden."

Oisin: „Als ich mit dem Führer der Fianna einmal in einem Tal Ausschau nach einem Eber hielt und ihn nicht erspähen konnte, war das für mich sicher schlimmer, als wenn alle deine Priester ohne Kopf herumlaufen würden."

Patrick: „Es ist schlimm, dass du so gar keinen Verstand hast, schlimmer als deine Blindheit. Wenn du endlich an Einsicht gewinnen würdest, wäre der Himmel dein großes Verlangen."

Oisin: „Es wäre ein schwaches Glück für mich, ohne Caoilte, ohne Osgar und ohne meinen Vater dort zu sein. Der Sprung eines Bocks und der Anblick eines Dachses im Tal gefällt mir besser als alles, was dein Mund verspricht, und alles, was im Himmel auf mich wartet."

Patrick: „Was du denkst, ist dumm und führt zu nichts. Es ist aus mit deinen Vergnügungen und Freuden. Und wenn du heute Abend meinen Rat nicht befolgst, kannst du weder dahin noch dorthin gehen."

Oisin: „Eines Tages war ich mit der Fianna auf einem Hügel, wo wir unsere Speerspitzen schärften. Wir konnten uns aufhalten, wo wir wollten, ohne auf Bücher oder Priester oder Glocken zu hören."

Patrick: „Ihr wart wie wehende Fahnen, wie ein Fluss im Tal, wie ein Wirbelwind auf der Bergspitze, ein jeder eurer Stämme."

Oisin: „Wenn ich noch bei meinem Volk mit den starken Waffen wäre, so, wie es damals in Bearna da Coill war, würde ich deine Truppe von Krummstäben gar nicht bemerken. Wenn Scolb Sceine bei mir wäre oder Osgar, der so schlau war im Kampf, dann wäre ich heute Abend beim siebten Glockenschlag nicht ohne Fleisch."

Patrick: „Oisin, da dein Verstand dich verlassen hat, sei froh, wenn ich dir sage, dass du die Fianna verlassen und den Gott der Sterne in dir aufnehmen wirst."

Oisin: „Es erstaunt mich, Priester, der du überallhin gereist bist, dass du so schnell behauptest, ich werde mich von der Fianna trennen, diesem großzügigen, niemals knauserigen Volk."

Patrick: „Wenn sich das Volk Gottes beim Mahl versammelt hat, ist das Gute bei ihm, mehr als bei Finns Leuten, wie groß deren Name auch war. Finn und die Fianna darben jetzt in Leid und Schmerzen. Stelle du Gottes Sohn an ihren Platz, tue Buße und verwirke dein Seelenheil nicht."

Oisin: „Ich glaube dir nicht, o Patrick mit den Krummstäben, dass Finn und die Fianna so leben, wie du sagst, wenn sie das nicht selbst wollen."

Patrick: „Tue jetzt Buße, bevor dein Ende naht. Gott vollbringt in einer Stunde mehr Gutes als die Fianna von Irland zeit ihres Lebens."

Oisin: „Das ist eine gewagte Antwort, Patrick mit den Krummstäben. Dein Stab würde in tausend Stücke zerbrechen, wenn Osgar bei mir wäre.

Wenn sich mein Sohn Osgar und Gott auf dem Hügel der Fianna gegenüberstünden und mein Sohn wäre der Verlierer, dann würde auch ich sagen, dass Gott ein starker Mann ist.

Wie kann es sein, dass Gott und seine Priester bessere Männer sein sollen als Finn, der König der Fianna, dieser großzügige, geradlinige Mann.

Wenn es oben oder unten einen Ort gäbe, der besser als der göttliche Himmel ist, dann müsste Finn dorthin gehen und seine Leute mit ihm.

Du sagst, dass ein großzügiger Mann niemals in die Hölle der Schmerzen wandert. Bei der Fianna gab es keinen Einzigen, der nicht zu jedermann großzügig gewesen wäre.

Frage Gott, Patrick, ob er sich noch an die Fianna erinnern kann und ob es irgendwo irgendjemanden gab, der besser im Kampf war als sie.

Die Fianna hat nie Verrat geübt, nie gelogen. Durch unsere Aufrichtigkeit und die Kraft unserer Hände kamen wir sicher aus jeder Schlacht.

Auch wenn dir das Psalmensingen so süß klingt, es saß noch nie ein Priester in einer Kirche, der so zu seinem Wort gestanden hätte wie die Fianna und der großzügiger gewesen wäre als Finn.

Wenn meine Kameraden heute noch am Leben wären, würden mir eure schmachtenden Gesänge sicher nicht gefallen, und nur weil sie nicht mehr am Leben sind, hat mich der harte Klang eurer Glocken betäuben können.

O weh, wenn ich daran denke, dass Patricks Krummstab über meine Kampfplätze getragen wird und seine Geistlichen streiten, wo ich meine Freude fand.

O weh, träger, bitterer Conan, dich habe ich schlecht behandelt. Warum kannst du jetzt nicht zu mir kommen? Du könntest deinen Spaß haben und die ganzen knauserigen Geistlichen verspotten.

O weh, wo sind all die starken Männer, warum kommen sie mir nicht zu Hilfe! O Osgar mit dem scharfen Schwert des Sieges, komm und befreie deinen Vater von seinen Fesseln!

Wo ist der starke Sohn des Lugaidh? O Diarmuid, du Liebling aller Frauen! O Caoilte, Sohn des Ronan, denkt an unsere Freundschaft und kommt zu mir!"

Patrick: „Sei still, du verbrauchter, geistloser Mann. Mein Gott hat den Himmel geschaffen und mein Gott hat den Bäumen die Blüten geschenkt. Er hat Sonne und Mond geschaffen und die Felder und das Gras."

Oisin: „Nicht an der Gestaltung von Feldern und Gras hätte mein König seine Freude gehabt, sondern am Sieg über Kämpfer, an der Verteidigung seiner Länder und an der Mehrung seines Ruhmes, am Werben, am Spielen, am Jagen, am Schachspiel, am Schwimmen, wenn er sein Banner hisste oder wenn er mit Freunden trank.

O Patrick, wo war dein Gott, als die zwei Männer über das Meer kamen und die Königin von Lochlann fortbrachten? Wo war er, als Dearg kam, der Sohn des Königs von Lochlann mit den Goldenen Schilden? Warum hat sie der Gott des Himmels nicht vor dem Angriff des großen Mannes bewahrt?

Oder als Tailc, Sohn des Treon, kam und ein furchtbares Gemetzel unter der Fianna anrichtete. Nicht durch Gott fiel der große Kämpfer, sondern durch Osgar und alle haben das gesehen.

Viele Kämpfe hat die Fianna von Irland ausgetragen und viele Siege hat sie errungen. Ich habe noch nie von einer Heldentat gehört, die der König der Heiligen vollbracht hätte, ich habe noch nie gehört, dass er jemals seine Hand mit Blut befleckt hätte.

Schande über Gott, wenn er Finn nicht befreit. Wenn Gott selbst in Fesseln läge, mein König würde um seinetwillen kämpfen.

Finn hat jeden aus Schmerzen und Gefahr befreit, sei es

mit Silber und Gold oder durch Kampf, bis er siegte. Bei der Kraft deiner Liebe, Patrick, gib diesen großen Mann nicht auf, bringe die Fianna unerkannt zum König des Himmels.

Das kann ich wohl von Gott verlangen, so, wie ich nun unter seinen Dienern lebe, ohne Essen, ohne Kleider, ohne Musik, ohne Lohn für die Dichter, ohne den Ruf der Hunde und Hörner, ohne die Küsten zu bewachen, ohne den großzügigen Frauen den Hof zu machen. Wie sehr ich dafür auch Hunger leiden musste, ich vergebe dem König des Himmels."

Und Oisin sprach: „Meine Geschichte ist voll von Leid. Der Klang deiner Stimme gefällt mir nicht. Ich werde nicht aufhören zu weinen, aber ich weine nicht um Gott, sondern um Finn und die Fianna."

Kapitel 4
Oisins Klagen

Oisin klagte in einem fort. Dann wieder stimmte er den Lobgesang auf Finn und die alten Zeiten an. Einiges davon ist bis heute überliefert:

Ich habe Finns Hof gesehen. Es war nicht der Hof eines sanftmütigen Stammes. Gestern habe ich von Finn geträumt.
Ich habe den Hof des Hohen Königs gesehen, den König und seinen braunhaarigen Sohn mit der lieblichen Stimme. Nie kannte ich einen besseren Mann.
Ich habe Finns Hof gesehen. Keiner hat ihn so wie ich gesehen.

Ich sah Finn mit dem Schwert Mac an Luin. Oh, der Anblick tat so weh.

Ich kann nicht all meine Sorgen aufzählen. Befreie mich von diesem Kummer. Ich habe Finns Hof gesehen.

Gestern vor einer Woche habe ich Finn zum letzten Mal gesehen.

Nie kannte ich einen kühneren Mann. Ein König der hitzigen Kämpfe, mein Gesetz, mein Ratgeber, mein Wissen und Verstand, Fürst und Dichter, kühner als ein König, König der Fianna, tapfer in allen Ländern, goldener Lachs des Meeres, erhabener Adler der Luft, wohlerzogen und ehrlich, ein Mann der Tat, ein wahrer Richter, voller Mut, der hohe Künder von Tapferkeit und Musik.

Seine Haut kalkweiß, sein Haar gülden. Fleißig bei der Arbeit und höflich zu den Frauen. Seine großen, grünen Fässer voll des herben Weines. Reich war der König, das Oberhaupt seines Volkes.

Sieben Mauern hatte Finns Haus und an jeder hing ein Schild. Fünfzig Kämpfer mit wollenen Umhängen waren bei ihm. Zehn glänzende Trinkpokale hatte er in seiner Halle, zehn blaue Fässer, zehn goldene Hörner.

Finn hatte einen guten Hof, ohne Missgunst, ohne Gier, ohne leere Eitelkeit, ohne Geschwätz, und ohne Makel war jeder der Fianna.

Finn hat nie jemanden zurückgewiesen. Jeder fand Aufnahme in seinem Haus. Wenn die braunen Blätter des Waldes Gold wären und die weißen Wellen Silber, Finn hätte alles gegeben.

Amsel von Doire an Chairn, dein Lied ist so süß. Auf keinem Berg der Welt habe ich süßere Musik gehört. Du saßest am Boden deines Nests.

Auf der Welt gibt es nichts Lieblicheres als Musik und der Verzicht fällt mir schwer. O Sohn des Calphurn mit den Süßen Glocken, du würdest alle überflügeln.

Die Geschichte des Vogels, so wie ich sie kenne, würde euch zu Tränen rühren und ihr würdet euren Gott für eine Weile vergessen.

In Lochlann, dem Land der blauen Flüsse, fand Finn, Sohn des Cumhal mit den Rotgoldenen Bechern, diesen Vogel, von dem ihr jetzt hört. Ich werde euch alles wahrheitsgemäß berichten.

In Doire an Chairn, dem Wald hier im Westen, wo sich die Fianna oft aufhielt, setzten sie die Amsel in die wunderschönen Bäume.

Der Hirsch von der stillen Heide Cruachan, das klagende Quaken am Hügel der Zwei Seen, der Schrei des Adlers im Tal der Gestalten, der Ruf des Kuckucks auf dem Hügel der Dornen.

Das Bellen der Hunde im lieblichen Tal, der Schrei der Adler am Waldesrand, das erste Bellen der Hunde am Strand der Roten Steine.

Die Zeit, als Finn und die Fianna lebten! Süß klang ihnen das Pfeifen der Amsel, das Schlagen der Glocken hätte ihnen keinen Gefallen bereitet.

Keinen gab es in der Fianna, der nicht ein feines, seidenes Hemd und einen weichen Mantel getragen hätte, keinen ohne blitzende Rüstung, ohne Edelsteine auf dem Kopf, zwei Speere in der Hand und den Schild, der zum Sieg verhalf.

Vergebens würdet ihr auf der ganzen Welt einen stärkeren Mann von besserem Blut suchen, der so gut kämpfte. Keiner konnte ihn besiegen. Wer von uns konnte neben Finn bestehen, wenn er mit seinem weißen Hund auszog?

Einmal gingen wir auf Slieve-nam-Ban zur Jagd. Die Sonne stand hoch über uns am Himmel. Von Westen nach Osten, von Hügel zu Hügel hörte man das Bellen der Hunde. Finn und Bran saßen eine Weile auf dem Hügel. Jeder von uns war ganz begierig auf die Jagd. Wir ließen dreitausend Hunde von ihren goldenen Ketten. Jeder Hund brachte zwei Rehe zur Strecke.

Patrick mit dem Wahren Krummstab, hast du jemals eine solche Jagd wie die von Finn und der Fianna gesehen? O Sohn des Calphurn mit den Glocken, dieser Tag war mir mehr wert, als dem Klagen in der Kirche zu lauschen.

Meine Hände sind nun schwach, meine Kraft hat mich verlassen. Es ist kein Wunder, dass ich so leide, dem Leiden des hohen Alters unterworfen.

Alles fällt mir so schwer, mehr als jedem anderen Mann auf Erden, Steine zu schleppen bis zur Kirche und zum Hügel der Priester.

Ich weiß eine kleine Geschichte über unser Volk. Eines Tages wollte Finn eine Burg auf dem kahlen Hügel von Cuailgne errichten und die Fianna sollten die Steine heranschaffen, die Söhne des Morna ein Drittel, ich ein Drittel und die Söhne des Baiscne ein Drittel. Ich gab Finn, Sohn des Cumhal, zur Antwort, dass ich ihm nicht mehr untertan sei und nicht mehr gehorchen wolle. Als Finn, der Mann ohne Lüge und Furcht, das hörte, schwieg er lange. Dann sagte er zu mir: „Du wirst noch Steine schleppen, wenn dir der Tod bevorsteht."

Zornig erhob ich mich und ging und die vierte Bataillon der kühnen Fianna folgte mir. Ich gab mein Urteil ab und viele stimmten mir zu.

Jetzt bin ich ohne Kraft, ich, der ich der Ratgeber der Fianna war. Mein Leib ist müde, meine Hände, meine Füße, mein Kopf, müde, müde, müde. Ich fühle mich schlecht. Seit Finn und die Fianna nicht mehr da sind, liegt alles, was gut war, hinter mir. Kein großes Volk, kein anständiges Leben mehr. Es ist ein Jammer, dass ich lebe, nachdem unser König fort ist. Ich bin ein zitternder Baum ohne Blätter, eine leere Nuss, ein Pferd ohne Zaum, ein Volk ohne Land, ich, Oisin, Sohn des Finn.

Schwer hängen die Wolken über mir in dieser Nacht. Letzte Nacht war es auch so. Dieser Tag ist lang, doch der gestrige

schien mir noch länger. Jeder Tag, der kommt, wird lang sein.
Ich bin nicht mehr der, der ich einmal war, ohne Kämpfe, ohne
Schlachten, ohne Kunststücke, ohne junge Mädchen, ohne
Musik, ohne Harfen, ohne Schlägereien, ohne Heldentaten,
ohne Lernen, ohne Freigebigkeit, ohne Trinkgelage, und, was
mir zum Zeitvertreib so fehlt, ohne Freien und ohne Jagd. O
weh, mein Verlangen ist so schmerzvoll.
Die Jagd nach Rehen und Hirschen ist mir versagt. So wollte ich
nie leben. Keine Leinen, keine Hunde. Schwer hängen die
Wolken über mir in dieser Nacht!
Auf der ganzen Welt leidet keiner wie ich, es ist ein Jammer. Ein
alter Mann, der Steine schleppt. Schwer hängen die Wolken
über mir in dieser Nacht!
Ich bin der Letzte aus der Fianna, der große Oisin, Sohn des
Finn, und muss die Glocken klingen hören. Schwer hängen die
Wolken über mir in dieser Nacht!

William Butler Yeats
zu Lady Gregorys
„Gods and Fighting Men"

Vor einigen Monaten war ich auf dem kahlen Hügel von Allen, dem „weiten Almhuin von Leinster", wo Finn und die Fianna lebten, zumindest nach der Überlieferung, denn es sind dort keine Erdwälle zu finden, die sonst auf so vielen Hügeln den Standort ehemaliger Bauwerke kennzeichnen. Die Sonne schien heiß auf den blühenden Stechginster und das blütenlose Heidekraut. In jeder Richtung, außer im Osten, wo grüne Bäume und in der Ferne auch Hügel zu erkennen waren, sah ich den weiten Horizont, das braune, sumpfige Land mit hie und da ein paar grünen Flecken und dann das Glitzern des Wassers. Wäre ich nicht am frühen Nachmittag gekommen, sondern zur Dämmerstunde und wären nicht die Schatten der Wolken, sondern jene Nebelschwaden über das Land gezogen, hätte ein Empfinden wach werden können, wie es selbst in Irland nur wenige Orte zu erregen vermögen, das aber den keltischen Erzählungen zutiefst zu Eigen ist, ein Empfinden des Geheimnisvollen, das nicht wie bei den gotischen Völkern aus dem Alpdruck der Nacht aufsteigt, sondern aus der Weite der Landschaft und ihrem schnell wechselnden, flüchtigen Licht. Der Hügel von Teamhair, oder Tara, wie er jetzt genannt wird, mit seinen grünen Buckeln, den stellenweise bewaldeten Anhöhen und dem sanft ansteigenden Hang inmitten des sattgrünen Weidelands, das von Hecken und gewaltigen Bäumen gesäumt wird, vermag unsere Vorstellungskraft anzuregen. Doch nicht die Helden, die über Jahrhunderte hinweg jung blieben, oder die Frauen, die in der Gestalt eines gejagten Rehs zu ihnen kamen, kommen uns in erster

Linie in den Sinn, sondern Könige, die ihr kurzes Leben in den Dienst der Politik stellten, und die fünf weißen Straßen, auf denen die Armeen zu den weniger bedeutenden Königreichen Irlands zogen, jene Straßen, die alle, die Handel treiben wollten und Gerechtigkeit oder Vergnügen suchten, zu dem großen Fest führten, bei dem Teamhairs Souveränität bestätigt wurde.

Wir dürfen diese Könige sicher nicht, wie es die mittelalterlichen Chronisten taten, mit den halbgöttlichen Königen von Almhuin verwechseln. Vielleicht haben die Chronisten deswegen alles unbefangen vermischt, weil sie sich der Tradition zu sehr verpflichtet fühlten, als dass sie das, was sie als Christen eigentlich fürchten mussten, aus ihren Aufzeichnungen herausgenommen hätten, vielleicht aber auch, weil schon in den volkstümlichen Erzählungen Vermischungen dieser Art stattgedunden hatten. So wird Finn das Oberhaupt einer Art Miliz unter Cormac MacArt, der vermutlich im zweiten Jahrhundert auf Teamhair regierte, und Grania, die unter Angus' Mantel von einem verzauberten Haus zum anderen zieht, zur Göttin der Liebe. Auch wenn das Unmögliche all den Geschichten der Fianna seinen stolzen Stempel aufgeprägt hat, so wird in ihnen doch ein merkwürdiges Flair der Authentizität vermittelt. Erst wenn man sie aber aus ihrer mittelalterlichen Pedanterie löst, wie das in diesem Buch geschehen ist, wird eine der ältesten Welten, die die menschliche Vorstellung geschaffen hat, offenbar, eine zweifellos ältere Welt als jene, die in den Geschichten um Cuchulain zu finden ist, der gemäß den Chronisten etwa zu der Zeit lebte, als Christus geboren wurde. Die Geschichten der Fianna haben jedoch einen ungleich höheren Bekanntheitsgrad. Man kann sogar davon ausgehen, dass diese längst vergangenen Geschehnisse jedem gälisch sprechenden Bauern in Irland oder im schottischen Hochland in der einen oder anderen Form vertraut sind. Es kommt daher vor, dass ein einfacher Arbeiter, der bei

einem Hünengrab gräbt, beim „Bett von Diarmuid und Grania",
wie es auch genannt wird, eine Fassung erzählt, die älter scheint
und sich wesentlich barbarischer anhört als jede andere Beschrei-
bung ihrer Abenteuer oder ihrer selbst in Gestalt eines geschriebe-
nen Textes oder einer erzählten Geschichte, die im Munde berufe-
ner Geschichtenerzähler eine bestimmte Form angenommen hat.
Finn und die Fianna fanden erst nach Cuchulain Eingang in die
höfische Literatur. Erinnerungen an dänische Invasionen und ste-
hende Heere vermischen sich mit Bildern von Jägern und einsamen
Kämpfern in riesigen Wäldern. Nie ist die Rede davon, dass Cuchulain am Jagen Vergnügen fand oder sich gern im Wald aufhielt.
Möglicherweise glaubte der Geschichtenerzähler, das sei unter der
Würde eines Mannes, der ein geregeltes Leben führte und wohl
eher an seinem Wagen, seinem Wagenlenker und seinen mageren
Pferden seine Freude hatte. Man erfährt auch nicht, ob er die Blätter des Haselstrauchs von denen der Eiche unterscheiden kann,
wenn er einmal vor Sonnenaufgang durch den Wald geht, und
wenn Emer ihn beklagt, kommt ihr kein wildes Tier in den Sinn,
sondern nur der Kuckuck, dessen Ruf über den bestellten Feldern
ertönt. Cuchulains Geschichte trägt Züge einer Zeit, in der Felder
und Weiden den wilden Wald verdrängten und der Mensch keinen
Grund mehr hatte, auf jeden Vogelschrei und jedes Nachtgeräusch
zu achten. Finn, der sich immer in den Wäldern aufhielt, dessen
Schlachten nur Stunden in den Jahren des Jagens einnahmen,
freute sich über „das Schnattern der Enten vom See der Drei Pfeile,
das Schimpfen der Amsel von Doire an Cairn, das Brüllen der
Ochsen vom Tal der Beeren, das Pfeifen des Adlers aus dem Tal der
Siege oder aus den rauen Schilfzweigen am Fluss, das Klagen der
Heide von Cruachan, den Ruf der Otter von Druim-re-Coir".
Wenn die Königinnen in den Geschichten leiden, empfinden sie
Mitleid mit den wilden Vögeln und Tieren, denen es wie ihnen er-
geht: „Credhe, die Frau des Cael, kam mit den anderen und ging

auf der Suche nach ihrem schönen Gemahl durch die Reihen der Gefallenen. Sie weinte. Da sah sie ein Kranichweibchen mit seinen beiden Jungen und einen listigen Fuchs, der auf der Lauer lag und sie beobachtete. Das Kranichweibchen hatte gerade eines der Jungen unter ihre Fittiche genommen, da stürzte der Fuchs auf das andere zu. Die Vogelmutter streckte sich, breitete ihre Flügel über beide Jungen und hätte ihr Leben für sie gegeben. Als Credhe das sah, sprach sie: ‚So liebe auch ich meinen schönen Gemahl.‘ "

Oft hört man, dass Pferde scheuen oder Hunde aufheulen aus Gründen, die uns verborgen bleiben. Menschen, die noch ein naturverbundenes Leben führen, ein Leben, in dem der Instinkt die Rolle der Vernunft einnimmt, sind sich vieler Dinge bewusst, die wir nicht wahrnehmen. In dem Maße, in dem das Leben immer geordneter und bewusster verläuft, weicht die Welt des Übernatürlichen. Auch wenn die Götter zu Cuchulain kommen und er selbst der Sohn eines der größten Götter ist, so liegen ihr Reich und sein Land doch weit auseinander. Sie treten ihm gegenüber wie ein Gott einem Sterblichen. Finn jedoch ist ihnen ebenbürtig. Er hält sich ständig in ihren Häusern auf. Einmal trifft er sich mit Bodb Dearg, Angus und Manannan, wie man sich mit Freunden trifft, dann wieder begegnet er ihnen als Feind und besiegt sie im Kampf. Wenn er ihre Hilfe braucht, kann sein Bote sagen: „Es gibt wohl keinen Königssohn oder Prinzen und keinen Anführer der Fianna von Irland, der nicht Frau oder Mutter, Stiefmutter oder Geliebte bei den Tuatha de Danaan hätte." Als die Fianna nach Hunderten von Jahren des Jagens zugrunde geht, wird sogar in Zweifel gezogen, dass Finn überhaupt sterben kann. Mit Sicherheit aber wird er in anderer Gestalt wiederkommen und Oisin, sein Sohn, wird zum König über ein göttliches Land erhoben. Die Vögel und die wilden Tiere, die in den Wäldern seinen Weg kreuzen, sind Kämpfer, große Zauberer oder schöne Frauen. Von einem Augenblick zum andern nehmen sie die Gestalt wunderschöner oder auch schrecklicher Wesen an. Man sieht Finn und sein Volk als groß gewachsene Männer mit jenen ausladenden Bewegungen, die gleichsam unter ihrem begrenzten persönlichen Antrieb aus großer Tiefe hervorzuströmen scheinen. Man sieht sie als Männer mit breiten Augenbrauen und ruhigen Augen voller Zuversicht in das Glück, das ihnen jeden Tag aufs Neue beweist, dass sie ein Teil der allen Dingen innewohnenden Stärke sind. Sie werden kaum als Individuen dargestellt, sondern vielmehr als Teile des Universums, wie Wolken, die sich von einem Moment zum andern zusammenballen und wieder verziehen, wie Vögel zwischen zwei Ästen oder wie die Götter, die sowohl die Äpfel als auch die Nüsse gespendet haben. Das bringt sie uns aber umso näher, denn wir können sie in unserer Phantasie zum Leben erwecken, wann immer wir wollen, und mit diesen Bildern werden die Wälder nur noch schöner. Stellen wir uns einen Jäger nicht immer genau so vor? Und ist es nicht so, dass wir meinen, er käme aus dem Land der Poesie, wenn er plötzlich vor uns steht, so, wie das in diesen Zeilen in „Pauline" zum Ausdruck kommt:

Ein alter Jäger, der mit den Göttern spricht; oder ein hoher Herr, der mit Freunden nach Tenedos segelt...

Man darf in diesen Geschichten keinen epischen Zug in der Form erwarten, dass die vielen einzelnen Begebenheiten, aus denen sich etwa die Geschichte von der Schlacht um den Braunen Bullen von Cuailgne oder die der letzten Versammlung in Muirthemne zusammensetzt, in einen gemeinsamen Handlungsstrang eingebunden wären. Selbst die lange Geschichte von Diarmuid und Grania lässt keineswegs eine klare Struktur erkennen, wie das bei Deirdre der Fall ist. Es handelt sich vielmehr um eine Aneinanderreihung in sich abgeschlossener Einzelepisoden. Wer sich die Fianna ausgedacht hat, hatte die Phantasie eines Kindes. Einem wundersamen

Ereignis wurde sofort ein Weiteres draufgesetzt. Kinder haben keinen Sinn für breit angelegte Entwürfe – wenn ich mich recht erinnere, war das zumindest in meiner Kindheit so. Wenn sie sich ein Land vorstellen, dann ist es immer ein Land, in dem man ziellos umherwandern kann, in dem man nie davon ausgehen kann, dass ein Ort wie der andere ist, in dem das Abenteuer, das man an diesem Tag erlebt hat, keinen Schluss darüber zulässt, was einen am nächsten Tag erwartet. In mir kam der Wunsch auf, wieder Kind zu sein und auf dieses Buch zu stoßen, das nicht nur von einem solchen Land erzählt, sondern einen größeren Reichtum als jedes andere Buch in sich birgt, das vom Leben großer Helden berichtet, von der Kindheit, die in allen volkstümlichen Erzählungen lebendig ist. Wertvoller für mir als alle Bücher der westlichen Welt.

Kinder spielen gern, sie seien herausragende und besondere Persönlichkeiten. Erst im Laufe der Zeit, wenn sie zu ganz gewöhnlichen Männern und Frauen heranreifen, tritt diese traumhafte Vorstellung aus verschiedenen Gründen zurück. Die ganze Menschheit aber träumte einmal diesen Traum. Jeder baute an diesem Traum mit, Stück für Stück. Die alten Geschichtenerzähler sind dazu da, uns in Erinnerung zu rufen, wie die Menschheit aussähe, hätten nicht Angst, Willensschwäche und die Gesetze der Natur ihre Fallstricke ausgelegt. Die Fianna und ihresgleichen strotzen vor Kraft. Sie leben in einer vielgestaltigen, traumhaften Welt. Nichts kann sie zurückhalten, all das zu sein, was das Herz begehrt.

Sie sind keine Asketen und denken doch visionärer als ein Asket. Ihr unsichtbares Leben ist wie ihr wirkliches Leben, nur vollkommener und immer während, und die unsichtbaren Menschen sind ihre Spiegelbilder. Daneben müssen auch die Götter eine große Rolle gespielt haben. Von ihnen erfahren wir aus mythologischen Fragmenten, die man mühevoll einem phantastischen Geschichtswerk entnommen hat, das bis auf Adam und Eva zurückgeht. Vieles mag den Mönchen, die dieses Geschichtswerk geschaffen haben, gottlos und lasterhaft erschienen sein; vieles haben sie daher wohl ausgelassen oder verändert. Aber die alten Geschichten werden bestätigt durch Erzählungen der Landbevölkerung, die man noch heute findet. Die Männer von Dea kämpften gegen die ungestalten Fomor, wie Finn gegen die Katzenköpfe und Hundeköpfe kämpft. Und wenn sie dann von Menschenhand besiegt sind, bauen sie sich im Herzen der Hügel Häuser, die denen der Menschen ähnlich sind. Sie laden Menschen in diese Häuser ein und auch in ihr Land Unter den Wellen und verheißen ihnen alle irdischen Güter im Überfluss. Midhir, der Gott, singt in einer der schönsten Geschichten vor Königin Etain das folgende Lied: „Jung sind sie und werden niemals alt. Der Anblick der Felder und Blumen ist so schön. Süße, warme Flüsse von Met und Wein durchziehen das Land. Niemand kennt Kummer und Leid. Wir sehen die anderen, doch sind wir selbst unsichtbar." Solche Götter sind in der Tat schöner und klüger als die Menschen. Doch die Menschen, die wahrhaft großen Menschen, sind stärker als sie, denn sie sind sozusagen die schäumenden Wellen ihrer eigenen Meere. Man denkt dabei an den Druiden, der auf die Frage, wer die Welt erschaffen habe, antwortete: „Die Druiden haben sie erschaffen." Alles war einmal ein überall fließendes Leben, das sich hier und dort unterschiedlich ausprägte. Manchmal scheint es, als ob es für die Religion Tag und Nacht gäbe und als ob einer Periode, in der die Kräfte, die die Welt formen, die Oberhand haben, eine andere folgt, in der die stärkere Macht bei den Kräften liegt, die die Seele aus der Welt und aus dem Leib locken. Wenn sich Oisin mit dem heiligen Patrick über sein bisheriges Leben unterhält, schreit er nur ständig gegen eine Religion an, die für ihn keine Bedeutung hat. Seine Klagen hat die Landbevölkerung über Jahrhunderte hinweg in Erinnerung behalten: „Ich weine, aber nicht um Gott, sondern um Finn und der Fianna willen, die nicht mehr am Leben sind.«

Die volkstümliche Literatur hat im gälisch sprechenden Irland eine lange Tradition, da die Dichter ihr Material nicht willkürlich zusammensammelten, sondern lediglich die von Generation zu Generation überlieferten Erzählstoffe ausschmückten und poetisch überhöhten. Man kann nicht sagen, in welchem Maß diese Literatur zur Größe des Volkes beigetragen hat, denn wie viele Hände sie durch ihren Lobpreis von Königen und hochherzigen Königinnen dazu anheizte, zum Schwert zu greifen, ist nicht zu sagen. Man weiß aber durchaus noch, dass sich die Bauern auf dem Land und die Arbeiter in den Städten nach den Begleitern Finns nannten, als sie ihren letzten Versuch unternahmen, die Engländer mit Waffengewalt aus dem Land zu vertreiben. Selbst seit das Gälische im Rückzug begriffen ist und damit auch seine Literatur, ist ihre Geisteshaltung in vielen Gedanken, Redewendungen und dichterischen Äußerungen spürbar. Es ist auch nicht so, dass sich nur unter den Armen der alte Gedanke von Kraft und Schwäche gehalten hätte. Sicher trugen diese alten Geschichten, ob sie nun von Finn oder Cuchulain handeln, dazu bei, den Untergang der alten irischen und normannisch-irischen Aristokraten heraufzubeschwören. Sie hörten die alten Dichter und Geschichtenerzähler, stiegen aufs Pferd und starben im Kampf gegen Elizabeth oder Cromwell.

Als ich den kleinen Jungen, der mir den Weg zum Hügel von Allen zeigte, fragte, ob er die Geschichten von Finn und Oisin kenne, verneinte er das. Doch er sagte mir, dass sie sein Großvater seiner Mutter oft auf Irisch erzählt habe. Er selbst konnte noch kein Irisch, lernte es aber in der Schule wie alle kleinen Jungen. Es ist also nur eine Frage der Zeit, bis er eines Tages die Geschichten von Finn und Oisin seinen eigenen Kindern erzählen kann. Dennoch ist nicht auszuschließen, dass den Kindern Irlands dieses Glück einmal versagt bleibt. Nun aber können die Eltern ihren Kindern dieses Buch vorlesen, das Slieve-na-man, Allen und Benbulben – den großartigen, früher noch unbewohnten Berg, der mich durch meine ganze Kindheit begleitet hat – und all die anderen Orte im Süden und Westen mit Erinnerungen füllen wird, mit Erinnerungen an Dundealgan und Emain Macha und Muirthemne. Später einmal wird sie vielleicht jemand an einen dieser berühmten Orte bringen und sagen: „Dieses Land, in dem eure Väter stolz und erhaben lebten, soll euch lieb und teuer sein." Und eines Tages, wenn ihnen die vielen Namen vertraut sind, wird ihnen die Kraft ihrer Phantasie vielleicht noch bessere Dienste erweisen.

Die Konzeption und Übersetzung dieses Buches bedarf keiner Worte, nur dass es seinen Platz neben „Cuchulain von Muirthemne" verdient. Bücher dieser Art sollten eigentlich nicht schriftlich, sondern möglichst mündlich kommentiert werden, denn der schriftliche Kommentar zu einem Buch, das so hervorragend ist, klingt in den Ohren der nächsten Generation genauso unsinnig wie das Läuten der Glocken, wenn die Kirche schon bis auf den letzten Platz besetzt ist.

W.B. Yeats